edition suhrkamp 3326

Als Ulrich Beck Mitte der achtziger Jahre seine zeitdiagnostische Bestandsaufnahme mit dem Titel *Risikogesellschaft* versah, prägte er einen Begriff, in dem sich die Gesellschaft auf Anhieb wiedererkannte und der inzwischen in der Politik wie im Alltag die Runde macht. Auf die Frage, was er unter *Risikogesellschaft* versteht, antwortete Beck: »Der Begriff der ›Risikogesellschaft‹ bezeichnet einen System- und Epochenwandel in drei Bereichen: Es handelt sich erstens um das Verhältnis der Industriegesellschaft zu ihren Ressourcen, die sie aufbraucht. Zweitens um das Verhältnis der Gesellschaft zu den von ihr erzeugten Gefahren, die die Grundannahmen der bisherigen Gesellschaftsordnung erschüttern. Drittens um den Prozeß der Individualisierung, da alle kollektiven Sinnquellen erschöpft sind.«

»Becks Studie gehört zu den wenigen originellen Studien, die die Sozialwissenschaften im vergangenen Jahrzehnt hervorgebracht haben. Daß sie überdies spannend und nicht selten amüsant geschrieben ist, überrascht bei einem kreativen Denker wie Beck nicht. Die *Risikogesellschaft* – ein Standardwerk der Nachkriegssoziologie.« *Frankfurter Rundschau*

Ulrich Beck ist Professor für Soziologie an der Universität München und verantwortlicher Herausgeber der *Sozialen Welt*.

Inhalt

Aus gegebenem Anlaß 7

Vorwort 12

ERSTER TEIL

*Auf dem zivilisatorischen Vulkan:
Die Konturen der Risikogesellschaft*

Kapitel I

Zur Logik der Reichtumsverteilung und der Risikoverteilung 25

Kapitel II

Politische Wissenstheorie der Risikogesellschaft 67

ZWEITER TEIL

*Individualisierung sozialer Ungleichheit –
Zur Enttraditionalisierung der
industriegesellschaftlichen Lebensformen*

Kapitel III

Jenseits von Klasse und Schicht 121

Kapitel IV

Ich bin Ich: Vom Ohne-, Mit- und Gegeneinander der Geschlechter innerhalb und außerhalb der Familie 161

Kapitel V

Individualisierung, Institutionalisierung und Standardisierung von Lebenslagen und Biographiemustern 205

Kapitel VI

Entstandardisierung der Erwerbsarbeit: Zur Zukunft von Ausbildung und Beschäftigung 220

DRITTER TEIL

Reflexive Modernisierung:
Zur Generalisierung von Wissenschaft und Politik

Kapitel VII

Wissenschaft jenseits von Wahrheit und Aufklärung?
Reflexivität und Kritik der wissenschaftlich-technologischen
Entwicklung   254

Kapitel VIII

Entgrenzung der Politik: Zum Verhältnis von politischer
Steuerung und technisch-ökonomischem Wandel in der
Risikogesellschaft   300

Literatur   375

Inhaltsverzeichnis   393

Aus gegebenem Anlaß

Arm an geschichtlichen Katastrophen war dieses Jahrhundert wahrlich nicht: zwei Weltkriege, Auschwitz, Nagasaki, dann Harrisburg und Bhopal, nun Tschernobyl. Das zwingt zur Behutsamkeit in der Wortwahl und schärft den Blick für die historischen Besonderheiten. Alles Leid, alle Not, alle Gewalt, die Menschen Menschen zugefügt haben, kannte bisher die Kategorie der »anderen« – Juden, Schwarze, Frauen, Asylanten, Dissidenten, Kommunisten usw. Es gab Zäune, Lager, Stadtteile, Militärblöcke einerseits, andererseits die eigenen vier Wände – reale und symbolische Grenzen, hinter die die scheinbar Nichtbetroffenen sich zurückziehen konnten. Dies alles gibt es weiter und gibt es seit Tschernobyl nicht mehr. Es ist das *Ende der »anderen«*, das Ende all unserer hochgezüchteten Distanzierungsmöglichkeiten, das mit der atomaren Verseuchung erfahrbar geworden ist. *Not läßt sich ausgrenzen, die Gefahren des Atomzeitalters nicht mehr.* Darin liegt ihre neuartige kulturelle und politische Kraft. Ihre Gewalt ist die Gewalt der Gefahr, die alle Schutzzonen und Differenzierungen der Moderne aufhebt.

Diese Grenzen aufhebende Dynamik der Gefahr ist nicht vom Grad der Verseuchung und dem Streit um ihre Folgen abhängig. Es ist vielmehr umgekehrt so, daß alles Messen immer unter dem Fallbeil der Allbetroffenheit erfolgt. Das Eingeständnis einer *gefährlichen* atomaren Verseuchung kommt dem Eingeständnis der *Ausweglosigkeit* für ganze Regionen, Länder, Erdteile gleich. Weiterleben und (An-)Erkennung der Gefahr widersprechen sich. Es ist dieses Fatum, das dem Streit um Meßwerte und Grenzwerte, um Kurz- und Langzeitfolgen erst seine existentielle Brisanz verleiht. Man muß sich nur einmal fragen, was sich eigentlich im Handeln hätte ändern können, wenn es auch nach amtlichen Maßstäben zu einer *akut gefährlichen* Verseuchung von Luft, Wasser, Tier und Mensch gekommen wäre. Wäre dann das Leben – Atmen, Essen, Trinken – von Amts wegen gestoppt, gedrosselt worden? Was geschieht mit der Bevölkerung eines ganzen Erdteils, die in unterschiedlichen Graden (nach »fatalistischen« Variablen wie Wind und Wetter, Entfernung zum Unglücksort usw.) unheilbar verseucht ist? Können ganze Länder(gruppen) in Quarantäne gehalten werden? Bricht intern das Chaos aus? Oder hätte sich auch in einem solchen Falle am Ende alles so vollziehen *müssen*, wie es sich nach Tschernobyl vollzogen hat? Allein diese Fragen verdeutlichen die Art einer objektiven Betroffenheit, in der die Diagnose der Gefahr mit der Einsicht in das unentrinnbare Ausgeliefertsein an sie zusammenfällt.

In der entwickelten Moderne, die angetreten war, um die Beschränkungen durch Geburt aufzuheben und den Menschen über eigene Entscheidung und Leistung eine Stelle im gesellschaftlichen Gefüge zu eröffnen, entsteht ein neuartiges *»askriptives« Gefährdungsschicksal*, aus dem es bei aller Leistung kein Entrinnen gibt. Es ähnelt dem Ständeschicksal des Mittelalters eher als den Klassenlagen des 19. Jahrhunderts. Allerdings kennt es die Ungleichheit der Stände nicht mehr (auch keine Randgruppen, keine Unterschiede von Stadt und Land, der nationalen oder ethnischen Zugehörigkeit usw.). Anders als Stände oder Klassenlagen steht es auch nicht unter dem Vorzeichen der *Not*, sondern unter dem Vorzeichen der *Angst* und ist gerade *kein* »traditionelles Relikt«, sondern ein *Produkt* der Moderne, und zwar in ihrem *höchsten* Entwicklungsstand. Kernkraftwerke – Gipfelpunkte menschlicher Produktiv- und Schöpferkräfte – sind seit Tschernobyl auch zu Vorzeichen eines *modernen Mittelalters der Gefahr* geworden. Sie weisen Bedrohungen zu, die den gleichzeitig auf die Spitze getriebenen Individualismus der Moderne in sein extremstes Gegenteil verkehren.

Noch sind die Reflexe eines anderen Zeitalters voll lebendig: Wie kann *ich* mich und die meinen schützen? Und Ratschläge für das Private, das es nicht mehr gibt, haben Hochkonjunktur. Doch leben alle auch noch in dem anthropologischen Schock einer in der Bedrohung erfahrenen *»Natur«*abhängigkeit der zivilisatorischen Lebensformen, die all unsere Begriffe von »Mündigkeit« und »eigenem Leben«, von Nationalität, Raum und Zeit aufgehoben hat. Weit weg, im Westen der Sowjetunion, also von nun an: in unserer näheren Umgebung, passiert ein *Unfall* – nichts Gewolltes, Aggressives, vielmehr ein allerdings vermeidenswertes Ereignis, das in seinem Ausnahmecharakter aber auch normal, mehr noch: menschlich ist. Nicht das Versagen bewirkt die Katastrophe, sondern die Systeme, die die Humanität des Irrtums in unbegreifliche Zerstörungskräfte verwandeln. Alle sind zur Einschätzung der Gefahren auf Meßinstrumente, Theorien und vor allem: ihr *Nicht-*

wissen angewiesen – einschließlich der Experten, die gerade noch das 10000jährige Reich atomarer Wahrscheinlichkeitssicherheit verkündet hatten und nun in einer atemberaubenden Neusicherheit die *akut* nie bestehende Gefahr unterstreichen.

Bei alledem sticht das eigentümliche *Mischverhältnis von Natur und Gesellschaft* hervor, mit der die Gefahr sich über alles hinwegsetzt, was ihr Widerstand entgegensetzen könnte. Da ist zunächst der Zwitter der »*Atom-Wolke*« – jene zur Naturgewalt verkehrte und verwandelte Zivilisationsgewalt, in der Geschichte und Wetter eine ebenso paradoxe wie übermächtige Einheit eingegangen sind. Alle Welt starrt elektronisch vernetzt wie gebannt auf sie. Die »Resthoffnung« auf einen »günstigen« *Wind* (die Schweden, die armen!) offenbart dann mehr als viele Worte das ganze Ausmaß der Hilflosigkeit einer hochzivilisierten Welt, die Stacheldraht und Mauern, Militär und Polizei aufgeboten hat, um ihre Grenzen zu schützen. Eine »ungünstige« Drehung desselben, auch noch *Regen* – so ein Pech! – und die Vergeblichkeit nimmt ihren Lauf, die Gesellschaft vor der verseuchten Natur zu schützen, die atomare Gefahr auf das »andere« der »Um«-Welt auszugrenzen.

Diese Erfahrung, an der unsere bisherige Lebensform einen Augenblick lang zerschellte, spiegelt das Ausgeliefertsein des Weltindustriesystems an die industriell integrierte und verseuchte »Natur« wider. Die Gegenüberstellung von Natur und Gesellschaft ist eine Konstruktion des 19. Jahrhunderts, die dem Doppelzweck diente, die Natur zu beherrschen *und* zu ignorieren. Natur *ist* unterworfen und vernutzt am Ende des 20. Jahrhunderts und damit von einem Außen- zu einem *Innen-*, von einem vorgegebenen zu einem *hergestellten* Phänomen geworden. Im Zuge ihrer technisch-industriellen Verwandlung und weltweiten Vermarktung wurde Natur in das Industriesystem hereingeholt. Zugleich ist sie auf diese Weise zur unüberwindlichen Voraussetzung der Lebensführung *im* Industriesystem geworden. Konsum- und Marktabhängigkeit bedeutet nun auch wieder in neuer Weise »Natur«abhängigkeit, und diese *immanente* »Natur«abhängigkeit des Marktsystems wird in und mit dem Marktsystem zum Gesetz der Lebensführung in der industriellen Zivilisation.

Gegen die Bedrohungen der äußeren Natur haben wir gelernt, Hütten zu bauen und Erkenntnisse zu sammeln. Den industriellen Bedrohungen der in das Industriesystem hereingeholten Zweitnatur sind wir nahezu schutzlos ausgeliefert. Gefahren werden zu blinden Passagieren des Normalkonsums. Sie reisen mit dem Wind und mit dem Wasser, stecken in allem und in jedem und passieren mit dem Lebensnotwendigsten – der Atemluft, der Nahrung, der Kleidung, der Wohnungseinrichtung – alle sonst so streng kontrollierten Schutzzonen der Moderne. Wo nach dem Unfall Abwehr und Vermeidungshandeln so gut wie ausgeschlossen sind, bleibt als (scheinbar) einzige Aktivität: *Leugnen,* ein Beruhigen, das Angst macht und das mit dem Grad der zur Passivität verdammten Allbetroffenheit seine Aggressivität entwickelt. In der Unvorstellbarkeit und Nichtwahrnehmbarkeit der Gefahr hat diese *Rest*aktivität angesichts des real existierenden *Rest*risikos ihre wirkungsvollsten Komplizen.

Die Kehrseite der vergesellschafteten Natur ist die *Vergesellschaftung der Naturzerstörungen,* ihre Verwandlung in soziale, ökonomische und politische *System*bedrohungen der hochindustrialisierten Weltgesellschaft. In der Globalität der Verseuchung und weltweiten Lebensmittel- und Produktketten durchlaufen die Bedrohungen des Lebens in der Industriekultur *gesellschaftliche Metamorphosen der Gefahr:* Alltägliche Lebensregeln werden auf den Kopf gestellt. Märkte brechen zusammen. Es herrscht Mangel im Überfluß. Anspruchsfluten werden ausgelöst. Rechtssysteme fassen die Tatbestände nicht. Naheliegendste Fragen ernten Achselzucken. Medizinische Betreuungen versagen. Wissenschaftliche Rationalitätsgebäude stürzen ein. Regierungen wackeln. Wechselwähler laufen weg. Und all dies, *ohne* daß die Betroffenheit der Menschen irgend etwas mit ihren Handlungen, ihre Schädigungen mit ihren Leistungen zu tun hätten und während für unsere Sinne die Wirklichkeit *unverändert* bleibt. Das *ist* das Ende des 19. Jahrhunderts, das Ende der *klassischen* Industriegesellschaft mit ihren Vorstellungen von nationalstaatlicher Souveränität, Fortschrittsautomatik, Klassen, Leistungsprinzip, Natur, Wirklichkeit, wissenschaftlicher Erkenntnis usw.

Die Rede von (industrieller) *Risikogesellschaft* auch und wesentlich in diesem Sinne – vor über einem Jahr gegen viel Widerstand innerer und äußerer Stimmen gewagt – hat einen bitteren Beigeschmack von Wahrheit erhalten. Vieles, das im Schreiben noch argumentativ erkämpft wurde – die Nichtwahrnehmbarkeit der Gefahren, ihre Wissensabhängigkeit, ihre Übernationalität, die »ökologische Enteignung«, der Umschlag von Normalität in Absurdität usw. –, liest sich nach Tschernobyl wie eine platte Beschreibung der Gegenwart.

Ach, wäre es die Beschwörung einer Zukunft geblieben, die es zu verhindern gilt!

Bamberg, Mai 1986 *Ulrich Beck*

Vorwort

Thema dieses Buches ist die unscheinbare Vorsilbe »post«. Sie ist das Schlüsselwort unserer Zeit. Alles ist »post«. An den »*Post*industrialismus« haben wir uns schon eine Zeitlang gewöhnt. Mit ihm verbinden wir noch Inhalte. Bei der »*Post*moderne« beginnt bereits alles zu verschwimmen. Im Begriffsdunkel der *Nach*aufklärung sagen sich alle Katzen gute Nacht. »Post« ist das Codewort für Ratlosigkeit, die sich im Modischen verfängt. Es deutet auf ein Darüberhinaus, das es nicht benennen kann, und verbleibt in den Inhalten, die es nennt *und* negiert, in der Erstarrung des Bekannten. *Vergangenheit plus »post«* – das ist das Grundrezept, mit dem wir in wortreicher, begriffsstutziger Verständnislosigkeit einer Wirklichkeit gegenüberstehen, die aus den Fugen zu geraten scheint.

Dieses Buch ist ein Versuch, dem Wörtchen »post« (ersatzweise: »nach-«, »spät-«, »jenseits«) auf die Spur zu kommen. Es ist von dem Bemühen getragen, die Inhalte, die die geschichtliche Entwicklung der Moderne in den vergangenen zwei, drei Jahrzehnten – insbesondere in der Bundesrepublik Deutschland – diesem Wörtchen gegeben hat, zu begreifen. Dies kann nur in einem harten Ringen gegen die alten, mit »post« über sich selbst hinausverlängerten Theorien und Denkgewohnheiten gelingen. Da diese nicht nur in anderen, sondern auch in mir selbst nisten, erschallt in dem Buch manchmal ein Kampfeslärm, dessen Lautstärke auch darin ihren Grund hat, daß ich meine eigenen Selbsteinwände immer mit in die Flucht schlagen mußte. So mag manches etwas schrill, überironisch oder vorschnell geraten sein. Mit dem üblichen akademischen Abwägen ist der Schwerkraft des alten Denkens jedoch nicht zu widerstehen.

Repräsentativ, wie die Regeln der empirischen Sozialforschung dies fordern, sind die Ausführungen nicht. Sie verfolgen einen anderen Anspruch: gegen die *noch* vorherrschende Vergangenheit die sich heute schon *abzeichnende Zukunft* ins Blickfeld zu heben. Sie sind in der Einstellung geschrieben, mit der – im historischen Vergleich gesprochen – ein Beobachter der gesellschaftlichen Szene zu Beginn des 19. Jahrhunderts hinter den Fassaden des ausklingenden, feudalen Agrarzeitalters nach den bereits überall hervorblitzenden Konturen des noch unbekannten Industriezeitalters Ausschau hält. In Zeiten strukturellen Wandels geht Repräsentativität ein Bündnis mit der Vergangenheit ein und verstellt den Blick auf die Spitzen der Zukunft, die von allen Seiten in den Horizont der Gegenwart hineinragen. Insofern beinhaltet dieses Buch *ein Stück empirisch orientierter, projektiver Gesellschaftstheorie* – ohne alle methodischen Sicherungen.

Dem liegt die Einschätzung zugrunde, daß wir Augenzeugen – Subjekt und Objekt – eines Bruches *innerhalb* der Moderne sind, die sich aus den Konturen der klassischen Industriegesellschaft herauslöst und eine neue Gestalt – die hier so genannte (industrielle) »Risikogesellschaft« – ausprägt. Dies erfordert eine schwierige Balance zwischen den Widersprüchen von Kontinuität und Zäsur in der Moderne, die sich noch einmal in dem Gegensatz von Moderne und Industriegesellschaft, Industriegesellschaft und Risikogesellschaft spiegeln. *Daß* diese epochalen Unterscheidungen durch die Wirklichkeit selbst heute getroffen werden, beanspruche ich in diesem Buch zu zeigen. *Wie* sie im einzelnen zu differenzieren sind, dazu werden Vorschläge der gesellschaftlichen Entwicklung abgeschaut. Bevor hier Klarheit gewonnen werden kann, muß allerdings ein Stück mehr Zukunft sichtbar werden.

Dem theoretischen Zwischen-den-Stühlen-Sitzen entspricht ein praktisches. Denjenigen, die an der Aufklärung in den Prämissen des 19. Jahrhunderts gegen den Ansturm der »Irrationalität des Zeitgeistes« nun erst recht festhalten, wird ebenso entschieden widersprochen wie denjenigen, die heute mit den aufgestauten Anomalien gleich das ganze Projekt der Moderne den Bach der Geschichte hinuntergehen lassen wollen.

Dem in allen Teilen des Meinungsmarktes hinreichend entfalteten Schreckenspanorama einer sich selbst gefährdenden Zivilisation bleibt nichts hinzuzufügen; ebensowenig den Bekundungen einer Neuen Ratlosigkeit, der die ordnenden Dichotomien einer selbst noch in ihren Gegensätzen »heilen« Welt des Industrialismus abhanden gekommen sind. Das vorliegende Buch handelt von dem *zweiten*, darauf folgenden Schritt. Es erhebt diesen Zustand selbst zum Erklärungsgegenstand. Seine Frage ist, wie diese Verunsicherungen des Zeitgeistes, die ideologiekritisch zu leugnen zynisch, denen distanzlos nachzugeben gefährlich wäre, in einem soziologisch informierten und inspirierten Denken zu *verstehen*, zu begreifen sind. Die theoretische Leitidee, die zu diesem Zweck ausgearbeitet wird, läßt sich am ehesten wiederum in einer historischen Analogie erläutern: *Ähnlich wie im 19. Jahrhundert Modernisierung die ständisch verknöcherte Agrargesellschaft aufgelöst und das Strukturbild der Industriegesellschaft herausgeschält hat, löst Modernisierung heute die Konturen der Industriegesellschaft auf, und in der Kontinuität der Moderne entsteht eine andere gesellschaftliche Gestalt.*

Die Grenzen dieser Analogie verweisen zugleich auf die Besonderheiten dieser Perspektive. Im 19. Jahrhundert vollzog sich Modernisierung vor dem Hintergrund ihres Gegenteils: einer traditionalen Welt der Überlieferung, einer Natur, die es zu erkennen und zu beherrschen galt. Heute, an der Wende ins 21. Jahrhundert, hat Modernisierung *ihr Gegenteil aufgezehrt, verloren* und trifft nun *auf sich selbst* in ihren industriegesellschaftlichen Prämissen und Funktionsprinzipien. Modernisierung im Erfahrungshorizont der *Vor*moderne wird verdrängt durch die Problemlagen von Modernisierung *im Selbstbezug*. Wurden im 19. Jahrhundert ständische Privilegien und religiöse Weltbilder, so werden heute das Wissenschafts- und Technikverständnis der klassischen Industriegesellschaft entzaubert, die Lebens- und Arbeitsformen in Kleinfamilie und Beruf, die Leitbilder von Männer- und Frauenrolle usw. Modernisierung *in* den Bahnen der Industriegesellschaft wird ersetzt durch eine Modernisierung *der Prämissen* der Industriegesellschaft, die in keinem der bis heute gebräuchlichen theoretischen Regie- und politischen Rezeptbücher des 19. Jahrhunderts vorgesehen war. Es ist dieser aufbrechende *Gegensatz* von Moderne und Industriegesellschaft (in all ihren Varianten), der uns, die wir bis ins Mark hinein gewöhnt sind, die Moderne *in* den Kategorien der Industriegesellschaft zu denken, heute das Koordinatensystem verschwimmen läßt.

Diese Unterscheidung zwischen Modernisierung *der Tradition* und Modernisierung *der Industriegesellschaft* oder, anders gesagt: zwischen *einfacher* und *reflexiver* Modernisierung, wird uns noch lange beschäftigen. Sie wird im folgenden im Durchgang durch konkrete Arbeitsfelder angedeutet. Auch wenn noch gar nicht absehbar ist, welche »Fixsterne« des industriegesellschaftlichen Denkens im Zuge dieser erst beginnenden Rationalisierung *zweiter Stufe* untergehen werden, so läßt sich schon heute begründet vermuten, daß dies selbst für scheinbar eherne »Gesetze« wie dem der funktionalen Differenzierung oder dem der betriebsgebundenen Massenproduktion gilt.

An zwei Konsequenzen sticht das Ungewohnte dieser Perspektive deutlich hervor. Sie behauptet, was bisher undenkbar schien: daß nämlich die Industriegesellschaft sich in ihrer *Durchsetzung*, also *auf den leisen Sohlen der Normalität, über die Hintertreppe der Nebenfolge von der Bühne der Weltgeschichte verabschiedet* – und nicht etwa, wie es bisher in den Bilderbüchern der Gesellschaftstheorie einzig vorgesehen war: mit einem politischen Knall (Revolution, demokratische Wahlen). Und sie besagt ferner, daß das »antimodernistische« Szenario, das augenblicklich die Welt beunruhigt – Wissenschafts-, Technik- und Fortschrittskritik, neue soziale Bewegungen –, nicht im Widerspruch zur Moderne steht, sondern Ausdruck ihrer konsequenten Weiterentwicklung über den Entwurf der Industriegesellschaft hinaus ist.

Der *generelle* Gehalt der Moderne tritt in Gegensatz zu seinen Verkrustungen und Halbierungen im Projekt der Industriegesellschaft. Der Zugang zu dieser Sicht wird blockiert durch einen ungebrochenen, bislang kaum erkannten *Mythos*, in dem das gesellschaftliche Denken im 19. Jahrhundert wesentlich befangen war und der seinen Schatten auch noch ins letzte Drittel des 20. Jahrhunderts wirft: dem Mythos nämlich, daß die entwickelte Industriegesellschaft mit ihrer Schematik von Arbeit und Leben, ihren Produktionssektoren, ihrem Denken in Kategorien des ökonomischen Wachstums, ihrem Wissenschafts- und Technikverständnis, ihren Demokratieformen eine *durch und durch moderne* Gesellschaft ist, ein Gipfelpunkt der Moderne, über den ein Hinaus sinnvollerweise gar nicht erst in Erwägung gezogen werden kann. Dieser Mythos hat viele Ausdrucksformen. Zu seinen wirkungsvollsten zählt der Irrwitz vom *Ende der Gesellschaftsgeschichte*. Dieser fasziniert in optimistischen und pessimistischen Varianten ausgerechnet das Denken der Epoche, in der das auf Dauer gestellte Neuerungssystem sich in der in ihm freigesetzten Dynamik selbst zu revidieren beginnt. Wir können deswegen noch nicht einmal die Möglichkeit eines gesellschaftlichen Gestaltwandels *in* der Moderne denken, weil die Theoretiker des industriegesellschaftlichen Kapitalismus diese historische Gestalt der Moderne, die in wesentlichen Bezügen ihrem Gegenteil im 19. Jahrhundert verhaftet bleibt, *ins Apriorische gewendet haben*. In der an Kant geschulten Frage nach den Bedingungen der Möglichkeit von modernen Gesellschaften wurden die historisch bedingten Konturen, Konfliktlinien und Funktionsprinzipien des industriellen Kapitalismus zu Notwendigkeiten der Moderne überhaupt überhöht. Die Kuriosität, mit der in der sozialwissenschaftlichen Forschung bis heute unterstellt wird, daß sich in der Industriegesellschaft alles verändert: Familie, Beruf, Betrieb, Klasse, Lohnarbeit, Wissenschaft und zugleich alles Wesentliche *nicht*: Familie, Beruf, Betrieb, Klasse, Lohnarbeit, Wissenschaft – ist nur ein weiterer Beleg dafür.

Dringender denn je brauchen wir Begrifflichkeiten, die – ohne falsch verstandene Hinwendung zu dem ewig alten Neuen, voller Abschiedsschmerzen und mit guten Beziehungen zu den ungehobenen Schatzkammern der Tradition – das uns überrollende Neue neu denken und uns mit ihm leben und handeln lassen. Neuen Begriffen auf die Spur zu kommen, die sich unter dem Zerfall der alten bereits heute zeigen, ist ein schwieriges Unterfangen. Den einen riecht es nach »Systemveränderung« und fällt in die Grauzonenzuständigkeit des Verfassungsschutzes. Andere haben sich in Kernüberzeugungen eingeigelt und beginnen nun angesichts einer sich selbst gegen den innersten Strich abgetrotzten Linientreue – und das kann vieles heißen: Marxismus, Feminismus, quantitatives Denken, Spezialisierung – auf alles einzuschlagen, das die Duftmarken des streunenden Abweichlertums aussendet.

Dennoch oder deswegen: Die Welt geht nicht unter, jedenfalls nicht deswegen, weil die Welt des 19. Jahrhunderts heute untergeht. Wobei das auch noch übertrieben ist. So stabil war die gesellschaftliche Welt des 19. Jahrhunderts bekanntlich nie. Sie ist bereits mehrfach zugrunde gegangen – im Denken. Dort war sie eigentlich schon begraben, bevor sie so recht geboren wurde. Wir erleben heute, daß die Visionen eines Nietzsche oder die auf der Bühne inszenierten Ehe- und Familiendramen der inzwischen ja »klassischen« (was heißt: alten) literarischen Moderne tatsächlich (mehr oder weniger) *repräsentativ* in Küche und Schlafzimmer stattfinden. Also längst Vorgedachtes geschieht. Und es geschieht immerhin mit einer Verzögerung von – über den Daumen gepeilt – einem halben bis ganzen Jahrhundert. Und es geschieht schon länger. Und es wird wohl auch noch länger geschehen. Und es geschieht noch gar nicht.

Wir erleben allerdings auch – und über das literarisch Vorgedachte hinaus –, daß *man danach weiterleben muß*. Wir erleben sozusagen, was geschieht, wenn in einem Drama von Ibsen der Vorhang gefallen ist. Wir erleben die Nichtbühnenwirklichkeit der nachbürgerlichen Epoche. Oder, im Hinblick auf Zivilisationsrisiken: wir sind die Erben einer *real gewordenen* Kulturkritik, die sich gerade deswegen mit der Diagnose der Kulturkritik, die ja immer eher als warnender Zukunftspessimismus gemeint war, nicht mehr zufriedengeben kann. Es kann nicht eine ganze Epoche in einen Raum jenseits der bisherigen Kategorien abrutschen, ohne daß dieses Jenseits einmal als das bemerkt und abgestreift wird, was es ist: ein über sich selbst hinaus verlängerter Ordnungsanspruch der Vergangenheit, dem die Gegenwart und die Zukunft entglitten ist.

In den folgenden Kapiteln wird versucht, in Auseinandersetzung mit Entwicklungstendenzen in zentralen Feldern gesellschaftlicher Praxis den gesellschaftsgeschichtlichen Denkfaden wiederaufzunehmen und über die Begrifflichkeit der Industriegesellschaft (in all ihren Varianten) hinaus zu verlängern. Die Leitidee einer reflexiven Modernisierung der Industriegesellschaft wird von zwei Seiten her entfaltet. Zunächst wird das Ineinander von Kontinuität und Zäsur am Beispiel von *Reichtumsproduktion und Risikoproduktion* erörtert. Die Einschätzung lautet: Während in der Industriegesellschaft die »Logik« der Reichtumsproduktion die »Logik« der Risikoproduktion dominiert, schlägt in der Risikogesellschaft dieses Verhältnis um (Teil I). Die Produktivkräfte haben in der Reflexivität von Modernisierungsprozessen ihre Unschuld verloren. Der Machtgewinn des technisch-ökonomischen »Fortschritts« wird immer mehr überschattet durch die Produktion von Risiken. Diese lassen sich nur in einem frühen Stadium als »latente Nebenwirkungen« legitimieren. Mit ihrer Universalisierung, öffentlichen Kritik und (anti-)wissenschaftlichen Erforschung legen sie die Schleier der Latenz ab und gewinnen in den sozialen und politischen Auseinandersetzungen eine neue und zentrale Bedeutung. Diese »Logik« der Risikoproduktion und -verteilung wird im Vergleich mit der (das gesellschaftstheoretische Denken bisher bestimmenden) »Logik« der Reichtumsverteilung entwickelt. Im Zentrum stehen Modernisierungsrisiken und -folgen, die sich in irreversiblen Gefährdungen des Lebens von Pflanze, Tier und Mensch niederschlagen. Diese können nicht mehr – wie betriebliche und berufliche Risiken im 19. und in der ersten Hälfte des 20. Jahrhunderts – lokal und gruppenspezifisch begrenzt werden, sondern enthalten eine Globalisierungstendenz, die Produktion *und* Reproduktion ebenso übergreift wie nationalstaatliche Grenzen unterläuft und in diesem Sinne *über*nationale und klassen*un*spezifische *Globalgefährdungen* mit neuartiger sozialer und politischer Dynamik entstehen läßt (Kapitel I und II).

Diese »sozialen Gefährdungen« und ihr kulturelles und politisches Potential sind jedoch nur die eine Seite der Risikogesellschaft. Die andere Seite kommt dann in den Blick, wenn man die *immanenten Widersprüche zwischen Moderne und Gegenmoderne im Grundriß der Industriegesellschaft* ins Zentrum stellt (Teil II und Teil III): Einerseits wird die Industriegesellschaft als Großgruppengesellschaft im Sinne einer Klassen- oder Schichtgesellschaft entworfen, und zwar gestern, heute und für alle Zukunft. Andererseits bleiben Klassen auf die Geltung sozialer Klassen*kulturen* und *-traditionen* angewiesen, die im Zuge wohlfahrtsstaatlicher Modernisierung in der Nachkriegsentwicklung der Bundesrepublik gerade *ent*traditionalisiert werden (Kapitel III).

Einerseits wird mit der Industriegesellschaft das Zusammenleben nach dem Muster der Kleinfamilie normiert und standardisiert. Andererseits beruht die Kleinfamilie auf »ständischen« Zuweisungen zu Geschlechtslagen von Männern und Frauen, die in der Kontinuität von Modernisierungsprozessen (Einbeziehung der Frauen in Ausbildung und Arbeitsmarkt, zunehmende Scheidungshäufigkeit usw.) gerade brüchig werden. Damit gerät aber das Verhältnis von Produktion und Reproduktion ebenso in Bewegung wie alles, was in der industriellen »Tradition der Kleinfamilie« zusammengebunden ist: Ehe, Elternschaft, Sexualität, Liebe usw. (Kapitel IV).

Einerseits wird die Industriegesellschaft in den Kategorien der *(Erwerbs-)Arbeitsgesellschaft* gedacht. Andererseits zielen aktuelle Rationalisierungsmaßnahmen gerade auf die Grundlagen der damit verbundenen Ordnungsschematik: Flexibilisierungen von Arbeitszeit und Arbeitsort verwischen die Grenzen zwischen Arbeit und Nichtarbeit. Die Mikroelektronik erlaubt es, Abteilungen, Betriebe, Konsumenten über die Produktionssektoren hinweg neu zu vernetzen. Damit werden aber die bisherigen rechtlichen und sozialen Prämissen des Beschäftigungssystems »wegmodernisiert«: Massenarbeitslosigkeit wird in neuen Formen »*pluraler Unter*beschäftigung« in das Beschäftigungssystem »integriert« – mit allen damit verbundenen Risiken und Chancen (Kapitel VI).

Einerseits wird in der Industriegesellschaft Wissenschaft und damit: *methodischer Zweifel* institutionalisiert. Andererseits wird dieser Zweifel (zunächst) auf das Außen, die Forschungsobjekte eingegrenzt, während die Grundlagen und Folgen wissenschaftlicher Arbeit gegen den intern geschürten Skeptizismus abgeschirmt bleiben. Diese Teilung des Zweifels ist für Zwecke der Professionalisierung ebenso notwendig wie angesichts der Unteilbarkeit des Fehlbarkeitsverdachts labil: in ihrer Kontinuität durchläuft die wissenschaftlich-technische Entwicklung im Innen- und Außenverhältnis einen Bruch. Der Zweifel wird auf Grundlagen und Risiken der wissenschaftlichen Arbeit ausgedehnt – mit der Konsequenz: der Rückgriff auf Wissenschaft wird zugleich *verallgemeinert und demystifiziert* (Kapitel VII).

Einerseits werden mit der Industriegesellschaft der Anspruch und die Formen der *parlamentarischen Demokratie* durchgesetzt. Andererseits wird der Geltungsradius dieser Prinzipien *halbiert*. Der subpolitische Neuerungsprozeß des »Fortschritts« verbleibt in der Zuständigkeit von Wirtschaft, Wissenschaft und Technologie, für die demokratische Selbstverständlichkeiten gerade außer Kraft gesetzt sind. Dies wird in der Kontinuität von Modernisierungsprozessen dort problematisch, wo – angesichts potentialisierter und riskanter Produktivkräfte – die Subpolitik der Politik die Führungsrolle der Gesellschaftsgestaltung abgenommen hat (Kapitel VIII).

Mit anderen Worten: in den Entwurf der Industriegesellschaft sind auf vielfältige Weise – etwa in die Schematik von »Klassen«, »Kleinfamilie«, »Berufsarbeit«, in dem Verständnis von »Wissenschaft«, »Fortschritt«, »Demokratie« – Bauelemente einer *industriell-immanenten Traditionalität* eingelassen, deren Grundlagen in der Reflexivität von Modernisierungen brüchig, aufgehoben werden. So seltsam es klingen mag: Die dadurch ausgelösten epochalen Irritationen sind durchweg Ergebnisse des *Erfolges* von Modernisierungen, die jetzt nicht mehr *in* den, sondern *gegen* die Bahnen und Kategorien der Industriegesellschaft verlaufen. Wir erleben einen Wandel der Grundlagen des Wandels. Dies denken zu können setzt allerdings voraus, daß das Bild der Industriegesellschaft revidiert wird. Sie ist ihrem Grundriß nach eine *halb*moderne Gesellschaft, deren eingebaute Gegenmoderne nichts Altes, Überliefertes ist, sondern *industriegesellschaftliches Konstrukt und Produkt*. Das Strukturbild der Industriegesellschaft beruht auf einem *Widerspruch* zwischen dem *universellen* Gehalt der Moderne und dem Funktionsgefüge ihrer Institutionen, in denen dieser nur *partikular-selektiv* umgesetzt werden kann. Das aber heißt: die Industriegesellschaft *labilisiert sich in ihrer Durchsetzung selbst.* Die Kontinuität wird zur »Ursache« der Zäsur. Die Menschen werden *freigesetzt* aus den Lebensformen und Selbstverständlichkeiten der industriegesellschaftlichen Epoche der Moderne – ähnlich wie sie im Zeitalter der Reformation aus den weltlichen Armen der Kirche in die Gesellschaft »entlassen« wurden. Die dadurch ausgelösten Erschütterungen bilden die andere Seite der Risikogesellschaft. Das Koordinatensystem, in dem das Leben und Denken in der industriellen Moderne befestigt ist – die Achsen von Familie und Beruf, der Glaube an Wissenschaft und Fortschritt –, gerät ins Wanken, und es entsteht ein neues Zwielicht von Chancen und Risiken – eben die Konturen der Risikogesellschaft. Chancen? In ihr werden auch die Prinzipien der Moderne gegen ihre industriegesellschaftliche Halbierung eingeklagt.

In vielfältiger Weise spiegelt dieses Buch den Entdeckungs- und Lernprozeß seines Autors wider. Am Ende jedes Kapitels bin ich klüger als am Beginn. Die Versuchung war groß, es vom Schluß her neu zu durchdenken und umzuschreiben. Dafür fehlte nicht nur die Zeit. Es wäre auch wiederum nur ein neues Zwischenstadium herausgekommen. Dies unterstreicht noch einmal den Prozeßcharakter der Argumentation und soll keineswegs als Blankoscheck für Gegeneinwände verstanden werden. Für den Leser liegt darin der Vorteil, die Kapitel auch für sich oder in anderer Reihenfolge und in bewußter Aufforderung zur Mit-, Gegen- und Weiterarbeit durchdenken zu können.

Wohl alle, die mir nahestehen, sind zu irgendeinem Zeitpunkt mit umfänglichen Vorläufern zu diesem Text und der Bitte um Kommentar konfrontiert worden. Manch einer nicht immer zu seiner eigenen Freude mit immer wieder frisch sprudelnden Varianten. Alles ist eingeflossen. Diese Mitwirkung von meist jungen Wissenschaftlerinnen und Wissenschaftlern im Umkreis meines Arbeitszusammenhangs kann weder im Text noch hier im Vorwort angemessen gewürdigt werden. Für mich ist sie zu einer unerhört ermutigenden Erfahrung geworden. Manche Teile dieses Buches sind geradezu Plagiate persönlicher Gespräche und geteilten Lebens. Ohne Vollständigkeit – ich danke: Elisabeth Beck-Gernsheim für unseren Nichtalltag im Alltag, gemeinsam durchlebte Ideen, unbeeindruckbare Respektlosigkeit; Maria Rerrich für viele Denk-Anstöße, Gespräche, verzwickte Materialaufarbeitungen;

Renate Schütz für ihre himmlisch-ansteckende philosophische Neugierde und beflügelnden Visionen; Wolfgang Bonß für erfolgreiche Suchgespräche zu fast allen Teilen des Textes; Peter Berger für die mir überlassene Niederschrift seines hilfreichen Ärgers; Christoph Lau für sein Mitdenken und Absichern querliegender Argumentationen; Hermann Stumpf und Peter Sopp für viele Hinweise und die findige Beschaffung von Literatur und Datenmaterialien; Angelika Schacht und Gerlinde Müller für ihre Verläßlichkeit und ihren mitdenkenden Eifer im Schreiben des Textes.

Auch habe ich großartig kollegiale Ermutigungen erfahren von Karl Martin Bolte, Heinz Hartmann und Leopold Rosenmayr. Was jetzt noch an Wiederholungen und falschen Bildern enthalten ist, erkläre ich hiermit zu Zeichen gewollter Imperfektion.

Wer zwischen den Zeilen hin und wieder das Glitzern eines Sees zu erkennen meint, irrt sich nicht. Breite Teile des Textes wurden auf einem Hügel im Freien oberhalb des Starnberger Sees unter dessen lebhafter Anteilnahme verfaßt. So mancher Kommentar von Licht, Wind und Wolken wurde gleich eingearbeitet. Diese ungewöhnliche Produktionsstätte – von einem meist strahlenden Himmelchen begünstigt – wurde durch die gastliche Sorge von Frau Ruhdorfer und ihrer ganzen Familie ermöglicht, die selbst Tiere und Kinder in gehörigem Abstand um mich herum weiden und spielen ließen.

Die Stiftung Volkswagenwerk hat durch die Gewährung eines Akademie-Stipendiums die Voraussetzungen für die Muße geschaffen, ohne die das Abenteuer dieser Argumentation wohl nicht gewagt worden wäre. Die Bamberger Kollegen Peter Gross und Laszlo Vaskovics haben zu meinen Gunsten einer Verschiebung ihres Forschungsfreisemesters zugestimmt. Ihnen allen sei – ohne jede Zuweisung von Mitschuld an meinen Irrtümern und Übertreibungen – herzlich gedankt. Besonders eingeschlossen darin sind auch diejenigen, die meine Ruhe nicht gestört und mein Schweigen ertragen haben.

Bamberg/München, April 1986   *Ulrich Beck*

Erster Teil
Auf dem zivilisatorischen Vulkan: Die Konturen der Risikogesellschaft

Kapitel I
Zur Logik der Reichtumsverteilung und der Risikoverteilung

In der fortgeschrittenen Moderne geht die gesellschaftliche Produktion von *Reichtum* systematisch einher mit der gesellschaftlichen Produktion von *Risiken*. Entsprechend werden die Verteilungsprobleme und -konflikte der Mangelgesellschaft überlagert durch die Probleme und Konflikte, die aus der Produktion, Definition und Verteilung wissenschaftlich-technisch produzierter Risiken entstehen.

Dieser Wechsel von der Logik der Reichtumsverteilung in der Mangelgesellschaft zur Logik der Risikoverteilung in der entwickelten Moderne ist historisch an (mindestens) zwei Bedingungen gebunden. Er vollzieht sich – wie heute erkennbar – erstens dort und in dem Maße, in dem durch das erreichte Niveau der menschlichen und technologischen Produktivkräfte sowie der rechtlichen und sozialstaatlichen Sicherungen und Regelungen *echte materielle Not* objektiv verringert und sozial ausgegrenzt werden kann. Zweitens ist dieser kategoriale Wechsel zugleich davon abhängig, daß im Zuge der exponentiell wachsenden Produktivkräfte im Modernisierungsprozeß Risiken und Selbstbedrohungspotentiale in einem bis dahin unbekannten Ausmaße freigesetzt werden.*

In dem Maße, in dem diese Bedingungen eintreten, wird ein historischer Typus des Denkens und Handelns durch einen anderen relativiert bzw. überlagert. Der Begriff der »Industrie- oder Klas-

---

* *Modernisierung* meint die technologischen Rationalisierungsschübe und die Veränderung von Arbeit und Organisation, umfaßt darüber hinaus aber auch sehr viel mehr: den Wandel der Sozialcharaktere und Normalbiographien, der Lebensstile und Liebesformen, der Einfluß- und Machtstrukturen, der politischen Unterdrückungs- und Beteiligungsformen, der Wirklichkeitsauffassungen und Erkenntnisnormen. Der Ackerpflug, die Dampflokomotive und der Mikrochip sind im sozialwissenschaftlichen Verständnis von Modernisierung sichtbare Indikatoren für einen sehr viel tiefer greifenden, das ganze gesellschaftliche Gefüge erfassenden und umgestaltenden Prozeß, in dem letztlich *Quellen der Gewißheit*, aus denen sich das Leben speist, verändert werden (Koselleck 1977, Lepsius 1977, Eisenstadt 1979). Üblicherweise wird zwischen Modernisierung und Industrialisierung unterschieden. Hier wird aus Gründen sprachlicher Vereinfachung meist von »Modernisierung« im Sinne eines Oberbegriffs gesprochen.

sengesellschaft« (im weitesten Sinne von *Marx* und *Weber*) kreiste um die Frage, wie der gesellschaftlich produzierte Reichtum sozial ungleich *und zugleich* »legitim« verteilt werden kann. Dies überschneidet sich mit dem neuen *Paradigma der Risikogesellschaft*, das in seinem Kern auf der Lösung eines ähnlichen und doch ganz andersartigen Problems beruht. Wie können die im fortgeschrittenen Modernisierungsprozeß systematisch mitproduzierten Risiken und Gefährdungen verhindert, verharmlost, dramatisiert, kanalisiert und dort, wo sie nun einmal in Gestalt »latenter Nebenwirkungen« das Licht der Welt erblickt haben, so eingegrenzt und wegverteilt werden, daß sie weder den Modernisierungsprozeß behindern noch die Grenzen des (ökologisch, medizinisch, psychologisch, sozial) »Zumutbaren« überschreiten?

Es geht also nicht mehr oder nicht mehr ausschließlich um die Nutzbarmachung der Natur, um die Herauslösung des Menschen aus traditionalen Zwängen, sondern es geht auch und wesentlich um Folgeprobleme der technisch-ökonomischen Entwicklung selbst. Der Modernisierungsprozeß wird *»reflexiv«*, sich selbst zum Thema und Problem. Fragen der Entwicklung und des Einsatzes von Technologien (im Bereich von Natur, Gesellschaft und Persönlichkeit) werden überlagert durch Fragen der politischen und wissenschaftlichen »Handhabung« – Verwaltung, Aufdeckung, Einbeziehung, Vermeidung, Verschleierung – der Risiken aktuell oder potentiell einzusetzender Technologien im Hinblick auf besonders zu definierende Relevanzhorizonte. Das Versprechen auf Sicherheit wächst mit den Risiken und muß gegen eine wachsame und kritische Öffentlichkeit durch kosmetische oder wirkliche Eingriffe in die technisch-ökonomische Entwicklung immer wieder bekräftigt werden.

Beide »Paradigmen« sozialer Ungleichheit sind systematisch auf bestimmte Epochen im Modernisierungsprozeß bezogen. Die Verteilung und Verteilungskonflikte um den gesellschaftlich produzierten Reichtum stehen solange im Vordergrund, wie in Ländern und Gesellschaften (heute in großen Teilen der sogenannten Dritten Welt) die Offensichtlichkeit materieller Not, die »Diktatur der Knappheit« das Denken und Handeln der Menschen beherrscht. Unter diesen Bedingungen der Mangelgesellschaft steht und vollzieht sich der Modernisierungsprozeß unter dem Anspruch, mit den Schlüsseln der wissenschaftlich-technischen Entwicklung die Tore zu den verborgenen Quellen des gesellschaftlichen Reichtums aufzuschließen. Diese Verheißungen der Befreiung von unverschuldeter Armut und Abhängigkeit liegen dem Handeln, Denken und Forschen in Kategorien sozialer Ungleichheit zugrunde, und zwar von der Klassen- über die Schichtungs- bis zur individualisierten Gesellschaft.

In den hochentwickelten, reichen Wohlfahrtsstaaten des Westens geschieht nun ein Doppeltes: Einerseits verliert der Kampf um das »tägliche Brot« – verglichen mit der materiellen Versorgung bis in die erste Hälfte des 20. Jahrhunderts hinein und mit der vom Hunger bedrohten Dritten Welt – die Dringlichkeit eines alles in den Schatten stellenden Kardinalproblems. An die Stelle des Hungers treten für viele Menschen die »Probleme« der »dicken Bäuche« (zum Problem »neuer Armut« siehe S. 143 ff.). Dem Modernisierungsprozeß wird damit jedoch seine bisherige Legitimationsgrundlage entzogen: die Bekämpfung des evidenten Mangels, für die man auch so manche (nicht mehr ganz) ungesehene Nebenfolge in Kauf zu nehmen bereit war.

Parallel verbreitet sich das Wissen, daß die Quellen des Reichtums »verunreinigt« sind durch wachsende »Nebenfolgengefährdungen«. Dies ist keineswegs neu, blieb aber lange Zeit im Bemühen der Überwindung von Not unbemerkt. Diese Nachtseite gewinnt überdies durch die Überentwicklung der Produktivkräfte an Bedeutung. Im Modernisierungsprozeß werden mehr und mehr auch *Destruktiv*kräfte in einem Ausmaß freigesetzt, vor denen das menschliche Vorstellungsvermögen fassungslos steht. Beide Quellen nähren eine wachsende Modernisierungskritik, die lautstark und konfliktvoll die öffentlichen Auseinandersetzungen bestimmt.

Systematisch argumentiert, beginnen sich gesellschaftsgeschichtlich früher oder später in der Kontinuität von Modernisierungsprozessen die sozialen Lagen und Konflikte einer »reichtumsverteilenden« mit denen einer »risikoverteilenden« Gesellschaft zu überschneiden. In der Bundesrepublik stehen wir – das ist meine These – spätestens seit den siebziger Jahren am Beginn dieses Übergangs. Das heißt: hier überlagern sich beide Arten von Themen und Konflikten. Wir leben *noch nicht* in einer Risikogesellschaft, aber auch *nicht mehr nur* in Verteilungskonflikten der Mangelgesellschaften. In dem Maße, in dem dieser Übergang vollzogen wird, kommt es dann wirklich zu einem Gesellschaftswandel, der aus den bisherigen Kategorien und Bahnen des Denkens und Handelns herausführt.

Trägt der Begriff des Risikos die gesellschaftsgeschichtliche Bedeutung, die ihm hier zugemutet wird? Handelt es sich nicht um ein Urphänomen menschlichen Handelns? Sind Risiken nicht gerade ein Kennzeichen der industriegesellschaftlichen Epoche, gegen die sie hier abgegrenzt werden sollen? Gewiß, Risiken sind keine Erfindung der Neuzeit. Wer – wie Kolumbus – auszog, um neue Länder und Erdteile zu entdecken, nahm »Risiken« in Kauf. Aber dies waren *persönliche* Risiken, keine globalen Gefährdungslagen, wie sie durch Kernspaltung oder die Lagerung von Atommüll für die ganze Menschheit entstehen. Das Wort »Risiko« hatte im Kontext dieser Epoche den Beiklang von Mut und Abenteuer, nicht den der möglichen Selbstvernichtung des Lebens auf der Erde.

Auch die Wälder sterben schon viele Jahrhunderte lang – zunächst durch ihre Verwandlung in Äcker, dann durch rücksichtslose Abholzungen. Aber das heutige Waldsterben erfolgt *global*, und zwar als *implizite* Konsequenz der Industrialisierung – mit völlig anderen sozialen und politischen Konsequenzen. Davon sind z.B. auch und gerade waldreiche Länder (wie Norwegen und Schweden) betroffen, die selbst kaum über schadstoffintensive Industrien verfügen, aber die Schadstoff-Bilanzen anderer hochindustrialisierter Länder mit sterbenden Wäldern, Pflanzen- und Tierarten bezahlen müssen.

Es wird berichtet, daß Seeleute, die im 19. Jahrhundert in die Themse fielen, nicht etwa ertrunken, sondern an den übelriechenden Ausdünstungen und Giftdämpfen dieser Londoner Kloake erstickt sind. Auch der Gang durch die engen Gassen einer mittelalterlichen Stadt muß einem Spießrutenlauf der Nase gleichgekommen sein. »Der Kot sammelt sich überall, in den Alleen, am Fuß der Schlagbäume, in den Droschken... Die Fassaden der Pariser Häuser sind vom Urin zersetzt... Die gesellschaftlich organisierte Verstopfung droht ganz Paris in den Prozeß der fauligen Auflösung hineinzuziehen.« (*A. Corbin*, Berlin 1984, S. 41ff.) Dennoch fällt auf, daß die damaligen Gefährdungen im Unterschied zu den heutigen eben in die Nase bzw. die Augen stachen, also sinnlich wahrnehmbar waren, während Zivilisationsrisiken heute sich typischerweise der Wahrnehmung entziehen und eher in der Sphäre chemisch-physikalischer Formeln angesiedelt sind (z.B. Giftgehalte in Nahrungsmitteln, atomare Bedrohung). Damit ist auch gleich ein weiterer Unterschied verbunden. Damals konnten sie auf eine *Unter*versorgung mit Hygienetechnologie zurückgeführt werden. Heute haben sie in einer industriellen *Über*produktion ihren Grund. Die heutigen Risiken und Gefährdungen unterscheiden sich also wesentlich von den äußerlich oft ähnlichen des Mittelalters durch die *Globalität* ihrer Bedrohung (Mensch, Tier, Pflanze) und ihre *modernen* Ursachen. Es sind *Modernisierungs*risiken. Sie sind *pauschales Produkt* der industriellen Fortschrittsmaschinerie und werden *systematisch* mit deren Weiterentwicklung verschärft.

Nun sind Risiken industrieller Entwicklung sicherlich so alt wie diese selbst. Die Verelendung großer Teile der Bevölkerung – das »Armutsrisiko« – hat das 19. Jahrhundert in Atem gehalten. »Qualifikationsrisiken« und »Gesundheitsrisiken« sind seit langem Thema von Rationalisierungsprozessen und darauf bezogenen sozialen Konflikten, Sicherungen (und Forschungen). Dennoch kommt den Risiken, die im folgenden im Zentrum stehen und seit einigen Jahren die Öffentlichkeit beunruhigen, eine neue Qualität zu. Sie sind in den Betroffenheiten, die sie produzieren, nicht mehr an den Ort ihrer Entstehung – den Betrieb – zurückgebunden. Ihrem Zuschnitt nach gefährden sie *das Leben* auf dieser Erde, und zwar in *all* seinen Erscheinungsformen. Verglichen damit gehören die Berufsrisiken primärer Industrialisierung einem anderen Zeitalter an. Die Gefahren der chemisch und atomar hochentwickelten Produktivkräfte heben die Grundlagen und Kategorien auf, in denen wir bisher gedacht und gehandelt haben – Raum und Zeit, Arbeit und Freizeit, Betrieb und Nationalstaat, ja sogar die Grenzen zwischen Militärblöcken und Kontinenten.

Die soziale Architektur und politische Dynamik derartiger zivilisatorischer Selbstgefährdungspotentiale steht hier im Zentrum. Die Argumentation sei vorweg in *fünf Thesen* umrissen:

(1) Risiken, wie sie in der fortgeschrittensten Stufe der Produktivkraftentwicklung erzeugt werden – damit meine ich in erster Linie die sich dem unmittelbaren menschlichen Wahrnehmungsvermögen vollständig entziehende Radioaktivität, aber auch Schad- und Giftstoffe in Luft, Wasser, Nahrungsmitteln und damit einhergehende Kurz- und Langzeitfolgen bei Pflanze, Tier und Mensch –, unterscheiden sich wesentlich von Reichtümern. Sie setzen systematisch bedingte, oft *irreversible* Schädigungen frei, bleiben im Kern meist *unsichtbar*, basieren auf *kausalen Interpretationen*,

stellen sich also erst und nur im (wissenschaftlichen bzw. antiwissenschaftlichen) *Wissen* um sie her, können im Wissen verändert, verkleinert oder vergrößert, dramatisiert oder verharmlost werden und sind insofern im besonderen Maße *offen für soziale Definitionsprozesse*. Damit werden Medien und Positionen der Risikodefinition zu gesellschaftlich-politischen Schlüsselstellungen.

(2) Mit der Verteilung und dem Anwachsen der Risiken entstehen *soziale Gefährdungslagen*. Diese folgen zwar in einigen Dimensionen der Ungleichheit von Schicht- und Klassenlagen, bringen jedoch eine wesentlich andere Verteilungslogik zur Geltung: Modernisierungsrisiken erwischen früher oder später auch die, die sie produzieren oder von ihnen profitieren. Sie enthalten einen *Bumerang-Effekt*, der das Klassenschema sprengt. Auch die Reichen und Mächtigen sind vor ihnen nicht sicher. Dies nicht nur als Gesundheitsgefährdungen, sondern auch als Gefährdungen von Legitimation, Besitz und Gewinn: Mit der sozialen Anerkennung von Modernisierungsrisiken sind *ökologische Entwertungen und Enteignungen verbunden*, die vielfältig und systematisch in Widerspruch zu den Gewinn- und Besitzinteressen treten, die den Industrialisierungsprozeß vorantreiben. Gleichzeitig produzieren Risiken *neue internationale Ungleichheiten*, einerseits zwischen Dritter Welt und Industriestaaten, andererseits zwischen den Industriestaaten untereinander. Sie unterlaufen das nationalstaatliche Kompetenzgefüge. Angesichts der Universalität und Übernationalität des Schadstoffverkehrs wird das Leben des Grashalms im Bayerischen Wald letztlich vom Schließen und Einhalten internationaler Abkommen abhängig.

(3) Dennoch brechen die Verbreitung und Vermarktung von Risiken keineswegs mit der kapitalistischen Entwicklungslogik, sondern heben diese vielmehr auf eine neue Stufe. Modernisierungsrisiken sind *big business*. Sie sind die von den Ökonomen gesuchten unabschließbaren Bedürfnisse. Hunger kann man stillen, Bedürfnisse befriedigen. Zivilisationsrisiken sind ein *Bedürfnis-Faß ohne Boden*, unabschließbar, unendlich, selbstherstellbar. Mit Risiken – könnte man mit Luhmann sagen – wird die Wirtschaft »*selbstreferentiell*«, unabhängig von der Umwelt menschlicher Bedürfnisbefriedigungen. Das aber heißt: die Industriegesellschaft produziert mit der wirtschaftlichen Ausschlachtung der durch sie freigesetzten Risiken die Gefährdungslagen und das politische Potential der Risikogesellschaft.

(4) Reichtümer kann man *besitzen*, von Risiken ist man *betroffen*; sie werden gleichsam zivilisatorisch *zugewiesen*. Zugespitzt und schematisch gesprochen: In Klassen- und Schichtlagen bestimmt das Sein das Bewußtsein, während in Gefährdungslagen das *Bewußtsein das Sein bestimmt*. Das Wissen gewinnt eine neue politische Bedeutung. Entsprechend muß das politische Potential der Risikogesellschaft in einer Soziologie und Theorie der Entstehung und Verbreitung des *Wissens um Risiken* entfaltet und analysiert werden.

(5) Sozial anerkannte Risiken, wie dies am Beispiel der Auseinandersetzungen um das Waldsterben zum ersten Mal deutlich hervortritt, enthalten einen eigentümlichen politischen Zündstoff: Das, was bislang als *unpolitisch galt, wird politisch – die Beseitigung der »Ursachen« im Industrialisierungsprozeß selbst*. Plötzlich regieren die Öffentlichkeit und die Politik in den Intimbereich des betrieblichen Managements hinein – in Produktplanung, technische Ausstattung usw. Dabei wird exemplarisch deutlich, worum es im öffentlichen Definitionsstreit um Risiken eigentlich geht: nicht nur um gesundheitliche Folgeprobleme für Natur und Mensch, sondern um die *sozialen, wirtschaftlichen und politischen Nebenfolgen dieser Nebenfolgen*: Markteinbrüche, Entwertung des Kapitals, bürokratische Kontrollen betrieblicher Entscheidungen, Eröffnung neuer Märkte, Mammutkosten, Gerichtsverfahren, Gesichtsverlust. In der Risikogesellschaft entsteht so in kleinen und in großen Schüben – im Smog-Alarm, im Giftunfall usw. – das *politische Potential von Katastrophen*. Deren Abwehr und Handhabung kann eine *Reorganisation von Macht und Zuständigkeit* einschließen. Die Risikogesellschaft ist eine *katastrophale* Gesellschaft. In ihr droht der Ausnahmezustand zum Normalzustand zu werden.

1. Naturwissenschaftliche Schadstoffverteilungen und soziale Gefährdungslagen

Die Diskussion um Schad- und Giftstoffgehalte in Luft, Wasser und Nahrungsmitteln wie um Natur- und Umweltzerstörungen ganz allgemein wird immer noch ausschließlich oder dominant in *natur*wissenschaftlichen Kategorien und Formeln geführt. Dabei bleibt unerkannt, daß den naturwissenschaftlichen »Verelendungsformeln« eine soziale, kulturelle und politische Bedeutung innewohnt. Entsprechend besteht die Gefahr, daß eine in chemisch-biologisch-technischen Kategorien geführte Umweltdiskussion ungewollt den Menschen ihrerseits nur noch als *organische Apparatur* ins Blickfeld rückt. Damit droht ihr jedoch der Gegenfehler zu dem Fehler zu unterlaufen, den sie mit Recht dem lange Zeit vorherrschenden industriellen Fortschrittsoptimismus vorgehalten hat: zu einer Naturdiskussion *ohne* Mensch, ohne die Frage nach der sozialen und kulturellen Bedeutung zu verkümmern. Gerade die Diskussionen der letzten Jahrzehnte, in denen das ganze Arsenal technik- und industriekritischer Argumente wieder einmal ausgebreitet und ausgemalt wurde, sind im Kern *technokratisch* und *naturalistisch* geblieben. Sie erschöpfen sich im Austausch und Beschwören von Schadstoffgehalten in Luft, Wasser und Nahrungsmitteln, Verhältniszahlen von Bevölkerungswachstum, Energieverbrauch, Nahrungsbedarf, Rohstoffmangel usw. mit einer Inbrunst und Ausschließlichkeit, als hätte es niemals jemanden – z.B. einen gewissen Max Weber – gegeben, der seine Zeit offensichtlich damit vertan hat nachzuweisen, daß dies ohne Einbeziehung sozialer Macht- und Verteilungsstrukturen, Bürokratien, vorherrschender Normen und Rationalitäten entweder nichtssagend oder unsinnig, wahrscheinlich aber beides ist. Unterderhand hat sich ein Verständnis eingeschlichen, bei dem die Moderne auf den Bezugsrahmen von Technik und Natur im Sinne von Täter und Opfer verkürzt wird. Vom Ansatz her bleiben diesem Denken (auch der politischen Umweltbewegung) die sozialen, politischen und kulturellen Inhalte und Konsequenzen von Modernisierungsrisiken verborgen.

Illustrieren wir das an einem Beispiel. Der Rat der Sachverständigen für Umweltfragen stellt in seinem Gutachten fest, daß »in der Frauenmilch Beta-Hexachlorcyclohexan, Hexachlorbenzol und DDT oft in bedenklichen Konzentrationen gefunden werden« (1985, S. 33). Diese Giftstoffe sind in Pflanzenschutzmitteln enthalten, die inzwischen aus dem Verkehr gezogen wurden. Ihre Herkunft sei ungeklärt (ebd.). An einer anderen Stelle heißt es: »Die Belastung der Bevölkerung durch Blei ist im Durchschnitt unbedenklich« (S. 35). Was verbirgt sich dahinter? Vielleicht – analog – folgende Verteilung: Zwei Männer haben zwei Äpfel. Einer ißt beide. Also haben sie *im Durchschnitt* jeder einen gegessen. Übertragen auf die Verteilung von Nahrungsmitteln im Weltmaßstab würde diese Aussage heißen: »Im Durchschnitt« sind alle Menschen auf dieser Erde satt. Hier liegt der Zynismus auf der Hand. In dem einen Teil der Erde sterben die Menschen vor Hunger, in dem anderen sind die Folgeprobleme der Überernährung zu einem Kostenfaktor ersten Ranges geworden. Es mag ja sein, daß diese Aussage in bezug auf Schad- und Giftstoffe *nicht* zynisch ist. Daß also die *durchschnittliche* Belastung auch die *tatsächliche* Belastung *aller* Bevölkerungsgruppen ist. Aber wissen wir es? Ist es nicht allein für die Vertretbarkeit dieser Aussage Voraussetzung zu wissen, welche sonstigen Gifte die Menschen einzuatmen und zu schlucken gezwungen sind? Erstaunlich ist die *Selbstverständlichkeit*, mit der nach »dem Durchschnitt« gefragt wird. Wer nach dem Durchschnitt fragt, schließt bereits dadurch sozial ungleiche Gefährdungslagen aus. Gerade das kann er aber nicht wissen. <u>Vielleicht gibt es Gruppen und Lebensbedingungen, für die der »im Durchschnitt unbedenkliche« Blei-und-und-Gehalt *lebensgefährlich* ist?</u>

Der nächste Satz des Gutachtens heißt: »Lediglich in der Nähe industrieller Emittenten werden bei Kindern mitunter bedenkliche Bleikonzentrationen gefunden.« Bezeichnend ist nicht nur das Fehlen jeglicher sozialer Differenzierungen in diesem wie in anderen Umwelt- und Schadstoffbilanzen. Bezeichnend ist auch, *wie* differenziert wird: nach *regionalen* Gesichtspunkten in bezug auf Emissionsquellen und nach *Alters*unterschieden – beides Kriterien, die im *biologischen* (oder allgemeiner: naturwissenschaftlichen) Denken beheimatet sind. Dies kann nicht den Gutachtergremien angelastet werden. Es spiegelt nur treffend das allgemeine wissenschaftliche und gesellschaftliche Denken in bezug auf Umweltprobleme wider. Diese werden weitgehend als eine Angelegenheit von Natur und Technik, Wirtschaft und Medizin betrachtet. Erstaunlich ist dabei folgendes: Industrielle Umweltbelastungen und Naturzerstörungen mit ihren vielfältigen Auswirkungen auf Gesundheit und Zusammenleben der Menschen, die erst in hochentwickelten Gesellschaften entstehen, sind durch einen *Verlust des gesellschaftlichen Denkens* gekennzeichnet. Zu diesem Verlust gesellt sich das Groteske: Diese Abwesenheit fällt niemandem – auch nicht den Soziologen selbst – auf.

Es wird nach Verteilung von Schadstoffen, Giften, Belastungen in Wasser, Luft, Boden, Nahrungsmitteln usw. gefragt und gefahndet. Die Ergebnisse werden regional differenziert in vielfarbigen »Umwelt-Landkarten« der verschreckten Öffentlichkeit präsentiert. Soweit auf diese Weise der Zustand der Umwelt dargestellt werden soll, ist diese Darstellungs- und Betrachtungsweise offensichtlich angemessen. Sowie daraus *Konsequenzen für die Menschen* gezogen werden, wird das zugrundeliegende Denken *kurzschlüssig*: Entweder man unterstellt pauschal, daß *alle* Menschen – unabhängig von Einkommen, Bildung, Beruf und damit verbundenen Ernährungs-, Wohn-, Freizeitmöglichkeiten und -gewohnheiten – in den ermittelten regionalen Schadstoffzentren *gleichermaßen* belastet sind (was erst zu beweisen wäre). Oder aber man klammert letztlich die Menschen und das Ausmaß ihrer Betroffenheit überhaupt aus und redet eben nur über Schadstoffe und ihre Verteilungen und Wirkungen auf die Region.

Die in naturwissenschaftlichen Kategorien geführte Schadstoffdiskussion bewegt sich entsprechend zwischen dem Fehlschluß von biologischen auf soziale Betroffenheiten oder einer Betrachtung von Natur und Umwelt, die die selektive Betroffenheit der Menschen sowie die sozialen und kulturellen Bedeutungen, die sie damit verbinden, ausklammert. Gleichzeitig bleibt unbedacht, daß *dieselben* Schadstoffe je nach Alter, Geschlecht, Ernährungsgewohnheiten, Art der Arbeit, Information, Bildung usw. für *verschiedene* Menschen ganz *verschiedene* Bedeutung haben können.

Besonders gravierend erscheint das Problem, daß Untersuchungen, die allein bei einzelnen Schadstoffen ansetzen, *nie* die Schadstoffkonzentration *im Menschen* ermitteln können. Was im Hinblick auf ein einzelnes Produkt »unbedenklich« sein mag, ist vielleicht in dem »Sammelbecken des Endverbrauchers«, zu dem der Mensch im fortgeschrittenen Stadium der Totalvermarktung geworden ist, äußerst bedenklich. Hier liegt ein *Kategorienfehler* vor: Eine natur- und produktorientierte Schadstoffanalyse ist nicht in der Lage, die Unbedenklichkeitsfrage zu beantworten, jedenfalls solange »Bedenklichkeit« oder »Unbedenklichkeit« etwas mit den Menschen zu tun hat, die das Zeug schlucken, einatmen (dazu ausführlich S. 85 ff.). Bekannt ist, daß die Einnahme mehrerer Medikamente die Wirkung jedes einzelnen aufheben oder potenzieren kann. Nun lebt aber der Mensch bekanntlich (noch) nicht nur von vielen Medikamenten allein. Er atmet auch die Schadstoffe der Luft, trinkt die des Wassers, ißt die des Gemüses usw. Mit anderen Worten: die Unbedenklichkeiten summieren sich bedenklich. Werden sie dadurch – wie dies bei Summen nun einmal nach den Regeln der Mathematik üblich ist – immer unbedenklicher?

2. Zur Wissensabhängigkeit von Modernisierungsrisiken

Risiken wie Reichtümer sind Gegenstand von Verteilungen, und diese wie jene konstituieren Lagen – *Gefährdungs*lagen bzw. *Klassen*lagen. Es geht hier wie dort jedoch um ein ganz anderes Gut und eine andere Umstrittenheit seiner Verteilung. Im Falle gesellschaftlicher Reichtümer handelt es sich um Konsumgüter, Einkommen, Bildungschancen, Besitz etc. als erstrebenswerte Knappheiten. Demgegenüber sind Gefährdungen ein Modernisierungs*bei*produkt von *verhinderungswertem Überfluß*. Diese gilt es entweder zu beseitigen oder zu leugnen, umzuinterpretieren. Der *positiven Aneignungslogik* steht also eine *negative Logik des Wegverteilens*, Vermeidens, Leugnens, Uminterpretierens gegenüber.

Während Einkommen, Bildung etc. für den einzelnen konsumierbare, erfahrbare Güter sind, ist die Existenz und Verteilung von Gefährdungen und Risiken *prinzipiell argumentativ vermittelt*. Was die Gesundheit beeinträchtigt, die Natur zerstört, ist häufig für das eigene Empfinden und Auge nicht erkennbar, und selbst dort, wo es scheinbar offen zutage liegt, bedarf es der sozialen Konstruktion nach zu seiner »objektiven« Feststellung des ausgewiesenen Expertenurteils. Viele der neuartigen Risiken (nukleare oder chemische Verseuchungen, Schadstoffe in Nahrungsmitteln, Zivilisationskrankheiten) entziehen sich vollständig dem unmittelbaren menschlichen Wahrnehmungsvermögen. Ins Zentrum rücken mehr und mehr Gefährdungen, die für die Betroffenen oft weder sichtbar noch spürbar sind, Gefährdungen, die u. U. gar nicht mehr in der Lebensspanne der Betroffenen selbst wirksam werden, sondern bei ihren Nachkommen, in jedem Fall Gefährdungen, die der »Wahrnehmungsorgane« der Wissenschaft bedürfen – *Theorien, Experimente, Meßinstrumente –, um überhaupt als Gefährdungen »sichtbar«, interpretierbar zu werden*. Das Paradigma dieser Gefährdungen sind die genverändernden Folgen der Radioaktivität, die, unspürbar für die Betroffenen, diese – wie der Reaktorunfall von Harrisburg zeigt – unter ungeheuren nervlichen Belastungen *vollständig* dem Urteil, den Fehlern, den Kontroversen der Experten ausliefert.

Das Zusammendenken des Getrennten: Kausalitätsvermutung

Diese Wissensabhängigkeit und Unsichtbarkeit von zivilisatorischen Gefährdungslagen reichen allerdings für ihre begriffliche Bestimmung nicht hin; sie enthalten in sich bereits weitere Komponenten. Aussagen über Gefährdungen sind niemals auf bloße Tatsachenaussagen reduzierbar. Sie beinhalten konstitutiv sowohl eine *theoretische* als auch eine *normative* Komponente. Die Feststellung »bedenklicher Bleikonzentrationen bei Kindern« oder von »Pestizidwirkstoffen in der Muttermilch« ist *als solche* ebensowenig eine zivilisatorische Gefährdungslage wie die Nitratkonzentration in Flüssen oder der Schwefeldioxydgehalt der Luft. Hinzukommen muß eine kausale Deutung, die dies als Produkt der industriellen Produktionsweise, als systematische Nebenfolge von Modernisierungsprozessen erscheinen läßt. In sozial anerkannten Risiken werden also die Instanzen und Akteure des Modernisierungsprozesses mit all ihren Teilinteressen und Abhängigkeiten vorausgesetzt und in einen direkten, nach dem Muster von Ursache und Wirkung verknüpften Zusammenhang zu davon sozial, inhaltlich, örtlich und zeitlich völlig losgelösten Schadenserscheinungen und Bedrohungen gesetzt. Die Frau, die in ihrer Dreizimmerwohnung in einer Neuperlacher Vorstadtsiedlung ihrem drei Monate alten Martin ihre Brust gibt, steht auf diese Weise in einer »unmittelbaren Beziehung« zu der chemischen Industrie, die Pflanzenschutzmittel herstellt, den Bauern, die sich durch die Agrarrichtlinien der EG zur spezialisierten Massenproduktion und Überdüngung gezwungen sehen usw. In welchem Radius man nach Nebenfolgen fahnden kann bzw. soll, ist weitgehend offen. Selbst in dem Fleisch antarktischer Pinguine wurde kürzlich eine Überdosis von DDT nachgewiesen.

Diese Beispiele zeigen zweierlei: erstens, daß Modernisierungsrisiken zugleich ortspezifisch und *un*spezifisch *universell* auftreten; und zweitens, wie *unberechenbar, unvorhersehbar* die verschlungenen Wege ihrer Schadenseinwirkung sind. In Modernisierungsrisiken wird also inhaltlich-sachlich, räumlich und zeitlich Auseinanderliegendes kausal zusammengezogen und damit im übrigen zugleich in einen sozialen und rechtlichen Verantwortungszusammenhang gebracht. Kausalitätsvermutungen entziehen sich aber – wie wir spätestens seit Hume wissen – prinzipiell der Wahrnehmung. Sie sind Theorie. Sie müssen immer hinzugedacht, als wahr unterstellt, geglaubt werden. Auch in diesem Sinne sind Risiken *un*sichtbar. Die unterstellte Kausalität bleibt immer mehr oder weniger unsicher und vorläufig. In dieser Bedeutung handelt es sich auch beim alltäglichen Risikobewußtsein um ein *theoretisches* und damit um ein *verwissenschaftlichtes* Bewußtsein.

Implizite Ethik

Auch dieses kausale Verknüpfen des institutionell Getrennten reicht nicht hin. Erlebte Risiken setzen einen *normativen Horizont* verlorener Sicherheit, gebrochenen Vertrauens voraus. Risiken bleiben damit selbst dort, wo sie wortlos in Zahlen und Formeln gekleidet einherkommen, prinzipiell *standortgebunden*, mathematische Verdichtungen verletzter Vorstellungen vom lebenswerten Leben. Diese müssen ihrerseits wiederum *geglaubt* werden, d.h. sind *so* nicht erlebbar. Risiken sind in diesem Sinne sachlich gewendete Negativbilder von Utopien, in denen das Humane oder das, was davon übriggeblieben ist, im Modernisierungsprozeß konserviert und neu belebt wird. Trotz aller Unkenntlichkeit kann dieser normative Horizont, in dem erst das Risikohafte des Risikos anschaubar wird, letztlich nicht wegmathematisiert oder wegexperimentiert werden. Hinter allen Versachlichungen tritt früher oder später die Frage nach der *Akzeptanz* hervor und damit die alte neue Frage, *wie wollen wir leben?* Was ist das Menschliche am Menschen, das Natürliche an der Natur, das es zu bewahren gilt? Die um sich greifende Rede von der »Katastrophe« ist in diesem Sinne der überspitzte, radikalisierte, ins Sachliche hinein gewendete Ausdruck dafür, daß diese Entwicklung *nicht gewollt* wird.

Diese Alt-Neu-Fragen, was ist der Mensch? wie halten wir es mit der Natur?, mögen hin- und hergeschoben werden zwischen Alltag, Politik und Wissenschaft. Sie stehen im fortgeschrittensten Stadium der Zivilisationsentwicklung wieder ganz oben auf der Tagesordnung – auch bzw. *gerade* dort, wo sie noch die Tarnkappe mathematischer Formeln und methodischer Kontroversen tragen. Risikofeststellungen sind die Gestalt, in der die Ethik und damit auch: die Philosophie, die Kultur, die Politik – *in* den Zentren der Modernisierung – in der Wirtschaft, den Naturwissenschaften, den Technikdisziplinen wiederaufsteht. Risikofeststellungen sind eine noch unerkannte, unentwickelte Symbiose von Natur- und Geisteswissenschaft, von Alltags- und Expertenrationalität, von Interesse und Tatsache. Sie sind gleichzeitig weder nur das eine noch nur das andere. Sie sind beides, und zwar in neuer Form. Sie können nicht mehr spezialisiert von dem einen oder anderen isoliert und an den eigenen Rationalitätsstandards entwickelt und fixiert werden. Sie setzen ein Zusammenwirken über die Gräben von Disziplinen, Bürgergruppen, Betrieben, Verwaltung und Politik voraus oder – was wahrscheinlicher ist – zerbrechen zwischen diesen in gegensätzliche Definitionen und *Definitionskämpfe*.

Wissenschaftliche und soziale Rationalität

Hierin liegt die wesentliche und folgenreiche Konsequenz: in Risikodefinitionen wird das *Rationalitätsmonopol der Wissenschaften gebrochen*. Es gibt immer konkurrierende und konflikthafte Ansprüche, Interessen und Gesichtspunkte der verschiedenen Modernisierungsakteure und Betroffenengruppen, die in Risikodefinitionen im Sinne von Ursache und Wirkung, Urheber und Geschädigten zusammengezwungen werden. Viele Wissenschaftler gehen zwar mit dem ganzen Impetus und Pathos ihrer Sachrationalität zu Werke, ihr Sachlichkeitsbemühen wächst gleichsam proportional mit dem politischen Gehalt ihrer Definitionen. Aber sie bleiben im Kern ihrer Arbeit auf *soziale* und damit *ihnen vorgegebene* Erwartungen und Wertungen angewiesen: Wo und wie sind die Grenzen zu ziehen zwischen *noch* und *nicht mehr* hinzunehmenden Belastungen? Wie kompromißfähig sind die dabei vorausgesetzten Maßstäbe? Soll beispielsweise die Möglichkeit einer ökologischen Katastrophe in Kauf genommen werden, um wirtschaftlichen Interessen zu genügen? Was sind Notwendigkeiten, was *vermeintliche* Notwendigkeiten, was *zu verändernde* Notwendigkeiten?

Der Rationalitätsanspruch der Wissenschaften, den Risikogehalt des Risikos *sachlich* zu ermitteln, entkräftet sich permanent selbst: Er beruht zum einen auf einem *Kartenhaus spekulativer Annahmen* und bewegt sich ausschließlich im Rahmen von *Wahrscheinlichkeitsaussagen*, deren Sicherheitsprognosen durch *tatsächliche* Unfälle strenggenommen nicht einmal widerlegt werden können. Zum anderen muß man einen *Wert*standpunkt bezogen haben, um überhaupt sinnvoll über Risiken reden zu können. Risikofeststellungen *basieren* auf mathematischen *Möglichkeiten* und gesellschaftlichen Interessen selbst und gerade dort, wo sie sich mit technischer Gewißheit präsentieren. In der Befassung mit Zivilisationsrisiken haben die Wissenschaften immer schon ihren Grund experimenteller Logik verlassen und sind eine polygame Ehe mit Wirtschaft, Politik und Ethik eingegangen – oder genauer: sie leben in einer Art »Dauerehe ohne Trauschein« mit diesen zusammen.

Diese verdeckte Fremdbestimmung in der Risikoforschung wird spätestens dort zu einem Problem, wo die Wissenschaftler immer noch mit dem Monopolanspruch auf Rationalität auftreten. Die Reaktorsicherheitsstudien beschränken sich auf die Schätzung bestimmter *quantifizierbarer* Risiken anhand *wahrscheinlicher* Unfälle. Die Dimensionalität des Risikos wird also vom Ansatz her bereits auf *technische Handhabbarkeit* eingeschränkt. Bei breiten Teilen der Bevölkerung und Kernenergie-Gegnern steht dagegen gerade das *Katastrophenpotential* der Kernenergie im Zentrum. Auch eine noch so gering gehaltene Unfallwahrscheinlichkeit ist dort zu hoch, wo *ein* Unfall die Vernichtung bedeutet. Ferner spielen in der öffentlichen Diskussion Risikoeigenschaften eine Rolle, die in den Risikostudien gar nicht behandelt werden, etwa die Weiterverbreitung von Atomwaffen, der Widerspruch zwischen Menschlichkeit (Irrtum, Versagen) und Sicherheit, Langfristigkeit und Irreversibilität getroffener großtechnologischer Entscheidungen, die mit dem Leben zukünftiger Generationen spielen. Mit anderen Worten, in Risikodiskussionen werden die Risse und Gräben zwischen *wissenschaftlicher und sozialer* Rationalität im Umgang mit zivilisatorischen Gefährdungspotentialen deutlich. Man redet aneinander vorbei. Auf der einen Seite werden Fragen gestellt, die von der anderen gar nicht beantwortet werden, und auf der anderen Seite Antworten auf Fragen gegeben, die *so* gar nicht den Kern dessen treffen, nach dem eigentlich gefragt wurde und das die Ängste schürt.

Wissenschaftliche und soziale Rationalität brechen zwar auseinander, bleiben aber zugleich vielfältig ineinander verwoben und aufeinander angewiesen. Strenggenommen wird sogar diese Unterscheidung immer weniger möglich. Die wissenschaftliche Befassung mit Risiken der industriellen Entwicklung bleibt ebenso auf soziale Erwartungen und Werthorizonte angewiesen wie umgekehrt die soziale Auseinandersetzung und Wahrnehmung der Risiken auf wissenschaftliche Argumente. Die Risikoforschung folgt gleichsam errötend den Fragespuren der »Technikfeindlichkeit«, die einzudämmen sie berufen wurde und durch die sie im übrigen in den letzten Jahren eine ungeahnte materielle Förderung erfahren hat. Die öffentliche Kritik und Unruhe lebt wesentlich von der Dialektik von Expertise und Gegenexpertise. *Ohne* wissenschaftliche Argumente und antiwissenschaftliche Kritik wissenschaftlicher Argumente bleibt sie *stumpf*, ja mehr noch: kann den meist »unsichtbaren« Gegenstand und Vorgang ihrer Kritik und Ängste oft gar nicht wahrnehmen. Um ein berühmtes Wort abzuwandeln: Wissenschaftliche ohne soziale Rationalität bleibt *leer,* soziale ohne wissenschaftliche Rationalität *blind.*

Damit soll nicht etwa ein allgemeines Harmoniebild entworfen werden. Im Gegenteil: es handelt sich um vielfältig konkurrierende und konflikthaft um Geltung ringende Rationalitätsansprüche. Hier wie dort tritt ganz anderes ins Zentrum, wird anderes variabel gesetzt bzw. konstant gehalten. Liegt dort das Veränderungsprimat auf der industriellen Produktionsweise, so hier auf der technologischen Handhabbarkeit von Unfallwahrscheinlichkeiten usw.

Definitionsvielfalt: Immer mehr Risiken

Theoretischer Gehalt und der Wertbezug von Risiken bedingen weitere Komponenten: die beobachtbare *konfliktvolle Pluralisierung und Definitionsvielfalt von Zivilisationsrisiken.* Es kommt sozusagen zu einer Überproduktion von Risiken, die sich teils relativieren, teils ergänzen, teils wechselseitig den Rang ablaufen. Jeder Interessenstandpunkt versucht sich mit Risikodefinitionen zur Wehr zu setzen und auf diese Weise Risiken, die ihm selbst ins Portemonnaie greifen, abzudrängen. Gefährdung von Boden, Pflanze, Luft, Wasser und Tier nehmen in diesem Kampf aller gegen alle um einträglichste Risikodefinitionen insofern einen besonderen Platz ein, als sie das *Gemeinwohl* und die Stimmen derjenigen zur Sprache bringen, die selbst keine Stimme haben; (vielleicht wird erst ein aktives und passives Wahlrecht für Gräser und Regenwürmer die Menschen zur Vernunft bringen). Für die Wert- und Interessenbezogenheit von Risiken ist diese Pluralisierung evident: Reichweite, Dringlichkeit und Existenz von Risiken schwanken mit der Wert- und Interessenvielfalt. Daß dies hineinwirkt in die inhaltliche Interpretation von Risiken, liegt weniger auf der Hand.

Der kausale Nexus, der in Risiken hergestellt wird zwischen aktuellen oder potentiellen Schädigungseinwirkungen und dem System der Industrieproduktion, eröffnet eine schier unendliche Vielzahl von Einzelinterpretationen. Im Grunde genommen kann man zumindest versuchsweise alles mit allem in Beziehung setzen, solange eben das Grundmuster – Modernisierung als Ursache, Schädigung als Nebenfolge – eingehalten wird. Vieles wird sich nicht erhärten lassen. Selbst Erhärtetes wird sich gegen systematischen Dauerzweifel behaupten müssen. Wesentlich aber ist, daß selbst bei der unübersehbaren Fülle von Interpretationsmöglichkeiten immer wieder *Einzel*bedingungen zueinander in Beziehung gesetzt werden. Greifen wir das Waldsterben heraus. Solange noch der Borkenkäfer, die Eichhörnchen oder das jeweils zuständige Forstamt als Ursachen und Schuldige in Betracht gezogen wurden, handelte es sich scheinbar noch nicht um ein »Modernisierungsrisiko«, sondern um forstwirtschaftlichen Schlendrian oder tierische Gefräßigkeit.

Eine ganz andere Arena von Ursachen und Schuldigen wird eröffnet, wenn diese typisch lokale Fehldiagnostik, die Risiken auf dem Wege ihrer Anerkennung immer erst konfliktvoll durchbrechen müssen, überwunden und das Waldsterben als *Industrialisierungs*folge erkannt und anerkannt wird. Erst damit wird es zum langfristigen, systematisch bedingten, nicht mehr lokal behebbaren, sondern *politische* Lösungen erfordernden Problem. Hat sich dieser Sichtwandel durchgesetzt, wird wiederum unendlich vieles möglich: Sind es Schwefeldioxyde, die Stickstoffe, deren Photooxidantien, die Kohlenwasserstoffe oder sonst irgend etwas, das uns heute noch völlig unbekannt ist, das uns den ewigen und letzten Herbst – das Fallen der Blätter – beschert? Diese chemischen Formeln stehen nur scheinbar für sich. Dahinter geraten Firmen, Industriezweige, Wirtschafts-, Wissenschafts- und Berufsgruppen in die Schußlinie der öffentlichen Kritik. Denn jede sozial anerkannte »Ursache« gerät unter massiven Veränderungsdruck und mit ihr das Handlungssystem, in dem sie entsteht. Selbst wenn dieser öffentliche Druck abgewehrt wird, gehen Absätze zurück, brechen Märkte ein, muß das »Vertrauen« der Kundschaft durch große und kostspielige Werbeaktionen wieder neu gewonnen und gefestigt werden. Ist nun das Auto die »Schmutzschleuder der Nation« und damit der eigentliche »Waldkiller«? Oder gilt es, in die Kohlekraftwerke endlich hochwertige, auf dem neuesten technischen Stand befindliche Entschwefelungs- und Entstickungsanlagen einzubauen? Oder wird auch das vielleicht nichts nutzen, da die Schadstoffe, die den Wald sterben lassen, mit den verschiedensten Winden aus den Schloten und Auspuffrohren unserer Nachbarländer ohne Transportkosten »frei Haus« (bzw. »frei Baum«) geliefert werden?

Überall, wo der Ursachen suchende Scheinwerfer hinfällt, bricht sozusagen das Feuer aus, muß die schnell zusammengerufene und notdürftig ausgestattete »Argumentations-Feuerwehr« mit einem kräftigen Strahl Gegeninterpretation löschen und retten, was zu löschen und zu retten ist. Wer sich plötzlich an den öffentlichen Pranger der Risikoproduktion gestellt sieht, widerlegt, so gut es geht, mit allmählich betrieblich institutionalisierter »Gegenwissenschaft« die Argumente, die ihn an den Pranger binden, und bringt andere Ursachen und damit Urheber ins Spiel. Das Bild vervielfältigt sich. Medienzugänge werden zentral. Die Unsicherheit innerhalb der Industrie verschärft sich: Niemand weiß, wen als nächstes der Bannstrahl der ökologischen Moral trifft. Gute oder zumindest öffentlich durchsetzungsfähige Argumente werden zur Bedingung des geschäftlichen Erfolgs. Die Öffentlichkeitsarbeiter, die »Argumentationszimmerer«, kriegen ihre betriebliche Chance.

Ursachenketten und Schädigungskreisläufe: Der Systemgedanke

Um es noch einmal ausdrücklich zu sagen: alle diese Wirkungen treten ein ganz unabhängig davon, wie haltbar die unterstellten Kausalinterpretationen aus einem möglichen wissenschaftlichen Blickwinkel erscheinen. Meist gehen ja auch innerhalb der Wissenschaften und betroffenen Fächer die Meinungen darüber weit auseinander. *Die soziale Wirkung von Risikodefinitionen ist also nicht von ihrer wissenschaftlichen Haltbarkeit abhängig.*

Diese Interpretationsvielfalt hat allerdings auch ihren Grund in der Logik von Modernisierungsrisiken selbst. Schließlich wird hier versucht, Schädigungswirkungen mit kaum isolierbaren Einzelfaktoren im komplexen System der industriellen Produktionsweise in Beziehung zu setzen. Der Systeminterdependenz der hochspezialisierten Modernisierungsakteure in Wirtschaft, Landwirtschaft, Recht und Politik entspricht die Abwesenheit von isolierbaren Einzelursachen und Verantwortlichkeiten: Verseucht die Landwirtschaft den Boden, oder sind die Landwirte nur das schwächste Glied in der Kette der Schädigungskreisläufe? Sind sie vielleicht nur unselbständige und untergeordnete Absatzmärkte der chemischen Futtermittel- und Düngemittel-Industrie, und wäre für eine vorsorgende Entgiftung der Böden hier der Hebel anzusetzen? Aber die Behörden könnten doch längst den Absatz der Gifte verboten oder drastisch eingeschränkt haben. Sie tun es aber nicht. Im Gegenteil: mit Unterstützung der Wissenschaft stellen sie laufend Freibriefe für »unbedenkliche« Giftproduktionen aus, die uns allen mehr und mehr nicht nur an die Nieren gehen. Liegt also der Schwarze Peter im Dschungel von Behörden, Wissenschaft und Politik? Aber die bestellen ja schließlich nicht die Böden. Also doch die Bauern? Aber die wurden in die EG-Klemme gesteckt, müssen düngungsintensive Überproduktionen betreiben, um ihrerseits wirtschaftlich zu überleben...

Mit anderen Worten: der hochdifferenzierten Arbeitsteilung entspricht eine allgemeine Komplizenschaft und dieser eine allgemeine Verantwortungslosigkeit. Jeder ist Ursache *und* Wirkung und damit *Nicht*ursache. Die Ursachen verkrümeln sich in einer allgemeinen Wechselhaftigkeit von Akteuren und Bedingungen, Reaktionen und Gegenreaktionen. Dies verschafft dem Systemgedanken soziale Evidenz und Popularität.

Daran wird exemplarisch deutlich, worin die biographische Bedeutung des Systemgedankens liegt: *Man kann etwas tun und weitertun, ohne es persönlich verantworten zu müssen.* Man handelt sozusagen in eigener Abwesenheit. Man handelt physisch, ohne moralisch und politisch zu handeln. Der generalisierte Andere – das System – handelt in einem und durch einen selbst hindurch: Dies ist die zivilisatorische Sklavenmoral, in der gesellschaftlich und persönlich so gehandelt wird, als stünde man unter einem Naturschicksal, dem »Fallgesetz« des Systems. Auf diese Weise wird angesichts des drohenden ökologischen Desasters »Schwarzer Peter« gespielt.

*Der Risikogehalt: Das handlungsaktivierende
Noch-Nicht-Ereignis*

Risiken erschöpfen sich allerdings nicht in bereits eingetretenen Folgen und Schädigungen. In ihnen kommt wesentlich eine *zukünftige* Komponente zur Sprache. Diese beruht teils auf der Verlängerung der gegenwärtig absehbaren Schädigungen in die Zukunft, teils auf einem allgemeinen Vertrauensverlust oder vermuteten »Risikoverstärkern«. Risiken haben also wesentlich etwas mit Vorausschau, noch nicht eingetretenen, aber drohenden Zerstörungen zu tun, die allerdings gerade in dieser Bedeutung bereits heute real sind. Ein Beispiel aus dem Umweltgutachten: Der Rat verweist darauf, daß die hohen Nitratkonzentrationen durch Stickstoffdüngungen bislang kaum oder gar nicht in Grundwässer größerer Tiefenlage durchsickern, aus denen wir unser Trinkwasser beziehen. Sie werden weitgehend im Unterboden abgebaut. Man weiß jedoch nicht, wie und wie lange dies noch geschieht. Gute Gründe sprechen dafür, die Filterwirkung der Schutzschicht nicht ohne Vorbehalte in die Zukunft hineinzuverlängern. »Es ist zu befürchten, daß die heutigen Nitratauswaschungen mit einer der Fließzeit entsprechenden Verzögerung nach Jahren oder Jahrzehnten auch tiefere Grundwasserschichten erreicht haben werden.« (S. 29) Mit anderen Worten: die Zeitbombe tickt. In diesem Sinne meinen Risiken eine Zukunft, die es zu verhindern gilt.

Im Gegensatz zu der faßbaren Evidenz von Reichtümern haftet Risiken damit etwas *Irreales* an. Sie sind in einem zentralen Sinne zugleich *wirklich und unwirklich*. Einerseits sind viele Gefährdungen und Zerstörungen bereits real: verschmutzte und sterbende Gewässer, Zerstörung des Waldes, neuartige Krankheiten etc. Auf der anderen Seite liegt die eigentliche soziale Wucht des Risikoargumentes in *projizierten Gefährdungen der Zukunft*. Es sind in diesem Sinne Risiken, die dort, wo sie eintreten, Zerstörungen von einem Ausmaß bedeuten, daß Handeln im nachhinein praktisch unmöglich wird, die also bereits als Vermutung, als Zukunftsgefährdung, als Prognose im präventiven Umkehrschluß Handlungsrelevanz besitzen und entfalten. Das Zentrum des Risikobewußtseins liegt nicht in der Gegenwart, sondern *in der Zukunft*. In der Risikogesellschaft verliert die Vergangenheit die Determinationskraft für die Gegenwart. An ihre Stelle tritt die Zukunft, damit aber etwas Nichtexistentes, Konstruiertes, Fiktives als »Ursache« gegenwärtigen Erlebens und Handelns. Wir werden heute aktiv, um die Probleme oder Krisen von morgen und übermorgen zu verhindern, abzumildern, Vorsorge zu leisten – oder eben gerade nicht. In Modellrechnungen »prognostizierte« Arbeitsmarktengpässe wirken unmittelbar auf das Bildungsverhalten zurück;

antizipierte, drohende Arbeitslosigkeit ist eine wesentliche Determinante der gegenwärtigen Lebenslage und Lebensbefindlichkeit; die prognostizierte Zerstörung der Umwelt und die atomare Bedrohung versetzen eine Gesellschaft in Unruhe und vermögen große Teile der jungen Generation auf die Straße zu treiben. Wir haben es in der Auseinandersetzung mit der Zukunft also mit einer »projizierten Variable«, einer »projizierten Ursache« gegenwärtigen (persönlichen und politischen) Handelns zu tun, deren Relevanz und Bedeutung direkt proportional zu ihrer Unkalkulierbarkeit und ihrem Bedrohungsgehalt wächst und die wir entwerfen (müssen), um unser gegenwärtiges Handeln zu bestimmen und zu organisieren.

Legitimation: »Latente Nebenwirkungen«

Dies setzt allerdings voraus, daß Risiken einen sozialen Anerkennungsprozeß erfolgreich durchlaufen haben. Zunächst sind Risiken jedoch Vermeidungsgüter, *deren Nichtexistenz bis auf Widerruf unterstellt wird* – nach dem Motto: »in dubio pro Fortschritt«, und das heißt: in dubio pro Weggucken. Damit ist zugleich ein Legitimationsmodus verbunden, der sich deutlich von der ungleichen Verteilung gesellschaftlicher Reichtümer unterscheidet. Risiken können nämlich dadurch legitimiert werden, daß man ihre Produktion *weder gesehen noch gewollt hat*. Gefährdungslagen müssen also in der verwissenschaftlichten Zivilisation den Vorschuß auf Tabuisierung, der sie umgibt, durchbrechen und »wissenschaftlich geboren werden«. Dies geschieht zumeist in dem Status einer »latenten Nebenfolge«, die die Wirklichkeit der Gefährdung zugleich zugibt und legitimiert. Was nicht gesehen wurde, konnte auch nicht verhindert werden, wurde nach bestem Wissen und Gewissen mitproduziert, ist ein ungewolltes Problemkind, über dessen Akzeptanz nun zusätzlich zu befinden ist. Das Denkschema der »latenten Nebenfolge« steht also für eine Art Freibrief, ein zivilisatorisches *Naturschicksal*, das vermeidenswerte Folgen zugleich eingesteht, selektiv verteilt und rechtfertigt.

3. Klassenspezifische Risiken

Art, Muster und Medien der Verteilung von Risiken unterscheiden sich systematisch von denen der Reichtumsverteilung. Das schließt nicht aus, daß viele Risiken schicht- oder klassen*spezifisch* verteilt sind. In diesem Sinne gibt es breite Überlappungszonen zwischen der Klassen- und der Risikogesellschaft. Die Geschichte der Risikoverteilung zeigt, daß diese sich wie Reichtümer an das Klassenschema halten – nur umgekehrt: Reichtümer sammeln sich oben, Risiken unten. Insofern scheinen Risiken die Klassengesellschaft *zu verstärken* und nicht aufzuheben. Zu dem Mangel an Versorgung gesellt sich der Mangel an Sicherheit und ein vermeidenswerter Überfluß an Risiken. Demgegenüber können die Reichen (an Einkommen, Macht, Bildung) sich die Sicherheit und Freiheit vom Risiko *erkaufen*. Dieses »Gesetz« der klassenspezifischen Verteilung von Risiken und damit der Verschärfung der Klassengegensätze durch die Konzentration der Risiken bei den Armen und Schwachen galt lange Zeit und gilt auch heute noch für einige zentrale Risikodimensionen: Das Risiko, arbeitslos zu werden, ist gegenwärtig für Ungelernte erheblich höher als für Hochqualifizierte. Belastungs-, Bestrahlungs- und Vergiftungsrisiken, die an den Arbeitsvollzug in den entsprechenden Industriebetrieben gebunden sind, sind berufsspezifisch ungleich verteilt. Es sind insbesondere die billigen Wohngebiete für einkommensschwache Bevölkerungsgruppen in der Nähe der industriellen Produktionszentren, die durch verschiedene Schadstoffe in Luft, Wasser und Boden dauerbelastet sind. Mit der Drohung des Einkommensverlustes kann eine höhere Toleranz erwirkt werden.

Dabei ist es nicht nur diese soziale Filter- bzw. Verstärkerwirkung, die klassenspezifische Betroffenheiten erzeugt. Auch die Möglichkeiten und Fähigkeiten, mit Risikolagen umzugehen, ihnen auszuweichen, sie zu kompensieren, dürften für verschiedene Einkommens- und Bildungsschichten ungleich verteilt sein: Wer über das nötige finanzielle Langzeitpolster verfügt, kann durch die Wahl des Wohnortes und die Gestaltung der Wohnung den Risiken auszuweichen versuchen (oder durch Zweitwohnung, Ferien etc.). Dasselbe gilt für Ernährung, Bildung und entsprechendes Essens- und Informationsverhalten. Eine hinreichend gefüllte Geldbörse versetzt in die Lage, Eier von »glücklichen Hühnern« und Blätter von »glücklichen Salatköpfen« zu verschmausen. Bildung und sensibles Informationsverhalten eröffnen neue Umgangs- und Ausweichmöglichkeiten. Man kann bestimmte Produkte meiden (z. B. hochgradig bleihaltige Leber von alten Rindern) und durch informierte Ernährungstechniken den wöchentlichen Speisezettel so variieren, daß die Schwermetalle im Nordseefisch durch die toxischen Gehalte im Schweinefleisch und im Tee gelöst, ergänzt, relativiert (oder vielleicht doch verschärft?) werden. Kochen und Essen werden zu einer Art *impliziten Nahrungsmittelchemie*, zu einer Art Giftküche mit Minimalisierungsanspruch, wobei schon sehr weitgehende Kenntnisse erforderlich sind, um der Überproduktion an Schad- und Giftstoffen in Chemie und Landwirtschaft »ernährungstechnologisch« ein privates Schnippchen zu schlagen. Dennoch ist es sehr wahrscheinlich, daß es in Reaktion auf die Vergiftungsnachrichten in Presse und Fernsehen zu schichtspezifisch verteilten, »antichemischen« Ernährungs- und Lebensgewohnheiten kommt. Diese alltägliche »Antichemie« (oft als Zweitableger der chemischen Industrie verpackungsgerecht unter die Konsumenten gebracht) wird in »ernährungsbewußten«, einkommensstarken Bildungsschichten alle Bereiche der Versorgung – vom Essen bis zum Wohnen, von Krankheit bis Freizeitverhalten – umkrempeln (und hat das ja bereits getan). Man könnte daraus die allgemeine Einschätzung ableiten, daß gerade durch diesen reflektierten und finanzkräftigen Umgang mit Risiken alte soziale Ungleichheiten auf *neuem* Niveau befestigt werden. Doch trifft man damit den Kern der Verteilungslogik von Risiken gerade *nicht*.

Parallel mit der Verschärfung der Risikolagen schrumpfen die privaten Fluchtwege und Kompensationsmöglichkeiten und werden gleichzeitig propagiert. Potenzierung der Risiken, Unmöglichkeit, ihnen auszuweichen, politische Abstinenz und die Verkündung und der Verkauf privater Ausweichmöglichkeiten *bedingen* sich. Für *einige* Nahrungsmittel mag dieses private Hakenschlagen noch helfen; schon bei der Wasserversorgung hängen alle sozialen Schichten an derselben Leitung; und spätestens beim Anblick »skelettierter Wälder« in industriefernen »ländlichen Idyllen« wird klar, daß auch vor dem Giftgehalt der Luft, die wir alle atmen, die klassenspezifischen Schranken fallen. Wirklich effektiv dürfte unter diesen Umständen nur noch *nicht*essen, *nicht*trinken, *nicht*atmen schützen. Und auch das hilft nur bedingt. Denn man weiß ja, was mit den Steinen geschieht – und den Leichen im Boden.

4. Globalisierung der Zivilisationsrisiken

Auf eine Formel gebracht: *Not ist hierarchisch, Smog ist demokratisch.* Mit der Ausdehnung von Modernisierungsrisiken – mit der Gefährdung der Natur, der Gesundheit, der Ernährung etc. – relativieren sich die sozialen Unterschiede und Grenzen. Daraus werden immer noch sehr verschiedene Konsequenzen gezogen. *Objektiv* entfalten jedoch Risiken innerhalb ihrer Reichweite und unter den von ihnen Betroffenen eine *egalisierende* Wirkung. Darin liegt gerade ihre neuartige politische Kraft. In diesem Sinne sind Risikogesellschaften gerade *keine* Klassengesellschaften; ihre Gefährdungslagen lassen sich nicht als Klassenlagen begreifen, ihre Konflikte nicht als Klassenkonflikte.

Dies wird noch deutlicher, wenn man sich den besonderen Zuschnitt, das besondere Verteilungsmuster von Modernisierungsrisiken vor Augen hält: Sie besitzen eine *immanente Tendenz zur Globalisierung*. Mit der Industrieproduktion geht ein Universalismus der Gefährdungen einher, unabhängig von den Orten ihrer Herstellung: Nahrungsmittelketten verbinden praktisch jeden mit jedem auf der Erde. Sie tauchen unter Grenzen durch. Der Säuregehalt der Luft knabbert nicht nur an Skulpturen und Kunstschätzen, sondern hat auch längst schon die modernen Zollschranken aufgelöst. Auch in Kanada sind die Seen säurehaltig, auch in den Nordspitzen Skandinaviens sterben die Wälder.

Diese Globalisierungstendenz läßt Betroffenheiten entstehen, die in ihrer Allgemeinheit wiederum unspezifisch sind. Wo sich alles in Gefährdungen verwandelt, ist irgendwie auch nichts mehr gefährlich. Wo es kein Entkommen mehr gibt, mag man schließlich auch nicht mehr daran denken. Der ökologische Endzeitfatalismus läßt das private und politische Stimmungspendel in *jede* Richtung ausschlagen. Handeln ist sowieso von gestern. Vielleicht läßt sich den Überall-und-immer-Pestiziden mit (In)Sekt(en) beikommen?

Der Bumerang-Effekt

In der Globalisierung enthalten und doch deutlich von ihr zu unterscheiden ist ein Verteilungsmuster der Risiken, in dem erheblicher politischer Sprengstoff steckt: Sie erwischen früher oder später auch die, die sie produzieren oder von ihnen profitieren. Risiken weisen in ihrer Verbreitung einen sozialen *Bumerang-Effekt* auf: Auch die Reichen und Mächtigen sind vor ihnen nicht sicher. Die ehemals »latenten Nebenwirkungen« schlagen auch auf die Zentren ihrer Produktion zurück. Die Akteure der Modernisierung selbst geraten nachdrücklich und sehr konkret in die Strudel der Gefahren, die sie auslösen und von denen sie profitieren. Dies kann in vielfältigen Formen geschehen.

Nehmen wir wieder das Beispiel der Landwirtschaft. Der Verbrauch von Kunstdünger wächst von 1951 bis 1983 von 143 auf 378 Kilogramm pro Hektar, der Verbrauch von Ackerchemikalien zwischen 1975 und 1983 in der Bundesrepublik von 25 000 auf 35 000 Tonnen. Die Hektarerträge stiegen ebenfalls, aber keineswegs so rasch wie der Aufwand an Dünger und Pestiziden. Sie verdoppelten sich bei Getreide und waren um 20 Prozent höher bei Kartoffeln. Einer *unter*proportionalen Steigerung der Erträge im Verhältnis zum Dünger- und Chemie-Einsatz steht eine *über*proportionale Zunahme der für die Bauern selbst sichtbaren und schmerzlichen Naturschäden gegenüber: Ein herausragendes Kennzeichen dieser bedenklichen Entwicklung ist die starke Abnahme zahlreicher wildlebender Pflanzen- und Tierarten. Die »roten Listen«, die als offizielle »Todesurkunden« diese Existenzbedrohung protokollieren, werden immer länger. »Von 680 auf Grünland vorkommenden Pflanzenarten sind 519 gefährdet. In drastischer Weise nehmen die Bestände der an Wiesen gebundenen Vogelarten wie Weißstorch, Brachvogel oder Braunkehlchen ab; die letzten Bestände versucht man z. B. in Bayern durch ein ›Wiesenbrüterprogramm‹ zu retten ... Unter den Tieren sind Bodenbrüter, Spitzenglieder von Nahrungsketten wie Greifvögel, Eulen, Libellen sowie Spezialisten für selten werdende Nahrung, z. B. für große Insekten oder für während der ganzen Vegetationszeit verfügbaren Blütennektar, betroffen.« (Gutachten S. 20) Die ehemaligen »ungesehenen Nebenwirkungen« werden also zu sichtbaren Hauptwirkungen, die ihre ursächlichen Produktionszentren selbst gefährden. Die Produktion von Modernisierungsrisiken folgt der *Bumerang-Schleife*. Die mit Subventionsmilliarden geförderte industrielle Intensiv-Landwirtschaft läßt nicht nur in den fernen Städten den Bleigehalt in der Muttermilch und bei Kindern dramatisch ansteigen. Sie unterminiert auch vielfältig die natürliche Basis der landwirtschaftlichen Produktion selbst: Die Fruchtbarkeit der Äcker verfällt, lebensnotwendige Tiere und Pflanzen verschwinden, die Erosionsgefahr des Bodens wächst.

Dieser sozial zirkuläre Gefährdungseffekt läßt sich verallgemeinern: Unter dem Dach von Modernisierungsrisiken kommt es früher oder später zur *Einheit von Täter und Opfer*. Für den schlimmsten, unvordenklichen Fall – den Atomblitz – ist dies evident: Er vernichtet auch den Angreifer. Hier wird deutlich, daß die Erde zu einem Schleudersitz geworden ist, der keine Unterschiede von Arm und Reich, Weiß und Schwarz, Süd und Nord, Osten und Westen mehr kennt. Der Effekt ist aber erst da, wenn er da ist, und dann ist er nicht mehr da, weil nichts mehr da ist. Diese apokalyptische Drohung hinterläßt also keine greifbaren Spuren *im Jetzt* ihrer Drohung (vgl. Günther Anders 1983). Das ist anders bei der ökologischen Krise. Diese untergräbt auch die natürlichen und ökonomischen Grundlagen der Landwirtschaft und damit der Versorgung der Bevölkerung insgesamt. Hier sind Wirkungen sichtbar, die sich nicht nur im Bezugsfeld der Natur, sondern auch in den Geldbörsen der Reichen, in der Gesundheit der Mächtigen niederschlagen. Aus berufenem Munde und gar nicht getrennt nach parteipolitischer Zugehörigkeit sind hier sehr schrille, apokalyptische Töne zu vernehmen.

Ökologische Entwertung und Enteignung

Der Bumerang-Effekt muß also nicht nur in direkter Lebensbedrohung, er kann auch in übertragenen Medien: Geld, Besitz, Legitimation sich niederschlagen. Er trifft nicht nur in direkter Rückwirkung den Einzelverursacher. Er zieht auch pauschalisierend und egalisierend alle in Mitleidenschaft: Das Waldsterben läßt nicht nur ganze Vogelarten verschwinden, sondern auch den ökonomischen Wert des Wald- und Landbesitzes schrumpfen. Wo ein Atom- oder Kohlekraftwerk gebaut oder geplant wird, fallen die Grundstückspreise. Stadt- und Industriegebiete, Autobahnen und Hauptverkehrsadern belasten die Erde in ihrer näheren Umgebung. Selbst wenn noch umstritten ist, ob aus diesem Grund jetzt schon oder erst in absehbarer Zukunft 7% des Bundesgebietes derart mit Schadstoffen belastet sind, daß dort guten Gewissens gar keine Landwirtschaft mehr betrieben werden kann. Das Prinzip ist dasselbe: Besitz wird entwertet, in schleichenden Formen »*ökologisch enteignet*«.

Diese Wirkung läßt sich verallgemeinern. Natur- und Umweltzerstörungen und -gefährdungen, Nachrichten über Giftgehalte in

Nahrungsmitteln und Gebrauchsgegenständen, drohende und um so mehr: erfolgte Chemie-, Gift- oder Reaktorunfälle wirken als schleichende oder galoppierende Entwertung und Enteignung der Besitzrechte. Durch die ungehemmte Produktion von Modernisierungsrisiken wird immer in kontinuierlichen Schritten und Sprüngen, manchmal in katastrophalen Zuspitzungen – eine *Politik der unbelebbar werdenden Erde* betrieben. Das, was man als »kommunistische Gefahr« bekämpft, vollzieht sich in der Summe der eigenen Handlungen in anderer Form über den Umweg der verseuchten Natur. Jenseits von ideologischen Glaubenskriegen betreibt auf dem Kampfplatz der Marktchancen jeder gegen jeden die Politik der »verbrannten Erde« – mit durchschlagendem, aber selten dauerhaftem Erfolg. Was verseucht ist oder als verseucht gilt – für den sozialen und ökonomischen Wertverfall wird diese Unterscheidung fast unerheblich –, mag gehören dem, dem es gehört, oder wer es will. Unter Beibehaltung der rechtlichen Eigentumstitel wird es nutz- und wertlos. Wir haben es also im Fall der »ökologischen Enteignung« mit einer *sozialen und ökonomischen Enteignung bei rechtlicher Besitzkontinuität* zu tun. Das gilt für Nahrungsmittel ebenso wie für Luft, Boden und Wasser. Es gilt für alles, was *in* ihnen lebt und vor allem aber für diejenigen, die *von* dem leben, was in ihnen lebt. Die Rede von »Wohngiften« macht deutlich, daß alles, was unseren zivilisatorischen Alltag ausmacht, einbezogen werden kann.

Die dahintersteckende Grundeinsicht ist denkbar einfach: Alles, was das Leben auf dieser Erde bedroht, bedroht damit auch die Eigentums- und Vermarktungsinteressen derjenigen, die *von* dem Zur-Ware-Werden des Lebens und der Lebensmittel leben. Auf diese Weise entsteht ein echter und sich systematisch verschärfender *Widerspruch* zwischen den Gewinn- und Besitzinteressen, die den Industrialisierungsprozeß vorantreiben, und seinen vielfältig bedrohenden Konsequenzen, die auch Besitz und Gewinne gefährden und enteignen (vom Besitz und Gewinn des Lebens ganz zu schweigen).

Bei dem Reaktorunfall oder der chemischen Katastrophe entstehen so im fortgeschrittensten Stadium der Zivilisation wiederum »weiße Flecken« auf der Landkarte, Denkmäler für das, was droht. Auch Giftunfälle, plötzlich entdeckte Giftmüll-Deponien verwandeln Siedlungen in »*Giftmüll*-Siedlungen«, Land in »*Unland*«. Aber es gibt auch vielfältige Vor- und Schleichformen. Der

Fisch aus den verseuchten Meeren gefährdet nicht nur die Menschen, die ihn essen, sondern *deswegen* auch die vielen, die *von* ihm leben. Bei Smogalarm erstirbt das Land *auf Zeit*. Ganze Industrieregionen verwandeln sich in gespenstische Geisterstädte. Der Bumerang-Effekt will es: Es stehen auch die Räder der Verursacher-Industrien still. Allerdings nicht nur ihre. *Der Smog hält nichts vom Verursacherprinzip.* Pauschalisierend und egalisierend trifft es alle, unabhängig von der Smog-Anteiligkeit ihrer Produktion. So ist Smog auch für Luftkurorte gewiß kein Werbemittel, kein Kassenschlager. Die gesetzlich verankerte Pflicht, Höchstbelastungen der Luft (ähnlich wie Wasser- und Lufttemperaturen) öffentlichkeitswirksam zu verbreiten, dürfte die Kurverwaltungen und Ferienindustrie – bisher noch: Anhänger einer Definitionsbekämpfungspolitik – sehr schnell zu entschiedenen Anhängern einer effektiven Schadstoffbekämpfungspolitik machen.

Risikolagen sind keine Klassenlagen

Auf diese Weise wird mit der Generalisierung von Modernisierungsrisiken eine soziale Dynamik freigesetzt, die sich nicht mehr in Klassenkategorien fassen und begreifen läßt. Besitz impliziert Nichtbesitz und damit ein soziales Spannungs- und Konfliktverhältnis, in dem sich dauerhaft wechselseitig soziale Identitäten – »die da oben, wir hier unten« – herausbilden und verfestigen können. Ganz anders ist die Situation bei Gefährdungslagen. Wer von Gefahren betroffen ist, ist schlimm dran, nimmt aber den anderen, den Nichtbetroffenen, gewiß nichts weg. Betroffenheit und Nichtbetroffenheit polarisieren nicht wie Besitz und Nichtbesitz. In der Analogie ausgedrückt: Der »Klasse« der Betroffenen steht keine »Klasse« der Nichtbetroffenen gegenüber. Der »Klasse« der Betroffenen steht allenfalls die »Klasse« der Noch-Nicht-Betroffenen gegenüber. Die galoppierende Inflationsrate der Unversehrtheit treibt auch die heute noch »Vermögenden« (an Gesundheit und Wohlbefinden) schon morgen in die Reihen der »Armenspeisung« der Krankenkassen und übermorgen in die Pariagemeinde der Invaliden und Versehrten. Die Ratlosigkeit von Behörden angesichts von Giftunfällen und Giftmüll-Skandalen und die Lawine von Rechts-, Zuständigkeits- und Entschädigungsfragen, die hier jeweils ins Rollen gerät, spricht eine deutliche Sprache. Das heißt: Risikofreiheit schlägt über Nacht in irreversible Betroffenheit um. Die Konflikte, die um Modernisierungsrisiken entstehen, entzünden sich an *systematischen Ursachen*, die zusammenfallen mit dem Motor von Fortschritt und Gewinn. Sie beziehen sich auf das Ausmaß und die Ausdehnung von Gefährdungen und daraus erwachsenden Ansprüchen auf Entschädigung und/oder prinzipieller Kursänderung. In ihnen geht es um die Frage, ob wir weiterhin einen Raubbau an der Natur (der eigenen eingeschlossen) betreiben können und damit, ob unsere Begriffe »Fortschritt«, »Wohlstand«, »wirtschaftliches Wachstum«, »wissenschaftliche Rationalität« noch stimmen. In diesem Sinne nehmen die Konflikte, die hier ausbrechen, den Charakter von *zivilisatorischen Glaubenskämpfen* um den richtigen Weg der Moderne an. Diese ähneln in manchem den religiösen Glaubenskämpfen des Mittelalters eher als den Klassenkonflikten des 19. und beginnenden 20. Jahrhunderts.

Auch vor Staatsgrenzen kennen industrielle Risiken und Zerstörungen keinen Respekt. Sie verkoppeln das Leben eines Grashalms im bayerischen Wald letztlich mit wirksamen Abkommen über internationale Schadstoffbekämpfung. Der *Über*nationalität des Schadstoffverkehrs ist im nationalen Alleingang nicht mehr beizukommen. Die Industrieländer müssen sich von nun an auch nach ihren *nationalen »Emissions- bzw. Immissionsbilanzen«* unterscheiden lassen. Es entstehen, mit anderen Worten, *internationale Ungleichheiten* zwischen verschiedenen Industriestaaten mit »aktiven«, »ausgeglichenen« und »passiven« Schadstoffbilanzen, oder deutlicher gesprochen: zwischen »Dreckschleuder-Ländern« und solchen, die den Dreck der anderen ausbaden, einatmen bzw. mit Todesbilanzen, Enteignungen und Entwertungen bezahlen müssen. Dieser Unterscheidung und dem in ihr liegenden Konfliktstoff wird sich auch die sozialistische »Bruderstaaten-Gemeinschaft« bald stellen müssen.

Gefährdungslage als Gefährdungsschicksal

Der übernationalen Unhandlichkeit von Modernisierungsrisiken entspricht die Art ihrer Verbreitung. Ihre Unsichtbarkeit läßt zumindest dem Konsumenten kaum eine Entscheidung offen. Sie sind »Huckepack-Produkte«, die *mit*geschluckt, *mit*eingeatmet werden. Sie sind *»blinde Passagiere« des Normalkonsums*. Sie reisen mit dem Wind und mit dem Wasser. Können in allem und in jedem stecken, und passieren mit dem Lebensnotwendigsten – der Atemluft, der Nahrung, der Kleidung, der Wohnungseinrichtung etc. – alle sonst so streng kontrollierten Schutzzonen der Moderne. Anders als Reichtümer, die anziehend sind, aber auch abstoßen können, denen gegenüber aber immer Auswahl, Kauf, Entscheidung nötig und möglich ist, schleichen sich Risiken und Schädigungen implizit und ungehemmt von freier (!) Entscheidung überall ein. Sie lassen in diesem Sinne eine neuartige Zugewiesenheit, eine Art »zivilisatorische Risikoaskriptivität« entstehen. Diese erinnert in mancher Hinsicht an das *Stände-Schicksal im Mittelalter*. Jetzt gibt es eine Art *Gefährdungs-Schicksal in der entwickelten Zivilisation*, in das man hineingeboren wird, dem man durch alle Leistung nicht entkommen kann, mit dem »kleinen Unterschied« (das ist der mit der großen Wirkung), daß wir mit diesem *alle* ähnlich konfrontiert sind.

In der entwickelten Zivilisation, die angetreten war, um Zugewiesenheiten abzubauen, den Menschen Entscheidungsmöglichkeiten zu eröffnen, sie von Naturzwängen zu befreien, entsteht also eine neuartige, globale, weltweite Gefährdungszugewiesenheit, der gegenüber individuelle Entscheidungsmöglichkeiten schon deswegen kaum bestehen, weil die Schad- und Giftstoffe mit der Naturbasis, mit den elementaren Lebensvollzügen in der industriellen Welt verwoben sind. Das Erlebnis dieser *entscheidungsverschlossenen* Risikobetroffenheit macht viel von dem Schock verständlich, der ohnmächtigen Wut und dem »no-future-Gefühl«, mit dem viele zwiespältig und in zwangsläufig nutznießender Kritik auf die jeweils neuesten Errungenschaften der technischen Zivilisation reagieren: Kann man gegenüber dem, dem man nicht entkommen kann, eine kritische Distanz überhaupt herstellen und bewahren? Darf man nur deswegen, *weil* man ihm nicht entkommen kann, die kritische Distanz aufgeben, sich in das Unvermeidliche mit Spott oder Zynismus, Gleichgültigkeit oder Jubel flüchten?

Neue internationale Ungleichheiten

Die weltweite Egalisierung der Gefährdungslagen darf aber nicht über *neue* soziale Ungleichheiten *innerhalb* der Risikobetroffenheit hinwegtäuschen. Diese entstehen insbesondere dort, wo sich – ebenfalls im internationalen Maßstab – Klassenlagen und Risikolagen *überlagern:* Das Proletariat der Weltrisikogesellschaft siedelt unter den Schloten, neben den Raffinerien und chemischen Fabriken in den industriellen Zentren der Dritten Welt. Die »größte Industriekatastrophe der Geschichte« (*Der Spiegel*), der Giftunfall im indischen Bhopal, hat es in das Bewußtsein der Weltöffentlichkeit gehoben. Risikoindustrien sind in die Billiglohnländer ausgelagert worden. Dies ist kein Zufall. Es gibt eine systematische »Anziehungskraft« zwischen extremer Armut und extremen Risiken. Auf dem Verschiebebahnhof der Risikoverteilung erfreuen sich Stationen in »unterentwickelten Provinznestern« besonderer Beliebtheit. Und ein naiver Tor, wer noch immer annähme, die verantwortlichen Weichensteller wüßten nicht, was sie tun. Dafür spricht auch die attestierte »höhere Akzeptanz« einer arbeitslosen (!) Provinzbevölkerung gegenüber »neuen« (arbeitsbeschaffenden) Technologien.

Im internationalen Maßstab gilt besonders nachdrücklich: Materielles Elend und Risikoblindheit fallen zusammen. »Über den sorglosen Umgang mit Pestiziden, etwa auf Sri Lanka, berichtet ein deutscher Entwicklungsexperte: ›Dort wird das DDT mit den Händen verstreut, die Leute sind weiß gepudert.‹« Auf der Antillen-Insel Trinidad (1,2 Millionen Einwohner) wurden im Jahre 1983 insgesamt 120 Pestizid-Todesfälle gezählt. »Ein Farmer: ›Wenn man sich nach dem Sprayen nicht krank fühlt, hat man nicht genug gespraytʼ.« (*Der Spiegel*, Nr. 50/1984, S. 119).

Für diese Menschen sind die komplexen Anlagen der chemischen Fabriken mit ihren imposanten Rohren und Tanks teure Symbole des Erfolgs. Die Todesdrohung, die sie enthalten, bleibt demgegenüber unsichtbar. Für sie stehen die Dünge-, Insekten- und Unkrautvertilgungsmittel, die sie produzieren, vor allem unter dem Stern der Befreiung von materieller Not. Sie sind Voraussetzungen der »grünen Revolution«, die – von den westlichen Industriestaaten systematisch unterstützt – in den vergangenen Jahren die Nahrungsmittelproduktion um 30 Prozent, in manchen Ländern Asiens und Lateinamerikas sogar um 40 Prozent gesteigert hat. Daß dabei mittlerweile jedes Jahr »mehrere hunderttausend Tonnen von Pestiziden ... auf Baumwoll- und Reisfelder, über Tabak- und Obstpflanzen versprüht« werden (ebd., S. 119), tritt hinter diesen greifbaren Erfolgen zurück. In der Konkurrenz des sichtbar drohenden Hungertodes mit dem unsichtbar drohenden Gifttod siegt die Evidenz der Bekämpfung des materiellen Elends. *Ohne* den Großeinsatz chemischer Stoffe würden die Erträge der Äcker sinken und die Insekten und der Schimmel ihren Anteil verschlingen. *Mit* der Chemie können die armen Länder der Peripherie ihre eigenen Lebensmittelvorräte anlegen, gewinnen ein Stück Unabhängigkeit von den Macht-Metropolen der industriellen Welt. Die chemischen Fabriken vor Ort verstärken diesen Eindruck der Unabhängigkeit in der Produktion und von teuren Importen. Der Kampf gegen den Hunger und für die Autonomie bildet den Schutzschild, hinter dem die sowieso nicht wahrnehmbaren Risiken verdrängt, verharmlost und *dadurch* potenziert, verbreitet und schließlich auch über Nahrungsmittelketten an die reichen Industrieländer zurückgegeben werden.

Schutz- und Sicherheitsvorschriften sind ungenügend entwickelt, und dort, wo sie existieren, sind sie oft Makulatur. Die »industrielle Naivität« der Landbevölkerung, die oft weder lesen noch schreiben kann, geschweige denn Schutzbekleidung besitzt, eröffnet dem Management ungeahnte, in den risikobewußteren Milieus der Industriestaaten längst abhanden gekommene Möglichkeiten für den legitimatorischen Umgang mit Risiken: Sie können im Wissen um die Nichtdurchsetzbarkeit Sicherheitsvorschriften erlassen und auf ihrer Einhaltung bestehen. Auf diese Weise erhalten sie sich selbst »weiße Westen« und können die Verantwortung für Todes- und Unfälle mit gutem Gewissen und kostengünstig auf die kulturelle »Risikoblindheit« der Bevölkerung abschieben. Im Falle von Katastrophen bieten der allgemeine Kompetenzdschungel und die Interessenlage der armen Länder gute Möglichkeiten für eine die verheerenden Wirkungen definitorisch eindämmende Verharmlosungs- und Verschleierungspolitik. Kostengünstige, von Legitimationszwängen befreite Produktionsbedingungen ziehen die industriellen Konzerne magnetisch an und verbinden sich mit den Eigeninteressen der Länder an der Überwindung des materiellen Elends und an staatlicher Autonomie zu einem im wahrsten Sinne des Wortes explosiven Gemisch: *Der Teufel des Hungers wird mit dem Beelzebub der Risikopotenzierung bekämpft.* Besonders riskante Risikoindustrien werden in die armen Länder der Peripherie ausgelagert. Zur Armut der Dritten Welt gesellt sich das Grauen über die enthemmten Destruktivkräfte der entwickelten Risikoindustrie. Die Bilder und Berichte aus Bhopal und Lateinamerika sprechen ihre eigene Sprache.

Villa Parisi

»Die schmutzigste Chemie-Gemeinde der Welt liegt in Brasilien... Jedes Jahr müssen die Slumbewohner ihre Blechdächer neu decken, weil der saure Regen sie zerfrißt. Wer hier länger lebt, bekommt Pusteln, ›Alligatorenhaut‹, wie die Brasilianer sagen.

Am schlimmsten trifft es die Bewohner von Villa Parisi, ein Slum von 15.000 Leuten, von denen die meisten es zu bescheidenen grauen Steinhäuschen gebracht haben. Hier werden Gasmasken schon im Supermarkt verkauft. Die meisten Kinder haben Asthma, Bronchitis, Hals- und Nasenkrankheiten und Hautausschlag.

In Villa Parisi kann man sich leicht am Geruch orientieren. An der einen Ecke blubbert die offene Kloake, an der anderen fließt ein grünschleimiger Strom. Ein Gestank wie verbrannte Hühnerfedern zeigt das Stahlwerk an, der Geruch von faulen Eiern die Chemiefabrik. Ein Emissionsmeßgerät, das die Behörden aus den Städten aufstellten, versagte 1977, nach eineinhalb Jahren, seinen Dienst. Es war dem Dreck offensichtlich nicht gewachsen.

Die Geschichte der schmutzigsten Gemeinde der Welt begann 1954, als Pegropràs, die brasilianische Ölfirma, den Küstensumpf als Standort für ihre Raffinerie aussuchte. Bald kam die Cosipa, Brasiliens großer Stahlkonzern, und Copegràs, ein amerikanisch-brasilianischer Düngemittelkonzern, Multis wie Fiat, Dow Chemical und Union Carpide zogen nach. Es war die Boomphase des brasilianischen Kapitalismus. Die Militärregierung lud ausländische Unternehmen dazu ein, umweltfeindliche Produkte bei ihnen herzustellen. ›Brasilien kann die Verschmutzung noch importieren‹, prahlte der Planungsminister Paulo Vellosa 1972, im Jahr der Umweltkonferenz von Stockholm. Die einzige ökologische Belastung Brasiliens sei die Armut.

›Die Hauptursache für Krankheiten sind Unterernährung, Alkohol und Zigaretten‹, sagt der Sprecher von Pegropràs. ›Die Leute kommen schon krank von Copataò‹, so auch Paulo Figueiredo, Chef der Union Carpide, ›und wenn sie noch kränker werden, schieben sie es auf uns. Das ist einfach unlogisch.‹ Der Gouverneur von São Paulo versucht seit zwei Jahren, frischen Wind in das verpestete Copataò zu bringen. Er feuerte 13 Beamte der laschen Umweltbehörden, setzte Computer zur Emissionsüberwachung ein. Doch die geringen Strafen von einigen tausend Dollar störten die Umweltsünder nicht.

Die Katastrophe kam dann am 25. Februar dieses Jahres. Durch die Schlamperei der Pegropràs flossen jetzt 700.000 Liter Öl in den Sumpf, auf dem Pfahlbauten von Villa Soco stehen. Innerhalb von zwei Minuten raste ein Feuersturm durch die Favela. Über 500 Menschen verbrannten. Die Leichen der kleinen Kinder fand man nicht. ›Sie waren bei der Hitze einfach verpufft‹, sagt ein brasilianischer Beamter.« (DER SPIEGEL Nr. 50/1984, S. 110)

Bhopal

»Die Vögel fielen vom Himmel. Wasserbüffel, Kühe, Hunde lagen tot auf den Straßen und Feldern – aufgebläht nach wenigen Stunden in der Hitze Zentralasiens. Und überall die erstickten Menschen – zusammengekrümmt, Schaum vor dem Mund, die verkrampften Hände in die Erde gekrallt: 3.000 waren es Ende voriger Woche, und immer neue Opfer kommen hinzu, die Behörden hörten auf zu zählen. 20.000 Menschen werden wahrscheinlich erblinden. An die 200.000 wurden verletzt: In der Stadt Bhopal entfaltete sich in der Nacht vom Sonntag zum Montag eine industrielle Apokalypse ohne Beispiel in der Geschichte: Aus einer Chemiefabrik entwich eine giftige Wolke und legte sich gleich einem Leichentuch über 65 eng besiedelte Quadratkilometer – als sie schließlich verflogen war, verbreitete sich der süßliche Geruch der Verwesung. Die Stadt hatte sich in eine Walstatt verwandelt, mitten im Frieden. Hindus verbrannten auf ihrer Kremationsstätte die Toten, 25 auf einmal. Bald mangelte es an Holz für die rituelle Verbrennung – so umloderten Kerosin-Flammen die Leichen. Der Friedhof der Moslems wurde zu eng. Alte Gräber mußten geöffnet, heilige Gebote des Islams gebrochen werden. ›Ich weiß‹, klagt einer der Totengräber, ›es ist Sünde, zwei Tote in ein Grab zu betten. Allah mag uns vergeben – wir legen drei, vier und noch mehr hinein.‹« (ebd., S. 108f.)

Im Unterschied zur Armut ist aber die Risikoverelendung der Dritten Welt für die Reichen ansteckend. Die Potenzierung der Risiken läßt die Weltgesellschaft zur Gefahrengemeinde schrumpfen. Die Bumerang-Wirkung trifft gerade auch die reichen Länder, die sich durch Auslagerung die Risiken vom Halse geschafft haben, aber die Nahrungsmittel kostengünstig importieren. Mit den Früchten, Kakaobohnen, Futtermitteln, Teeblättern usw. kehren die Pestizide in ihre hochindustrialisierte Heimat zurück. Die extremen internationalen Ungleichheiten und die Verflechtungen des Weltmarktes rücken die armen Viertel in den Peripherie-Ländern vor die Haustüren der reichen Industriezentren. Sie werden zu Brutstätten einer weltweiten Verseuchung, die auch – ähnlich den ansteckenden Krankheiten der Armen in der Enge der mittelalterlichen Städte – die Reichenviertel der Weltgemeinde nicht verschont.

5. Zwei Epochen, zwei Kulturen: Zum Verhältnis von Wahrnehmung und Produktion von Risiken

Klassen- und risikogesellschaftliche Ungleichheiten können sich also überlagern, bedingen, diese können jene produzieren. Die Ungleichverteilung des gesellschaftlichen Reichtums bietet kaum überwindbare Sichtmauern und Rechtfertigungen für die Produktion von Risiken. Dabei ist genau zwischen der kulturellen und politischen *Aufmerksamkeit* und *tatsächlichen* Verbreitung von Risiken zu unterscheiden.

Klassengesellschaften sind Gesellschaften, in denen es über die Klassengräben hinweg um die sichtbare Befriedigung materieller Bedürfnisse geht. Hier stehen Hunger und Überfluß, Macht und Ohnmacht sich gegenüber. Das Elend bedarf keiner Selbstvergewisserung. Es existiert. Seiner Unmittelbarkeit und Offensichtlichkeit entspricht die materielle Evidenz des Reichtums und der Macht. Die Gewißheiten der Klassengesellschaften sind in diesem Sinne die Gewißheiten der *Sichtbarkeits*kultur: Knochiger Hunger kontrastiert mit fetter Sattheit, Paläste mit Hütten, Prunk mit Fetzen.

Diese Evidenzen des Greifbaren gelten in Risikogesellschaften gerade nicht mehr. Das Sichtbare gerät in den Schatten unsichtbarer Gefährdungen. Was sich der Wahrnehmbarkeit entzieht, fällt nicht mehr zusammen mit Unwirklichem, kann sogar einen erhöhten Grad von Gefährdungswirklichkeit besitzen. Das unmittelbare Bedürfnis konkurriert mit dem gewußten Risikogehalt. Die Welt des sichtbaren Mangels oder Überflusses verdunkelt sich unter der Übermacht der Risiken.

Den Wettlauf zwischen wahrnehmbarem Reichtum und nichtwahrnehmbaren Risiken können diese nicht gewinnen. Das Sichtbare kann mit dem Unsichtbaren nicht um die Wette laufen. Die Paradoxie will es, daß gerade *deswegen* die unsichtbaren Risiken den Wettlauf gewinnen.

Das Ignorieren der sowieso nicht wahrnehmbaren Risiken, das in der Beseitigung greifbarer Not immer seine Rechtfertigung findet – und ja auch tatsächlich *hat* (siehe Dritte Welt!) –, ist der kulturelle und politische Boden, auf dem die Risiken und Gefährdungen *blühen, wachsen und gedeihen*. In der Überlagerung und Konkurrenz zwischen Problemlagen der Klassen-, Industrie- und Marktgesellschaft einerseits und denen der Risikogesellschaft andererseits siegt nach den geltenden Machtverhältnissen und Relevanzmaßstäben die Logik der Reichtumsproduktion – *und gerade deswegen am Ende die Risikogesellschaft.* Die Evidenz der Not verdrängt die *Wahrnehmung* der Risiken; aber auch nur ihre Wahrnehmung, nicht ihre Wirklichkeit und Wirkung: geleugnete Risiken gedeihen besonders gut und schnell. Auf einer bestimmten Stufe der gesellschaftlichen Produktion, die durch die Entwicklung der chemischen Industrie, aber auch durch die Reaktortechnologie, Mikroelektronik, Gentechnologie gekennzeichnet ist, ist das Vorherrschen der Logik und Konflikte der Reichtumsproduktion und damit die soziale Unsichtbarkeit der Risikogesellschaft kein Beleg für ihre Unwirklichkeit, sondern im Gegenteil: selbst ein Motor ihrer Entstehung und damit ein Beleg für ihr Wirklichwerden.

Dies lehrt das Überlagern und Aufschaukeln von Klassen- *und* Risikolagen in der Dritten Welt; aber nicht weniger das Denken und Handeln in den reichen Industrieländern: Die Sicherung des wirtschaftlichen Aufschwungs und Wachstums hat unangekränkelt erste Priorität. Der drohende Verlust von Arbeitsplätzen wird an die Wand gemalt, um die Maschen der Grenzwertbestimmungen für Schadstoffemissionen weit und ihre Kontrollen locker zu halten oder nach bestimmten Giftrückständen in Nahrungsmitteln gar nicht erst zu fahnden. Über ganze Familien von Giftstoffen wird in Voraussicht der wirtschaftlichen Folgen gar nicht erst Buch geführt; sie sind rechtlich nicht vorhanden und können gerade deswegen frei in Umlauf gesetzt werden. Der Widerspruch, daß die Bekämpfung der Umweltrisiken inzwischen selbst zu einem blühenden Industriezweig geworden ist, der vielen Millionen Menschen in der Bundesrepublik sichere (nur allzu sichere) Arbeitsplätze garantiert, wird dabei verschwiegen.

Gleichzeitig werden die Instrumente der *definitorischen* Risiko-»bewältigung« geschärft und die entsprechenden Äxte geschwungen: Diejenigen, die die Risiken aufzeigen, werden als »Miesmacher« und Risikoproduzenten diffamiert. Man hält ihre Darstellung der Risiken für »nicht erwiesen«. Die Auswirkungen für Mensch und Umwelt, die sie aufzeigen, für »maßlos übertrieben«. Mehr Forschung sei nötig, bevor man wisse, was der Fall sei und entsprechende Maßnahmen ergriffen werden können. Nur ein rasch wachsendes Sozialprodukt könne die Voraussetzungen für einen verbesserten Umweltschutz schaffen. Das Vertrauen in Wissenschaft und Forschung wird beschworen. Deren Rationalität habe bislang noch für alle Probleme Lösungen gefunden. Wissenschaftskritik und Zukunftsängste werden demgegenüber als »Irrationalismus« gebrandmarkt. Sie seien die eigentlichen Ursachen allen Übels. Das Risiko gehöre nun einmal zum Fortschritt wie die Bugwelle zum Schiff auf großer Fahrt. Es sei keine Erfindung der Neuzeit. Es werde in vielen Bereichen des gesellschaftlichen Lebens hingenommen. Die Verkehrstoten zum Beispiel. Jährlich verschwände eine mittlere Stadt der Bundesrepublik sozusagen spurlos. Sogar daran habe man sich gewöhnt. Da bleibe für Giftunfälle und für kleinere (sowieso angesichts der deutschen Sicherheitstechnologie höchst unwahrscheinliche) Katasträphchen mit radioaktiven Stoffen, oder Abfällen, oder so, noch viel Spielraum und Luft.

Auch die Dominanz dieser Deutung kann über ihr Unwirklichwerden nicht hinwegtäuschen. Ihr Sieg ist ein Pyrrhus-Sieg. Dort, wo sie gilt, produziert sie das, was sie leugnet: die Gefährdungslagen der Risikogesellschaft. Aber darin liegt kein Trost, sondern im Gegenteil: ein Anwachsen der Gefahr.

6. Die Utopie der Weltgesellschaft

Damit entsteht auch und gerade in der Leugnung und Nichtwahrnehmung die *objektive Gemeinsamkeit* einer globalen Gefährdungslage. Hinter der Interessenvielfalt droht und wächst die Wirklichkeit des Risikos, das keine sozialen und nationalen Unterschiede und Grenzen mehr kennt. Hinter den Mauern der Gleichgültigkeit wuchert die Gefahr. Das heißt selbstverständlich nicht, daß angesichts wachsender Zivilisationsrisiken die große Harmonie ausbricht. Gerade *im* Umgang mit Risiken ergeben sich vielfältige neue soziale Differenzierungen und Konflikte. Diese halten sich nicht mehr an das Schema der Klassengesellschaft. Sie entstehen vor allem aus der Doppelgesichtigkeit von Risiken in der entwickelten Marktgesellschaft: Risiken sind hier nicht nur Risiken, sie sind auch *Marktchancen*. Gerade mit der Entfaltung der Risikogesellschaft entfalten sich daher die Gegensätze zwischen denjenigen, die von den Risiken *betroffen* sind, und denjenigen, die von ihnen *profitieren*. Ähnlich wächst die soziale und politische Bedeutung des *Wissens*, und damit die Verfügung über die Medien, das Wissen zu gestalten (Wissenschaft und Forschung) und zu verbreiten (Massenmedien). Die Risikogesellschaft ist in diesem Sinne auch die *Wissenschafts-*, *Medien-* und *Informations*gesellschaft. In ihr tun sich damit neue Gegensätze auf zwischen denjenigen, die Risikodefinitionen *produzieren*, und denjenigen, die sie *konsumieren*.

Diese Spannungen zwischen Risikobeseitigung und Geschäft, Produktion und Konsumtion von Risikodefinitionen ziehen sich durch alle gesellschaftlichen Handlungsbereiche hindurch. Hier liegen wesentliche Quellen für »*Definitionskämpfe*« *um Ausmaß, Grad und Dringlichkeit von Risiken*.

Die marktexpansive Ausschlachtung der Risiken begünstigt ein allgemeines Hin und Her zwischen Vernebelung und Entnebelung von Risiken – mit dem Effekt, daß am Ende niemand mehr weiß, ob nicht das »Problem« die »Lösung« oder umgekehrt ist, wer wovon profitiert, wo durch Ursachenvermutungen Urheberschaften aufgedeckt oder verschleiert werden und ob das ganze Risikogerede nicht Ausdruck einer versetzten politischen Dramaturgie ist, die in Wirklichkeit etwas völlig anderes bezweckt.

Jedoch anders als Reichtümer polarisieren Risiken *immer nur partiell*, nämlich von der Seite der Vorteile, die sie *auch* verschaffen, und auf einem geringen Niveau ihrer Entfaltung. Sobald der Gefährdungsgehalt ins Blickfeld rückt und wächst, schmelzen die Vorteile und Unterschiede. Risiken bescheren früher oder später eben auch Bedrohungen, die die mit ihnen verbundenen Vorteile wiederum relativieren und unterlaufen und gerade mit dem Anwachsen der Gefahren durch alle Interessenvielfalt hindurch auch die Gemeinsamkeit des Risikos Wirklichkeit werden lassen. Insofern entstehen unter dem »Dach« der Risikobetroffenheit – egal, wie weit dies reicht – hinter allen Gegensätzen auch Gemeinsamkeiten: Um Gefährdungen durch Atomenergie, Giftmüll oder evidente Zerstörungen der Natur zu verhindern, organisieren sich Angehörige verschiedener Klassen, Parteien, Berufsgruppen, Altersgruppen in Bürgerinitiativen.

In diesem Sinne produziert die Risikogesellschaft neue Interessengegensätze *und* eine neuartige Gefährdungsgemeinsamkeit, deren politische Tragfähigkeit allerdings noch völlig offen ist. In dem Maße, in dem Modernisierungsgefährdungen sich verschärfen, generalisieren und damit noch verbliebene Zonen der Nichtbetroffenheit aufheben, entfaltet die Risikogesellschaft (im Gegensatz zur Klassengesellschaft) eine Tendenz zur objektiven Vereinheitlichung der Betroffenheiten in globalen Gefährdungslagen. Im Grenzfall sind so Freund und Feind, Ost und West, Oben und Unten, Stadt und Land, Schwarz und Weiß, Süd und Nord dem gleichmachenden Druck der sich potenzierenden Zivilisationsrisiken ausgesetzt. Risikogesellschaften sind keine Klassengesellschaften – das ist noch zu wenig. Sie enthalten in sich eine *grenzensprengende, basisdemokratische Entwicklungsdynamik*, durch die die Menschheit in der einheitlichen Lage zivilisatorischer Selbstgefährdungen zusammengezwungen wird.

Insofern verfügt die Risikogesellschaft über neue Quellen des Konflikts und des Konsenses. An die Stelle der *Beseitigung des Mangels* tritt die *Beseitigung des Risikos*. Auch wenn das Bewußtsein und die politischen Organisationsformen hierfür (noch) fehlen, kann man doch sagen, daß die Risikogesellschaft in der Gefährdungsdynamik, die in ihr freigesetzt wird, *die nationalstaatlichen Grenzen ebenso wie die Grenzen von Bündnissystemen und Wirtschaftsblöcken unterläuft*. Während Klassengesellschaften nationalstaatlich organisierbar sind, lassen Risikogesellschaften objektive »Gefährdungsgemeinsamkeiten« entstehen, die letztlich nur im Rahmen der Weltgesellschaft aufgefangen werden können.

Das im Modernisierungsprozeß entfaltete zivilisatorische Selbstgefährdungspotential läßt also auch die Utopie einer Weltgesellschaft ein Stück realer oder zumindest dringlicher werden. Ebenso wie die Menschen im 19. Jahrhundert lernen mußten, bei Strafe des ökonomischen Untergangs sich den Bedingungen der Industriegesellschaft und Lohnarbeit zu unterwerfen – ebenso müssen sie auch heute und in Zukunft unter der Knute der zivilisatorischen Apokalypse lernen, sich an einen Tisch zu setzen und über alle Grenzen hinweg Lösungen für die selbstverschuldeten Gefährdungen zu finden und durchzusetzen. Ein Druck in diese Richtung ist heute bereits spürbar. Umweltprobleme können sachlich sinnvoll nur in grenzübergreifenden Verhandlungen und internationalen Vereinbarungen gelöst werden, und der Weg dahin führt entsprechend zu militärbündnisübergreifenden Konferenzen und Absprachen. Die Bedrohung durch die Lagerung von Atomwaffen mit unvorstellbarer Zerstörungskraft beunruhigt die Menschen in beiden militärischen Hemisphären und läßt eine Gefährdungsgemeinsamkeit entstehen, deren politische Tragfähigkeit sich allerdings erst noch erweisen muß.

Das politische Vakuum

Aber derartige Versuche, dem Schrecken, der nicht zu begreifen ist, wenigstens einen politischen Sinn abzugewinnen, können nicht darüber hinwegtäuschen, daß diese neu entstehenden objektiven Gefährdungsgemeinsamkeiten bislang politisch-organisatorisch völlig im luftleeren Raum schweben. Im Gegenteil: sie kollidieren mit den nationalstaatlichen Egoismen und den vorherrschenden innergesellschaftlichen Partei- und Interessenorganisationen der Industriegesellschaften. Für solche gruppenübergreifende Globalrisiken ist im Dschungel der korporatistischen Gesellschaft kein Platz. Hier hat jede Organisation ihre Klientel und ihr »soziale Umwelt«, bestehend aus Kontrahenten und Bündnispartnern, die es zu aktivieren und gegeneinander auszuspielen gilt. Die Gemeinsamkeit von Gefährdungslagen stellt das pluralistische Interessenorganisationsgefüge vor schier unlösbare Probleme. Es bringt die ausgehandelten und eingeschliffenen Kompromißroutinen durcheinander.

Es ist wahr: die Gefährdungen wachsen, aber sie werden politisch nicht umgemünzt in eine *präventive* Risikobewältigungspolitik, mehr noch: Es ist unklar, welche Art von Politik und politischen Institutionen dazu überhaupt in der Lage ist. Es entsteht zwar eine der Unfaßlichkeit der Risiken entsprechende unfaßliche Gemeinsamkeit. Aber sie bleibt mehr Wunschbild als Realität. Zugleich entsteht mit dieser Kluft ein Vakuum an politischer Kompetenz und Institutionalität, ja sogar an Vorstellungen darüber. Die Offenheit der Frage, wie die Gefährdungen politisch zu handhaben sind, steht in krassem Mißverhältnis zu dem wachsenden Handlungs- und Politikbedarf.

Dahinter verbirgt sich neben vielen Fragen auch die Frage nach dem *politischen Subjekt*. Theoretiker der Klassengesellschaften des 19. Jahrhunderts haben dazu mit guten Gründen das Proletariat auserkoren. Sie hatten und haben bis heute ihre Schwierigkeiten damit. Die soziale und politische Evidenz dieser Annahme ist, gerade *weil* sie gestimmt hat, rückläufig. Die Errungenschaften der politischen und gewerkschaftlichen Arbeiterbewegung sind groß, so groß, daß sie auch ihre ehemals zukunftsweisende Rolle untergraben. Sie wird mehr zur Bewahrerin des Erreichten, an dem die Zukunft nagt, als zur Quelle politischer Phantasie, die die Antworten auf die Gefährdungslagen der Risikogesellschaft sucht und findet.

Dem politischen Subjekt der Klassengesellschaft – dem Proletariat – entspricht in der Risikogesellschaft nur die *Betroffenheit aller durch mehr oder weniger greifbare Mammutgefahren*. So etwas läßt sich immer leicht verdrängen. Dafür sind alle und niemand zuständig. Jeder im übrigen auch nur mit einem Bein. Mit dem anderen steht er im Kampf um *seinen* Arbeitsplatz (sein Einkommen, seine Familie, sein Häuschen, seine Autoliebhabereien, seine Ferienwünsche usw. Wenn das verlorengeht, sitzt man – Gift hin, Gift her – in jedem Fall in der Tinte). Das verschärft die Fragen: Lassen sich ungreifbare Allbetroffenheiten überhaupt politisch organisieren? Sind »alle« politisch subjektfähig? Wird nicht viel zu voreilig und leichtfertig von der Globalität der Gefährdungslage auf die Gemeinsamkeit eines politischen Willens und Handelns geschlossen? Sind Globalität und Allbetroffenheit nicht geradezu Anlässe, Problemlagen *nicht* oder *versetzt* wahrzunehmen, auf andere abzuwälzen? Sind das nicht Quellen, aus denen Sündenbock-Konstruktionen sich speisen?

Von der Solidarität der Not zur Solidarität aus Angst?

Auch wenn der politische Ausdruck offen, die politischen Konsequenzen mehrdeutig sind. Im Übergang von der Klassen- zur Risikogesellschaft beginnt sich die *Qualität von Gemeinsamkeit* zu ändern. Schematisch gesprochen, kommen in diesen zwei Typen moderner Gesellschaften völlig andersartige Wertsysteme zum Durchbruch. Klassengesellschaften bleiben in ihrer Entwicklungsdynamik auf das Ideal der *Gleichheit* bezogen (in seinen verschiedenen Ausformulierungen von der »Chancengleichheit« bis zu Varianten sozialistischer Gesellschaftsmodelle). Nicht so die Risikogesellschaft. Ihr normativer Gegenentwurf, der ihr zugrunde liegt und sie antreibt, ist die *Sicherheit*. An die Stelle des Wertsystems der »ungleichen« Gesellschaft tritt also das Wertsystem der »*unsicheren*« Gesellschaft. Während die Utopie der Gleichheit eine Fülle inhaltlich-*positiver* Ziele der gesellschaftlichen Veränderungen enthält, bleibt die Utopie der Sicherheit eigentümlich *negativ* und *defensiv:* Hier geht es im Grunde genommen nicht mehr darum, etwas »Gutes« zu erreichen, sondern nur noch darum, das Schlimmste zu *verhindern*. Der Traum der Klassengesellschaft heißt: Alle wollen und sollen *teilhaben* am Kuchen. Ziel der Risikogesellschaft ist: Alle sollen *verschont* bleiben vom Gift.

Entsprechend unterscheidet sich auch die soziale Grundsituation, in der die Menschen sich hier wie dort befinden, zusammenschließen, die sie bewegt und auseinanderdividiert oder zusammenschweißt. Die treibende Kraft in der Klassengesellschaft läßt sich in dem Satz fassen: *Ich habe Hunger!* Die Bewegung, die mit der Risikogesellschaft in Gang gesetzt wird, kommt demgegenüber in der Aussage zum Ausdruck: *Ich habe Angst!* An die Stelle der *Gemeinsamkeit der Not* tritt die *Gemeinsamkeit der Angst.* Der Typus der Risikogesellschaft markiert in diesem Sinne eine gesellschaftliche Epoche, in der die *Solidarität aus Angst* entsteht und zu einer politischen Kraft wird. Noch ist aber völlig unklar, wie die Bindekraft der Angst wirkt. Wie weit sind Angst-Gemeinsamkeiten belastbar? Welche Motivationen und Handlungsenergien setzen sie frei? Wie verhält sich diese neue Solidargemeinde der Ängstlichen? Sprengt die soziale Kraft der Angst tatsächlich das individuelle Nutzenkalkül? Wie kompromißfähig sind angsterzeugende Gefährdungsgemeinsamkeiten? In welchen Handlungsformen organisieren sie sich? Treibt die Angst die Menschen in Irrationalismus, Extremismus, Fanatismus? Angst war bisher keine Grundlage rationalen Handelns. Gilt auch diese Annahme nicht mehr? Ist Angst vielleicht – anders als materielle Not – ein sehr schwankender Grund für politische Bewegungen? Kann die Gemeinsamkeit der Angst vielleicht schon durch die dünne Zugluft von Gegeninformationen auseinandergeblasen werden?

Kapitel II
Politische Wissenstheorie der Risikogesellschaft

Wer von diesen Fragen bewegt wird, den muß – neben dem technisch-chemisch-biologisch-medizinischen Know-how – das *soziale und politische Potential* der Risikogesellschaft interessieren. Dem soll hier nachgegangen werden. Dazu bietet sich als Ausgangspunkt eine Analogie zum 19. Jahrhundert an. Meine These lautet: Es handelt sich auch in der Risikogesellschaft um eine Form der *Verelendung,* die vergleichbar ist und doch auch wieder überhaupt nicht mit der Verelendung der Arbeitermassen in den Zentren der Frühindustrialisierung. Warum und in welchem Sinne »Verelendung«?

1. Zivilisationsverelendung?

Hier wie dort sind von der Mehrheit der Menschen als verheerend erlebte Konsequenzen mit dem gesellschaftlichen Industrialisierungs- und Modernisierungsprozeß verbunden. Beide Male handelt es sich um drastische und bedrohende Eingriffe in menschliche Lebensbedingungen. Diese treten im Zusammenhang mit bestimmten Stufen der Produktivkraftentwicklung, der Marktverschränkung, Eigentums- und Machtverhältnissen auf. Es mag sich jedesmal um andersartige Konsequenzen handeln – damals: materielle Verelendung, Not, Hunger, Enge, heute: Bedrohung und Zerstörung der natürlichen Grundlagen des Lebens. Es gibt auch Vergleichbarkeiten: den Gefährdungsgehalt und die *Systematik* der Modernisierung, mit der dieser produziert wird und wächst. Darin liegt die Eigendynamik: kein böser Wille, sondern Markt, Konkurrenz, Arbeitsteilung – nur alles heute etwas weltweiter. Hier wie dort am Anfang die Latenz (»Nebenwirkungen«), die hier wie dort erst konfliktvoll durchbrochen werden muß. Damals wie heute gingen und gehen die Menschen auf die Straße, gab und gibt es lautstarke Fortschrittskritik, Technikkritik, Maschinenstürmerei – und die Gegenargumente.

Dann – was heute auch zu beobachten ist – das allmähliche Zugeben der Probleme. Immer mehr an systematisch produziertem Leid und Unterdrückung werden sichtbar, muß von denen, die es geleugnet haben, anerkannt werden. Das Recht hängt – keineswegs freiwillig, sondern mit kräftiger Unterstützung der Straße und Politik – sein Fähnchen nach dem Wind: allgemeines Wahlrecht, Sozialrecht, Arbeitsrecht, Mitbestimmung. Die Parallelen zu heute liegen auf der Hand: Harmloses entpuppt sich als gefährlich – Wein, Tee, Nudeln usw. Düngemittel werden zu Langzeitgiften mit weltweiten Folgen. Die ehemals hochgepriesenen Quellen des Reichtums (Atom, Chemie, Gentechnologie usw.) verwandeln sich in unabsehbare Gefahrenquellen. Die Offensichtlichkeit der Gefahren stellt den eingefahrenen Verharmlosungs- und Vertuschungsroutinen immer mehr Widerstände entgegen. Die Modernisierungsagenten – in Wirtschaft, Wissenschaft und Politik – sehen sich in den unbequemen Zustand eines leugnenden Angeklagten versetzt, den die Indizienkette ganz schön ins Schwitzen bringt.

Man könnte fast sagen: War alles schon einmal da. Nichts Neues. Doch die systematischen Unterschiede stechen ebenso ins Auge. Der Unmittelbarkeit persönlich und sozial erlebten Elends steht heute die Ungreifbarkeit von Zivilisationsgefährdungen gegenüber, die erst im verwissenschaftlichten Wissen bewußt werden und nicht direkt auf Primärerfahrungen zu beziehen sind. Es sind die Gefährdungen, die sich der Sprache chemischer Formeln, biologischer Zusammenhänge und medizinisch-diagnostischer Begriffe bedienen. Diese Wissenskonstitution macht sie allerdings nicht weniger gefährlich. Im Gegenteil: einer großen Bevölkerungsgruppe stehen heute, mit oder ohne Absicht, durch Unfall oder Katastrophen, im Frieden oder Krieg Verheerungen und Zerstörungen ins Haus, vor denen unsere Sprache versagt, unser Vorstellungsvermögen, jegliche medizinische und moralische Kategorie. Es handelt sich um das absolute und unbegrenzte NICHT, das hier droht, das »*Un*« *schlechthin*, unvorstellbar, unbegreiflich, un-, un-, un-.

Aber: nur *droht*. Nur? Damit ist ein weiterer wesentlicher Unterschied angedeutet: Es handelt sich heute um eine *drohende Möglichkeit*, die hier und da der entsetzten Menschheit zeigt, daß es nicht nur eine Möglichkeit, sondern eine Tatsache *auf Abruf* (und nicht nur ein Hirngespinst von Phantasten) ist.

Diese Artverschiedenheit von Wirklichkeit und Möglichkeit wird noch dadurch ergänzt, daß – zumindest in der Bundesrepublik, und über die rede ich hier – die Gefährdungsverelendung zusammentrifft mit dem *Gegenteil* der materiellen Verelendung (zumindest wenn man die Bilder des 19. Jahrhunderts und der Hungerländer der Dritten Welt vor Augen hat): Die Menschen sind nicht verarmt, sondern oft wohlhabend, leben in einer Gesellschaft des Massenkonsums und des Überflusses (was durchaus mit einer Verschärfung von sozialen Ungleichheiten einhergehen kann), sind meist gut gebildet und informiert, aber haben Angst, fühlen sich bedroht und engagieren sich, um die einzig mögliche Überprüfung ihrer realistisch-pessimistischen Zukunftsvisionen gar nicht erst eintreten zu lassen, gezielt zu verhindern. Eine Bestätigung der Gefährdung wäre unwiderruflich die Selbstvernichtung, und dies ist genau das handlungsaktivierende Argument, das die projizierte Gefährdung in eine *reale* verwandelt. Insofern können die hier aufbrechenden Probleme auch nicht – wie im 19. Jahrhundert – durch Mehrproduktion, Umverteilung, Ausbau der sozialen Sicherungen etc. – bewältigt werden, sondern erfordern entweder eine gezielte und massive »Politik der Gegeninterpretation« oder ein grundsätzliches Umdenken und Neuprogrammieren des geltenden Modernisierungsparadigmas.

Diese Unterschiede lassen es auch verständlich erscheinen, wieso damals und heute ganz andere Gruppen betroffen sind: Damals war die Betroffenheit vorgegeben mit dem Klassenschicksal. Man war in sie hineingeboren. Sie haftete einem an. Zog sich von der Jugend bis ins Alter. Steckte in allem: wo und was man arbeitete, aß, wie und mit wem man lebte, welche Kollegen und Freunde man hatte und auf wen man fluchte und gegen wen man, wenn es sein mußte, auf die Straßen ging.

Gefährdungslagen enthalten demgegenüber eine ganz andere Art von Betroffenheit. Nichts an ihnen ist selbstverständlich. Sie sind irgendwie universell und unspezifisch. Man hört von ihnen, liest von ihnen. Diese Wissensvermittlung bedeutet: Es zeigen sich Gruppen betroffen, die *besser ausgebildet* sind und sich *rege informieren*. Die Konkurrenz zur materiellen Not verweist auf ein weiteres Merkmal: Eher dort, wo der Druck der unmittelbaren Existenzsicherung gelockert oder gebrochen ist, also in reicheren und gut gesicherten Stellungen (und Ländern), entwickeln sich Risikobewußtsein und Engagement. Der Bann der Unsichtbarkeit des Risikos kann auch durch Eigenerlebnisse durchbrochen werden:

etwa durch Todeszeichen an einem liebgewonnenen Baum; das geplante Kernkraftwerk in der Nähe; einen Giftmüllunfall; die Medienberichterstattung darüber und ähnliches, die wiederum sensibilisiert für neue Symptome: Giftrückstände in Nahrungsmitteln usw. Diese Art der Betroffenheit erzeugt keine soziale Einheit, die für sich selbst und andere sichtbar wäre. Nichts was sich als soziale Schicht, Gruppe oder Klasse bezeichnen oder organisieren ließe.

Dieser Unterschied in der Betroffenheit von Klassen- und Risikolagen ist wesentlich. Zugespitzt und schematisch gesprochen: In Klassenlagen bestimmt das Sein das Bewußtsein, in Risikolagen umgekehrt *das Bewußtsein (Wissen) das Sein*. Ausschlaggebend dafür ist die Art des Wissens, nämlich seine Eigenerfahrungslosigkeit, und die Tiefe der Wissensabhängigkeit, die alle Dimensionen der Gefährdungsdefinition umfaßt. Das Bedrohungspotential, das in den Determinanten der Klassenlage – etwa im Verlust des Arbeitsplatzes – liegt, ist jedem Betroffenen evident. Dazu bedarf es keiner besonderen Wissensmittel: keiner Meßverfahren, keiner statistischen Erhebung, keiner Gültigkeitsüberlegungen, keiner Betrachtung über Toleranzschwellen. Die Betroffenheit ist klar und in diesem Sinne wissens*un*abhängig.

Wer erfährt, daß sein täglicher Tee DDT und seine neu gekaufte Küche Formaldehyd enthält, befindet sich in einer ganz anderen Situation. Seine Betroffenheit ist mit seinen eigenen Wissensmitteln und Erfahrungsmöglichkeiten *nicht entscheidbar*. Ob DDT in seinem Tee oder Formaldehyd in seiner Küche enthalten ist und in welcher Dosis, entzieht sich ebenso seinem Wissenszugriff wie die Frage, ob und in welchen Konzentrationen diese Stoffe kurzfristig oder langfristig schädigend wirken. *Wie* diese Fragen aber beantwortet werden, entscheidet so oder so über seine Betroffenheit. Im Ja oder Nein, Grad, Ausmaß und Erscheinungsformen seiner Gefährdung ist er prinzipiell *fremdwissensabhängig*. Gefährdungslagen schaffen auf diese Weise Abhängigkeiten, die Klassenlagen nicht kennen: Die Betroffenen werden in Sachen ihrer eigenen Betroffenheit *unzuständig*. Sie verlieren ein wesentliches Stück Wissenssouveränität. Das Schädliche, Bedrohliche, Feindliche lauert überall, ob es aber feindlich oder freundlich ist, entzieht sich dem eigenen Urteilsvermögen, bleibt den Annahmen, Methoden, Kontroversen der fremden Wissensproduzenten überlassen. In Gefährdungslagen können sich dementsprechend die Dinge des täglichen Lebens *sozusagen über Nacht* in »trojanische Pferde«

verwandeln, aus denen die Gefahren und mit ihnen die Risikoexperten stürzen und im Streit miteinander verkünden, wovor man sich zu fürchten hat und wovor nicht. Selbst die Entscheidung, ob man sie überhaupt um Rat bittet oder hereinläßt, liegt nicht mehr in den Händen der Betroffenen. Die Betroffenen suchen sich nicht mehr die Risikoexperten, sondern diese können sich die Betroffenen aussuchen. Sie können direkt mit der Tür ins Haus fallen. Denn Gefährdungen können hineinvermutet werden in alle Gegenstände des täglichen Lebens. Und darin stecken sie nun – unsichtbar und doch nur allzu präsent und rufen nach den Experten als Antwortgeber auf die Fragen, die sie lauthals stellen. Gefährdungslagen sind in diesem Sinne *Quellen, aus denen Fragen sprudeln, auf die die Betroffenen keine Antwort wissen.*

Auf der anderen Seite bedeutet dies auch, daß alle Entscheidungen, die im Rahmen der Wissensproduktion über Risiken und Zivilisationsgefährdungen fallen, niemals nur Entscheidungen über Wissensinhalte (Fragestellungen, Hypothesen, Meßverfahren, Methoden, Grenzwerte etc.) sind, sondern *ineins* auch Entscheidungen *über Betroffenheiten*: über Reichweite und Art der Gefährdung, Bedrohungsgehalt, Personenkreis, Spätfolgen, Maßnahmen, Verantwortliche, Entschädigungsansprüche. Wenn heute sozial verbindlich festgestellt wird, daß Formaldehyd, DDT usw. in den Konzentrationen, in denen diese chemischen Stoffe in den alltäglichen Gebrauchsgegenständen und Nahrungsmitteln vorkommen, gesundheitsschädigend wirken, käme diese Feststellung einer Katastrophe gleich, da sie inzwischen überall präsent sind.

Dies macht deutlich, *daß der Spielraum für wissenschaftliche Forschung mit dem Bedrohungspotential der Produktivkräfte immer enger wird.* Heute einzugestehen, daß man sich in der Festsetzung der Grenzwerte für die Verträglichkeit von Pestiziden geirrt hat – was im Grunde genommen in der Wissenschaft der Normalfall ist –, kommt dem Auslösen einer *politischen* (bzw. wirtschaftlichen) Katastrophe gleich und muß schon deswegen verhindert werden. Die Destruktivkräfte, mit denen es Wissenschaftler heute in allen Themenfeldern auch zu tun haben, zwingen ihnen das inhumane *Gesetz der Irrtumslosigkeit* auf, ein Gesetz, das zu brechen nicht nur zu den menschlichsten Eigenschaften gehört, sondern das auch in klarem Widerspruch zu ihren Idealen von Fortschritt und Kritik steht (vgl. dazu S. 293 f.).

Anders als Nachrichten über Einkommenseinbußen etc. enthalten also Nachrichten über Giftgehalte in Nahrungsmitteln, Gebrauchsgegenständen etc. einen *doppelten Schock*: Zu der Bedrohung selbst gesellt sich der *Souveränitätsverlust* über die Einschätzung der Gefahren, denen man distanzlos ausgeliefert ist. Die ganze Bürokratie des Wissens mit ihren langen Korridoren, Sitzbänkchen, unzuständigen, halbzuständigen, unverständlichen Achselzuckern und Wichtigtuern tut sich auf. Es gibt Vordereingänge, Seiteneingänge, Geheimausgänge, Tips und (Gegen)Informationen: wie man an das Wissen herankommt, wie es gemacht sein sollte, tatsächlich aber gemixt wird, zurechtgedreht, nach außen und nach innen gewendet und am Ende säuberlich dargestellt wird, damit es das nicht sagt, was es eigentlich besagt, und das besagt, was man doch lieber für sich behalten sollte. Das alles wäre ja nicht so dramatisch und könnte leicht ignoriert werden, wenn es nicht eben um die hautnahen Gefährdungen ginge.

Auf der anderen Seite finden die Forschungen der Risikoforscher parallel versetzt auch in Küche, Wein- und Teestuben aller statt. Jede ihrer zentralen Wissensentscheidungen läßt sozusagen – wenn man die ganze Arbeitsteiligkeit einmal kurzschließt – den Giftpegel im Blut der Bevölkerung hoch- oder runterschnellen. In Gefährdungslagen sind also – anders als in Klassenlagen – *Lebenslagen und Wissensproduktion direkt ineinander verschoben und verschränkt.*

Daraus folgt: die politische Soziologie und Theorie der Risikogesellschaft ist in ihrem Kern *Wissenssoziologie*, nicht: Wissenschaftssoziologie, sondern eben Soziologie *aller* Wissensbeimengungen, Wissensamalgame und Wissensakteure in ihrem konfliktvollen Ineinander und Gegeneinander, ihren Grundlagen, ihren Ansprüchen, ihren Irrtümern, ihren Irrationalitäten, ihren Wahrheiten und ihren Unmöglichkeiten, das Wissen, das sie beanspruchen, zu wissen. Fassen wir zusammen: Sichtbar ist die gegenwärtige Zukunftskrise nicht; sie ist eine Möglichkeit auf dem Wege zur Wirklichkeit. Aber wie das mit Möglichkeiten nun einmal so ist: eine *Unterstellung*, die hoffentlich *nicht* eintritt. Die Falschheit der Behauptung liegt also in der Absicht der Prognose. Sie ist eine unsichtbare Verelendung angesichts blühenden Reichtums, letztlich mit weltweiter Betroffenheit, ohne politisches Subjekt. Und doch: eindeutig und klar eine *Verelendung*, wenn man das Gemeinsame und das Unterscheidende zum 19. Jahrhundert richtig vor Augen hat. Neben Todeslisten, Schadstoffbilanzen und Unfallstatistiken sprechen auch andere Indikatoren für die Verelendungsthese.

Die Phase der Latenz der Risikobedrohungen geht zu Ende. Die unsichtbaren Gefährdungen werden *sichtbar*. Die Naturschäden und -zerstörungen vollziehen sich nicht mehr nur in der eigenerfahrungslosen Sphäre chemisch-physikalisch-biologischer Wirkungsketten, sondern stechen immer deutlicher ins Auge, in Nase und Ohren. Nur die auffälligsten Phänomene: die rasant fortschreitende Skelettierung der Wälder, schaumgekrönte Binnengewässer und Meere, ölverschmierte Tierkadaver, Smog, Schadstofferosionen an Gebäuden, an Kunstdenkmälern, die Kette der Gift-Unfälle, Gift-Skandale, Gift-Katastrophen und die Medien-Berichterstattung darüber. Die Schad- und Giftstoff-Bilanzen in Nahrungsmitteln und alltäglichen Gebrauchsgegenständen werden immer länger. Die Dämme der »Grenzwerte« scheinen mehr den Anforderungen an Schweizer Käse (je mehr Loch desto besser) als dem Gesundheitsschutz der Bevölkerung zu genügen. Die Dementis der Verantwortlichen werden immer laut*stärker* und argumentations*schwächer*. Einiges davon ist an dieser Stelle *These*, wird mit Argumenten zu belegen sein. Dennoch wird an dieser Liste von Gesichtspunkten schon deutlich: das *Ende der Latenz* hat zwei Seiten: das Risiko *und seine (öffentliche) Wahrnehmung*. Es ist nie klar, ob sich die Risiken verschärft haben oder unser *Blick* für sie. Beide Seiten fallen zusammen, bedingen sich, verstärken sich, sind, weil Risiken Risiken *im Wissen* sind, nicht zwei, sondern ein und dieselbe Sache.

Zu der Todesliste der Pflanzen und Tiere kommt also das geschärfte *öffentliche* Risikobewußtsein, die gewachsene Sensibilität für Zivilisationsgefährdungen, die übrigens nicht mit Technikfeindlichkeit zu verwechseln ist und als solche verteufelt werden darf: Gerade technik*interessierte* junge Menschen sehen und nennen diese Gefährdungen. Deutlich wird dieses gestiegene Risikobewußtsein an international vergleichenden Meinungsbefragungen der Bevölkerung in den westlichen Industriestaaten ebenso wie an dem gewachsenen Stellenwert entsprechender Nachrichten und Berichte in den Massenmedien. Dieser Verlust der Latenz, dieses wachsende Bewußtwerden der Zivilisationsrisiken, das ein noch vor einem Jahrzehnt völlig unvorstellbares Phänomen war und nun allein schon ein politischer Faktor ersten Ranges ist, ist aber nicht das Ergebnis einer allgemeinen Erweckung, sondern beruht seinerseits auf *systematischen* Entwicklungen.

Erstens, die *Verwissenschaftlichung* der Risiken wächst; und zweitens – das eine bedingt das andere –, das *Geschäft* mit dem Risiko wächst. Weit gefehlt, daß das Aufzeigen von Gefährdungen und Risiken der zivilisatorischen Entwicklung *nur* Kritik sei; sie ist *auch* – bei aller Widerständigkeit und Verteufelungsakrobatik – ein *wirtschaftlicher Aufschwungsfaktor ersten Ranges*. Das wird an der Entwicklung der entsprechenden Wirtschaftsbranchen und -zweige überdeutlich; ebenso an den steigenden öffentlichen Aufwendungen für Umweltschutz, Bekämpfung von Zivilisationskrankheiten usw. Das Industriesystem *profitiert* von den Mißständen, die es produziert, und zwar nicht zu schlecht (vgl. M. Jänicke, 1979).

Durch die Produktion von Risiken werden die Bedürfnisse endgültig aus ihrer naturhaften Restverankerung herausgelöst und damit aus ihrer Endlichkeit, Erfüllbarkeit. Hunger kann man stillen, Bedürfnisse befriedigen; Risiken sind ein »Bedürfnis-Faß ohne Boden«, unabschließbar, unendlich. Anders als Bedürfnisse können Risiken nicht nur (durch Werbung etc.) hervorgerufen, absatzkonform verlängert, kurz: manipuliert werden. Es können durch wechselnde Risikodefinitionen ganz neuartige Bedürfnisse – und damit Märkte – *geschaffen* werden. Vor allem anderen das Bedürfnis der Risikovermeidung – interpretationsoffen, kausal konstruierbar, unendlich vermehrbar. Produktion und Konsumtion werden also mit der Durchsetzung der Risikogesellschaft auf eine ganz neue Stufe gehoben. An die Stelle vorgegebener und manipulierbarer Bedürfnisse als Bezugspunkt der Warenproduktion tritt das *selbstherstellbare* Risiko.

Wenn man einen etwas gewagten Vergleich nicht scheut, kann man sagen: In der Risikoproduktion hat der entwickelte Kapitalismus die Zerstörungskraft des Krieges absorbiert, generalisiert und normalisiert. Ähnlich wie in Kriegen können bewußt werdende Zivilisationsrisiken Produktionsweisen »zerstören« (Beispiel: abgasintensive Autos, landwirtschaftliche Überschüsse), also Absatzkrisen überwinden und neue und überdies neuartig ausweitbare Märkte schaffen. Risikoproduktion und ihre Wissensagenten – Zivilisationskritik, Technikkritik, Ökologiekritik, massenmediale Risikodramaturgie und -forschung – sind eine systemimmanente Normalform der Revolutionierung von Bedürfnissen. Mit Risiken – könnte man mit Luhmann sagen – wird die Wirtschaft »*selbstreferentiell*«, unabhängig von der Umwelt menschlicher Bedürfnisbefriedigung.

Wesentlich dafür ist aber eine *symptomhafte und symbolische* Risiko»bewältigung«. Die Risiken müssen sozusagen mit ihrer Bewältigung *wachsen*. Sie dürfen nicht tatsächlich in ihren Ursachen, ihren Quellen beseitigt werden. Es muß sich alles im Rahmen von Risiko*kosmetik* vollziehen: Verpackung, symptomhafte Schadstoffverringerungen, Einbau von Reinigungsfiltern bei Beibehaltung der Dreckquellen. Also keine *präventive,* sondern eine symbolische Risikovermehrungsbeseitigungsindustrie und -politik. Das »Als ob« muß siegen, Programm werden. Dafür braucht man die »alternativen Schreihälse« ebenso wie die kritischen und technologisch orientierten Risikowissenschaftler und Antiwissenschaftler. Sie sind sozusagen insgesamt, teilweise sich selbst finanzierende (»Selbsthilfe«!), teilweise öffentlich finanzierte »Vorweg-Werbeagenturen« für die Schaffung neuer Risiko-Absatzmärkte.

Fiktion? Polemik? Eine Entwicklungstendenz in dieser Richtung läßt sich schon heute belegen. Sollte diese sich durchsetzen, dann wäre auch dieser Sieg *ein Pyrrhus-Sieg*: denn die Risiken würden durch alle Kosmetik hindurch tatsächlich wachsen und damit *die globale Bedrohung für alle.* Hier würde eine Gesellschaft entstehen, in der die Explosivkraft des Risikos *jedem* den Geschmack an seinem Profit daran gründlich versäuert und vergiftet. Dennoch illustriert bereits die *Möglichkeit* den Gedanken, der hier zentral ist: Die Industriegesellschaft – übrigens die kapitalistische ebenso wie die »sozialistische« – produziert *systematisch* ihre eigene Bedrohung und Infragestellung in der Potenzierung und wirtschaftlichen Ausschlachtung der Risiken. Die gesellschaftsgeschichtliche Situation und ihre Dynamik ist durchaus vergleichbar mit der Situation im ausgehenden Feudalzeitalter an der Schwelle zur Industriegesellschaft: Ebenso wie der Feudaladel vom Wirtschaftsbürgertum lebte (über die lehnsabhängige Vergabe von wirtschaftlichen Handels- und Nutzungsrechten sowie Gewerbesteuern) und es aus Eigeninteresse förderte und auf diese Weise ungewollt und notwendig den immer mächtiger werdenden Nachfolger schuf, ebenso »nährt« sich die entwickelte Industriegesellschaft von den Risiken, die sie produziert, und schafft auf diese Weise soziale Gefährdungslagen und politische Potentiale, die die Grundlagen bisheriger Modernisierung in Frage stellen.

2. Irrtümer, Schwindel, Fehler und Wahrheiten: Von der Konkurrenz der Rationalitäten

Wo der Überfluß an Risiken den Überfluß an Reichtum bei weitem in den Schatten stellt, gewinnt die scheinbar harmlose Unterscheidung zwischen Risiken und *Wahrnehmung* der Risiken an Bedeutung – und: verliert zugleich ihre Berechtigung. Mit dieser Unterscheidung steht und fällt das Rationalitätsmonopol der wissenschaftlichen Risikodefinition. Denn mit ihr wird die Möglichkeit unterstellt, Risiken spezialisiert und per Fachautorität objektiv und verbindlich festzustellen. Die Wissenschaft »stellt Risiken fest«, und die Bevölkerung »nimmt Risiken wahr«. Abweichungen zeigen das Maß der »Irrationalität« und »Technikfeindlichkeit« an. In dieser Zweiteilung der Welt zwischen Kundigen und Unkundigen ist zugleich ein Bild der Öffentlichkeit mit enthalten. Die »Irrationalität« der »abweichenden« öffentlichen Risiko-»wahrnehmung« liegt dann darin, daß in den Augen der Techniker die Mehrheit der Bevölkerung sich noch wie Ingenieurstudenten im ersten Semester oder davor benimmt. Sie sind zwar ignorant, aber gutwillig, bemüht, aber ahnungslos. In diesem Bild setzt sich die Bevölkerung aus lauter einzelnen Möchtegern-Ingenieuren zusammen, die noch nicht über genügend Kenntnisse verfügen. Man muß sie nur mit technischen Details vollstopfen, dann wird sie sich dem Standpunkt und der Einschätzung der Experten über die technische Handhabbarkeit und damit Risikolosigkeit der Risiken anschließen. Proteste, Ängste, Kritik, Widerstände in der Öffentlichkeit sind ein *reines Informationsproblem*. Wenn die Leute nur wüßten, was Techniker wissen und wie sie denken, wären sie beruhigt – oder sind eben hoffnungslos irrational.

Diese Auffassung ist *falsch*. Selbst in ihren hochmathematisch-statistischen oder technologischen Einkleidungen enthalten Aussagen über Risiken Aussagen der Art: *so wollen wir leben* – also Aussagen, die nur in einer *permanenten Grenzverletzung* von Natur- und Technikwissenschaften *allein* entschieden werden können. Damit dreht sich aber der Spieß um: Die Nichtakzeptanz wissenschaftlicher Risikodefinition ist nicht etwas, was man der Bevölkerung als »Irrationalität« vorhalten könnte, sondern verweist genau umgekehrt darauf, daß die kulturellen Akzeptanzprämissen, die in technisch-wissenschaftlichen Risikoaussagen enthalten sind, *falsch sind*. Die technischen Risikoexperten *irren sich* über die empirische Richtigkeit ihrer impliziten Wertprämissen, nämlich über ihre Voraussetzungen über das, was der Bevölkerung als akzeptabel erscheint und was nicht. Die Rede von einer »falschen, irrationalen« Risikowahrnehmung in der Bevölkerung setzt diesem Irrtum allerdings die Krone auf: Die Wissenschaftler entziehen ihre *geborgten* Vorstellungen von der kulturellen Akzeptanz der empirischen Kritik, erheben ihre Vorstellungen über die Vorstellungen anderer zum Dogma und schwingen sich auf diesem wackligen Thron zum Richter über die »Irrationalität« der Bevölkerung auf, deren Vorstellung sie eigentlich erfragen und zur Grundlage ihrer Arbeit nehmen müßten.

Man kann es auch anders sehen: In der Beschäftigung mit Risiken haben die Naturwissenschaften ungesehen und ungewollt sich selbst ein Stück *entmachtet, zur Demokratie gezwungen.* Aussagen über Risiken enthalten in ihren impliziten kulturellen Wertvorstellungen über ein lebenswertes Leben *ein Stück Mitbestimmung*, gegen das sich wissenschaftlich-technische Risikowahrnehmung zwar – wie Feudalherren gegen die Einführung des allgemeinen Wahlrechts – durch Umkehrung der Irrationalitätsvermutung zur Wehr setzen mag, auf das sie sich aber gleichzeitig selbst festgelegt hat, wenn sie nicht fortlaufend und systematisch in Widerspruch zu ihren eigenen Ansprüchen an die empirische Richtigkeit ihrer Annahmen argumentieren will.

Auch stellt die Unterscheidung zwischen (rationaler) wissenschaftlicher Risiko*feststellung* und (irrationaler) Risiko*wahrnehmung* die Rolle von wissenschaftlicher und sozialer Rationalität in der Entstehung eines zivilisatorischen Risikobewußtseins auf den Kopf. Sie enthält eine Geschichtsfälschung. Das heute anerkannte Wissen um die Risiken und Gefährdungen der wissenschaftlich-technischen Zivilisation hat sich überhaupt erst *gegen die massiven Leugnungen*, gegen den oft erbitterten *Widerstand* einer – selbstgenügsam und borniert in Fortschrittsgläubigkeit befangenen – »wissenschaftlich-technischen Rationalität« durchgesetzt. Überall hinkt die wissenschaftliche Risikoforschung der sozialen Umwelt-, Fortschritts- und Kulturkritik am Industriesystem hinterher. In diesem Sinne steckt in der wissenschaftlich-technischen Beschäftigung mit Zivilisationsrisiken heute immer auch ein gutes Stück uneingestandenes *kulturkritisches Konvertitentum*, und der Anspruch der Technikwissenschaften auf das Rationalitätsmonopol in der Risikowahrnehmung kommt damit dem Anspruch eines zum evangelischen Glauben übergewechselten Papstes auf Unfehlbarkeit gleich.

Die Bewußtwerdung von Risiken muß als ein Kampf konkurrierender, teils gegensätzlicher, teils sich überlagernder Rationalitätsansprüche rekonstruiert werden. Man kann nicht eine Glaubbarkeits- und Rationalitätshierarchie unterstellen, sondern muß fragen, wie am Beispiel der Risikowahrnehmung »Rationalität« *sozial entsteht*, also geglaubt, fragwürdig, definiert, umdefiniert, erworben und verspielt wird. In diesem Sinne sollen die *(Un-)Logik* sowie das Gegeneinander und Ineinander von wissenschaftlicher und sozialer Wahrnehmung und Einschätzung von Zivilisationsrisiken entfaltet werden. Dabei kann den Fragen nachgegangen werden: Welche systematischen Fehler- und Irrtumsquellen sind in der *wissenschaftlichen* Risikowahrnehmung angelegt, die überhaupt erst im Bezugshorizont einer sozialen Risikowahrnehmung sichtbar werden? Und umgekehrt: Inwieweit bleibt die soziale Risikowahrnehmung auf wissenschaftliche Rationalität selbst dort angewiesen, wo sie diese systematisch verleugnet und kritisiert und in eine Wiederbelebung vorzivilisatorischer Glaubensmächte umzuschlagen droht?

Dies ist meine *These*: Der Ursprung der Wissenschafts- und Technikkritik und -skepsis liegt nicht in der »Irrationalität« der Kritiker, sondern in dem *Versagen* der wissenschaftlich-technischen Rationalität angesichts wachsender Risiken und Zivilisationsgefährdungen. Dieses Versagen ist nicht etwa bloße Vergangenheit, sondern akute Gegenwart und drohende Zukunft. Es wird sogar erst allmählich in seinem ganzen Ausmaß sichtbar. Es ist auch nicht das Versagen einzelner Wissenschaftler oder Disziplinen, sondern liegt *systematisch* in dem institutionell-methodischen Zugriff der Wissenschaften auf Risiken begründet. Die Wissenschaften sind so, wie sie verfaßt sind – in ihrer überspezialisierten Arbeitsteilung, in ihrem Methoden- und Theorieverständnis, in ihrer fremdbestimmten Praxisabstinenz –, gar *nicht in der Lage*, auf die Zivilisationsrisiken angemessen zu reagieren, da sie an deren Entstehen und Wachstum hervorragend beteiligt sind. Sie werden vielmehr – teils mit dem guten Gewissen »reiner Wissenschaftlichkeit«, teils mit wachsenden Gewissensbissen – zum *legitimatorischen Schirmherren* einer weltweiten industriellen Verschmutzung und Vergiftung von Luft, Wasser, Nahrungsmitteln usw. sowie dem damit verbundenen allgemeinen Siechtum und Sterben von Pflanze, Tier und Mensch.

Wie läßt sich das zeigen? Das Bewußtsein von Modernisierungsrisiken hat sich gegen den *Widerstand* der wissenschaftlichen Rationalität durchgesetzt. Zu ihm führt eine breite Spur wissenschaftlicher Irrtümer, Fehleinschätzungen und Verharmlosungen. Die Geschichte der Bewußtwerdung und sozialen Anerkennung von Risiken fällt zusammen mit der Geschichte der *De*mystifizierung der Wissenschaften. Die andere Seite der Anerkennung ist die *Widerlegung* des wissenschaftlichen »Sehe-Nichts-Höre-Nichts-Rieche-Nichts-Weiß-Nichts«.

Ökonomische Risikoblindheit

Der Urirrtum über den Risikogehalt einer Technologie liegt in der beispiellosen Verkennung und Verharmlosung der *atomaren Risiken*. Der Leser traut heute seinen Augen nicht, wenn er liest, was im Jahre 1959 in einem offiziellen Merkblatt der Bundesregierung zum »Verhalten bei Luftangriffen« den Menschen geraten wird:

»Ein stark blendender Lichtblitz ist das erste Zeichen der Detonation eines Atomsprengkörpers. Seine Hitzewirkung verursacht Verbrennungen.
Daher ... empfindliche Körperteile wie Augen, Gesicht, Nacken und Hände blitzschnell bedecken!
Blitzschnell in ein Erdloch, eine Grube oder einen Graben springen!
In einem Verkehrsmittel sich augenblicklich unter Scheibenhöhe ducken, das Fahrzeug anhalten, sich auf den Boden des Fahrzeugs werfen und durch Zusammenkrümmen Gesicht und Hände schützen!
Möglichst Deckung unter einem festen Tisch, einem Schreibtisch, einer Werkbank, einem Bett oder hinter anderen Möbelstücken suchen!
Du hast im Keller mehr Aussicht zu überleben als in den oberen Stockwerken. Nicht jede Kellerdecke muß einstürzen!
Beim Auftreten von ABC-Kampfmitteln sofort die ABC-Schutzmaske aufsetzen!
Wenn du keine ABC-Schutzmaske besitzt, atme nicht tief, schütze deine Atemwege durch Vorhalten eines möglichst feuchten Taschentuchs vor Mund und Nase!
Reinige, entstrahle, entseuche und entgifte dich den Umständen entsprechend!
Verhindere Panik, vermeide kopflose Hast, aber handle!«*

Die apokalyptische Katastrophe wird auf das Maß der »privaten Verdaulichkeit« zurechtverniedlicht. Das »Ende des Komparativs« (Günther Anders), das in *jeder* atomaren Bedrohung liegt,

---

* (Wehrpolitische Information, Wehrberichterstattung aus aller Welt, Köln 1959, zitiert nach Günther Anders, Die atomare Bedrohung, München 1983, S. 133 ff.).

wird vollständig verkannt und verharmlost. Die Ratschläge folgen unfreiwillig der humoresken Horrorlogik: »Wenn Du tot bist – Vorsicht! Gefahr im Verzuge!« (G. Anders, a. a. O.).

Dieser Sündenfall der Atomphysik und -technologie ist kein Zufall. Er ist auch weder individuell bedingt noch ein einmaliger »Betriebsunfall« einer naturwissenschaftlichen Disziplin. Er bringt vielmehr gerade durch seine Radikalität die zentrale institutionelle Fehlerquelle der Technikwissenschaft im Umgang mit selbstproduzierten Risiken zu Bewußtsein: *Im Bemühen um die Steigerung der Produktivität wurde und wird von den damit verbundenen Risiken immer schon abgesehen.* Die erste Priorität der wissenschaftlich-technischen Neugierde gilt dem *Produktivitätsnutzen*, erst danach und oft noch nicht einmal in einem zweiten Schritt wird dann auch über die damit verbundenen Gefährdungen nachgedacht.

Die Produktion von Risiken und ihre Verkennung hat also ihren ersten Grund in einer »ökonomischen Einäugigkeit« der naturwissenschaftlich-technischen Rationalität. Deren Blick ist auf die Produktivitätsvorteile gerichtet. Sie ist damit zugleich mit einer systematisch bedingten *Risikoblindheit* geschlagen. Während Möglichkeiten der wirtschaftlichen Verwertbarkeit hellsichtig vorhergesehen, entwickelt, erprobt und nach allen Regeln der Kunst ausgeleuchtet werden, tappt man bei den Risiken immer im Dunkeln herum und ist dann über ihr »unvorhergesehenes« oder gar »unvorhersehbares« Eintreten zutiefst überrascht und erschrocken. Die umgekehrte Vorstellung, daß Produktivitätsvorteile als latente Nebenwirkungen einer bewußten Risikokontrolle im nachhinein gegen die Widerstände einer risikoorientierten Naturwissenschaft »ungesehen« und »ungewollt« zur Kenntnis genommen werden, erscheint völlig absurd. Dies macht noch einmal den Grad der Selbstverständlichkeit deutlich, mit dem in der naturwissenschaftlich angeleiteten Technikentwicklung ein (mit Habermas gesprochen) *produktivitätssteigerndes Erkenntnisinteresse* historisch zur Geltung kommt, das auf die Logik der Reichtumsproduktion bezogen und in diese eingebunden bleibt.

Die Stimmen der »Nebenwirkungen«

Was auf der einen Seite produktivitätssteigernd wirkt, macht auf der anderen Seite *krank*. Die Eltern, deren Kinder unter Pseudo-Krupp-Anfällen leiden, rennen sich den Kopf an den Mauern der wissenschaftlichen Nichtexistenzerklärung von Modernisierungsrisiken blutig. Von einer unendlichen Angst sprechen alle, die erlebt haben, wie ihr Kind nachts bellend hustet, mit schreckgeweiteten Augen in seinem Bett liegt und nach Luft ringt. Seit sie wissen, daß Schadstoffe in der Luft nicht nur Bäume, Boden und Wasser, sondern vor allem Säuglinge und Kleinkinder bedrohen, nehmen sie die Hustenattacken nicht länger als Schicksalsschläge hin. Bundesweit haben sie sich 1984 in mehr als 100 Initiativgruppen zusammengeschlossen. Ihre Forderung: »Entschwefeln statt schwafeln!« (vgl. U. König, in: *der Stern*, April 1985)

Über ihre Problemlagen brauchen sie nicht länger nachzudenken. Was für die Wissenschaft »latente Nebenwirkungen« und »ungesicherte Zusammenhänge« sind, sind für sie ihre »bellenden Kinder«, die bei nebliger Wetterlage blau anlaufen und röchelnd um Luft ringen. Auf ihrer Seite des Zaunes haben »Nebenwirkungen« *Stimmen, Augen, Gesichter, Tränen*. Das läßt die Irrelevanzerklärungen ins Wanken geraten, dreht die Fragen fast von selbst um. Und doch müssen sie bald erfahren, daß ihre Eigenerklärungen und -erfahrungen überhaupt nichts gelten, solange sie mit der etablierten wissenschaftlichen Ahnungslosigkeit kollidieren. Die Kühe des Bauern neben dem neu errichteten Chemiewerk mögen sich gelb verfärben, solange das nicht »wissenschaftlich erwiesen« ist, kann davon nicht die Rede sein.

Also werden sie selbst zu kleinen, privaten Antiexperten in Sachen Modernisierungsrisiken. Risiken sind für sie keine Risiken, sondern kläglich leidende, schreiende, blau anlaufende Kinder. Für ihre Kinder kämpfen sie. Modernisierungsrisiken, für die in einem hochprofessionalisierten System, in dem jeder seine Zuständigkeit hat, sonst niemand zuständig ist, haben einen *Advokaten*: Die Eltern beginnen Daten und Argumente zu sammeln. Die »weißen Flecken« der Modernisierungsrisiken, die für die wissenschaftliche Rationalität »ungesehen« und »ungesichert« bleiben, nehmen unter ihrem Erkenntniszugriff sehr schnell Form an. Sie entdecken zum Beispiel, daß die festgelegten Grenzwerte für Schadstoffe in der Bundesrepublik viel zu hoch sind. Obwohl Untersuchungen gezeigt haben, daß bereits bei einer kurzfristigen Konzentration von 200 Mikrogramm Schwefeldioxyd pro Kubikmeter Luft Kinder auffallend häufig an Pseudo-Krupp erkranken, ist nach geltenden Grenzwerten in der Bundesrepublik das Doppelte erlaubt, viermal so viel, wie die Weltgesundheitsorganisation als Kurzzeitwert für vertretbar hält. Eltern weisen nach, daß Meßergebnisse nur deshalb im Rahmen des »Zulässigen« liegen, weil die Spitzenwerte aus hochbelasteten Stadtbezirken mit Werten aus grünen Wohnvierteln gemittelt und damit »weggerechnet« werden. »Unsere Kinder«, sagen sie, »erkranken aber nicht am Mittelwert.«

Die aufgedeckte »Mogelpraxis« der Wissenschaftler weist auf kategoriale Unterschiede zwischen wissenschaftlicher und sozialer Rationalität im Umgang mit Risiken hin.

Das kausale Abschmettern der Risiken

Am Anfang stehen die *unterschiedlichen Betroffenheiten*. Man befindet sich auf zwei Seiten desselben Zaunes. Wenn dem Wissenschaftler ein Fehler unterläuft, kratzt das schlimmstenfalls an dem Lack seiner Reputation (wenn der »Fehler« in den Kram paßt, kann es ihm sogar die Beförderung bescheren). Auf der Seite der Betroffenen nimmt dasselbe ganz andere Erscheinungsformen an. Ein Fehler in der Grenzwertbestimmung bedeutet hier u. U. irreversible Schädigungen der Leber, Krebsgefahr. Entsprechend sind auch die Dringlichkeiten, Zeithorizonte und die Normen, an denen die Fehlerhaftigkeit der Fehler bemessen wird, anders.

Wissenschaftler bestehen auf der »Güte« ihrer Arbeit, halten die theoretisch-methodischen Standards hoch, um ihre Karriere und materielle Existenz zu sichern. Gerade daraus ergibt sich im Umgang mit Risiken eine eigenartige Unlogik. Das Bestehen auf ungesicherten Zusammenhängen mag einem Wissenschaftler gut anstehen und im allgemeinen lobenswert sein. Beim Umgang mit Risiken schlägt es für die Betroffenen ins Gegenteil um: *es potenziert die Risiken*. Hierbei geht es ja immer um Gefahren, die es zu vermeiden gilt und deren geringe Wahrscheinlichkeit schon bedrohend wirkt. Wird nun aufgrund eines »unklaren« Erkenntnisstandes die Anerkennung des Risikos verweigert, bedeutet das, daß notwendiges Gegenhandeln unterbleibt und *die Gefahr wächst*. Durch das Hochschrauben der Wissenschaftlichkeitsstandards wird der Kreis anerkannter und damit handlungsrelevanter Risiken *minimiert*, und folglich werden implizit *wissenschaftliche Freibriefe der Risikopotenzierung* erteilt. Zugespitzt formuliert: Das Bestehen auf der *»Reinheit«* der wissenschaftlichen Analyse führt zur *Verschmutzung und Verseuchung* von Luft, Nahrungsmitteln, Wasser und Boden, Pflanze, Tier und Mensch. Es ergibt sich also eine geheime Koalition zwischen strikter Wissenschaftlichkeit und *dadurch* zugelassenen oder geförderten Gefährdungen des Lebens.

Das ist nun nicht nur ein ganz allgemeiner und insofern abstrakter Zusammenhang. Dafür gibt es konkrete kognitive Instrumente. Einen Schlüsselcharakter nimmt hierbei die Feststellung der in Modernisierungsrisiken enthaltenen *Kausalitäts*vermutung ein, deren Nachweis bereits aus wissenschaftstheoretischen Gründen schwer bis unmöglich ist (zusammenfassend W. Stegmüller 1970). Hier interessiert die Steuerbarkeit des Anerkennungsprozesses von Risiken durch den »Gütehebel« des Kausalitätsnachweises: Je höher die Gütekriterien geschraubt werden, desto geringer ist der Kreis der anerkannten und desto größer der Stau der nichtanerkannten Risiken. Allerdings gilt auch: desto mehr wachsen hinter den Anerkennungsmauern die Risiken. Das Bestehen auf »Güte« ist also eine *hocheffektive und bestlegitimierte Konstruktion*, um die Flut der Modernisierungsrisiken einzudämmen und zu kanalisieren, allerdings mit einer eingebauten Sichtblende, die umgekehrt proportional zu der erfolgten »Aberkennung« von Risiken das Anwachsen der Risiken selbst steigert.

Eine Liberalisierung des Kausalitätsnachweises käme unter diesen Bedingungen einem Dammbruch und damit einer Sturzflut anzuerkennender Risiken und Schädigungen gleich, die in ihrer Breitenwirkung das ganze soziale und politische Gefüge in der Bundesrepublik erschüttern würde. So wird auch bei uns nach wie vor – in schöner Eintracht von Wissenschaft und Recht – das sogenannte »*Verursachungsprinzip*« als *An- bzw. Aberkennungsschleuse* benutzt: Man weiß, daß Modernisierungsrisiken ihrer Struktur nach im allgemeinen nach dem Verursachungsprinzip *nicht* hinreichend interpretiert werden können. Es gibt meist nicht *den einen* Verursacher, sondern eben Schadstoffgehalte in der Luft, die aus vielen Schloten kommen und die überdies oft mit unspezifischen Leiden korrelieren, für die stets eine Vielzahl von »Ursachen« in Betracht kommen. Wer unter diesen Bedingungen auf dem *strikten* Kausalnachweis besteht, maximiert die Aberkennung und minimiert die Anerkennung industriell bedingter Verseuchungen und Zivilisationskrankheiten. Mit der Unschuld der »reinen« Wissenschaft verteidigen die Risikoforscher die »hohe Kunst der kausalen Beweisführung«, blocken so Bürgerproteste ab, ersticken sie im Keim des »fehlenden« Kausalnachweises, ersparen der Industrie scheinbar Kosten, halten den Politikern scheinbar den Rücken frei und halten in Wirklichkeit die Schleusen mit offen für eine allgemeine Gefährdung des Lebens.

Dies ist zugleich ein gutes Beispiel dafür, wie »Rationalität« sich in »Irrationalität« verwandeln kann, je nachdem, ob dasselbe Denken und Handeln im Bezugskreis der Reichtums- oder der Risikoproduktion gesehen wird. Das Bestehen auf striktem Kausalnachweis ist ein Kernstück naturwissenschaftlicher Rationalität. Hier genau zu sein und sich und anderen »nichts zu schenken« gehört zu den Zentralwerten des naturwissenschaftlichen Ethos. Gleichzeitig entstammt dieses Prinzip aber anderen Problemzusammenhängen und vielleicht sogar einer anderen Denkepoche. Jedenfalls ist es für Modernisierungsrisiken *prinzipiell unangemessen*. Wo Schadstoffbelastungen nur noch im internationalen Austauschverkehr und den entsprechenden Bilanzen begriffen und gemessen werden können, ist es offensichtlich unmöglich, einzelne Hersteller von einzelnen Stoffen in einen direkten ursächlichen Zusammenhang mit bestimmten, häufig auch noch durch andere Faktoren begünstigten oder bedingten Erkrankungen zu bringen. Das kommt dem Versuch gleich, die mathematischen Möglichkeiten eines Computers an den eigenen fünf Fingern nachzurechnen. Wer darauf besteht, *leugnet* die Wirklichkeit von Zusammenhängen, die deswegen nicht weniger existieren. Denn nur weil die Naturwissenschaftler keine Einzelursachen für Einzelschädigungen ausmachen können, werden die Schadstoffgehalte in der Luft und in Nahrungsmitteln nicht geringer, gehen die Schwellungen der Atemwege unter Smogeinwirkung nicht zurück und sinkt ebenfalls nicht die Sterblichkeit, die bei Schwefeldioxyd-Konzentrationen von mehr als 300 Mikrogramm pro Kubikmeter signifikant ansteigt.

In anderen Ländern gelten ganz andere Normen für die Gültigkeit von Kausalnachweisen. Diese mußten allerdings oft auch erst in sozialen Konflikten durchgesetzt werden. In Japan haben sich Richter dazu entschieden, nicht mehr die Unmöglichkeit rigider naturwissenschaftlicher Kausalnachweise angesichts weltweit verzahnter Modernisierungsrisiken gegen die Risikobetroffenheiten auszulegen und damit letztlich gegen alle. Sie erkennen bereits einen ursächlichen Zusammenhang dann an, wenn *statistische Korrelationen* zwischen Schadstoffgehalten und bestimmten Erkrankungen nachgewiesen werden. Diejenigen Betriebe, die solche Schadstoffgehalte emittieren, können dann gerichtlich haftbar gemacht und zu entsprechenden Schadenszahlungen verurteilt werden. In Japan wurde auf dieser Grundlage eine Reihe von Firmen in spektakulären Umweltprozessen zu Mammutzahlungen an Geschädigte verpflichtet. Für die Betroffenen in der Bundesrepublik muß das *kausale Abschmettern* ihrer erlebten Schädigungen und Leiden wie blanker Hohn erscheinen. Im Abblocken der von ihnen zusammen- und vorgetragenen Argumente erfahren sie den *Wirklichkeitsverlust* einer wissenschaftlichen Rationalität und Praxis, die den selbstproduzierten Risiken und Gefährdungen immer schon fremd und blind gegenüber gestanden ist.

Fauler Zauber: Grenzwerte

Es gibt noch andere »kognitive Giftschleusen«, an deren Hebeln die Risikowissenschaftler sitzen. Sie verfügen auch über den ganz großen Zauber: Babuhhhbaaaataaahh, Babuhhhbaaaataaahh! Wird in bestimmten Regionen auch als »Saurer-Regen-Tanz« zelebriert. Zu deutsch: Grenzwertbestimmung oder Höchstmengenverordnung. Anderes Wort für Ahnungslosigkeit. Da Wissenschaftler nie ahnungslos sind, haben sie für ihre Ahnungslosigkeit viele Wörter, viele Methoden, viele Zahlen. Ein zentrales Wort für Auchnichtwissen in der Beschäftigung mit Risiken ist das Wort »Grenzwert«. Buchstabieren wir dieses Wort.

Grenzwerte für »zulässige« Schadstoff- und Giftspuren in Luft, Wasser und Nahrung haben im Zusammenhang mit der Risikoverteilung eine vergleichbare Bedeutung wie das Leistungsprinzip für die ungleiche Reichtumsverteilung: Sie lassen den Giftausstoß zugleich zu *und* legitimieren ihn in eben dem eingeschränkten Umfang. Wer die Verschmutzung begrenzt, hat der Verschmutzung *auch zugestimmt*. Das, was jetzt noch möglich ist, ist per sozialer Definition »unschädlich« – wie schädlich es auch immer sein mag. Grenzwerte mögen zwar das Allerschlimmste verhindern, sind zugleich aber auch »Persilscheine« dafür, Natur und Mensch *ein bißchen* zu vergiften. Wie groß dieses »Bißchen« sein darf, darum geht es. An der Frage, ob Pflanze, Tier und Mensch ein *kleines* oder ein *großes* Bißchen Gift vertragen und ein *wie* großes Bißchen und was dabei »vertragen« heißt – um solche reizenden Gruselfragen aus der fortgeschrittenen zivilisatorischen Gift- und Antigiftküche geht es bei der Bestimmung von Grenzwerten.

Wir wollen uns hier nicht darum kümmern, daß Werte, auch Grenzwerte, früher einmal nicht eine Sache der Chemie, sondern der *Ethik* waren. Wir haben es also mit der »Verordnung über Höchstmengen an Pflanzenschutz- und sonstigen Mitteln sowie anderen Schädlingsbekämpfungsmitteln in oder auf Lebensmitteln und Tabak-Erzeugnissen« – so das ungelenke Amtsdeutsch – zu tun, mit der *biologischen Restethik* der entwickelten Industriezivilisation. Diese bleibt allerdings eigentümlich negativ. Sie bringt den ehemals selbstverständlichen Grundsatz zur Geltung, einander nicht zu vergiften. Genauer hätte es heißen müssen: nicht *vollständig* zu vergiften. Denn ironischerweise ermöglicht sie ja gerade das berühmte und umstrittene Bißchen. Es geht also bei dieser »Verordnung« nicht um eine *Verhinderung* der Vergiftung, sondern um das *zulässige Maß* der Vergiftung. *Daß* Vergiftung zulässig ist, ist auf der Grundlage dieser Verordnung keine Frage mehr. Grenzwerte sind in diesem Sinne also Rückzugslinien einer sich selbst mit Schad- und Giftstoffen im Überfluß eindeckenden Zivilisation. Die eigentlich naheliegende Forderung der Nichtvergiftung wird durch sie schon als *utopisch* zurückgewiesen.

Mit Grenzwerten wird zugleich das festzulegende »Bißchen« Vergiftung *Normalität*. Es verschwindet hinter den Grenzwerten. Grenzwerte ermöglichen eine *Dauerration kollektiver Normalvergiftung*. Sie machen Vergiftung, die sie zulassen, allerdings zugleich ungeschehen, indem sie die erfolgte Vergiftung für *un*schädlich erklären. Wenn man die Grenzwerte eingehalten hat, hat man in diesem Sinne *nicht* vergiftet – egal, wieviel Giftstoffe in den Nahrungsmitteln, die man produziert, tatsächlich enthalten sind.

Würde man sich auf den nicht völlig abwegigen Grundsatz einigen, *überhaupt nicht* zu vergiften, gäbe es keine Probleme. Man bräuchte auch keine »Höchstmengen-Verordnung«. Die Probleme liegen also in dem Rückzugscharakter, in der Doppelmoral, in dem Ja-Nein einer »*Höchst*mengen-Verordnung«. Dabei geht es gar nicht mehr um Fragen der Ethik, sondern darum, wie weit die minimalsten Regeln des Zusammenlebens – nämlich sich nicht zu vergiften – *verletzt* werden dürfen. Es geht letztlich darum, wie lange Vergiftung nicht Vergiftung und ab wann Vergiftung Vergiftung heißt. Zweifellos eine wichtige Frage – eine viel zu wichtige

Frage, um sie allein den Giftexperten zu überlassen. An ihr hängt nicht nur im übertragenen Sinne das Leben auf dieser Erde. Wenn man sich erst einmal auf das glitschige Gefälle einer »zulässigen Vergiftung« begeben hat, gewinnt die Frage, wieviel Vergiftung ist »zulässig«?, die Bedeutung, die der junge Hamlet einmal – etwas pathetisch – auf die Alternative »Sein oder Nichtsein« gebracht hat. Dies verbirgt sich in der »Höchstmengen-Verordnung« – einem eigenartigen Dokument dieser Epoche. Davon soll hier aber nicht die Rede sein. Wir wollen uns einmal auf den Boden der Grenzwertbestimmung selbst begeben und nach ihrer Logik bzw. Unlogik fragen, also fragen, ob sie das, was sie zu wissen vorgibt, überhaupt wissen kann.

Wenn man überhaupt Vergiftung zuläßt, braucht man eine Grenzwert-Verordnung. Dann wird aber das, was *nicht* in ihr steht, noch wichtiger als das, was in ihr steht. Denn was nicht in ihr steht, von ihr gar nicht erfaßt wird, *gilt nicht als Gift* und kann *frei und ungehemmt in Umlauf gesetzt werden.* Das Schweigen der Grenzwert-Verordnung, ihre »weißen Flecken«, sind ihre gefährlichsten Aussagen. Worüber sie nicht spricht, bedroht uns am meisten. Mit der Höchstmengen-Verordnung wird also die *Definition von Pestiziden* und das, was durch sie an »nichtpestiziden Giften« von der Erfassung ausgeschlossen wird, zu einer ersten Weichenstellung einer langfristigen Dauervergiftung von Mensch und Natur. Der Streit um Definitionen, mag dieser auch noch so innerakademisch ausgetragen werden, hat also mehr oder weniger giftige Konsequenzen für alle.

Was nicht in eine begriffliche Ordnung paßt, weil die Phänomene noch nicht klar genug erfaßt oder zu komplex sind, was quer zu der begrifflichen Schematik liegt, wo man Forschung abwarten muß – alles dies wird vom definitorischen Anspruch der Ordnung miterfaßt und *von dem Giftverdacht durch Nichterwähnung freigesprochen.* Der »Höchstmengen-Verordnung« liegt also ein höchst zweifelhafter und gefährlicher *technokratischer Fehlschluß* zugrunde: was (noch) nicht erfaßt oder erfaßbar ist, ist nicht giftig, oder anders formuliert: Bitte im Zweifelsfall das Gift vor dem es gefährdenden Zugriff des Menschen schützen.

Der Zufall (!?) will es, daß die Höchstmengen-Verordnung in der Bundesrepublik – auch im Vergleich zu anderen Industrieländern – *riesengroße Löcher* aufweist. Ganze Gift-Familien tauchen in dem Werk nicht auf, da es sich nicht um »Pestizide« im Sinne des Gesetzes handelt. Die Fortschreibung der Schadstoffliste hinkt inhaltlich und zeitlich hoffnungslos hinter der Produktion und Nutzung chemischer Stoffe hinterher. Die amerikanische Umweltbehörde hat schon vor Jahren davor gewarnt, die *erfaßten* Schadstoff-Parameter im Verhältnis zu jenen zahllosen Chemikalien überzubewerten, über deren Toxizität keine Klarheit besteht, deren Konzentrationen nicht gemessen und deren potentielle Schadstoffwirkung durch keine Vorschriften gemindert werden. Verwiesen wird auf die reichlich vier Millionen chemischer Verbindungen, deren Zahl ständig zunimmt. »Wir wissen sehr wenig über die möglichen Gesundheitsfolgen dieser neuen Verbindungen..., aber die bloße Zahl..., die Vielfalt ihrer Verwendung und die bei einigen von ihnen bereits aufgetretenen negativen Effekte machen es zunehmend wahrscheinlich, daß chemische Schadstoffe in unserer Umwelt ein signifikanter Bestimmungsfaktor der menschlichen Gesundheit und Lebenserwartung geworden sind.« (Environmental Quality – 1975, 6. Bericht des CEQU, Washington, S. 326, hier zitiert nach: M. Jänicke, Wie das Industriesystem von seinen Mißständen profitiert, a. a. O., S. 60).

Wenn neue Verbindungen überhaupt zur Kenntnis genommen werden, dann dauert dies in der Regel drei bis vier Jahre. So lange können die potentiell giftigen Stoffe in jedem Fall ungehemmt umgesetzt werden.

Diese Löcher des Schweigens lassen sich weiterverfolgen. Es bleibt das Geheimnis der Grenzwerte-Architekten, wie man überhaupt *Grenzwerte an Einzelsubstanzen festmachen* kann. Nach einem nicht ganz aus der Luft gegriffenen Verständnis geht es bei Grenzwerten um Vorstellungen von Verträglichkeit *für Mensch und Natur*. Diese sind aber das *Sammelbecken* für alle möglichen Schad- und Giftstoffe in Luft, Wasser, Boden, Essen, Möbeln usw. Wer wirklich Grenzwerte der Verträglichkeit festlegen will, muß diese *Summierung* erfassen. Wer dennoch bei einzelnen Giftstoffen Grenzwerte festlegt, geht entweder von der völlig irrigen Annahme aus, daß der Mensch nur dieses Gift schluckt, oder aber er verfehlt vom Ansatz seines Denkens und Forschens überhaupt die Möglichkeit, über Grenzwerte für *den Menschen* zu reden. Je mehr Schadstoffe in Umlauf gesetzt werden, je mehr einzelstoffbezogene Grenzwerte festgelegt werden und je liberaler die Grenzwerte fixiert werden, desto *unsinniger* wird der ganze Grenzwertzauber, weil die toxische Gesamtgefährdung der Bevölkerung wächst – vorausgesetzt die simple Gleichung, daß das Gesamtvolumen verschiedenartiger Teilgifte auch einen höheren Grad an Gesamtvergiftung bedeutet.

Ganz analog läßt sich auch für das *Zusammenwirken* der einzelnen Giftstoffe argumentieren. Was hilft es mir, wenn ich weiß, daß dieses oder jenes Gift in dieser oder jener Konzentration schädlich oder nicht schädlich ist, wenn ich gleichzeitig gar nichts darüber weiß, welche Reaktionen das Zusammenwirken dieser vielen Giftrückstände auslöst. Schon aus dem innermedizinischen Bereich ist bekannt, daß Medikamente sich in ihrem Wirken minimieren oder potenzieren können. Es ist nicht völlig abwegig, ähnliches auch für die unübersehbar vielen, durch Grenzwerte zulässigen Teilvergiftungen zu vermuten. Die Verordnung enthält auch auf diese Zentralfrage keine Antwort.

Dabei sind beide logischen Brüche nicht etwa zufällig, sondern beruhen auf Problemen, die sich systematisch dann einstellen, wenn man sich auf die schiefe Ebene möglicher Teilvergiftungen begibt. Denn es wirkt höhnisch bis zynisch, einerseits Grenzwerte zu bestimmen und damit die Vergiftung teilweise freizugeben, andererseits sich überhaupt durch keine Gedankenanstrengung darum zu bemühen, welche Konsequenzen die *Summierung* der Gifte in ihrem *Zusammenwirken* hat. Das erinnert an die Geschichte einer vielköpfigen Giftmörderbande, die, vor ihrem Opfer stehend, dem Richter mit Unschuldsmiene vorrechnete, daß jeder von ihnen bei weitem die zulässige Teilvergiftung der Grenzwerte-Verordnung unterschritten habe und insofern freizusprechen sei!

Nun werden viele sagen: Schöne Forderungen, aber das geht halt nicht, und zwar prinzipiell nicht. Wir haben nur ein spezialisiertes Wissen von einzelnen Schadstoffen. Schon das hinkt jämmerlich der industriellen Vervielfältigung von chemischen Verbindungen und Stoffen hinterher. Uns fehlt es an Personal, Forschungskapazitäten und und und. Aber weiß man denn, was man da sagt? Das angebotene Grenzwertwissen wird dadurch um keinen Deut besser. Es bleibt Augenwischerei, Grenzwerte an Einzelschadstoffen festzumachen, wenn man gleichzeitig Tausende von schädlichen Stoffen freigibt, über deren Zusammenwirken man sich vollständig ausschweigt!

Wenn dies denn wirklich nicht anders gehen sollte, dann ist damit nicht weniger gesagt als: Das System professioneller Überspezialisierung und seiner behördlichen Organisation *versagt* angesichts der Risiken, die die industrielle Entwicklung freisetzt. Es mag zur Entwicklung der Produktivität taugen, aber nicht zur Eindämmung der Gefahren. Die Menschen sind nun einmal notgedrungen in ihren zivilisatorischen Gefährdungslagen nicht von Einzelschadstoffen, sondern *ganzheitlich* bedroht. Auf ihre ihnen aufgezwungene Frage nach ihrer *ganzheitlichen* Bedrohung mit einzelstofflichen Grenzwerte-Tabellen zu antworten kommt einer kollektiven Verhöhnung mit nicht mehr nur latenten giftmörderischen Folgen gleich. Mag sein, daß man diesen Fehler in Zeiten einer allgemeinen Fortschrittsgläubigkeit begehen konnte. An ihm heute angesichts allgemeiner Proteste, Kranken- und Sterbestatistiken festzuhalten – und zwar unter der legitimatorischen Schirmherrschaft der wissenschaftlichen »Grenzwerte-Rationalität« – sprengt bei weitem die Dimensionen einer Glaubenskrise, läßt nach dem Staatsanwalt rufen.

Doch lassen wir diese Überlegungen einmal beiseite. Schauen wir uns die wissenschaftliche Architektur eines Grenzwertes an. Rein logisch, versteht sich. Um es abzukürzen: Jeder Grenzwert-Bestimmung liegen *mindestens* folgende zwei Fehlschlüsse zugrunde:

Erstens wird bei den *Ergebnissen eines Tierversuches auf die Reaktionen der Menschen fehlgeschlossen*. Nehmen wir das Sevesogift TCDD heraus (vgl. Umweltbundesamt, Berichte 5/1985 sowie M. Urban, Wie das Sevesogift wirkt, in SZ, 30.5.85). Es entsteht bei der Herstellung einer großen Anzahl chemischer Produkte, zum Beispiel von Holzschutzmitteln, Herbiziden und Desinfektionsmitteln. Außerdem entwickelt es sich bei Müllverbrennungsvorgängen, und zwar desto mehr, je niedriger die Verbrennungstemperatur ist. An zwei Tierarten ist die krebserzeugende Wirkung von TCDD nachgewiesen worden. Denen hat man das Zeug verpaßt. Nun aber die methodische Schlüsselfrage aus der zivilisatorischen Giftküche: Wieviel verträgt der Mensch? Schon Kleintiere reagieren *sehr unterschiedlich*: Meerschweinchen zum Beispiel *zehn- bis zwanzigmal* stärker als Mäuse und *dreitausend- bis fünftausendmal* empfindlicher als Hamster. Von Löwen liegen die Ergebnisse noch nicht vor, Elefanten werden schon gemustert...

Es bleibt das immer noch nicht gelüftete Geheimnis der Grenzwert-Jongleure, wie man von solchen Ergebnissen auf die Verträglichkeit dieses Giftes für den Menschen schließen kann. Unterstellen wir, daß man überhaupt von »den« Menschen reden kann. Packen wir einmal Säuglinge, Kinder, Rentner, Epileptiker, Kaufleute, Schwangere, nah und fern von Schloten Wohnende, Almbauern und Berliner in den großen grauen Sack »der« Menschen. Unterstellen wir, daß die Labormaus genauso reagiert wie die Kirchenmaus. Dann bleibt immer noch die Frage: Wie kommt man von A nach B, von den extrem schwankenden Tierreaktionen zu den völlig unbekannten und daraus niemals ableitbaren Menschenreaktionen?

Um es kurz zu machen: nur nach dem *Modell des Lottos* – ankreuzen und abwarten. Wie beim Lotto hat man auch seine »Methode«. Beim Grenzwerte-Lotto heißt sie *»Sicherheitsfaktor«*. Was ist ein »Sicherheitsfaktor«? Was ein Sicherheitsfaktor ist, lehrt die *»Praxis«*. (Vgl. Höchstmengen, Natur 4/1985, S. 46–51) Also: nicht nur ankreuzen, sondern eben auch abwarten. Das hätte man gleich haben können. Dafür hätte man die Tiere nicht quälen müssen. Um es noch einmal zu sagen: von den Ergebnissen der Tierversuche, die ja sowieso immer nur unter *künstlichen* Bedingungen Antworten auf *eingeschränkte* Fragen enthalten und oft extreme Reaktionsschwankungen sichtbar machen, führen nur *hellseherische* Fähigkeiten zu der »zumutbaren« Giftdosis für »den« Menschen. Die Grenzwert-Konstrukteure sind Seher, haben das »dritte Auge«, sind mit dem Brimborium von Versuchsreihen und Koeffizienten arbeitende, spätindustrielle Chemie-Magier. Das Ganze bleibt auch bei gutwilligster Betrachtung eine sehr umständliche, wortreiche und zahlenintensive Art zu sagen: wir wissen es auch *nicht*. Abwarten. Die Praxis lehrt. Damit sind wir beim zweiten Punkt.

Sicherlich erfüllen die Grenzwerte die Funktion einer *symbolischen* Entgiftung. Sie sind gleichsam symbolische Beruhigungspillen gegen die sich häufenden Giftnachrichten. Sie signalisieren, daß sich da jemand Mühe gibt und aufpaßt. *Faktisch* haben sie die Wirkung, die Schwellen für die Versuche am Menschen etwas höher zu setzen. Da führt kein Weg daran vorbei: *Erst wenn das Zeug in Umlauf gesetzt wird, kann man herausfinden, wie es wirkt*. Und genau hier liegt der zweite Fehlschluß, der nun eigentlich gar kein richtiger Fehlschluß, sondern ein Skandal ist:

Die Wirkung *für* den Menschen läßt sich letztlich zuverlässig nur *am* Menschen studieren. Wir wollen dabei wieder nicht über ethische Fragen diskutieren, sondern uns ganz der experimentellen Logik widmen. Das Zeug wird auf allen nur denkbaren Wegen: Luft, Wasser, Nahrungsmittelketten, Güterketten usw. unter die Leute gebracht. Und? Wo ist der Fehlschluß? Eben: es findet nichts statt. *Das Experiment am Menschen, das stattfindet, findet nicht statt.* Genauer: es findet statt, indem das Zeug den Menschen wie den Versuchstieren in bestimmten Dosen verabreicht wird. Es findet in dem Sinne nicht statt, daß man die Reaktionen am Menschen systematisch erhebt und auswertet. Die Wirkungsweise an den Versuchstieren hatte zwar keinen Aussagewert für den Menschen, man hat sie aber sehr sorgfältig protokolliert und korreliert. Die Reaktionen am Menschen selbst nimmt man vorsichtshalber gar nicht erst zur Kenntnis – es sei denn, jemand meldet sich und kann beweisen, daß es tatsächlich *dieses* Gift ist, das ihm schadet! Der Versuch am Menschen findet zwar statt, aber eben unsichtbar, *ohne* systematische wissenschaftliche Kontrolle, *ohne* Erhebung, *ohne* Statistik, *ohne* Korrelationsanalyse, unter den Bedingungen des *Nicht*wissens der Betroffenen – und mit *umgekehrter* Beweislast, wenn sie doch etwas bemerken sollten.

Es ist ja nicht so, daß man nicht wissen *könnte*, wie die Giftrationen einzeln oder in Summierung beim Menschen wirken. Man *will es nicht wissen*! Das sollen doch die Menschen selbst herausfinden! Es wird sozusagen eine Art Dauerexperiment veranstaltet, in dem das Versuchstier Mensch in einer Selbsthilfebewegung die Daten über seine eigenen Vergiftungssymptome *gegen* das kritische Stirnrunzeln der Experten sammeln und zur Geltung bringen muß. Auch die bereits vorliegenden Statistiken über Krankheiten, Waldsterben usw. erscheinen den Grenzwert-Magiern offensichtlich nicht aussagekräftig genug.

Es handelt sich also um ein Dauergroßexperiment mit Meldepflicht der unfreiwilligen Versuchsmenschheit über die sich bei ihr sammelnden Vergiftungssymptome mit umgekehrter und nach oben geschraubter Beweislast, deren Argumente man schon deswegen nicht zur Kenntnis nehmen muß, *weil es ja die Grenzwerte gibt, die eingehalten wurden*! Die Grenzwerte, die man eigentlich erst an den Reaktionen der Menschen bilden könnte, werden hochgehalten, um die Ängste und Krankheiten der betroffenen Versuchsmenschen abzuwehren! Und dies alles im Namen der »wissenschaftlichen Rationalität«! Nicht daß die Grenzwert-Akrobaten es nicht wissen, ist das Problem. Das Eingeständnis des Auchnichtwissens wäre wohltuend. Daß sie es nicht wissen, aber so tun als wüßten sie es, ist das Ärgerliche und Gefährliche, und daß sie auf ihrem nichtwissenkönnenden »Wissen« auch dort noch dogmatisch bestehen, wo sie es längst besser wissen könnten.

Wissenschaftliche Rationalität in der Zäsur

Die Entstehung des Risikobewußtseins in der hochindustriellen Zivilisation ist wahrlich kein Ruhmesblatt in der Geschichte der (Natur-)Wissenschaften. Es ist gegen die wissenschaftliche Dauerleugnung entstanden, wird von ihr nach wie vor unterdrückt; bis heute hat sich die Mehrheit der Wissenschaftler auf die andere Seite gestellt. Die Wissenschaft ist zum *Statthalter einer weltweiten Verseuchung von Mensch und Natur geworden*. Insofern ist es auch nicht übertrieben zu sagen, daß die Wissenschaften durch die Art ihres Umgangs mit zivilisatorischen Risiken in vielen Bereichen *ihren historischen Kredit auf Rationalität bis auf weiteres verspielt haben*. »Bis auf weiteres«, d. h.: bis sie ihre theoretischen und institutionellen Fehlerquellen und Defizite im Umgang mit Risiken wahrnehmen und selbstkritisch und praktisch folgenreich aus ihnen gelernt und Konsequenzen gezogen haben (vgl. dazu Kap. VII, S. 254ff.).

Die Produktivitätssteigerung ist mit der Philosophie der immer feinkörnigeren Arbeitsteilung verheiratet. Risiken weisen demgegenüber einen *übergreifenden* Bezug auf. Sie bringen das inhaltlich, räumlich, zeitlich Auseinanderliegende in einen direkten, bedrohlichen Zusammenhang. Durch das Sieb der Überspezialisierung fallen sie hindurch. Sie sind das, was *zwischen* den Spezialisierungen liegt. Die Bewältigung der Risiken zwingt zum Überblick, zur Zusammenarbeit über alle sorgfältig etablierten und gepflegten Grenzen hinweg. Risiken liegen *quer* zu der Unterscheidung von Theorie und Praxis, *quer* zu den Fach- und Disziplingrenzen, *quer* zu den spezialisierten Kompetenzen und institutionellen Zuständigkeiten, *quer* zur Unterscheidung von Wert und Tatsache (und damit von Ethik und Naturwissenschaft) und *quer* zu den scheinbar institutionell abgetrennten Bereichen von Politik, Öffentlichkeit, Wissenschaft und Wirtschaft. Insofern werden in der Risikogesellschaft die *Ent*differenzierung der Subsysteme und Funktionsbereiche, die *Neuvernetzung* der Spezialisten, die risikoeindämmende *Vereinigung* der Arbeit das systemtheoretische und -organisatorische Kardinalproblem.

Gleichzeitig nagt die ungehemmte Risikoproduktion immanent an den *Produktivitäts*leitbildern, auf die die wissenschaftliche Rationalität ausgerichtet ist. »Die herkömmliche, primär symptombekämpfende und sachsorgende Umweltpolitik kann auf die

Dauer *weder* ökologischen *noch* ökonomischen Maßstäben genügen. Ökologisch gesehen läuft sie letztlich immer den vorangehenden umweltbelastenden Produktionsprozessen hinterher; ökonomisch gesehen entsteht das Problem steigender Sanierungsaufwendungen bei abnehmenden ökologischen Erfolgen. Was sind die Gründe für diese doppelte Ineffizienz?

Ein Hauptgrund dürfte darin bestehen, daß die herkömmliche Umweltpolitik am Ende des Produktionsprozesses ansetzt, nicht aber am Anfang, d. h. bei der Wahl der Technologien, der Standorte, der Roh-, Hilfs- und Betriebsstoffe, der zu erzeugenden Produkte... Es handelt sich dabei um ex-post-Sanierung von Umweltbelastungen unter Einsatz von end-of-the pipe-Technologien: Anknüpfend an der vorhandenen umweltschädlichen Technologie soll eine Verbreitung der anfallenden Schad- und Abfallstoffe in die Umwelt bis zu einem bestimmten Grade vermieden werden; durch Einbau von Entsorgungstechnologien am Ende des Produktionsprozesses werden potentielle Emissionen im Unternehmen zurückgehalten und in konzentrierter Form gesammelt. Typische Beispiele hierfür sind Filteranlagen, die Schadstoffe vor Eintritt in die Außenluft einfangen, wie z. B. die Entschwefelungs- und Entstickungsanlagen, ferner die Abfallbeseitigungs- und Kläranlagen, aber auch die z. Zt. heiß diskutierten Abgaskatalysatortechnologien...

Nun gilt in (nahezu) allen Bereichen des Umweltschutzes, daß die Reinigungskosten (im Sinne der Kosten des Zurückhaltens und Sammelns von Schadstoffen) mit *zunehmendem* Reinigungsgrad *überproportional* ansteigen – was übrigens auch für das Recycling als Produktionsverfahren zutrifft. Und dies heißt: gesamtwirtschaftlich betrachtet muß bei fortgesetztem Wirtschaftswachstum zur Sicherung eines gegebenen Emissionsniveaus *ohne* grundlegende Umstrukturierung von Produktions- und Technologiestruktur ein ständig zunehmender Teil der volkswirtschaftlichen Ressourcen abgezweigt werden, der dann wiederum für Konsumzwecke nicht mehr zur Verfügung steht. Hierin liegt die Gefahr einer insgesamt kontraproduktiven Entwicklung des Industriesystems.« (C. Leipert/U. E. Simonis, Arbeit und Umwelt, Forschungsbericht, Berlin 1985)

Die technischen Wissenschaften stehen immer deutlicher vor einer *historischen Zäsur*: Entweder sie arbeiten und denken weiter in den ausgetretenen Pfaden des 19. Jahrhunderts. Dann verwechseln sie die Problemlagen der Risikogesellschaft mit denen der klassischen Industriegesellschaft. Oder aber sie stellen sich den Herausforderungen einer echten, präventiven Risikobewältigung. Dann müssen sie ihre eigenen Vorstellungen von Rationalität, von Erkenntnis und Praxis sowie die institutionellen Strukturen, in denen diese umgesetzt werden, überdenken und ändern (vgl. dazu Kapitel VII).

3. Das öffentliche Risikobewußtsein: Nichterfahrung aus zweiter Hand

Für das wissenschaftskritische Zivilisationsbewußtsein gilt umgekehrt: Gegen das man argumentiert, auf das muß man sich letztlich selbst berufen, aus ihm erfährt man seine eigene Rechtfertigung: wissenschaftliche Rationalität. Eher früher als später stößt man auf das harte Gesetz: Solange Risiken wissenschaftlich nicht anerkannt sind, »*existieren*« *sie nicht* – jedenfalls nicht rechtlich, medizinisch, technologisch und sozial, werden also auch nicht behindert, behandelt, entschädigt. Dagegen hilft kein kollektives Kratzen oder Stöhnen. Allein Wissenschaft. Das Wahrheitsmonopol des wissenschaftlichen Urteils zwingt also gerade die Betroffenen dazu, sich für die Durchsetzung ihrer Ansprüche aller Mittel und Methoden der wissenschaftlichen Analyse zu bedienen. Allerdings diese auch gleichzeitig zu *modifizieren*. Die von ihnen betriebene Demystifizierung wissenschaftlicher Rationalität gewinnt in diesem Sinne gerade für die Kritiker des Industrialismus eine höchst ambivalente Bedeutung: Auf der einen Seite ist die Aufweichung wissenschaftlicher Erkenntnisansprüche notwendig, um Raum für die Darstellung des eigenen Standpunktes zu gewinnen. Man lernt die Hebel für die Weichenstellungen in wissenschaftlichen Argumentationen kennen und stellen, die den Zug einmal in Richtung Verharmlosung, einmal in Richtung Entharmlosung abfahren lassen. Auf der anderen Seite wächst mit den Unsicherheiten des wissenschaftlichen Urteils die allgemeine Grauzone unanerkannter Risikovermutungen. Wenn es sowieso unmöglich ist, Kausalbeziehungen eindeutig und endgültig zu bestimmen, wenn die Wissenschaft nur ein verkappter Irrtum auf Widerruf ist, wenn »anything goes«, woher wird dann das Recht genommen, an bestimmte

Risiken zu »glauben«, an andere nicht? Gerade die Krise der wissenschaftlichen Autorität kann also eine allgemeine *Vernebelung von Risiken* begünstigen. Wissenschaftskritik ist für die Anerkennung von Risiken auch *kontra*produktiv.

Entsprechend ist das Risikobewußtsein der Betroffenen, das sich in der Umweltbewegung, Industrie-, Experten- und Zivilisationskritik vielfältig äußert, auch meist beides: wissenschafts*kritisch* *und* wissenschafts*gläubig*. Ein solider Hintergrund an Wissenschaftsgläubigkeit gehört zur paradoxen Grundausstattung der Modernisierungskritik. Damit ist das Risikobewußtsein weder ein traditionales noch ein Laienbewußtsein, sondern wesentlich wissenschaftlich bestimmt und orientiert. Denn: Um Risiken überhaupt als Risiken wahrzunehmen und zum Bezugspunkt des eigenen Denkens und Handelns zu machen, müssen prinzipiell unsichtbare Kausalitätsbeziehungen zwischen sachlich, zeitlich und räumlich meist weit auseinderliegenden Bedingungen sowie mehr oder weniger spekulative Projektionen *geglaubt*, geradezu gegen immer mögliche Gegeneinwände *immunisiert* werden. Das aber heißt: Das Unsichtbare, mehr noch: das, was sich der Wahrnehmung prinzipiell entzieht, das nur theoretisch Verknüpfte, Kalkulierte *wird im zivilisatorischen Krisenbewußtsein unproblematischer Bestand des persönlichen Denkens, Wahrnehmens, Erlebens*. Die »Erfahrungslogik« des Alltagsdenkens wird gleichsam umgedreht. Man steigt nicht mehr nur von Eigenerfahrungen zu Allgemeinurteilen auf, sondern eigenerfahrungsloses Allgemeinwissen wird zum bestimmenden Zentrum der Eigenerfahrung. Chemische Formeln und Reaktionen, unsichtbare Schadstoffgehalte, biologische Kreisläufe und Reaktionsketten müssen das Sehen und Denken beherrschen, um gegen Risiken auf die Barrikaden zu gehen. In diesem Sinne handelt es sich bei dem Risikobewußtsein also nicht mehr um »Erfahrungen aus zweiter Hand«, sondern um »*Nicht*erfahrungen aus zweiter Hand«. Ja mehr noch: Letztlich kann *niemand* von Risiken wissen, solange Wissen bewußt erfahren haben heißt.

Ein spekulatives Zeitalter

Dieser theoretische Grundzug des Risikobewußtseins ist von *anthropologischer* Bedeutung: Die Bedrohungen der Zivilisation lassen eine Art neues »Schattenreich« entstehen, vergleichbar mit den

Göttern und Dämonen der Frühzeit, das sich hinter der sichtbaren Welt verbirgt und das menschliche Leben auf dieser Erde gefährdet. Man korrespondiert heute nicht mehr mit den »Geistern«, die in den Dingen stecken, sondern sieht sich »Strahlungen« ausgesetzt, schluckt »toxische Gehalte« und wird bis in die Träume hinein von den Ängsten eines »atomaren Holocaust« verfolgt. An die Stelle einer anthropomorphen Interpretation von Natur und Umwelt ist das moderne, zivilisatorische Risikobewußtsein mit seiner nicht wahrnehmbaren und doch überall präsenten Latenzkausalität getreten. Hinter den harmlosen Fassaden stecken gefährliche, feindliche Wirkstoffe. Alles muß doppelt gesehen, kann erst in dieser Doppelung richtig erfaßt, beurteilt werden. Die Welt des Sichtbaren muß auf eine gedachte und doch in ihr versteckte zweite Wirklichkeit hin befragt, relativiert, bewertet werden. Die Maßstäbe der Bewertung liegen in dieser, nicht in der sichtbaren selbst. Wer die Dinge einfach gebraucht, so nimmt, wie sie ihm erscheinen, nur atmet, ißt, ohne nach der toxischen Hintergrundwirklichkeit zu fragen, ist nicht nur naiv, er verkennt auch die ihn bedrohenden Gefährdungen und setzt sich diesen damit ungeschützt aus. Die Hingabe, der unmittelbare Genuß, das einfache So-Sein ist gebrochen. Überall kichern Schad- und Giftstoffe und treiben wie die Teufel im Mittelalter ihr Unwesen. Die Menschen sind ihnen fast ausweglos ausgeliefert. Atmen, Essen, Wohnen, Kleiden – alles ist von ihnen durchsetzt. Wegreisen hilft letztlich ebensowenig wie Müsli essen. Auch am Ankunftsort warten sie, und in den Körnern stecken sie. Sie sind – wie der Igel im Wettlauf mit dem Hasen – immer schon da. Ihre Unsichtbarkeit ist kein Beleg ihrer Nichtexistenz, sondern gibt – da sich ihre Wirklichkeit sowieso in den Sphären des Unsichtbaren abspielt – ihrem vermuteten Unwesen fast grenzenlosen Raum.

Mit dem zivilisationskritischen Risikobewußtsein betritt also in allen Bereichen des Alltags ein theoretisch bestimmtes Wirklichkeitsbewußtsein die Bühne der Weltgeschichte. Wie der Blick des Exorzisten ist auch der Blick des schadstoffgepeinigten Zeitgenossen auf Unsichtbares gerichtet. Mit der Risikogesellschaft bricht also ein *spekulatives* Zeitalter des alltäglichen Wahrnehmens und Denkens an. Um gegensätzliche Interpretationen der Wirklichkeit hat man immer schon gestritten. Dabei wurde in der Entwicklung von Philosophie und Wissenschaftstheorie die Wirklichkeit mehr und mehr in die theoretische Interpretation hineingeholt. Doch heute geschieht etwas anderes. In dem Höhlengleichnis bei *Plato* wird die sichtbare Welt zu einem bloßen Schatten, Abglanz einer Wahrheit, die sich unseren menschlichen Erkenntnismöglichkeiten prinzipiell entzieht. Die Welt des Sichtbaren wird dadurch pauschal entwertet, geht aber nicht als Bezugspunkt verloren. Ähnliches gilt auch für die Einsicht *Kants*, daß die »Dinge an sich« sich *prinzipiell* unserem Wissen entziehen. Dieses richtet sich gegen den »naiven Realismus«, der die eigene Wahrnehmung zur »Welt an sich« verdoppelt. Dies ändert aber nichts daran, daß uns die Welt so oder so erscheint. Der Apfel, den ich in meinen Händen halte, ist, auch wenn er nur ein Ding *für mich* ist, nicht weniger rotbackig, rund, vergiftet, saftig etc.

Erst beim Schritt zum zivilisatorischen Risikobewußtsein wird das alltägliche Denken und Vorstellen *aus den Verankerungen mit der Welt des Sichtbaren herausgelöst*. Im Streit um Modernisierungsrisiken geht es nicht mehr um den erkenntnistheoretischen Stellenwert dessen, was uns in der Wahrnehmung erscheint. Vielmehr wird das, was das Alltagsbewußtsein *nicht* sieht, *nicht wahrnehmen kann*: die Radioaktivität, die Schadstoffe, die Zukunftsbedrohungen, in seinem Wirklichkeitsgehalt kontrovers. Mit diesem eigenerfahrungslosen Theoriebezug bewegt sich die Auseinandersetzung um Zivilisationsrisiken immer schon auf des Messers Schneide und droht in eine Art »*moderner Geisterbeschwörung*« mit den Mitteln (anti-)wissenschaftlicher Analyse umzuschlagen:

Die Rolle der Geister übernehmen unsichtbare, aber allgegenwärtige Schad- und Giftstoffe. Jeder hat seine privaten Feindschaftsbeziehungen zu speziellen Untergiften, seine Ausweichrituale, Beschwörungsformeln, seine Wetterfühligkeit, Vorahnungen und Gewißheiten. *Ist das Unsichtbare erst einmal hereingelassen, gibt es bald nicht mehr nur die Schadstoffgeister, die das Denken und Leben der Menschen bestimmen.* Das alles kann bestritten werden, polarisieren und zusammenschweißen. Neue Gemeinschaften und Gegengemeinschaften entstehen, deren Weltsicht, Normen und Selbstverständlichkeiten sich um die Mitte unsichtbarer Bedrohungen gruppieren.

Solidarität der lebenden Dinge

Ihr Zentrum ist *Angst*: Welche Art von Angst? In welcher Weise wirkt Angst gruppenbildend? In welchem Weltbild liegt sie begründet? Die Sensibilität und Moral, Rationalität und Verantwortung, die in der Bewußtwerdung der Risikobetroffenheit teils verletzt, teils ausgebildet wird, läßt sich nicht mehr, wie in der bürgerlichen und industriellen Gesellschaft, aus den Interessenverschränkungen *des Marktes* verstehen. Was sich hier artikuliert, sind nicht konkurrenzorientierte Eigeninteressen, die durch die »invisible hand« des Marktes (Adam Smith) auf das Gemeinwohl aller eingeschworen werden. Diesem Erschrecken und seinen politischen Äußerungsformen liegt kein Nutzenkalkül zugrunde. Zu leicht, zu schnell wäre wohl auch in ihm ein sich selbst begründendes Interesse der Vernunft an Vernunft herauszuhören, das sich in den Verletzungen der natürlichen und humanen Grundlagen des Lebens neu und direkt artikuliert.

Im generalisierten Betroffenenbewußtsein, das sich in der Umwelt- und Friedensbewegung, aber auch in der ökologischen Kritik am Industriesystem ganz allgemein sozial und politisch äußert, kommen wohl andere Erfahrungsschichten zur Sprache: Wo Bäume gefällt, Tierarten vernichtet werden, fühlen sich in einem bestimmten Sinne die Menschen *selbst* getroffen, »verletzt«. Die Lebensgefährdungen der Zivilisationsentwicklung rühren an Erfahrungsgemeinsamkeiten des organischen Lebens, die menschliche Lebensbedürfnisse zusammenbinden mit denen von Pflanze und Tier. Der Mensch erfährt im Sterben der Wälder sich als »Naturwesen mit moralischem Anspruch«, als bewegliches, verletzliches Ding unter Dingen, als natürlichen Teil eines bedrohten natürlichen *Ganzen*, für das er Verantwortung trägt. Es werden Schichten eines *humanen Naturbewußtseins* verletzt, geweckt, die den Dualismus von Körper und Geist, Natur und Mensch unterlaufen, aufheben. In der Gefährdung erfährt der Mensch, daß er atmet wie die Pflanze und *vom* Wasser lebt wie der Fisch *im* Wasser. Die Vergiftungsbedrohung läßt ihn fühlen, daß er mit seinem Körper teilhat an den Dingen – ein »Stoffwechselprozeß mit Bewußtsein und Moral« – und folglich mit den Steinen und Bäumen im sauren Regen erodieren kann. Es wird eine Gemeinsamkeit zwischen Erde, Pflanze, Tier und Mensch spürbar, eine *»Solidarität der lebenden Dinge«*, die in der Bedrohung gleichermaßen jeden und alle(s) trifft (vgl. R. Schütz, 1984)

Die »Sündenbock-Gesellschaft«

Gefährdungsbetroffenheit muß nicht in Bewußtwerdung der Gefährdung einmünden, kann auch das Gegenteil: *Leugnung aus Angst* provozieren. In dieser Möglichkeit, die Gefährdungsbetroffenheit selbst zu verdrängen, unterscheiden und überschneiden sich Reichtums- und Risikoverteilung: Den Hunger kann man durch Leugnung nicht stillen, Gefahren dagegen immer weginterpretieren (solange sie nicht eingetreten sind). In der Erfahrung der materiellen Not sind tatsächliche Betroffenheiten und subjektives Erleben, Erleiden unauflösbar eins. Nicht so bei Risiken. Für sie ist im Gegenteil charakteristisch, daß gerade Betroffenheit Nichtbewußtsein *bedingen kann*: Mit dem Ausmaß der Gefahr *wächst* die Wahrscheinlichkeit ihrer Leugnung, Verharmlosung.

Dafür gibt es immer Gründe. Risiken entstehen ja im Wissen und können damit im Wissen verkleinert, vergrößert oder einfach von der Bildfläche des Bewußtseins verdrängt werden. Was für den Hunger die Nahrung ist, ist für das Risikobewußtsein die Beseitigung der Risiken *oder ihre Weginterpretation*. In dem Maß, in dem jenes (persönlich) nicht möglich ist, gewinnt dieses an Bedeutung. Der Prozeß der Bewußtwerdung von Risiken ist also immer auch *umkehrbar*. Auf aufgeregte und beunruhigte Zeiten und Generationen können andere folgen, für die die Angst durch Deutungen gezähmter Grundbestand ihres Denkens und Erlebens ist. Hier werden die Gefährdungen im Wissenskäfig ihrer (immer labilen) »Nichtexistenz« gehalten, und man kann sich insofern mit dem Recht der Nachgeborenen darüber amüsieren, worüber sich die »Alten« so aufgeregt haben. Die Gefährdung durch atomare Waffen mit unvorstellbaren Zerstörungskräften ändert sich nicht. Ihre Wahrnehmung schwankt radikal. Jahrzehntelang heißt es: »mit der Bombe leben«. Dann wieder treibt sie Millionen auf die Straße. Unruhe und Beruhigung können *dieselbe Ursache* haben: die *Unvorstellbarkeit* einer Gefahr, mit der man doch leben muß.

Anders als bei Hunger und Not sind bei Risiken auch *interpretative Umleitungen* der geschürten Verunsicherungen und Ängste leichter möglich. Was hier bedingt ist, muß nicht auch hier bewältigt, sondern kann hierhin oder auch dorthin abgelenkt werden und symbolische Orte, Objekte und Personen seiner Angstbewältigung suchen und finden. Im Risikobewußtsein sind also *versetztes* Denken und Handeln, *versetzte* soziale Konflikte besonders leicht möglich und gefragt. Die Risikogesellschaft enthält insofern gerade mit dem Anwachsen der Gefahren bei gleichzeitiger politischer Tatenlosigkeit eine immanente Tendenz zur »Sündenbock-Gesellschaft«: Plötzlich sind es nicht die Gefährdungen, sondern diejenigen, die sie aufzeigen, die die allgemeine Unruhe provozieren. Steht nicht immer sichtbarer Reichtum gegen unsichtbare Risiken? Ist das Ganze nicht ein *intellektuelles Hirngespinst*, eine Schreibtisch-Ente der intellektuellen Bangemacher und Risikodramaturgen? Sind es nicht die DDR-Spione, die Kommunisten, die Juden, die Araber, die Frauen, die Männer, die Türken, die Asylanten, die letztlich dahinterstecken? Gerade die Unfaßbarkeit und Hilflosigkeit vor der Bedrohung begünstigt mit ihrem Anwachsen *radikale und fanatische Reaktionen und politische Strömungen*, die soziale Stereotypen und die von ihnen betroffenen Gruppen zu greifbaren »Blitzableitern« für die dem direkten Handeln verschlossenen, unsichtbaren Gefährdungen machen.

Der Umgang mit Unsicherheit:
Eine biographische und politische Schlüsselqualifikation

Für das Überleben in der alten Industriegesellschaft ist die Fähigkeit der Menschen zentral, materielle Not zu bekämpfen, sozialen Abstieg zu vermeiden. Hierauf richtet sich das Denken und Handeln beim kollektiven Ziel der »Klassensolidarität« ebenso wie bei den individuellen Zielen des Bildungsverhaltens und der Karriereplanung. In der Risikogesellschaft werden zusätzlich andere Fähigkeiten lebensnotwendig. Wesentliches Gewicht gewinnt hier die *Fähigkeit, Gefahren zu antizipieren, zu ertragen, mit ihnen biographisch und politisch umzugehen.* An die Stelle von Abstiegsängsten, Klassenbewußtsein oder Aufstiegsorientierungen, mit denen wir mehr oder weniger umzugehen gelernt haben, treten die zentralen Fragen: Wie gehen wir mit den *zugewiesenen* Gefährdungsschicksalen und den in ihnen liegenden Ängsten und Verunsicherungen um? Wie können wir die Angst bewältigen, wenn wir die Ursachen der Angst nicht bewältigen können? Wie können wir auf dem zivilisatorischen Vulkan leben, ohne ihn bewußt zu vergessen, aber auch ohne an den Ängsten – und nicht nur an den Dämpfen, die er ausströmt – zu ersticken?

Traditionale und institutionelle Formen der Angst- und Unsicherheitsbewältigung in Familie, Ehe, Geschlechtsrollen, Klassenbewußtsein und darauf bezogenen politischen Parteien und Institutionen verlieren an Bedeutung. Im gleichen Maße wird deren Bewältigung den Subjekten abverlangt. Aus diesen wachsenden Zwängen zur *Selbst*verarbeitung von Unsicherheit dürften über kurz oder lang auch neue Anforderungen an die gesellschaftlichen Institutionen in Ausbildung, Therapie und Politik entstehen (vgl. dazu Teil II). In der Risikogesellschaft werden derart der Umgang mit Angst und Unsicherheit biographisch und politisch zu einer *zivilisatorischen Schlüsselqualifikation* und die Ausbildung der damit angesprochenen Fähigkeiten zu einem wesentlichen Auftrag der pädagogischen Institutionen.

4. Die politische Dynamik anerkannter Modernisierungsrisiken

Das Waldsterben hat es in ersten Ansätzen sichtbar werden lassen: Dort, wo Modernisierungsrisiken den Prozeß ihrer sozialen (An-)Erkennung erfolgreich durchlaufen haben, *ändert sich die Weltordnung* – selbst dann, wenn im Handeln zunächst noch wenig geschieht. Die Schranken spezialisierter Zuständigkeit fallen. Die Öffentlichkeit regiert in technische Details hinein. Betriebe, die lange Zeit in gut marktwirtschaftlichem Einverständnis wegen ihrer steuerlichen Wohltaten und arbeitsplätzlichen Nächstenliebe gehätschelt wurden, sehen sich plötzlich auf dem Anklagebänkchen sitzen, genauer: an den öffentlichen Pranger gebunden und mit Fragen konfrontiert, mit denen man früher auf frischer Tat ertappte Giftmörder malträtiert hätte.

Wenn es nur das wäre. Tatsächlich aber brechen Märkte zusammen, stehen Kosten ins Haus, drohen Verbote, Gerichtsverfahren, entstehen Zwänge, das produktionstechnische System von Grund auf zu erneuern – und die Wähler laufen weg, wohin, weiß auch niemand. Wo man sich unter sich glaubte – in den technischen, ökonomischen und rechtlichen Details –, reden plötzlich alle hinein, und zwar letztlich nicht mit ähnlichen oder vergleichbaren Maximen, sondern aus einem ganz anderen Bezugssystem heraus: Wirtschaftliche und technologische Einzelheiten werden in dem Licht einer *neuen ökologischen Moral* ausgeleuchtet. Wer den Schadstoffen den Kreuzzug angesagt hat, muß die Betriebe unter die ökologisch-moralische Lupe nehmen. Vorher die, die die Betriebe kontrollieren, oder besser: kontrollieren sollten. Und dann diejenigen, die von den Fehlern, die hier systematisch geschehen, profitieren.

Wo Modernisierungsrisiken einmal »anerkannt« sind – und dazu gehört viel, nicht nur das Wissen um sie, sondern das *kollektive* Wissen um sie, der Glaube an sie und die politische Ausleuchtung der mit ihnen verbundenen Folgen- und Ursachenketten –, entwickeln sie eine beispiellose politische Dynamik. Sie büßen alles ein: ihre Latenz, ihre abwiegelnde »Nebenfolgestruktur«, ihre Unabwendbarkeit. Plötzlich stehen die Probleme rechtfertigungslos und als pure, explosive Handlungsaufforderung da. Hinter den Bedingungen und Sachzwängen treten die Personen hervor. Ur*sachen* verwandeln sich in Ur*heber* und geben Erklärungen ab. »Nebenfolgen« melden sich zu Wort, organisieren sich, gehen vor Gericht, machen geltend, lassen sich nicht mehr abwimmeln. Wie gesagt: die Welt hat sich verändert.

Was hier in Bewegung gerät, soll natürlich mit der Abwehr der Anerkennung verhindert werden. Dies wirft noch einmal ein bezeichnendes Licht darauf, worum es im Anerkennungsprozeß von Modernisierungsrisiken eigentlich geht. Entscheidend dabei sind nicht oder nicht nur die gesundheitlichen Folgen, die Folgen für das Leben der Pflanzen, Tiere und Menschen, sondern *die sozialen, ökonomischen und politischen Nebenfolgen dieser Nebenfolgen*: Markteinbrüche, Entwertung des Kapitals, schleichende Enteignung, neue Verantwortlichkeiten, Marktverschiebungen, politische Zwänge, Kontrollen betrieblicher Entscheidungen, Anerkennung von Entschädigungsansprüchen, Mammutkosten, Gerichtsverfahren, Gesichtsverlust.

Die ökologischen und gesundheitlichen Folgen mögen so hypothetisch, so berechtigt, so verharmlost oder so dramatisiert sein, wie sie wollen. Wo sie *geglaubt* werden, haben sie die genannten sozialen, wirtschaftlichen, politischen und rechtlichen Konsequenzen. Man kann dies auch so formulieren: Wenn Menschen Risiken als real erleben, *sind sie real*. Wenn sie aber in diesem Sinne real sind, wirbeln sie das soziale, politische und wirtschaftliche Zuständigkeitsgefüge durcheinander. Mit der Anerkennung von Modernisierungsrisiken bildet sich so unter dem Druck wachsender Gefahren ein eigentümlicher politischer Zündstoff. Dem, was gestern noch möglich war, sind heute plötzlich Grenzen gesetzt: Wer das Waldsterben jetzt noch verharmlost, muß sich öffentlich

Zynismus vorwerfen lassen. »Hinnehmbare Belastung« verwandelt sich in »unzumutbare Gefahrenquellen«. Was eben noch jenseits der politischen Zugriffsmöglichkeiten lag, gerät in den Einflußradius der Politik. Die *Relativität* der Grenzwerte und *politisch unzugänglichen Variablen* wird offenbar. Die Gewichte und Grenzen des Politischen und Nichtpolitischen, des Notwendigen und Möglichen, des Vorgegebenen und Gestaltbaren werden neu gezogen. Knallharte technisch-ökonomische »Konstanten« – etwa Schadstoffemissionen, die »Unverzichtbarkeit« der Kernenergie – werden zu politisch gestaltbaren Variablen umgeschmolzen.

Dabei geht es nicht mehr nur um das etablierte Instrumentarium der Politik: wirtschaftspolitische Marktsteuerung, Einkommensumverteilungen, soziale Sicherungen, sondern *das Nichtpolitische: die Beseitigung von Gefährdungsursachen im Modernisierungsprozeß selbst, wird politisch*. Fragen, die in den Hoheitsbereich des betrieblichen Managements fallen: Einzelheiten der Produktgestaltung, von Produktionsverfahren, Energiearten und Abfallbeseitigungen sind nicht länger nur Fragen des betrieblichen Managements, sondern werden zu »heißen Eisen« der Regierungspolitik, die in der Wählermeinung sogar mit den Problemen der Massenarbeitslosigkeit konkurrieren können. Mit der Bedrohung schmelzen die alten Dringlichkeiten, und parallel wächst die *dirigistische Politik des Ausnahmezustandes*, die aus dem drohenden Verhältnis ihre erweiterten Eingriffsmöglichkeiten und Kompetenzen zieht. Dort, wo die Gefahr zur Normalität wird, nimmt diese dauerhaft institutionalisierte Gestalt an. Insofern bereiten Modernisierungsrisiken das Feld vor für eine partielle *Neuverteilung der Macht* – teilweise unter Beibehaltung der formellen Zuständigkeiten, teilweise unter ihrer ausdrücklichen Änderung.

Je nachdrücklicher die Gefahren im Modernisierungsprozeß anwachsen, je offensichtlicher dabei Zentralwerte der Allgemeinheit bedroht sind und je deutlicher dies ins Bewußtsein aller tritt, desto tiefgreifender wird das eingespielte arbeitsteilige Macht- und Kompetenzgefüge im Verhältnis zwischen Wirtschaft, Politik und Öffentlichkeit erschüttert, und desto wahrscheinlicher ist es, daß unter dem Segel der drohenden Gefahr Verantwortlichkeiten umdefiniert, Handlungskompetenzen zentralisiert und alle Einzelheiten des Modernisierungsprozesses mit bürokratischen Kontrollen und Planungen überzogen werden. In der *Wirkung* vollzieht sich in der Anerkennung von Modernisierungsrisiken und mit dem Anwachsen der in ihnen enthaltenen Gefahren *ein Stück Systemveränderung*. Dies geschieht allerdings nicht in der Gestalt einer offenen, sondern einer »*stillen* Revolution«, als Konsequenz der Bewußtseinsveränderung *aller*, als Umsturz *ohne* Subjekt, ohne Austausch der Eliten und unter Beibehaltung der alten Ordnung.

In der ungezügelten Zivilisationsentwicklung werden quasirevolutionäre Situationen gleichsam *zugewiesen*. Sie entstehen als modernisierungsbedingtes »Zivilisations*schicksal*« und damit einerseits unter dem Deckmantel der *Normalität*, andererseits mit dem *Ermächtigungsgehalt von Katastrophen*, der mit dem Anwachsen der Gefahren den politischen Gestaltungsradius von Revolutionen sehr wohl erreichen und übersteigen kann. Die Risikogesellschaft ist also keine revolutionäre Gesellschaft, sondern mehr als das: eine *Katastrophengesellschaft*. In ihr droht der *Ausnahme- zum Normalzustand zu werden*.

Daß die aktuelle oder potentielle Katastrophe keine Lehrmeisterin in Sachen Demokratie ist, wissen wir aus der deutschen Geschichte dieses Jahrhunderts nur allzu gut. Wie ambivalent und brisant der entstehende Zündstoff ist, wird exemplarisch bereits an dem Gutachten der »Umwelt-Weisen« unfreiwillig deutlich. Die Eindringlichkeit der geschilderten Umweltgefahren für das Leben von Pflanze, Tier und Mensch »legitimiert« die Autoren mit dem guten Gewissen der ökologischen Moral zu einer Sprache, in der es von Ausdrücken wie »Kontrolle«, »behördliche Genehmigung« und »behördliche Überwachung« nur so wimmelt. Bezeichnenderweise werden in Abhängigkeit von der Schwere der Umweltbelastungen abgestuft weitreichende Eingriffs-, Planungs- und Steuerungsmöglichkeiten und -rechte gefordert (45). Da ist von einem »Ausbau des Informations- und Überwachungssystems ›Landwirtschaft‹« (45) die Rede. Es werden die Herausforderungen an eine »übergreifende Landschaftsplanung« mit »Biotopkartierungen« und »Flächenschutzkonzepten« an die Wand gemalt, die auf »parzellenscharfe, wissenschaftlich exakte Bestandserhebungen« beruhen und »gegenüber konkurrierenden Nutzungsansprüchen durchzusetzen« sind (48f.). Der Rat empfiehlt, um seine Politik der »Renaturierung« (51) durchzusetzen, »die wichtigsten Flächen ... gänzlich dem Bewirtschaftungsinteresse ihrer Eigentümer zu entziehen« (49). Die Landwirte sollen »gegen Entgelt ... zu bestimmten Nutzungsverzichten oder zur Vornahme erforderlicher Pflegemaßnahmen veranlaßt« werden (49). Es ist von erlaubnispflichtigen »Düngegenehmigungen«, »verbindlichen Düngeplänen mit konkreten Bestimmungen über Art, Ausmaß und Zeitpunkt der Aufbringung« die Rede (53). Diese »Düngung nach Plan« (59) bedarf wie andere »Schutzmaßnahmen« auch eines differenzierten Systems der »Umweltüberwachung«, das betrieblich, regional und überregional angelegt sein muß (61) und »eine Korrektur und Weiterentwicklung der rechtlichen Rahmenbedingungen erfordert« (64). Kurz, es wird das Panorama eines *wissenschaftlich-bürokratischen Autoritarismus* entworfen.

Das Bild des Bauern, der jahrhundertelang als »Nährstand« galt und der dem Boden die »Früchte« abrang, von denen das Leben und Weiterleben aller abhing, beginnt sich in sein Gegenteil zu verkehren. Die Landwirtschaft wird in dieser Sicht zu einem Umschlagsort für Gifte, die das Leben von Pflanze, Tier und Mensch bedrohen. Um die drohenden Gefahren abzuwenden, werden auf der erreichten hohen Stufe landwirtschaftlicher Produktivität Enteignung und/oder in alle Einzelheiten hineinregierende Planungen und Kontrollen unter der Schirmherrschaft der Wissenschaft gefordert. Nicht nur diese Forderungen (auch nicht die Selbstverständlichkeit, mit der sie verkündet werden) allein sind das Bestürzende. Sondern daß sie in der *Logik der Gefahrenabwehr liegen* und daß es gar nicht so leicht sein dürfte, angesichts der sich abzeichnenden Gefahren *politische Alternativen* aufzuzeigen, die wirklich verhindern, was unter der Diktatur der Gefahr verhindert werden muß.

Gerade mit dem Anwachsen der Gefahren entstehen in der Risikogesellschaft völlig *neuartige Herausforderungen an die Demokratie*. Die Risikogesellschaft enthält eine Tendenz zu einem *»legitimen« Totalitarismus der Gefahrenabwehr*, der mit dem Recht, das eine Schlimmste zu verhindern, in nur allzubekannter Manier das andere Noch-Schlimmere schafft. Die politischen »Nebenwirkungen« der zivilisatorischen »Nebenwirkungen« bedrohen das politisch-demokratische System in seinem Bestand. Es gerät in die ungute Zwickmühle, entweder angesichts der systematisch produzierten Gefahren zu versagen oder aber durch autoritäre, ordnungsstaatliche »Stützpfeiler« demokratische Grundprinzipien außer Kraft zu setzen. Diese Alternative aufzubrechen gehört zu den wesentlichen Aufgaben demokratischen Denkens und Handelns in der gegenwärtigen Zukunft der Risikogesellschaft (vgl. dazu Kap. VIII, S. 300ff.).

5. Ausblick: Natur und Gesellschaft am Ende des 20. Jahrhunderts

Mit der industriell forcierten Zersetzung der ökologischen und natürlichen Grundlagen des Lebens wird eine historisch beispiellose, bislang völlig unbegriffene gesellschaftliche und politische Entwicklungsdynamik freigesetzt, die in ihrer Konsequenz auch zum Umdenken des Verhältnisses von Natur und Gesellschaft zwingt. Diese These bedarf der zusammenfassenden theoretischen Erläuterung. Einige Wegmarkierungen und Hinweisschilder sollen mit dem Mut zum Vorläufigen hier abschließend noch in Form eines Ausblicks errichtet werden.

Die vorangegangenen Überlegungen bedeuten in ihrer Summe: *das Ende der Gegenüberstellung von Natur und Gesellschaft*. Das heißt: Natur kann nicht mehr *ohne* Gesellschaft, Gesellschaft kann nicht mehr *ohne* Natur begriffen werden. Die Gesellschaftstheorien des 19. Jahrhunderts (und auch ihre Modifikation im 20. Jahrhundert) haben Natur im wesentlichen als vorgegebene, zugewiesene, zu unterwerfende gedacht; damit aber immer als etwas Gegenüberstehendes, Fremdes, als *Nicht*gesellschaft. Diese Unterstellungen hat der Industrialisierungsprozeß selbst aufgehoben, gleichsam *historisch falsifiziert*. Am Ende des 20. Jahrhunderts ist »Natur« *weder* vorgegeben *noch* zugewiesen, sondern geschichtliches Produkt geworden, in den natürlichen Bedingungen ihrer Reproduktion zerstörte oder gefährdete *Innen*ausstattung der zivilisatorischen Welt. Das aber heißt: Naturzerstörungen, integriert in die universelle Zirkulation der Industrieproduktion, hören auf, »bloße« Naturzerstörungen zu sein und werden integraler Bestandteil der gesellschaftlichen, ökonomischen und politischen Dynamik. Der ungesehene Nebeneffekt der Vergesellschaftung der Natur ist die *Vergesellschaftung der Naturzerstörungen und -gefährdungen*, ihre Verwandlung in ökonomische, soziale und politische Widersprüche und Konflikte: Verletzungen der natürlichen Bedingungen des Lebens schlagen in globale medizinische, soziale und ökonomische Gefährdungen für Menschen um – mit völlig neuartigen Herausforderungen an die sozialen und politischen Institutionen der hochindustrialisierten Weltgesellschaft.

Genau diese Verwandlung von zivilisatorischen Naturgefährdungen in soziale, ökonomische und politische Systemgefährdungen ist die reale Herausforderung der Gegenwart und Zukunft, die den Begriff der Risikogesellschaft rechtfertigt. Während der Begriff der klassischen Industriegesellschaft auf der Gegenüberstellung von Natur und Gesellschaft (im Sinne des 19. Jahrhunderts) beruht, wird mit dem Begriff der (industriellen) Risikogesellschaft von der zivilisatorisch integrierten »Natur« ausgegangen und die Metamorphose ihrer Verletzungen durch die gesellschaftlichen Teilsysteme hindurch verfolgt. Was dabei »Verletzung« heißt, unterliegt unter den Bedingungen der industrialisierten Zweitnatur – wie gezeigt – wissenschaftlichen, antiwissenschaftlichen und sozialen Definitionen. Diese Kontroverse wurde hier am Leitfaden der Entstehung und Bewußtwerdung von *Modernisierungsrisiken* nachgezeichnet. Das heißt: »Modernisierungsrisiken« sind das begriffliche Arrangement, die kategoriale Fassung, in der Verletzungen und Zerstörungen der zivilisationsimmanenten Natur gesellschaftlich aufgegriffen, über ihre Geltung und Dringlichkeit entschieden und die Art ihrer Verdrängung und/oder Bearbeitung verfügt wird. Sie sind die verwissenschaftlichte »Zweitmoral«, in der über die Verletzungen der industriell aufgebrauchten Nicht-Mehr-Natur gesellschaftlich »legitim«, d. h. mit Anspruch auf tätige Abhilfe verhandelt wird.

Die zentrale Konsequenz: Gesellschaft mit all ihren Teilsystemen Wirtschaft, Politik, Familie, Kultur läßt sich gerade in der fortgeschrittenen Moderne nicht mehr »naturautonom« begreifen. Umweltprobleme sind *keine* Um-Weltprobleme, sondern durch und durch – in Genese und Folgen – *gesellschaftliche* Probleme, *Probleme des Menschen*, seiner Geschichte, seiner Lebensbedingungen, seines Welt- und Wirklichkeitsbezuges, seiner ökonomischen, kulturellen und politischen Verfassung. Die industriell verwandelte »Binnennatur« der zivilisatorischen Welt muß geradezu als exemplarische *Nicht*umwelt begriffen werden, als *Innen*umwelt, der gegenüber alle unsere hochgezüchteten Distanzierungs- und Ausgrenzungsmöglichkeiten *versagen*. Am Ende des 20. Jahrhunderts gilt: Natur *ist* Gesellschaft, Gesellschaft ist (auch) »*Natur*«. Wer heute noch von Natur als Nichtgesellschaft spricht, redet in den Kategorien eines anderen Jahrhunderts, die unsere Wirklichkeit nicht mehr greifen.

Überall haben wir es heute mit einem hochgradigen Kunstprodukt Natur zu tun, mit einer artifiziellen »Natur«. An ihr ist kein Haar, keine Krume mehr »natürlich«, wenn »natürlich« das Sich-

Selbst-Überlassen-Bleiben der Natur meint. Auch die Naturwissenschaftler stehen dem Artefakt »Natur«, das sie wissenschaftlich und mit professioneller Langmut beforschen, nicht etwa nur wissenschaftlich gegenüber. Sie sind in ihrem Tun und Erkennen *Exekutoren* des gesellschaftlich generalisierten Anspruchs der Naturbeherrschung. Wo sie sich allein oder in Großraumforschungslaboratorien über ihre Materie beugen, schauen in einem gewissen Sinne alle ihnen über die Schulter. Wo sie ihre Hände bewegen, sind dies die Hände einer Institution und insofern ein Stück weit unser aller Hände. Und was als »Natur« hier verhandelt wird, ist interne, in den Zivilisationsprozeß hineingeholte »Zweitnatur« und insofern durch und durch mit wenig »natürlichen« Systemfunktionen und -bedeutungen be- und überladen: Was immer Wissenschaftler unter diesen Bedingungen tun, messen, fragen, annehmen, überprüfen, sie werden damit Gesundheit, ökonomische Interessen, Besitzrechte, Zuständigkeiten, Machtbefugnisse *fördern oder schmälern*. Natur ist, mit anderen Worten, *weil* und insofern sie systemintern zirkulierende und verwertete Natur ist, auch unter den sachlichen Händen der (Natur-)Wissenschaftler *politisch* geworden. Meßergebnisse, denen kein Wertwörtchen, kein noch so kleines, normatives Ausrufungszeichen beigemengt wurde, die sich mit der sachlichsten Sachlichkeit der Welt in der Wortwüste der Zahlen bewegen, an denen also unser Max Weber nur seine wahrste Freude haben könnte, können einen politischen Zündstoff enthalten, den die apokalyptischsten Formulierungen von Sozialwissenschaftlern, Philosophen, Ethikern niemals erreichen.

Da ihr Gegenstand derart gesellschaftlich »aufgeladen« ist, arbeiten Naturwissenschaftler in einem *starken politisch-ökonomisch-kulturellen Magnetfeld*. Dieses spüren sie, auf dieses reagieren sie *in* ihrer Arbeit: in der Entwicklung von Meßverfahren, Entscheidungen über Toleranzschwellen, Verfolgung von Kausalhypothesen usw. Die Kraftlinien dieses Magnetfeldes können ihnen schon einmal den Griffel führen. Sie lassen das Fragen in selbstverständlich dann allein inhaltlich zu begründende Spuren einrasten. Und sie sind wohl auch die Energiequelle, aus der sich bei bestimmten Weichenstellungen der Argumentation die rot aufblinkenden Stopplämpchen der Karriere speisen. Dies alles sind nur Anzeichen dafür, daß unter den Bedingungen der vergesellschafteten Natur die Natur- und Technikwissenschaften in äußerlich unveränderter Beibehaltung all ihrer Sachlichkeit zu einer *Zweigniederlassung von Politik, Ethik, Wirtschaft und Rechtsprechung im Gewande von Zahlen geworden sind* (vgl. dazu Kapitel VII).

Die Naturwissenschaften sind damit historisch in eine Arbeits- und Erfahrungssituation hineingeschlittert, die die Sozialwissenschaften mit dem sowieso politischen Charakter ihres »Gegenstandes« immer schon kennen. Es kommt gleichsam zu einer einheitswissenschaftlichen Annäherung, wobei diese ironischerweise umgekehrt in dem Politischwerden des Gegenstandes liegt und nicht dort, wo man sie zunächst vermutet: in der Annäherung der sozialwissenschaftlichen Halbwissenschaftlichkeit an das naturwissenschaftliche Über-Ich. Zentral wird in Zukunft für die Rolle *aller* Wissenschaften die Einsicht, daß man ein *institutionell gestärktes und abgesichertes moralisch-politisches Rückgrat braucht, um überhaupt noch anständige Forschung betreiben zu können*. Forschung, die allerdings die Last der politischen Implikationen dann auch bewußt annehmen und austragen muß. In gewisser Weise könnten inhaltliche Qualität und politische Bedeutung der wissenschaftlichen Arbeit irgendwann einmal zusammenstimmen, wenn dies vor allem heißt, daß umgekehrt proportional zu den durch politische Sensibilitäten wachsenden Tabuzonen die institutionell ermöglichte Bereitschaft wächst, diese mit dem Uranspruch auf Erkenntnis rücksichtslos und kompetent zu durchbrechen und so Licht in die institutionell eingeschliffenen, wissenschaftlich vermittelten Verschleierungsroutinen und -rituale über Bestandsrisiken der Zivilisation hineinzutragen.

Unter diesen Bedingungen können die naturwissenschaftlich protokollierten Bestandsgefährdungen des ökonomisch-technologisch gestalteten und gesteuerten Modernisierungsprozesses dort, wo sie solcherart unter Mißachtung der mit der Politisierung entstehenden Tabuzonen erhoben und ausgeleuchtet werden, gesellschaftlicher Kritik eine neue Qualität verleihen. Chemische, biologische, physikalische, medizinische Gefährdungsformeln verwandeln sich unterderhand in »sachliche Wertprämissen« für kritische Gesellschaftsanalysen. Dies wirft die Frage auf, wie sich Risikokritik und soziologische Kulturkritik zueinander verhalten.

Die soziokulturelle Kritik der Moderne muß immer auch mit der (soziologischen) Binsenweisheit ringen, daß überlieferte Normen im Gang der Moderne nun einmal verletzt werden. Widersprüche zwischen noch so ausgewiesenen Normen und der gesellschaftlichen Entwicklung sind des alltäglichsten Alltags Kern. Die Speerspitze sozialwissenschaftlicher Kulturkritik ist insofern immer schon sozialwissenschaftlich gebrochen. Man muß *auch* ein schlechter Soziologe sein, um die guten Ansprüche, die bekanntlich in der Vernünftigkeit der Vernunft gipfeln, immer wieder gegen die Schlechtigkeit der Moderne geltend machen zu können.

Etwas anders ist es mit dem soziologischen Nachweis, daß Gruppen übergangen werden, soziale Ungleichheiten sich verschärfen, ökonomische Krisen einander überholen. Darin liegt angesichts organisierter Anwaltschaften bekanntlich viel Brisanz. Dennoch gibt es auch hier eine Parallele, die diese Denkfiguren mit den vorgenannten verbindet und von dem naturwissenschaftlichen Risikoprotokoll unterscheidet: Wertverletzungen sind *selektiv* und können *dauerhaft institutionalisiert* werden. Dasselbe gilt für soziale Ungleichheiten. Es gilt *nicht* für Folgen der Modernisierung, die das *Überleben* bedrohen. Diese folgen einem universalisierten, egalitären Grundzug. Ihre Institutionalisierung, die allerdings möglich ist, wie wir erleben, greift mit irreversiblen Schädigungen in die Gesundheit aller ein. »Gesundheit« ist sicherlich auch ein kulturell hochstehender Wert, aber er ist – mehr als das – eben auch die Voraussetzung des (Über-)Lebens. Die Universalisierung von Gesundheitsbedrohungen schafft Immer-und-überall-Bestandsgefährdungen, die nun mit entsprechender Härte das ökonomische und politische System durchschlagen. Hier werden also nicht nur kulturelle und soziale Prämissen verletzt, womit man, wie der Weg der Moderne nun einmal trotz aller darüber vergossenen Tränen zeigt, leben kann. Hier wird zumindest in der Tiefendimension, die verletzt wird, die Frage geschürt, wie lange noch die roten Listen aussterbender Pflanzen- und Tierarten auf diese begrenzt werden können. Mag sein, daß wir am Anfang eines historischen Gewöhnungsprozesses stehen. Mag sein, daß schon die nächste Generation oder die übernächste sich über Bilder von mißgebildeten Neugeborenen, wie sie heute von geschwulstübersäten Fischen und Vögeln um die Welt gehen, genausowenig aufregt, wie dies heute angesichts verletzter Werte, neuer Armut und konstant hoher Massenarbeitslosigkeit der Fall ist. Es wäre nicht das erste Mal, daß mit der Verletzung die Maßstäbe verlorengehen. Noch bleibt die begründete Vermutung, daß dies nicht so eintritt, daß im Gegenteil mit der industrialisierten Natur die Naturzerstörungen als industrielle Selbstgefährdungen universalisiert und wahrgenommen werden. (Worüber es auch im Interesse einer Professionalisierung von Kritik beileibe kein Frohlocken geben kann.)

Es mag für formelentwöhnte Soziologenohren paradox klingen. Aber der Rückgriff auf chemisch-biologisch-medizinische Risikoformeln – seien sie nun (anti)wissenschaftlich oder sonstwie begründet – vermag sehr wohl der sozialwissenschaftlichen Analyse kritische normative Prämissen vorzugeben. Umgekehrt wird deren impliziter Gehalt wohl auch erst in ihrer systematischen Verlängerung ins Gesellschaftliche und Politische erkennbar. Das heißt selbstverständlich auch, daß Sozialwissenschaftler in der Entfaltung von Modernisierungsrisiken nicht anders als andere auch auf *fremdprofessionell kontrollierte »Nichterfahrung aus zweiter Hand«* angewiesen sind – mit all den Zacken, die sie sich dabei aus der nichtvorhandenen Krone ihrer professionellen Autonomie brechen. Was die Sozialwissenschaften aus eigener Kraft anzubieten haben, kann damit wohl kaum konkurrieren.

Zweiter Teil
Individualisierung sozialer Ungleichheit
Zur Enttraditionalisierung der industriegesellschaftlichen Lebensformen

Die Verteilungslogik von Modernisierungsrisiken, wie sie im vorangegangenen Kapitel entfaltet wurde, ist eine wesentliche, aber nur *eine* Dimension der Risikogesellschaft. Die so entstehenden Globalgefährdungslagen und die in ihnen enthaltene soziale und politische Konflikt- und Entwicklungsdynamik sind neu und beträchtlich, werden jedoch überlagert durch gesellschaftliche, biographische und kulturelle Risiken und Unsicherheiten, die in der fortgeschrittenen Moderne das soziale Binnengefüge der Industriegesellschaft – soziale Klassen, Familienformen, Geschlechtslagen, Ehe, Elternschaft, Beruf – und die in sie eingelassenen Basisselbstverständlichkeiten der Lebensführung ausgedünnt und umgeschmolzen haben. Diese zweite Seite steht von nun ab im Zentrum. Beide Seiten zusammen, die Summe der Risiken und Verunsicherungen, ihre wechselseitige Verschärfung oder Neutralisierung, machen die soziale und politische Dynamik der Risikogesellschaft aus. Die theoretische Vermutung, der beide Perspektiven folgen, kann übergreifend formuliert werden: An der Wende ins 21. Jahrhundert hat der entfachte Modernisierungsprozeß nicht nur die Unterstellung einer der Gesellschaft gegenüberstehenden Natur überrollt, sondern auch das innergesellschaftliche Koordinatensystem der Industriegesellschaft brüchig werden lassen: ihr Wissenschafts- und Technikverständnis, die Achsen, zwischen denen das Leben der Menschen gespannt ist: Familie und Beruf, die Verteilung und Trennung von demokratisch legitimierter Politik und Subpolitik (im Sinne von Wirtschaft, Technik, Wissenschaft).

Ambivalenzen: Die Freisetzung der Individuen unter entwickelten Arbeitsmarktbedingungen

Im Zentrum dieses Kapitels steht die Einschätzung, daß wir Augenzeugen eines Gesellschaftswandels innerhalb der Moderne sind, in dessen Verlauf die Menschen aus den Sozialformen der industriellen Gesellschaft – Klasse, Schicht, Familie, Geschlechtslagen von Männern und Frauen – *freigesetzt* werden, ähnlich wie sie im Laufe der Reformation aus der weltlichen Herrschaft der Kirche in die Gesellschaft »entlassen« wurden. Die Argumentation sei vorweg in sieben Thesen umrissen:

(1) In allen reichen westlichen Industrieländern – besonders deutlich in der Bundesrepublik Deutschland – hat sich in der wohlfahrtsstaatlichen Modernisierung nach dem Zweiten Weltkrieg ein *gesellschaftlicher Individualisierungsschub* von bislang unerkannter Reichweite und Dynamik vollzogen (und zwar bei weitgehend konstanten Ungleichheitsrelationen). Das heißt: Auf dem Hintergrund eines vergleichsweise hohen materiellen Lebensstandards und weit vorangetriebenen sozialen Sicherheiten wurden die Menschen in einem historischen Kontinuitätsbruch aus traditionalen Klassenbedingungen und Versorgungsbezügen der Familie herausgelöst und verstärkt auf sich selbst und ihr individuelles Arbeitsmarktschicksal mit allen Risiken, Chancen und Widersprüchen verwiesen.

Der Prozeß der Individualisierung wurde bislang vorwiegend für das sich entfaltende Bürgertum in Anspruch genommen. Er ist in anderer Form aber auch kennzeichnend für den »freien Lohnarbeiter« des modernen Kapitalismus, für die Dynamik von Arbeitsmarktprozessen unter Bedingungen wohlfahrtsstaatlicher Massendemokratien. Mit dem Eintritt in den Arbeitsmarkt sind für die Menschen immer wieder aufs neue Freisetzungen verbunden – relativ zu Familien-, Nachbarschafts- und Berufsbindungen sowie Bindungen an eine regionale Kultur und Landschaft. Diese Individualisierungsschübe konkurrieren mit Erfahrungen des Kollektivschicksals am Arbeitsmarkt (Massenarbeitslosigkeit, Dequalifizierung usw.). Sie führen aber unter sozialstaatlichen Rahmenbedingungen, wie sie sich in der Bundesrepublik entwickelt haben, zur *Freisetzung des Individuums* aus sozialen Klassenbindungen und aus Geschlechtslagen von Männern und Frauen.

(2) In bezug auf die Interpretation *sozialer Ungleichheit* entsteht so eine ambivalente Situation: Für den marxistischen Klassentheoretiker ebenso wie für den Schichtungsforscher hat sich möglicherweise nichts Wesentliches geändert. Die Abstände in der Einkommenshierarchie und fundamentale Bestimmungen der Lohnarbeit sind gleichgeblieben. Auf der anderen Seite tritt für das Handeln der Menschen die Bindung an soziale Klassen eigentümlich in den Hintergrund. Ständisch geprägte Sozialmilieus und klassenkulturelle Lebensformen verblassen. Es entstehen der Tendenz nach individualisierte Existenzformen und Existenzlagen, die die Menschen dazu zwingen, sich selbst – um des eigenen materiellen Überlebens willen – zum Zentrum ihrer eigenen Lebensplanungen

und Lebensführung zu machen. Individualisierung läuft in diesem Sinne auf die Aufhebung der lebensweltlichen Grundlagen eines Denkens in traditionalen Kategorien von Großgruppengesellschaften hinaus – also sozialen Klassen, Ständen oder Schichten.

In marxistischen Theorien wurde der Klassengegensatz ein für allemal mit dem »Wesen« des industriellen Kapitalismus verknotet. Dieses Festdenken des historisch Erfahrenen kann als *Satz vom ausgeschlossenen Dritten* der industriegesellschaftlichen Entwicklung formuliert werden: *Entweder* der Kapitalismus verabschiedet sich über die eine ihm offenstehende Tür – den sich zuspitzenden Klassenkampf – mit dem »Urknall der Revolution« von der Bühne der Weltgeschichte und tritt mit verwandelten Eigentumsverhältnissen durch die Hintertür als sozialistische Gesellschaft neu auf. *Oder* die Klassen kämpfen und kämpfen und kämpfen. Die Individualisierungsthese behauptet das hier ausgeschlossene Dritte: Die Dynamik des sozialstaatlich abgesicherten Arbeitsmarktes hat die sozialen Klassen *im* Kapitalismus ausgedünnt oder aufgelöst. Wir stehen – marxistisch gedacht – mehr und mehr dem (noch unbegriffenen) Phänomen eines Kapitalismus *ohne* Klassen gegenüber mit allen damit verbundenen Strukturen und Problemen sozialer Ungleichheit.

(3) Diese Tendenz zur »Klassenlosigkeit« sozialer Ungleichheit tritt exemplarisch in der Verteilung der Massenarbeitslosigkeit hervor. Einerseits steigt der Anteil der Langzeitarbeitslosen und ebenso die Zahl derer, die dauerhaft aus dem Arbeitsmarkt ausgeschieden oder überhaupt nie in ihn hineingekommen sind. Andererseits entspricht der Konstanz der Arbeitslosenzahlen – weit über zwei Millionen – keine Konstanz der registrierten Fälle und betroffenen Personen. In den Jahren von 1974 bis 1983 waren rund 12,5 Millionen oder jede *dritte* Erwerbsperson ein- oder mehrmals arbeitslos. Gleichzeitig wachsen die Grauzonen zwischen registrierter und nichtregistrierter Arbeitslosigkeit (Hausfrauen, Jugendliche, Frührentner) sowie zwischen Beschäftigung und Unterbeschäftigung (Flexibilisierung von Arbeitszeit und Beschäftigungsformen). Die breite Streuung mehr oder weniger vorübergehender Arbeitslosigkeit fällt also zusammen mit einer wachsenden Zahl von Dauerarbeitslosen und neuen Mischformen zwischen Arbeitslosigkeit und Beschäftigung. Dem entsprechen keine klassenkulturellen Lebenszusammenhänge. Verschärfung *und* Individualisierung sozialer Ungleichheiten greifen ineinander. In der

Konsequenz werden Systemprobleme in persönliches Versagen abgewandelt und politisch abgebaut. In den enttraditionalisierten Lebensformen entsteht eine *neue Unmittelbarkeit von Individuum und Gesellschaft*, die Unmittelbarkeit von Krise und Krankheit in dem Sinne, daß gesellschaftliche Krisen als individuelle erscheinen und in ihrer Gesellschaftlichkeit nur noch sehr bedingt und vermittelt wahrgenommen werden können.

(4) Diese Freisetzung relativ zu ständisch geprägten sozialen Klassen wird überlagert durch eine Freisetzung relativ zu *Geschlechtslagen*. Dies spiegelt sich wesentlich in der veränderten Lage von *Frauen*. Neueste Daten sprechen eine deutliche Sprache: Nicht fehlende Ausbildung oder soziale Herkunft, sondern *Scheidung* wird für Frauen zur Falltür in die »neue Armut«. Darin drückt sich der Grad der Freisetzung aus der Ehe- und Hausarbeitsversorgung aus, die nicht mehr revidierbar ist. Damit greift die Individualisierungsspirale auch *innerhalb* der Familie: Arbeitsmarkt, Bildung, Mobilität – alles jetzt doppelt und dreifach. Familie wird zu einem dauernden Jonglieren mit auseinanderstrebenden Mehrfachambitionen zwischen Berufserfordernissen, Bildungszwängen, Kinderverpflichtungen und dem hausarbeitlichen Einerlei. Es entsteht der Typus der »Verhandlungsfamilie auf Zeit«, in der sich verselbständigende Individuallagen ein widerspruchsvolles Zweckbündnis zum geregelten Emotionalitätsaustausch auf Widerruf eingehen.

(5) Was sich in die private Form des »Beziehungsproblems« kleidet, sind – gesellschaftstheoretisch gewendet – die *Widersprüche einer im Grundriß der Industriegesellschaft halbierten Moderne*, die die unteilbaren Prinzipien der Moderne – individuelle Freiheit und Gleichheit jenseits der Beschränkung von Geburt – immer schon geteilt und qua Geburt dem einen Geschlecht vorenthalten, dem anderen zugewiesen hat. Die Industriegesellschaft war und ist *nie* als *Nur*industriegesellschaft möglich, sondern immer nur als halb Industrie- *halb Stände*gesellschaft, deren ständische Seite kein traditionales Relikt, sondern industriegesellschaftliches *Produkt* und *Fundament* ist. Mit der Durchsetzung der Industriegesellschaft wird insofern immer schon die Aufhebung ihrer Familienmoral, ihrer Geschlechtsschicksale, ihrer Tabus von Ehe, Elternschaft und Sexualität, ja die Wiedervereinigung von Haus- und Erwerbsarbeit betrieben.

(6) Dies läßt die Besonderheiten des Individualisierungsschubs in

der Gegenwart (gegenüber ähnlichen oder doch andersartigen in der Renaissance oder der Frühindustrialisierung) deutlich werden. Das Neue liegt in den Konsequenzen. Sehr schematisch gesprochen: an die Stelle von Ständen treten nicht mehr soziale Klassen, an die Stelle sozialer Klassen tritt nicht mehr der stabile Bezugsrahmen der Familie. *Der oder die einzelne selbst wird zur lebensweltlichen Reproduktionseinheit des Sozialen.* Oder anders formuliert: die Individuen werden innerhalb und außerhalb der Familie zum Akteur ihrer marktvermittelten Existenzsicherung und der darauf bezogenen Biographieplanung und -organisation.

Diese Ausdifferenzierung von Individuallagen in der entwickelten Arbeitsmarktgesellschaft darf aber nicht mit gelungener Emanzipation gleichgesetzt werden. Individualisierung meint in diesem Sinne auch nicht den Anfang der Selbsterschaffung der Welt aus dem wiederauferstandenen Individuum. Sie geht vielmehr einher mit Tendenzen der *Institutionalisierung* und *Standardisierung* von Lebenslagen. Die freigesetzten Individuen werden arbeitsmarktabhängig und *damit* bildungsabhängig, konsumabhängig, abhängig von sozialrechtlichen Regelungen und Versorgungen, von Verkehrsplanungen, Konsumangeboten, Möglichkeiten und Moden in der medizinischen, psychologischen und pädagogischen Beratung und Betreuung. Dies alles verweist auf die besondere Kontrollstruktur »institutionenabhängiger Individuallagen«, die auch offen werden für (implizite) politische Gestaltungen und Steuerungen.

(7) Individualisierung wird dementsprechend hier als ein historisch widersprüchlicher *Prozeß der Vergesellschaftung* verstanden. Die Kollektivität und Standardisierung der entstehenden individualisierten Existenzlagen ist allerdings schwer zu durchschauen. Dennoch sind es gerade das Hervorbrechen und Bewußtwerden dieser Widersprüchlichkeit, die zur Entstehung *neuer soziokultureller Gemeinsamkeiten* führen können. Sei es, daß sich entlang von Modernisierungsrisiken und Gefährdungslagen Bürgerinitiativen und soziale Bewegungen herausbilden. Sei es, daß im Zuge von Individualisierungsprozessen Erwartungen auf »ein Stück eigenes Leben« (materiell, räumlich, zeitlich und entlang der Gestaltung sozialer Beziehungen gedacht) systematisch geweckt werden, die jedoch gerade im Prozeß ihrer Entfaltung auf gesellschaftliche und politische Schranken und Widerstände treffen. Auf diese Weise entstehen immer *neue Suchbewegungen*, die zum Teil experi-

mentelle Umgangsweisen mit sozialen Beziehungen, dem eigenen Leben und Körper in den verschiedenen Varianten der Alternativ- und Jugendsubkultur erproben. Gemeinsamkeiten werden so nicht zuletzt in Protestformen und -erfahrungen ausgebildet, die sich an administrativen, industriellen Übergriffen ins Private, ins »eigene Leben«, entzünden und gegen diese ihre aggressive Kraft entwickeln. In diesem Sinne sind die neuen sozialen Bewegungen (Umwelt, Frieden, Frauen) einerseits Ausdruck der neuen Gefährdungslagen in der Risikogesellschaft und der aufbrechenden Widersprüche zwischen den Geschlechtern; andererseits ergeben sich ihre Politisierungsformen und Stabilitätsprobleme aus Prozessen der *sozialen Identitätsbildung* in enttraditionalisierten, individualisierten Lebenswelten.

Kapitel III
Jenseits von Klasse und Schicht

Wer heute die Gretchenfrage nach der Realität von Klassen und Schichten in der Bundesrepublik und anderen fortgeschrittenen Gesellschaften stellt, sieht sich mit einem scheinbar widersprüchlichen Sachverhalt konfrontiert: Auf der einen Seite weist die Struktur sozialer Ungleichheit in den entwickelten Ländern alle Attribute einer überraschenden *Stabilität* auf. Die Ergebnisse der einschlägigen Forschungen lehren uns, daß durch alle technischen und wirtschaftlichen Umwälzungen, durch alle Reformbemühungen der letzten drei Jahrzehnte hindurch die Ungleichheits*relationen* zwischen den großen Gruppen unserer Gesellschaft sich nicht wesentlich verändert haben, von einzelnen Verschiebungen bis zu den siebziger Jahren und in den achtziger Jahren im Zuge der Massenarbeitslosigkeit einmal abgesehen.

Auf der anderen Seite haben sich in demselben Zeitraum Ungleichheitsfragen sozial entschärft. Selbst angesichts noch vor wenigen Jahren als traumatisch geltender Arbeitslosenzahlen weit über der Zwei-Millionen-Grenze ist der Protest bislang ausgeblieben. Ungleichheitsfragen haben zwar in den letzten Jahren wieder eine erhöhte Bedeutung gewonnen (Diskussion um »Neue Armut«) und tauchen in anderen Zusammenhängen und provokativen Varianten auf (Kampf um Frauenrechte, Bürgerinitiativen gegen Atomkraftwerke, Ungleichheiten zwischen Generationen, regionale und religiöse Konflikte). Aber wenn man die öffentliche und politische Diskussion zum wesentlichen Gradmesser für die reale Entwicklung nimmt, dann drängt sich die Schlußfolgerung auf: Wir leben trotz fortbestehender und neu entstehender Ungleichheiten heute in der Bundesrepublik bereits in Verhältnissen *jenseits* der Klassengesellschaft, in denen das Bild der Klassengesellschaft nur noch mangels einer besseren Alternative am Leben erhalten wird.* Auflösbar wird dieser Gegensatz, wenn man der

---

* Dies trifft nicht auf alle westeuropäischen Industriestaaten gleichermaßen zu. Die Entwicklung der Bundesrepublik unterscheidet sich z. B. von der Entwicklung in Großbritannien und in Frankreich. So ist in Großbritannien die soziale Klassenzugehörigkeit nach wie vor auch im Alltag deutlicher wahrnehmbar und Objekt bewußter

Frage nachgeht, inwieweit sich in den vergangenen drei Jahrzehnten unterhalb der Aufmerksamkeitsschwelle der Ungleichheitsforschung die *soziale Bedeutung* von Ungleichheiten gewandelt hat. Dies ist meine These: Auf der einen Seite sind die Relationen sozialer Ungleichheit in der Nachkriegsentwicklung der Bundesrepublik weitgehend *konstant* geblieben. Auf der anderen Seite haben sich die Lebensbedingungen der Bevölkerung radikal verändert. Die Besonderheit der sozialstrukturellen Entwicklung in der Bundesrepublik ist der *»Fahrstuhl-Effekt«*: die »Klassengesellschaft« wird *insgesamt* eine Etage höher gefahren. Es gibt – bei allen sich neu einpendelnden oder durchgehaltenen Ungleichheiten – ein *kollektives Mehr* an Einkommen, Bildung, Mobilität, Recht, Wissenschaft, Massenkonsum. In der Konsequenz werden subkulturelle Klassenidentitäten und -bindungen ausgedünnt oder aufgelöst. Gleichzeitig wird ein Prozeß der *Individualisierung* und *Diversifizierung* von Lebenslagen und Lebensstilen in Gang gesetzt, der das Hierarchiemodell sozialer Klassen und Schichten unterläuft und in seinem Wirklichkeitsgehalt in Frage stellt.

1. Die kulturelle Evolution der Lebensformen

Der *soziale* Klassencharakter der Lebensbedingungen und Lebensformen kann also bei konstanten Ungleichheitsstrukturen durch Niveauverschiebungen verlorengehen. Tatsächlich haben breite Bevölkerungskreise durch die Anhebung des Lebensstandards im Zuge des wirtschaftlichen Wiederaufbaus in den fünfziger und sechziger Jahren und der Bildungsexpansion in den sechziger und siebziger Jahren Veränderungen und Verbesserungen in ihren Lebensbedingungen erfahren, die für ihre eigenen Erfahrungen einschneidender waren als die nach wie vor fortbestehenden gleichen Abstände zu den anderen Großgruppen. Dies gilt insbesondere für benachteiligte Gruppen an der Basis sozialer Hierarchie. Wenn sich der durchschnittliche Reallohn der Industriearbeiter in den Jahren von 1880 bis 1970 mehr als *verdreifacht*

Identifikation. Sie macht sich fest am Sprachstil (Akzent, Ausdrucksweise, Vokabular), an der scharfen Klassentrennung der Wohngebiete (»housing classes«), an Erziehungsformen, Kleidung und allem, was sich unter dem Betriff »Lebensstil« zusammenfassen läßt.

hat (wobei der größte Sprung in die Zeit nach 1950 fiel), dann sagt der wiederholte Nachweis der in etwa gleichbleibenden Einkommensunterschiede zwischen Arbeitern und Angestellten nur noch bedingt etwas über die tatsächlichen Lebensbedingungen der Arbeiter selbst aus.

Die Konsequenzen dieser »sozialgeschichtlich revolutionären Einkommensverbesserung« lassen sich in die Einzelheiten der Lebensbedingungen im Arbeitermilieu hineinverfolgen (vgl. zum Folgenden J. Mooser, 1983). Erst in den fünfziger, klarer noch in den sechziger Jahren wurde in der Arbeiterschaft das Joch der »proletarischen Enge« abgeschüttelt, das bis dahin das Leben diktiert hatte. Noch bis 1950 verschlangen Nahrung, Kleidung und Wohnung drei Viertel des Haushaltsbudgets, während dieser Anteil 1973 – bei einem qualitativ erhöhten Niveau – auf 60% sank. Gleichzeitig kam es zu einer Art »Demokratisierung« von symbolträchtigen Konsumgütern – Radio, Fernsehgerät, der vielbelächelte Eisschrank und das Auto. Die Wohnungen wurden größer und besser eingerichtet. Das Wohnzimmer löste die proletarische Wohnküche ab. Das Mehr an Geld eröffnete neue Bewegungsspielräume. Die ehemals nur dem wohlhabenden Bürger erreichbare Urlaubs- und Erholungsreise ist heute immerhin auch für mehr als jeden zweiten Arbeiter erschwinglich. Es reicht sogar für die Bildung persönlichen Besitzes. Bei unveränderten Abständen zu den anderen großen Gruppen der Einkommensbezieher verlassen die Arbeiter den Status des »proletarischen Habenichtses«: Die Sparquote (der Anteil der Ersparnisse am verfügbaren Nettoeinkommen) stieg beträchtlich von 1–2% 1907 auf 5,6% im Jahre 1955 und verdoppelte sich noch einmal bis zum Jahre 1974 auf 12,5%. Dabei handelte es sich dann auch nicht mehr nur um den »Notgroschen«, sondern gespart wurde jetzt auf die Anschaffung hochwertiger Konsumgüter, sogar das »Traumziel« des Haus- und Wohnungseigentums wurde für viele erschwinglich. Waren es 1950 6% der Arbeiterhaushalte, die sich ihren Wunsch von den eigenen vier Wänden erfüllen konnten, so wuchs diese Zahl 1968 auf 32% und 1977 auf 39% an.

Anhebung des materiellen Lebensstandards ist nur eine von vielen Möglichkeiten, die Lebensbedingungen der Menschen bei (statistisch definierten) konstanten Ungleichheiten zu verändern. Erst im Zusammenwirken einer ganzen Reihe von Komponenten ergibt sich der Individualisierungsschub, der die Menschen aus traditionalen Klassenbindungen herauslöst und sie – um ihres materiellen Überlebens willen – zum Akteur ihres eigenen arbeitsmarktvermittelten Lebenslaufes macht.

Der »Fahrstuhl-Effekt«

Lebenszeit, Arbeitszeit, Arbeitseinkommen – diese drei Komponenten haben sich mit der Entwicklung der Bundesrepublik grundlegend zugunsten einer Entfaltung der Lebenschancen verschoben:* Die durchschnittliche Lebenserwartung ist *um mehrere Jahre gestiegen* (im Laufe des vergangenen Jahrhunderts bei Männern um 10, bei Frauen sogar um 13 Jahre), die durchschnittliche Erwerbsarbeitszeit wurde um *mehr als ein Viertel* gesenkt (nicht mitgerechnet der im Durchschnitt zwei Jahre spätere Eintritt in das Erwerbsleben und der um drei Jahre frühere Gang in die Rente), und gleichzeitig haben sich die *Reallöhne vervielfacht* (s. o.). Mit einem kräftigen historischen Ruck wurde so das Leben der Menschen in der Lohnarbeitsgesellschaft ein gutes Stück aus dem Joch der Lohnarbeit herausgelöst (bei Intensivierung der Arbeit). Mehr Lebenszeit insgesamt, weniger Erwerbsarbeitszeit und mehr finanzieller Spielraum – dies sind die Eckpfeiler, in denen sich der »Fahrstuhl-Effekt« im biographischen Lebenszuschnitt der Menschen ausdrückt. Es hat – bei konstanten Ungleichheitsrelationen – ein *Umbruch im Verhältnis von Arbeit und Leben* stattgefunden. Die Nichterwerbsarbeitszeit wurde verlängert und materiell erheblich besser ausgestattet, allerdings unter Voraussetzung der Teilhabe an Erwerbsarbeit. Es handelt sich also um einen Freisetzungsschub, der nicht in, sondern *außerhalb* der Erwerbsarbeit die Lebensbedingungen der Menschen in Bewegung gesetzt hat. Die neuen materiellen und zeitlichen Entfaltungsmöglichkeiten treffen zusammen mit den Verlockungen des Massenkonsums und lassen die Konturen traditionaler Lebensformen und Sozialmilieus verschwinden.

Das Mehr an Geld wie das Mehr an erwerbsarbeitsfreier Zeit kollidieren mit den traditionalen Tabuzonen klassen- und familienbestimmten Lebens. Das *Geld* mischt die sozialen Kreise neu und läßt sie im Massenkonsum zugleich verschwimmen. Nach wie vor

---

* Siehe zum historischen Überblick der Entwicklung sozialer Ungleichheit in Deutschland in den letzten einhundert Jahren Peter Berger, Entstrukturierte Klassengesellschaft? Opladen 1986.

gibt es Orte, wo die »einen« sich treffen und die »anderen« nicht. Aber die Überschneidungszonen wachsen, und die Grenzen zwischen Vereinen und Wirtshäusern, Jugendtreffs und Altenheimen, die noch im Kaiserreich und in der Weimarer Republik das Leben auch außerhalb der Arbeit erkennbar in »Klassenwelten« trennten, werden unkenntlich oder aufgehoben. An ihre Stelle treten *ungleiche Konsumstile* (in Einrichtung, Kleidung, Massenmedien, persönlicher Inszenierung usw.), die aber – bei aller demonstrativer Unterschiedlichkeit – die klassenkulturellen Attribute abgelegt haben. Diese Ausdifferenzierung individueller Lagen läßt sich auch an zwei weiteren Komponenten des Arbeitsmarktes zeigen: (a) *Mobilität* und (b) *Bildung*.

Mobilität

Im historischen Jahrhundertvergleich sticht ins Auge, daß die vielzitierte »industrielle Revolution« – zumindest in bezug auf die durch sie ausgelösten sozialen Mobilitätsströme – keineswegs so revolutionär war, wie ihr Name vermuten läßt: So nahm in Preußen der Anteil der Industriearbeiter zwischen 1822 und 1861 nur von 3% auf 7% zu. Der eigentliche Sprung ereignet sich auch in der Mobilität erst in der Nachkriegsperiode. Durch den Ausbau des Dienstleistungssektors in den sechziger und siebziger Jahren werden die sozialen Aufstiegschancen im unteren Drittel der sozialen Hierarchie bei wiederum gleichbleibenden Abständen zu den anderen Großgruppen der Angestellten und Beamten beträchtlich verbessert. Gerade auch Söhne und Töchter aus Arbeiterfamilien profitieren von der wohlfahrtsstaatlichen Dienstleistungsexpansion und den damit einhergehenden Wandlungen in der Berufsstruktur. Im Jahre 1971 rekrutieren sich aus den Geburtsjahrgängen 1920 bis 1936 in diesem Sinne rund die Hälfte der unteren und mittleren Angestellten und Beamten sowie nahezu ein Drittel der gehobenen Angestellten aus Arbeiterfamilien, wobei 15% Söhne von Ungelernten, 23% Söhne von Angelernten, 31% Söhne von Facharbeitern und 45% Söhne von Vorarbeitern und Meistern waren.

Soziale Mobilität – wie im übrigen auch geographische Mobilität, ja selbst die alltägliche Mobilität zwischen Familie und Arbeitsplatz – wirbelt die Lebenswege und Lebenslagen der Menschen durcheinander. Mit all diesen Arten von Mobilitätsvorgängen und insbesondere in ihrer Summe sind immer wieder Individualisierungsschübe relativ zu Familien-, Nachbarschafts-, Kollegen-, Berufs- und Betriebsbindungen sowie Bindungen an eine bestimmte regionale Kultur und Landschaft verbunden. Die Lebenswege der Menschen verselbständigen sich gegenüber den Bedingungen und Bindungen, aus denen sie stammen oder die sie neu eingehen, und gewinnen diesen gegenüber eine Eigenrealität, die sie überhaupt erst als ein *persönliches Schicksal* erlebbar machen.

In dem Mehr an Geld, das den Privathaushalten zur Verfügung steht, steckt ein wesentliches Stück *Mehr an Frauenerwerbstätigkeit*. Zwar ist rein äußerlich der Anteil der Frauen an allen Erwerbstätigen seit rund einem Jahrhundert bei etwa 36% erstaunlich konstant geblieben. Aber die Frauen haben den Zwitterstatus der »bezahlten Mithilfe« zu einem guten Teil abgelegt und – bezogen auf die Ehe – sich durch Lohnarbeit sozusagen »selbständig« gemacht. Zwischen 1950 und 1980 sinkt der Anteil der »Mithelfenden« bei allen Ehefrauen von 15% auf 4%, spiegelbildlich wächst die Quote der eigenständig erwerbstätigen Ehefrauen von 9% auf 36% (parallel steigt der Anteil der Frauen, die auch während der Ehe, ja sogar während der Mutterschaft erwerbstätig bleiben, kontinuierlich an).

Das »selbstverdiente Geld« hat nicht nur seinen materiellen Wert, es hat auch seinen sozialen und symbolischen. Es *verändert die Machtbeziehungen in Ehe und Familie*. Gewiß bringt es die neuen Zwänge der Lohnarbeit mit sich. Selbst diese werden aber angesichts dessen, was sonst droht: distanzlose Verschmelzung mit Hausarbeit, in Kauf genommen. Das »eigene« Geld entfaltet seine soziale Sprengkraft gerade dort, wo es unter den Bedingungen seiner gesellschaftlichen Geltung vorenthalten wird, in der quasi-feudalen Hausarbeits- und Eheversorgung der Frau. Die Qualität der Sozialbeziehung, die dadurch konserviert wird, hat hier in der Nichtverfügung über eigenes Geld ihr wesentliches Fundament. Davon zeugen viele Interviews mit erwerbstätigen Frauen aller Einkommensgruppen, die durch selbstverdientes Geld sich überhaupt erst in die Lage versetzt sehen, ihre Einbindung in Familie und Ehe zu lockern, ja sie überhaupt erst innerhalb der Familie zur Sprache zu bringen.

Dies wird noch dadurch verstärkt, daß parallel mit sinkender Erwerbsarbeitszeit und steigender Erwerbsteilhabe der Ehefrauen und Mütter das ungebrochene Fatum der *Hausarbeitslosigkeit des Mannes* zu einem Familienpolitikum wird. Das »eigene Geld«, durch das Frauen den ihnen zugewiesenen Status eines »sogar sprechenden Küchenmöbels« auch einmal verlassen können, erzwingt aber wiederum Ausbildung, Mobilität, Eigeninteressenwahrnehmung usw. und verlängert damit den Individualisierungsschub in den Familienzusammenhang hinein.

Dabei konnte unter Bedingungen traditionaler Rollenzuweisungen davon ausgegangen werden, daß männliche Berufsmobilität und Familienmobilität zusammenfallen. Tatsächlich erweist sich die mit dem Arbeitsmarkt verknüpfte Mobilitätsforderung aber auch als *Familiengift*. Zu Ende gedacht, wird dieser Keil in die Familie hineingetrieben: Entweder sind beide das, was der Arbeitsmarkt fordert, nämlich vollmobil, dann droht das Schicksal der »Spagatfamilie« (mit Kinderabteil im Reiseexpreß). Oder ein Teil – wir wissen schon welcher – bleibt weiterhin »ehebehindert immobil« mit den damit verbundenen Benachteiligungen und Belastungen. Genau hieran wird deutlich, wie die konsequente Durchsetzung der Industriegesellschaft deren eigene Lebensgrundlagen – hier die »eheständische« Ungleichheit der Geschlechter in der Kleinfamilie – gefährdet bzw. aufhebt.

Ausbildung

Auch im Hinblick auf *Bildung* bietet sich dasselbe Bild: stabile Klassenverhältnisse bis in die Nachkriegsentwicklung hinein, dann mit der Bildungsexpansion in den sechziger und siebziger Jahren einschneidende Veränderungen, hier nicht nur eine allgemeine Anhebung des Bildungsniveaus, sondern auch deutliche Verschiebungen in den Ungleichheitsrelationen. Im ganzen 19. Jahrhundert gab es nur einen, allerdings dramatischen Entwicklungssprung: die Zurückdrängung des Analphabetismus. Ansonsten blieben die Gegensätze zwischen einer winzigen Minderheit von »Gebildeten« und der Mehrheit der »Ungebildeten« (mit leichten Differenzierungen zwischen Volksschulbildung und zusätzlicher Berufsausbildung, diese im übrigen klassenunscharf und durch die Arbeiterschaft hindurch) weitgehend stabil. Die Effekte der »Bildungsrevolution« spiegeln sich etwa im quantitativen Bedeutungsverlust der Volks- bzw. Hauptschule und den Gewinnen der »weiterführenden« Schularten. Während 1952 noch rund 81% der 13 jährigen Mädchen und 78% der gleichaltrigen Jungen mit der Volksschule abgeschlossen hatten, waren es 1981 nur noch 35% der Mädchen und 42% der Buben. Übersetzt heißt dies, daß innerhalb von drei Jahrzehnten die Zahl derer, die eine *höhere* Schulausbildung (entweder Realschule oder Gymnasium bzw. Gesamtschule) absolviert haben, sich bei den Mädchen schon fast verdreifacht, bei den Jungen *fast verdoppelt hat.*

Ganz ähnlich fallen die Veränderungen auf der anderen Seite der Bildungspyramide, bei den Hochschulen, aus. So hat sich seit 1960 im Zuge der Bildungsexpansion bei absolut steigendem Niveau der Anteil der Studienanfänger, deren Väter Arbeiter sind, mehr als *vervierfacht.* 1928 waren es 2,1%, 1951 4%, 1967 bereits 9,2% und 1982 schließlich 17,3%. Gleichzeitig haben im Zugang zum Studium die Frauen fast mit den Männern gleichgezogen. Während sie in der gymnasialen Ausbildung seit der Mitte der siebziger Jahre sogar ein leichtes Übergewicht gewonnen haben, liegt die Quote weiblicher Studienanfänger 1983 noch unter der Hälfte bei rund 43% (1960 erst 25%, bereits 1975 dann 34%). Hieran wird deutlich: Die Bildungsexpansion war im wesentlichen auch eine Bildungsexpansion für Frauen. Immerhin: der Schritt in die Bildung ist gelungen. Dies hat an der »Schollenbindung« an die Hausarbeit bislang ebensowenig geändert, wie die Unsicherheiten und Ungleichheiten in der beruflichen Integration abgebaut wurden. Daraus ergibt sich allerdings die Frage, wie diese (von den Männern doch im Grunde genommen sehr unvorsichtige) Öffnung in die *Feminisierung der Bildung* in den sechziger Jahren (ohne aktive Frauenbewegung!) überhaupt möglich war.

In diesem Sinne hat der Massenkonsum höherer Bildung – unabhängig davon, ob er sich in beruflicher Münze auszahlt – einen *Riß zwischen den Generationen* im Nachkriegsdeutschland entstehen lassen, der erst ganz allmählich in seiner Breiten- und Tiefenwirkung auf das Verhältnis zwischen den Geschlechtern, das Erziehungsverhalten der Eltern, auf die politische Kultur (neue soziale Bewegungen) sichtbar wird. Auf diese Weise wurde ein Stück Abschied von den klassenkulturellen Bindungen und Vorgaben des Herkunftsmilieus vollzogen. Mit der Verlängerung schulischer Bildung werden traditionale Orientierungen, Denkweisen und Lebensstile durch universalistische Lehr- und Lernbedingungen,

Wissensinhalte und Sprachformen relativiert oder verdrängt. Bildung ermöglicht – unterschiedlich je nach Länge und Inhalt – ein Minimum an Selbstfindungs- und Reflexionsprozessen. Bildung ist überdies mit *Selektion* verbunden und erfordert insofern individuelle Aufstiegsorientierungen, die selbst dort noch wirksam bleiben, wo »Aufstieg durch Bildung« illusionär und Bildung in ein notwendiges Mittel gegen den Abstieg verwandelt und abgewertet wird (wie dies im Zuge der Bildungsexpansion geschehen ist, dazu S. 242 f.). Schließlich sind formalisierte Bildungsprozesse nur durch das »individualisierende Nadelöhr« von Prüfungen, Klausuren und Testverfahren hindurch zu absolvieren, die ihrerseits Zugangsmöglichkeiten zu individualisierten Bildungspatenten und Arbeitsmarktkarrieren eröffnen.

Bezogen auf die proletarischen Klassenmilieus der Arbeiterschaft – wie sie etwa bis in die dreißiger Jahre hinein, gegliedert nach sozialdemokratischer, katholischer, evangelischer usw. »Weltanschauung« bestanden haben – bedeutet dies einen Kontinuitätsbruch, der im Generationswechsel erst allmählich hervortritt. Früher war das Hineinwachsen in die Arbeiterbewegung ein für den einzelnen vorwiegend »naturwüchsiger Prozeß«, der auf der Familienerfahrung und dem sich in ihr immer (interpretiert) spiegelnden »Klassenschicksal« aufbaute, dann über die Stationen von Nachbarschaft, Jugend-Sportverein etc. bis zur betrieblichen Sozialisation *gleichsam vorgezeichnet* in eine der politischen Strömungen der Arbeiterbewegung hineinführte. Heute ist dieses übergreifende Erfahrungs- und Kontrollband eines klassenkulturell geprägten Sozialmilieus vielfältig gebrochen, und der einzelne muß, auf sich gestellt, die Elemente eines »Klassenschicksals« erst in seinem eigenen Leben entdecken.

Bei den Frauen ist durch die Angleichung in der Bildung eine prekäre Situation entstanden. Der Weg nach vorne in den Beruf ist angesichts stabiler Massenarbeitslosigkeit (und großer »Rationalisierungsreserven« in frauenspezifischen Arbeitsplätzen) ebenso versperrt wie der Weg zurück in die Ehe- und Familienversorgung (nicht zuletzt angesichts steigender Scheidungszahlen). Alles ist möglich und nichts. Mögen die einen sich so, die anderen so entscheiden. Die Ungleichheit zwischen Männern und Frauen ist *ab jetzt unauslöschbar sichtbar*. Die gleiche Ausbildung der Frauen ist ihr lebendiger Maßstab. Nehmen wir einmal an, viele Frauen lassen sich aus dem Arbeitsmarkt in die Familie zurückdrängen.

Dann arbeiten (nahezu) *Gleich*ausgebildete in den alten *extrem ungleichen* Zuordnungen und Belastungen und wissen dies und müssen diesen offenen Widerspruch – hineingewendet in Persönliches und Privates – austragen. Die Ausbildung garantiert nichts. Aber die Gleichheit der Ausbildung zwischen Männern und Frauen garantiert, daß die Ungleichheiten ihrer Stellungen in Familie und Beruf überall biographische Mahntafeln errichtet haben. Das Argument: Sie *können* es nicht! ist historisch vom Tisch. Sie können es, und Mann läßt sie nicht! Die Ungleichheit ist persönlich, alltäglich, legitimations*los* geworden und damit auch: *politisch* (im traditionalen *und* privaten Sinne). Die Feminisierung der Ausbildung *hat* bereits die Welt der Familie und die des Berufs verändert, weil sie Ungleichheit bewußtgemacht und in Unrecht verwandelt hat. Von jetzt ab heißt es immer: bei gleicher Ausbildung...

Der Kreis schließt sich. Die wohlfahrtsstaatliche Aufschwungphase hat bei gleichbleibenden Ungleichheitsrelationen eine kulturelle Erosion und Evolution der Lebensbedingungen ausgelöst, die schließlich auch die Ungleichheiten zwischen Männern und Frauen hervortreten läßt. Dies ist die Dynamik des Individualisierungsprozesses, der im Zusammenwirken aller genannter Komponenten – mehr arbeitsfreie Zeit, mehr Geld, Mobilität, Bildung usw. – seine strukturverändernde Intensität entwickelt und die Lebenszusammenhänge von Klasse *und* Familie aufbricht.

2. Individualisierung und Klassenbildung: Karl Marx und Max Weber

»Individualisierung sozialer Ungleichheit« – wird damit nicht alles vergessen, alles verkannt, alles in den Wind geschrieben: der Klassencharakter, die Systemhaftigkeit, die Massengesellschaft, die Kapitalverflechtungen, der ideologische Schein, die Entfremdung, die anthropologischen Konstanten und die Differenziertheit der sozialhistorischen Wirklichkeit? Kommt mit dem Begriff des Individualisierungsprozesses nicht zwangsläufig die Soziologie an ihr frühes Ende, wird ihr möglicherweise damit das Sterbeglöcklein geläutet?

Das zwingt zu theoretischen Präzisierungen: Wie unterscheiden sich diese Entwicklungen vom Aufkommen des bürgerlichen Individuums im 18. und 19. Jahrhundert? Die *bürgerliche* Individualisierung beruhte im wesentlichen auf Kapitalbesitz und entwickelte ihre soziale und politische Identität im Kampf gegen die feudale Herrschafts- und Rechtsordnung. In der Bundesrepublik bricht demgegenüber eine *Arbeitsmarkt*-Individualisierung hervor, die sich – wie gezeigt – in der Anhebung des Lebensstandards, Ausbildung, Mobilität usw. entfaltet. Warum und in welchem Sinne eigentlich »Arbeitsmarkt-*Individualisierung*«? Der Verkauf der Ware Arbeitskraft galt doch einmal und gilt vielen heute noch als *das* Moment, das den Gegensatz der Klassen im Kapitalismus bestimmt. Warum und wie schlägt der Motor der Klassen*bildung* in eine *Individualisierung* sozialer Klassen um?

Der Unterschied liegt auch hier in dem Neuen, das mit der Entwicklung der Bundesrepublik entsteht – den wohlfahrts- und sozialstaatlichen, arbeitsrechtlichen »Abpufferungen« der Lohnarbeit. Das gleiche bewirkte unter den Rahmenbedingungen des 19. Jahrhunderts und denen in der zweiten Hälfte des 20. Jahrhunderts tatsächlich Gegenteiliges. Die Menschen werden heute nicht mehr wie im 19. Jahrhundert unter dem Druck der Not und der erlebten Entfremdung in der Arbeit in den proletarischen Elendsvierteln der wachsenden Städte zu Großgruppen – sozial und politisch handelnden »Klassen« – zusammengeschmolzen. Sie werden vielmehr genau umgekehrt vor dem Hintergrund der inzwischen erkämpften sozialen und politischen Rechte aus lebensweltlichen Klassenzusammenhängen herausgelöst und zur Beschaffung ihres Lebensunterhaltes verstärkt auf sich selbst verwiesen. Wohlfahrtsstaatlich geregelt schlägt die Ausweitung der Lohnarbeit in eine *Individualisierung* sozialer Klassen um. Diese Entwicklung war kein Geschenk der barmherzigen Kapitalisten-Samariter an die durch sie ins Elend gestürzte Arbeiterklasse. Sie ist abgerungen, Kampfprodukt und damit Ausdruck einer starken Arbeiterbewegung, die allerdings auch *durch ihre Erfolge* ihre eigenen Bedingungen verändert hat. Es ist die *Durchsetzung* der (oder wesentlicher) Ziele der Arbeiterbewegung, die die Voraussetzungen ihres Erfolges verändert hat und sie zumindest als »Arbeiter«bewegung nun möglicherweise in ihrem Bestand gefährdet.

Karl Marx: Der »vereinzelte Einzelne«

Gerade Marx kann ohne große Gewaltanwendung als einer der entschiedensten »Individualisierungstheoretiker« angesehen werden, der allerdings seine diesbezüglichen Argumente – in seiner historisch-politischen Perspektive durchaus konsequent – frühzeitig abbricht. Denn an vielen Stellen seines Werkes hat Marx immer wieder betont, daß mit der Ausbreitung des modernen Industriekapitalismus ein historisch bislang unbekannter *Freisetzungsprozeß* in Gang kommt. Nicht nur ist die Befreiung aus feudalen Bindungen und Abhängigkeitsverhältnissen Voraussetzung für die Durchsetzung kapitalistischer Produktionsverhältnisse. Auch *im* Kapitalismus werden die Menschen in immer neuen Wellen aus traditionalen, familialen, nachbarschaftlichen, beruflichen und kulturellen Bindungen herausgelöst und in ihren Lebenswegen durcheinandergewirbelt.

Der sich hier andeutenden Entwicklungsvariante einer sich individualisierenden Gesellschaft ist Marx allerdings nicht weiter nachgegangen. Für ihn wird dieser permanente Vereinzelungs- und Freisetzungsprozeß im System des Kapitalismus immer schon aufgefangen durch die *Kollektiverfahrung der Verelendung* und die dadurch ausgelöste *Klassenkampfdynamik*. Wenn ich es recht sehe, argumentierte Marx so: Gerade weil der Freisetzungsprozeß sich *massenhaft* vollzieht und weil er verbunden ist mit einer kontinuierlichen *Verschlechterung* der Lebenslage der Arbeiter im Kapitalismus, führt er nicht zur Zersplitterung, sondern zur *Solidarisierung* und zum organisierten Zusammenschluß der Arbeiterklasse. So wird in der Kollektiverfahrung der Verelendung innerhalb und außerhalb der Arbeit die Vereinzelung aufgehoben: die »Klasse an sich« findet und organisiert sich als »Klasse für sich«. Die durch seine eigenen Argumente eigentlich naheliegende Frage, wie bei dem Durcheinanderwirbeln der Lebenswege, das im Kapitalismus systematisch erfolgt, die Bildung stabiler Solidaritätsbindungen der proletarisierten Marktsubjekte möglich ist, ist für Marx keine, weil er Individualisierungsprozesse in diesem Sinne immer schon aufhebt in Prozessen der Klassenbildung durch gemeinsam erfahrene Verelendung und Entfremdung in der Arbeit. Dies scheint im Kern auch noch die Position vieler Klassentheoretiker der Gegenwart zu sein.

Das Individualisierungstheorem läßt sich nun genau spiegelbildlich zur Marxschen Argumentation näher bestimmen. Individualisierungsprozesse in dem hier gemeinten Sinne greifen erst dann und genau in dem Maße, in dem die Bedingungen der Klassenbildung durch Verelendung und Entfremdung, wie sie Marx vorhergesagt hat, *überwunden werden*. Das Hervortreten von Individualisierungstendenzen ist damit an *gesamtgesellschaftliche (soziale, wirtschaftliche, rechtliche und politische) Rahmenbedingungen* gebunden, die – wenn überhaupt – bislang nur in wenigen Ländern und auch hier erst in der sehr späten Phase ihrer *wohlfahrtsstaatlichen* Entwicklung verwirklicht wurden. Hierzu gehören wie gezeigt: allgemeine wirtschaftliche Prosperität und damit verbundene Vollbeschäftigung, Ausbau des Sozialstaates, Institutionalisierung gewerkschaftlicher Interessenvertretung, Bildungsexpansion, Erweiterung des Dienstleistungssektors und so eröffnete Mobilitätschancen, Reduzierung der Arbeitszeit usw.

Nehmen wir das Beispiel des *Arbeitsrechts*. Selbstverständlich wurde hier mit der Tarifautonomie der »gezähmte« Klassenkampf als kollektives Handlungsprogramm erfahrbar festgeschrieben. Der einzelne kann dieses Handeln der Großgruppen nachvollziehen und in Gewichtsveränderungen seines Geldbeutels direkt messen. So bleiben der Individualisierung immer auch evidente Grenzen gesetzt. Gleichzeitig sind mit der rechtlichen Durchsetzung der Arbeitnehmerinteressen jetzt auch vielfältige *individuelle* Rechte entstanden – im Kündigungsschutz, in der Arbeitslosenversicherung, Weiterbildung usw. –, die der einzelne im Gang zum Arbeitsamt (und wieder zum Arbeitsamt) und notfalls im Gang zum Gericht individuell einholen oder einklagen muß. Die Arbeiterbewegung ist sozusagen durch die Verrechtlichung *von der Straße in die Gänge der Ämter verlegt worden* und findet hier als Warten, Sitzen, Warten, Sitzen, Antrag-Ausfüllen, Antrag-Ausfüllen und dann als Beratungsgespräch mit dem (teil- bzw. nicht-)zuständigen Beamten statt, der das ehemalige »Klassenschicksal« in den individualisierenden Rechtskategorien des »Einzelfalles« bearbeitet (oder/und weiterleitet).

Darin sind zwei Konsequenzen enthalten: Zum einen wird – zugespitzt formuliert – unter wohlfahrtsstaatlichen Rahmenbedingungen mit der *Durchsetzung* der Lohnarbeit die *Auflösung* der traditionalen Klassengesellschaft betrieben. Tatsächlich nimmt ja auch mit der Bundesrepublik die Einbeziehung der Menschen (Frauen, Jugendliche) in Lohnarbeit zu. So ist im Zeitraum von 1950 bis 1976 der Anteil der Selbständigen von 14,5 auf 9% gesunken, während im gleichen Zeitraum der Anteil der abhängig Beschäftigten von 71 auf 86% gestiegen ist. Diese Einbeziehung der Menschen in den Arbeitsmarkt – dieses im Marxschen Sinne objektive Anwachsen der Lohnarbeiterklasse vollzieht sich aber unter den gegebenen Rahmenbedingungen als *Generalisierung der Individualisierung,* allerdings: *auf Widerruf.* Denn zum anderen ist diese Aufhebung der Klassen an bestimmte Rahmenbedingungen gebunden und kann mit der Gefährdung dieser Rahmenbedingungen ihrerseits aufgehoben werden. Das, was die Klassen gestern und heute individualisiert hat, kann morgen oder übermorgen unter anderen Rahmenbedingungen – etwa sich radikal verschärfender Ungleichheiten (Massenarbeitslosigkeit, Automationsgewinne der Unternehmen) – auch wiederum in neuartige, jetzt aber gerade nicht mehr traditional zu verstehende, die erreichte Individualisierung voraussetzende »Klassen*bildungs*prozesse« umschlagen. »Kapitalismus *ohne* Klassen« – das heißt: ohne die letztlich ständisch geprägten, vom 19. ins 20. Jahrhundert hineinreichenden Klassen und damit auch *ohne* »Arbeiter«klasse; das heißt aber auch: mit der nicht ausgeschlossenen Möglichkeit neuartiger, *nicht*traditionaler, *quer* zu den sozialen Klassengrenzen verlaufender »Klassen«bildungsprozesse unter den Bedingungen einer sich z. B. systematisch verschärfenden Krise am Arbeitsmarkt. Es stimmt wirklich: das Dritte ist nie ausgeschlossen.

Max Weber: Marktvermittelte Sozialmilieus

Max Weber hatte Zeiträume im Blick, die ihn wie kaum einen anderen dazu prädestiniert haben, die Freisetzung der Menschen aus traditionalen Lebensformen, die mit der Moderne in Gang gesetzt wurde, in ihrer epochalen Bedeutung zu begreifen. Für ihn stand – an der Wende ins 20. Jahrhundert – dabei die Herauslösung aus der traditionalen Welt religiöser Bindungen im Zentrum, in der Diesseits und Jenseits noch miteinander verschmolzen sind. Er sah, wie der Verlust der kirchlich gebundenen Jenseitigkeit das Diesseits in eine unendliche Emsigkeit versetzt hat. Die Menschen wurden in der Gottverschlossenheit, Gotträtselhaftigkeit, Gottlosigkeit ihrer Existenz in eine unendliche Einsamkeit entlassen und damit auf sich selbst zurückgeworfen. Ihnen blieb nur ein Weg religiös vorgezeichnet, um den aus dem Blick gerückten Gott in seiner Unerreichbarkeit dennoch zu erreichen. Sie mußten aus sich selbst entstehen lassen, was sie verloren hatten, die aufgebrochene Ungewißheit mit der Schaffung irdischer Sicherheiten bekämpfen. Sie mußten die Welt durchdringen, sie verwandeln, »entzaubern«,

»modernisieren«, ihre impliziten Schätze durch Ausbildung und Anwendung aller menschlicher Kräfte produktiv freilegen und als Kapital akkumulieren, um in der unterworfenen und angeeigneten Welt den nichtfindbaren Schutz vor ihrer Gottgeborgenlosigkeit zu finden. Diesen untauglichen Versuch sah er in dem rastlos und in seiner produktiven Überlegenheit alles Vorgegebene, Traditionale umwälzenden, entzaubernden Industriekapitalismus des 19. und beginnenden 20. Jahrhunderts wirken. Die Verselbständigung des Fortschritts und seines ungehemmten Fortschreitens über die Hände, die ihn geschaffen haben, hinweg, ist nichts anderes als das entglittene, systemgewordene Bemühen, in der noch verbliebenen Waagschale des Irdischen so viel selbstgeschaffene, rational abgepreßte, materialisierte Gewißheit aufzutürmen, um die Leere der anderen Seite, das auf ewig Verlorene im Wissen um die Vergeblichkeit dennoch auszugleichen.

Max Weber war Analytiker und Kritiker der Moderne, die er dachte und kommen, sich perfektionieren sah. Er hat sie allerdings auch auf die Gleise der Industriegesellschaft gestellt. Hierauf wälzt sie alles um. Die Gleise – das sind rationale, bürokratische Herrschaft, Berufsethos, Familie, sich differenzierende Klassenvielfalt – bleiben aber von der Veränderungsdynamik verschont. Insofern hat er die Moderne *in* den industriegesellschaftlichen Formen und Strukturen gedacht, die vor seinen Augen bestanden oder entstanden. Die in seinen Schriften vielfach angelegte Möglichkeit einer *Selbstrevision* der Moderne, in der die modernen Fellachen des modernen Überallägyptens das entstandene Gehäuse der Hörigkeit, das sie in ihrem eigenen Handeln geworden sind, abstreifen oder auch nur lockern, muß wohl eher in späte Ergänzungen hineinzitiert werden. Daß die Menschen, ebenso wie sie im ausklingenden Mittelalter aus den weltlichen Armen der Kirche in die Emsigkeit des industriellen Kapitalismus entlassen wurden, in einem weiteren Schub derselben Bewegung auch aus den Formen und Bindungen der so entstandenen Industriegesellschaft freigesetzt und damit in wiederum neuer Form auf sich selbst in eine nachindustrielle Einsamkeit zurückgeworfen werden, ist gedanklich, aber nicht schriftlich in seinen Büchern enthalten.

Insofern sieht Weber zwar die Rastlosigkeit der Neuerungsdynamik. Sie bleibt aber in der einen Art der Berechenbarkeit, die sie über die Welt bringt, immer auch selbst berechenbar. Greift nicht als Neuerung in die Speichen der Neuerung ein; erneuert nicht das, was als »berechenbar« gilt. Auf das Feld sozialer Ungleichheit bezogen bedeutet dies: Max Weber sah – ganz anders als Marx – vielfältige Differenzierungen der Sozialstruktur. Seine begrifflichen Feintarierungen spiegeln den Pluralismus, den er (aufziehen) sah, wider und versuchen, ihn kategorial einzufangen. Doch ist auch das Gegenteil richtig. Die Parzellierungstendenzen waren für ihn auch aufgehoben in der *Kontinuität und Geltung ständischer Traditionen und Subkulturen.* Diese haben sich im System der kapitalistischen Industriegesellschaft mit Kompetenzbesitz und Marktchancen verschmolzen zu real unterscheidbaren *»sozialen Klassenlagen«.*

Bei Max Weber ist damit schon angelegt, was von marxistisch inspirierten Sozialhistorikern der Arbeiterbewegung Ende der sechziger Jahre im Detail veranschaulicht wird: daß nämlich die lebensweltlichen Normen, Wertorientierungen und Lebensstile, die für die Menschen im sich entfaltenden Industriekapitalismus charakteristisch sind, ihrer Herkunft nach weniger Produkt der industriellen Klassenbildung (im Sinne von Marx) sind, sondern vielfach *Relikt vor*kapitalistischer, *vor*industrieller Traditionen. »Kapitalismus als Kultur« ist in diesem Sinne weniger eine eigenständige Schöpfung, eher eine gewissermaßen »*spät*ständische« Kultur, die im System des industriellen Kapitalismus »modernisiert«, »konsumiert« und dadurch umgeschmolzen und aufgezehrt wird. Damit wird die »Entzauberung« niemals auf diese selbst angewendet. Es bleibt eine Entzauberung *nicht*moderner, traditionaler Lebensstile und Verkehrsformen, die sich als das, was zu entzaubern gilt, immer auch wieder erneuern bzw. durchhalten und so gleichsam als Futter der Entzauberung dieser in ihrem unendlichen Vollzug unendlich zur Verfügung stehen. Die vielfältig wirkenden Individualisierungen bleiben immer aufgefangen in industriell sich erneuernden Schließungstendenzen in Gestalt ständisch eingefärbter, marktvermittelt sich erhaltender sozialer Klassen.

Tatsächlich sprechen viele Anzeichen noch in der ersten Hälfte dieses Jahrhunderts *für* diese Webersche Sozialstruktur-Interpretation: Trotz aller Umbrüche bleibt die Kontinuität »sozialmoralischer Milieus« und traditionaler Lebensstile und Lebensorientierungen in der ersten Hälfte dieses Jahrhunderts weitgehend ungebrochen. Dasselbe gilt für die Wirksamkeit ständisch geprägter intergenerativer Mobilitätsbarrieren und damit verbundener milieuspezifischer »Kollektiverfahrungen«, für die Homogenität von Kontaktnetzen, Nachbarschaftsbeziehungen, Heiratskreisen usw.

Dies gilt für die Entwicklung bis zu den fünfziger Jahren; dies gilt aber *nicht mehr für die Entwicklung danach bis in die Gegenwart hinein*. Hier beginnt die komplexe, labile Einheit einer ständisch geprägten, »marktvermittelten Gemeinschaftlichkeit«, die Max Weber in dem Begriff der »sozialen Klassen« zusammengefaßt hat, auseinanderzubrechen. Ihre verschiedenen Elemente: die über spezifische Marktchancen vermittelte materielle Lage, die Wirksamkeit von Traditionen und »spätständischen« Lebensstilen und das gelebte Bewußtsein dieser Einheit in gemeinschaftlichen Bedingungen und Kontaktnetzen, werden durch wachsende Bildungsabhängigkeiten, Zwänge und Chancen zur Mobilität, Ausdehnung von Konkurrenzbeziehungen usw. aufgelöst oder bis zur Unkenntlichkeit verändert.

Traditionale Binnendifferenzierungen und »sozial-moralische Milieus« (wie sie für die Arbeiterschaft des Kaiserreichs und der Weimarer Republik noch typisch war) werden – soweit sie nicht unter der Naziherrschaft bereits gezielt aufgehoben werden – seit den fünfziger Jahren kontinuierlich weggeschmolzen. Unterschiede in der Industriearbeiterschaft für Stadt und Land werden eingeebnet (z. B. die bis dahin noch weit verbreitete »gemischt-wirtschaftliche« industriell-bäuerliche Existenzweise). Parallel wächst mit der einsetzenden Bildungsreform überall die *Bildungsabhängigkeit*. Immer weitere Gruppen geraten in den Sog von Bildungsaspiration. Im Zuge dieser wachsenden Bildungsabhängigkeit entstehen neue *Binnen*differenzierungen, die zwar alte, traditionale Milieulinien aufnehmen, sich aber von diesen durch ihre Bildungsvermitteltheit wesentlich unterscheiden. Auf diese Weise werden *neue soziale »Binnenhierarchien«* ausgeprägt, die (da sie die in Großgruppen-Perspektive unterstellten Grenzlinien nicht berühren oder überschreiten) in ihrer Bedeutung für die Lebensführung und -perspektiven der Menschen noch nicht richtig erkannt wurden.

Diese Entwicklung macht nicht an den sozialen Klassenlinien halt, sondern wird auch ins Private, in die Familie hineinverlängert. In demselben Zeitraum werden die traditionalen Wohnverhältnisse und Siedlungsstrukturen mehr und mehr ersetzt durch die *neuen »urbanen« Stadtsiedlungen*. An die Stelle familienübergreifender, stärker kommunal orientierter Wohn- und Siedlungsformen treten die modernen Großstadt- oder Kleinstadtsiedlungen mit ihrer typischen gemischt-sozialen Zusammensetzung und ihren sehr viel lockereren Nachbarschafts- und Bekanntschaftsverhältnissen. Vorgegebene Nachbarschaft wird so durchbrochen, und die entstehenden Sozialbeziehungen und Kontaktnetze müssen nun *individuell* selegiert, hergestellt und erhalten werden. Dies kann heißen: »Nicht-Beziehungen«, soziale Isolation; aber auch: selbstgewählte und selbstgebaute *Netzwerke* von Bekanntschafts-, Nachbarschafts- und Freundschaftsbeziehungen. Im Übergang von einer Generation zur anderen können so auch neue Wohnformen, eine *neue Hinwendung zu dem Kommunal-Nachbarschaftlichen*, zu Wohngemeinschaften usw. mit den sich hier eröffnenden Erprobungsmöglichkeiten sozialen Zusammenlebens entstehen.

In Phasen relativer sozialer Sicherung und »Enttraditionalisierung« öffnet sich so ein vielschichtiger und vielgesichtiger historischer *Möglichkeitsraum* für Entwicklungen in der Privatsphäre, zu denen u. a. auch ein Umschlagen der Entfaltungsansprüche ins Politische, sozusagen das neue Phänomen eines *»politischen Privatismus«* gehört. Das heißt: ein intern konsequentes, extern anstößiges Überdehnen der historisch entstehenden privaten Freiräume über die in ihnen enthaltenen sozialen und rechtlichen Grenzlinien hinaus und ein Erprobungsverhalten neuer Sozialbeziehungen und Lebensformen um kulturelle Nervenpunkte des »Erlaubt-Verbotenen« herum – mit allen daraus erwachsenden (politischen) Aufschaukelungseffekten und wechselseitigen Identitätsbildungs- und Identitätszuweisungsprozessen bis hin zur Spaltung in Kultur und »Gegenkultur«, in Gesellschaft und »Alternativ«-Gesellschaft, wie wir sie in den letzten 20 Jahren in immer neuen Wellen erlebt haben.

Erst in den achtziger Jahren werden auf dem Hintergrund der erfolgten Bildungsexpansion und konstanter Massenarbeitslosigkeit *neue Schließungstendenzen* im Sinne Max Webers erkennbar: Angesichts des Überangebotes an Bildungsabschlüssen und der Verknappung von Arbeitsplätzen kommt es zu einer *paradoxen Ent- und Auf*wertung von Bildungspatenten. *Ohne* Ausbildungsnachweise sinken die Arbeitsmarktchancen gegen Null. *Mit* ihnen werden nur noch Teilnahmeberechtigungen an der Vergabe von Arbeitsplatz-Chancen erworben, aber keine Arbeitsplätze. Einerseits werden Bildungspatente immer weniger *hinreichend*, um die berufliche Existenz zu sichern, und insofern abgewertet. Andererseits werden sie *immer notwendiger*, um überhaupt noch am Konkurrenzkampf um rar werdende Arbeitsplätze teilhaben zu können, und insofern aufgewertet. Stand am Beginn der Bundesrepublik ein *kollektiver Auf*stieg, so kennzeichnet die achtziger Jahre ein *kollektiver Ab*stieg: Dieselben Bildungspatente (Abitur, Diplom, betriebliche Ausbildung), die noch bis in die siebziger Jahre hinein sichere Arbeitsmarktchancen eröffnet haben, bieten keine Gewähr mehr dafür, überhaupt einen existenzsichernden Arbeitsplatz zu ergattern. Dieser »Fahrstuhl-Effekt« *nach unten* verleiht aber alten, »ständischen« Auswahlkriterien eine neue Bedeutung. Der Abschluß alleine reicht nicht mehr hin; hinzukommen müssen »Auftreten«, »Beziehungen«, »Sprachfähigkeit«, »Loyalität« – also *extra*funktionale Hintergrundkriterien einer Zugehörigkeit zu »sozialen Kreisen«, die durch die Bildungsexpansion gerade überwunden werden sollte (dazu ausführlich S. 248).

Dennoch gilt: In der Nachkriegsentwicklung wurde in der Bundesrepublik eine sozialstrukturelle Dynamik freigesetzt, die *weder* in der Tradition der »Klassenbildung« von Karl Marx *noch* in der Tradition der ständisch-marktvermittelten Vergemeinschaftung in sozialen Klassen bei Max Weber hinreichend begriffen werden kann. Die zwei großen »Dämme«, die in der Perspektive von *Marx* und *Weber* die in der entwickelten Marktgesellschaft wirksamen Freisetzungs- und Vereinzelungstendenzen auffangen – Klassenbildung entweder durch Verelendung oder durch ständische Vergemeinschaftung –, brechen mit der wohlfahrtsstaatlichen Entwicklung. Die Konsequenz ist: Das Denken und Forschen in traditionalen Großgruppen-Kategorien – in Ständen, Klassen oder Schichten – wird fragwürdig.

3. Ende der traditionalen Großgruppengesellschaft?

Im Umgang mit dem Klassen- und Schichtungsbegriff sind Beschreibung und Prognose, Theorie und Politik eigentümlich ineinander verwoben. Dies verleiht der Entscheidung über Begriffe eine implizite Dramatik, die durch empirische und theoretische Hinweise allein schwer zu kontrollieren ist. Wenn hier der soziale Wirklichkeitsgehalt des Klassen- *und* Schichtungs-Paradigmas in Zweifel gezogen wird, so liegt dem ein bestimmtes Verständnis zugrunde. Von »Klassen« ist hier immer wesentlich im Sinne des 19. und beginnenden 20. Jahrhunderts, also im Sinne einer historischen Erfahrung, die Rede, der dieser Begriff ja auch seine sozialen und politischen Inhalte verdankt.

Im Zentrum steht das ständische Gepräge und die soziale (Selbst-)Wahrnehmbarkeit der Klassen im Sinne real in ihrem Handeln und Leben aufeinander bezogener Großgruppen, die sich durch Kontakt-, Hilfs- und Heiratskreise nach innen abgrenzen und in Prozessen wechselseitiger Identitätszuweisung mit anderen Großgruppen ihre bewußte und gelebte Besonderheit immer wieder suchen und bestimmen. Es ist damit ein Klassenbegriff gemeint, dessen zentrales Merkmal darin besteht, daß er *niemals nur als wissenschaftlicher* Begriff *gegen* das Selbstverständnis der Gesellschaft möglich ist. Gemeint ist im Gegenteil ein Zustand, in dem von Klassen immer nur in sozialer *und* wissenschaftlicher *Doppelung* die Rede sein kann. Die Gesellschaft versteht und ordnet sich selbst in »Klassen«, und der soziologische Begriff nimmt dies auf und reflektiert, kritisiert die darin enthaltenen Annahmen. Das muß nicht, darf sogar nicht deckungsgleich erfolgen. Wo aber der Klassenbegriff seine soziale Wahrnehmbarkeit aufgrund der sozialstrukturellen Entwicklung selbst einbüßt, wird er *einsam*, verflucht einsam. Muß er die ganze Bürde der mit ihm implizierten Inhalte allein, ja *gegen* die Wirklichkeit, auf die er zielt, tragen. Mehr noch: er muß seinen eigenen Wirklichkeitsgehalt durch theoretisches Übersoll in den Gebetsmühlen der Abstraktion gleich noch mitproduzieren. Das ist Schwerstarbeit am Begriff, Zauberarbeit eines wirklichkeitsbeschwörenden Begriffs, dem die soziale Wirklichkeit davongelaufen ist. Das heißt: eine Gesellschaft, die nicht mehr in sozial wahrnehmbaren Klassenkategorien handelt, befindet sich *auf der Suche nach einer anderen Sozialstruktur* und kann nicht ohne Strafe eines gefährlichen Wirklichkeits- und Relevanzverlustes immer wieder gegen ihren Strich in die Kategorie der Klasse zurückgebürstet werden.

Der Schichtungsbegriff ist in diesem Sinne ein *liberalisierter* Klassenbegriff, ein Klassenbegriff *im Abschiedszustand*, ein Übergangsbegriff, dem die soziale Realität der Klassen bereits unter den Händen verschwimmt, der sich aber die eigene Ratlosigkeit noch nicht einzugestehen wagt und der dann das willig mit sich geschehen läßt, was Wissenschaftler gerne tun, wenn sie ratlos werden: ihr Handwerkszeug putzen. Wäre doch gelacht! Die Wirklichkeit *muß* reinpassen! Die Begriffe etwas runder, weicher, offener für alles das machen, was in sie nicht mehr hineinpaßt, aber ganz offensichtlich in sie hineingehört. Diese Wabbelmasse mit operationaler Superausstattung – das ist der »moderne« Schichtungsbegriff. Ihm sieht man die Datenmassen an, die er so oder so – mit »oberer Unterunterschicht« oder »unterer Obermittelschicht« – verarbeiten, unter Permanentausdehnung all seiner Realitätsbindungen, in sich beherbergen muß. So etwas zeichnet! Da bleibt nur eines übrig: Daten von der Realitätsfrage abkoppeln. Sie *irgendwie* sortieren. Und das weiter »Schichten« nennen. Den Freibrief dafür gibt es in einer gut institutionalisierten Wissenschaft, die mit ihren Problemen langfristig umzugehen weiß, immer. Hier heißt er: *Klassifikation*. Letzter Schritt von der Klasse über die Schichten in die wirkliche Unwirklichkeit der »reinen« Klassifikation, in der einerseits der Begriff der Klasse ja noch enthalten ist, die aber zugleich dem freien Schalten und Walten der Wissenschaft jeden nur erdenklichen Raum gibt. Klassifikationen können qua Gerichtsbeschluß der Wissenschaftstheorie in eigener Sache nämlich weder wahr noch falsch sein.

»Schichten« sind also das unentschiedene Übergangsstadium zwischen Klassen und Klassifikationen. Sie sind im letzten Nur-Noch-Klassifikationen mit nach außen hin noch nicht getilgtem Wirklichkeitsanspruch, von dem sie sich aber nach innen hin zugleich selbst entbunden haben. Durch Masse sollen die Daten die Wirklichkeit wieder hereinholen, die die zugrundegelegten Kategorien verloren haben. Masse macht Wirklichkeit (in der Massengesellschaft hat Masse Gewicht). Als zweites Auffangnetz dienen Operationalisierungen. Mit Hilfe ihrer Perfektionierung soll die klassifikatorische Unwirklichkeit der Schichtungskategorien sozusagen »sekundärgeflickt« werden ...

Derartiger Polemik läßt sich allerdings immer entgegenhalten, daß wesentliche Fundamente eines Denkens in Klassen- und Schichtungskategorien durch die Entwicklung der Bundesrepublik hindurch *intakt bleiben*. Die Abstände zwischen (unterstellten) Großgruppen werden in wesentlichen Dimensionen nicht abgebaut, und die Herkunft als Bestimmungsfaktor für die Zuweisung sozial ungleicher Chancen bleibt in Geltung. Für die öffentliche und wissenschaftliche Diskussion der sozialstrukturellen Entwicklung in der Bundesrepublik ist dieses Hin und Her zwischen *Konstanz* der Relationen sozialer Ungleichheit und *Verschiebun-*

gen im Niveau kennzeichnend. Dies hat bereits in den sechziger Jahren zu den Kontroversen um die »*Verbürgerlichung* der Arbeiterklasse« geführt oder auch zu Auseinandersetzungen um die »*nivellierte Mittelstandsgesellschaft*«, die Helmut Schelsky sich mit der Bundesrepublik herausbilden sah. In Abgrenzung gegen diese Konzeptionen und Debatten läßt sich die These der Individualisierung sozialer Ungleichheit weiter präzisieren.

Das Denken in Großgruppenkategorien von Klasse und Schicht hat eigentümliche Schwierigkeiten, den »Fahrstuhl-Effekt«, der für die Entwicklung der Bundesrepublik typisch ist, zu begreifen. Einerseits muß man Pauschalveränderungen im Niveau der Lebensbedingungen einer ganzen Epoche zur Kenntnis nehmen. Andererseits gelingt dies in diesem Denken aber nur so, daß man diese wiederum auf das Lebensmodell einer Großgruppe bezieht und dann als Tendenz der *Angleichung der Lebensbedingungen einer Klasse an eine andere* interpretiert. Dies kollidiert jedoch mit der Konstanz der Relationen. Wie kann sich die Arbeiterklasse den Lebensbedingungen des Bürgertums angenähert haben, wenn doch die Zahlen eindeutig vom Gegenteil künden: die Unterschiede zwischen Arbeitern und Bürgern sind gleichgeblieben und haben sich in einigen Punkten sogar noch vergrößert. Der historische Einschnitt hat zwar die Lebenslagen der Menschen *irgendwie* verändert, aber »offensichtlich« nicht schichtungs- oder klassenrelevant: Die alten Abstände stellen sich auf dem neuen Niveau wieder her.

Im Denken und Forschen in Klassen- und Schichtungskategorien wird zusammengezogen, was mit der These der Individualisierung sozialer Ungleichheit gerade auseinandergehalten werden soll: die Frage nach den *Abständen* zwischen unterstellten Großgruppen – der Relationsaspekt sozialer Ungleichheit – einerseits und die Frage nach dem *Klassen- bzw. Schichtcharakter* der Sozialstruktur andererseits. Entsprechend wird von der Konstanz der Relation leicht auf die Konstanz der sozialen Klassen bzw. Schichten fehlgeschlossen (oder umgekehrt werden Anhebungen im Niveau als Annäherung zwischen Klassen fehlinterpretiert). Demgegenüber tritt hier ins Zentrum, daß die Relationen sozialer Ungleichheit und ihr sozialer Klassencharakter *sich unabhängig voneinander verändern können*: bei konstanten Abständen im Einkommen usw. sind im Zuge von Individualisierungsprozessen in der wohlfahrtsstaatlichen Nachkriegsentwicklung die sozialen Klassen enttraditionalisiert und aufgelöst worden, und umgekehrt: die Auflösung sozialer Klassen (Schichten) kann unter anderen Rahmenbedingungen – etwa der Massenarbeitslosigkeit – mit einer *Verschärfung* sozialer Ungleichheiten einhergehen. Dieser »Fahrstuhl-Effekt« *nach unten* gewinnt seit den achtziger Jahren an Bedeutung.

4. Individualisierung, Massenarbeitslosigkeit und neue Armut

Galt das »Ende der Großgruppengesellschaft« vielleicht gestern und gilt heute nicht mehr? Erleben wir mit Massenarbeitslosigkeit und neuer Armut nicht die Zukunft der Klassengesellschaft *nach* ihrem verkündeten Ende?

Tatsächlich nimmt die soziale Ungleichheit erneut und in erschreckendem Maße zu. Die Zahlen des Statistischen Bundesamtes zeigen, daß bereits seit 1975, deutlicher in den achtziger Jahren, die Einkommensentwicklung der Selbständigen und der Unternehmen (insbesondere der elektronischen Zukunftsindustrien) steil nach oben geht. Die Einkommen der Beamten, Angestellten, Arbeiter und Rentner laufen in gewissen Abstufungen etwa parallel zur Durchschnittsentwicklung. Nach unten gehen die Zahlen für die Bezieher von Arbeitslosenunterstützung und Sozialhilfe. Bei aller Vielfalt der Lesarten werden zwei Einkommensbewegungen erkennbar: ein allgemeines Auseinanderdriften zwischen Unternehmern und Selbständigen auf der einen Seite und allen Arbeitnehmern auf der anderen Seite. Dies geht einher mit einer Abschirmung eines Teils der Bevölkerung, die fest in den insgesamt schrumpfenden Arbeitsmarkt integriert ist, und einer wachsenden Nicht-Mehr-Minderheit, die in der Grauzone von Unterbeschäftigung, Zwischenbeschäftigung und Dauerarbeitslosigkeit von den immer spärlicher fließenden öffentlichen Mitteln lebt oder von »informeller« Arbeit (Eigenarbeit, Schwarzarbeit usw.). Schätzungen über diese letzte Gruppe, die um die Sozialhilfe- und Armutsgrenze herum lebt, gehen – wie die Unstetigkeit der Versorgungsbedingungen nicht anders erwarten läßt – weit auseinander. Sie schwanken zwischen *zwei* und mehr als *fünf Millionen*. Wobei diese Gruppe kontinuierlich wächst, wie der inzwischen auf *ein Drittel* gesprungene Anteil der (registrierten!) Arbeitslosen von 2,2 Millionen (Herbst 1985) anzeigt, die überhaupt keine Arbeitslosenunterstützung erhalten. Die beschäftigungspolitische Bedeutung »alternativer« Arbeitszusammenhänge schlägt dagegen trotz der großen publizistischen Resonanz quantitativ nicht allzu hoch zu Buche. In Schätzungen wird davon ausgegangen, daß es in der insgesamt sehr fließenden Szene in der Bundesrepublik etwa 30 000 aktive Gruppen gibt, in denen zwischen 300 000 und 600 000 (meist jüngere) Menschen engagiert sind.

Individualisierung widerspricht nicht, sondern *erklärt* das Eigentümliche dieser »neuen Armut«. Die Massenarbeitslosigkeit wird unter den Bedingungen der Individualisierung den Menschen als persönliches Schicksal aufgebürdet. Sie werden nicht mehr sozial sichtbar und kollektiv, sondern *lebensphasenspezifisch* von ihr betroffen. Die Betroffenen müssen mit sich selbst austragen, wofür armutserfahrene, klassengeprägte Lebenszusammenhänge entlastende Gegendeutungen, Abwehr- und Unterstützungsformen bereithielten und tradierten. Das Kollektivschicksal ist in den klassenzusammenhanglosen, individualisierten Lebenslagen zunächst zum *persönlichen* Schicksal, zum *Einzel*schicksal mit nur noch statistisch vernommener, aber nicht mehr (er)lebbarer Sozietät geworden und müßte aus dieser Zerschlagung ins Persönliche erst wieder zum Kollektivschicksal zusammengesetzt werden. Die Bezugseinheit, in die der Blitz (der Arbeitslosigkeit und Armut) einschlägt, ist nicht mehr die Gruppe, die Klasse, die Schicht, sondern das *Markt-Individuum* in seinen besonderen Umständen. Die Spaltung unserer Gesellschaft in eine abnehmende Mehrheit von Arbeitsplatzbesitzern und eine wachsende Minderheit von Arbeitslosen, Frührentnern, Gelegenheitsarbeitern und solchen, die den Zugang zum Arbeitsmarkt überhaupt nicht mehr schaffen, ist in vollem Gange. Dies wird an der Strukturierung der Arbeitslosigkeit und den wachsenden Grauzonen zwischen registrierter und nichtregistrierter Arbeitslosigkeit deutlich (vgl. dazu zusammenfassend Büchtemann, 1984):

Der Anteil der Langzeitarbeitslosen wächst kontinuierlich. 1983 waren bereits 21% der Arbeitslosen und 1984 sogar 28% länger als ein Jahr und knapp 10% länger als zwei Jahre arbeitslos. Dies zeigt sich auch an den drastischen Umschichtungen zwischen Arbeitslosengeld- und Arbeitslosenhilfeempfängern. Noch vor zehn Jahren haben von den rund 76% Leistungsempfängern unter den Arbeitslosen 61% Arbeitslosengeld und 15% Arbeitslosenhilfe erhalten. 1985 hat sich dieses Verhältnis dramatisch verschlechtert. Nur

65% der registrierten Arbeitslosen sind überhaupt »Leistungsempfänger« – wie dies im Amtsschimmeldeutsch heißt –, und davon erhalten nur noch 38% Arbeitslosengeld, aber bereits 27% Arbeitslosenhilfe.

Trotz breiter Streuung *konzentriert sich die Arbeitslosigkeit bei ohnehin in ihrer beruflichen Stellung benachteiligten Gruppen.* Das Risiko, arbeitslos zu werden und zu bleiben, erhöht sich für Personen mit geringer oder keiner Berufsausbildung, für Frauen, ältere und ausländische Arbeitnehmer sowie Personen mit gesundheitlichen Beeinträchtigungen und Jugendlichen. Dabei kommt der *Beschäftigungsdauer* im Betrieb eine Schlüsselrolle zu. Dies begründet auch den hohen Arbeitslosigkeitsanteil junger Erwerbspersonen. Stärker noch als die Dauer der Betriebszugehörigkeit erhöhen häufige betriebliche Arbeitsplatzwechsel und vor allem *vorangegangene Arbeitslosigkeit* das Risiko, (erneut) arbeitslos zu werden. Umgekehrt haben unter den augenblicklichen Arbeitsmarktbedingungen gute Wiedereingliederungschancen fast nur noch »jüngere qualifizierte Männer, denen nicht aus persönlichen, sondern betrieblichen Gründen gekündigt wurde« (Büchtemann, a. a. O., S. 80).

Gleichzeitig *wachsen die Grauzonen zu nichtregistrierter Schattenarbeitslosigkeit.* Dies wird u. a. an den sprunghaft steigenden Zahlen von Personen deutlich, die im Anschluß an Arbeitslosigkeit (a) vorübergehend oder langfristig in die »stille Reserve« abgedrängt werden (1971: 31 000; 1982: 322 000); (b) zeitweise an AFG-finanzierten Fortbildungs-, Umschulungs- und Weiterbildungsmaßnahmen teilhaben (1970: 8 000; 1982: 130 000); (c) sich in »sonstige Nicht-Erwerbstätigkeit« (überwiegend Hausfrauenarbeit) zurückziehen (1970: 6 000; 1982: 121 000); oder (d) ins Ausland »exportiert« werden (1970: 6 000; 1982: 171 000).

Diese klare und sich zunehmend erhärtende *soziale Strukturierung* der Arbeitslosigkeit geht einher mit einer *breiten Streuung* der Arbeitslosigkeit, die diese objektiv aus dem Stigma einer »Klassenerfahrung« längst herausgelöst und »normalisiert« hat.

Der (weitgehend) konstanten Zahl – weit über zwei Millionen – steht eine *sehr viel größere Zahl von Betroffenen* gegenüber. So waren in den Jahren zwischen 1974 und 1983 rund 12,5 Millionen verschiedene Personen einmal oder mehrmals arbeitslos. Anders formuliert: jede *dritte* Erwerbsperson hat in diesem Zeitraum mindestens einmal persönliche Erfahrungen mit Arbeitslosigkeit gemacht.

Keine Qualifikations- und Berufsgruppe *bietet noch Schutz vor Arbeitslosigkeit*. Das Gespenst der Arbeitslosigkeit hat sich auch dort eingenistet, wo man es kaum vermutet. Die Arbeitslosigkeit von Facharbeitern ist ebenso gestiegen (1980: 108 000; 1985: 386 000) wie die von Ingenieuren (Maschinen- und Fahrzeugbau, Elektro etc. 1980: 7 600; 1985: 20 900) oder Ärzten (1980: 1 434; 1985: 4 119; nach Auskunft der Bundesanstalt für Arbeit).

Dies darf allerdings nicht so verstanden werden, daß alle *gleichermaßen* von Arbeitslosigkeit betroffen wären (s. o.). Trotz dieser gruppenunspezifischen Breitenverteilung haben in demselben Zeitraum *zwei Drittel* der Erwerbspersonen *keine* persönliche Erfahrung mit Arbeitslosigkeit machen müssen. Die 33 Millionen registrierten Fälle entfallen »nur« auf 12,5 Millionen Personen – und das heißt wiederum: jeder Betroffene ist im Durchschnitt gut 1,6 mal arbeitslos geworden.

Besonderes Merkmal der Massenarbeitslosigkeit ist diese *Doppeldeutigkeit*: Einerseits trifft das Risiko, arbeitslos zu werden und zu bleiben, mit voller Härte *sowieso schon benachteiligte* Gruppen (erwerbstätige Mütter, Personen ohne berufliche Ausbildung, Kranke, Ältere und Ausländer sowie gering qualifizierte Jugendliche). Eine wachsende Anzahl wird dabei von der Arbeitslosenstatistik nicht mehr erfaßt. Diesen Risikofaktoren – so nachhaltig sich in ihnen auch das Merkmal sozialer Herkunft ausdrückt – *entsprechen jedoch keine sozialen Lebenszusammenhänge*, oft auch keine »Kultur der Armut«. Hier trifft also mehr und mehr Arbeitslosigkeit (und in der Folge ihrer Dauer: Armut) mit klassenzusammenhang*loser Individualisierung* zusammen. Auf der anderen Seite täuscht die Konstanz der Zahlen – weit über zwei Millionen nun schon über viele Jahre und mit stabilen Zukunftsaussichten bis weit in die neunziger Jahre hinein – darüber hinweg, daß Arbeitslosigkeit nicht gleich als dauerndes Fatum, sondern zunächst oft *mit den leisen Sohlen des Vorübergehenden* in das Leben eintritt, kommt und geht, kommt und geht und sich irgendwann einmal niederläßt, seßhaft wird, allerdings sich dann mit der Schwere der *enttäuschten* Überwindbarkeit im Innersten der Person selbst einnistet.

Um es mit dem Bild von Schumpeter zu sagen: Der Bus der Massenarbeitslosigkeit ist mit einer Gruppe von Stammarbeitslosen besetzt, die sich durch Sitzenbleiben herauskristallisiert. Ansonsten herrscht aber ein allgemeines Kommen und Gehen. Es steigen immer wieder neue Personen zu und andere aus. In diesem allgemeinen Hin und Her lassen sich zwar aus einem äußeren Beobachtungsstandpunkt – sagen wir aus der Vogelperspektive eines mitfliegenden Hubschraubers – einige Merkmale ausmachen und entsprechende Gruppenhäufungen. Für die Beteiligten in der unmittelbaren Wahrnehmung handelt es sich um eine zusammengewürfelte Menge flüchtig nebeneinandersitzender, auf ihren Ausstieg wartender Einzelfälle. Es ist wie in der U-Bahn. Man fährt ein paar Stationen mit, steigt wieder aus. Beim Einsteigen denkt man schon ans Aussteigen. Die Menschen begegnen sich eher verlegen. Das Aussteigenwollen, das *jeder* mit sich herumträgt, ebenso wie *jeder* seine besondere Geschichte des Zusteigens auf den Lippen hat, verbindet nicht. Nur nachts, wenn der Zug steht, beginnen diejenigen, die im Drängeln der sich jeweils schnell wieder automatisch schließenden Türen das Draußen nicht erreicht haben (die, wie der Beobachter von draußen mit nur wenig tröstenden Worten zu berichten weiß, es »statistisch« gar nicht erreichen konnten – die Zahl ist hoch und konstant), mit nur vorsichtig durch die Gitter der eigenen Schuldzuweisung ausgestreckten Händen aufeinander zu zu gehen und miteinander zu reden.

Die überwiegende Mehrzahl der Arbeitslosen bleibt – noch – für sich und andere in der *Grauzone des Kommens und Gehens*. Das Klassenschicksal hat sich in seine kleinste Einheit – in *»vorübergehende Lebensabschnitte«* – aufgesplittert, durchlöchert Biographien, taucht hier und dort auf (unterläuft Grenzen, die ihm früher heilig waren), geht auch wieder, bleibt länger, verhärtet sich, wird aber in diesen »Lebensphasen-Schnitzeln« auch schon wieder fast zu einem »normalen« Zwischenereignis der beruflichen Standardbiographie einer ganzen Generation. Es ist dieses *lebensphasenspezifische Nomadendasein*, das die Massenarbeitslosigkeit unter den Bedingungen der Individualisierung führt (mit inzwischen beträchtlichen Tendenzen zum Seßhaft-Werden), die Widersprüchliches zugleich möglich macht: Massenhaftigkeit *und* Vereinzelung des »Schicksals«, Zahlen von schwindelnder Höhe und Konstanz, die sich doch irgendwie verkrümeln, ein zerkleinertes, nach innen gewendetes Massenschicksal, das in seiner ungebrochenen Schärfe dem einzelnen mit der Stimme des persönlichen Versagens seine Millionenhöhe verheimlicht und individuell ins Gewissen brennt.

Auf die Arbeitslosenstatistik bezogen heißt dies: Die im Arbeitsamt registrierten *Fälle* von Arbeitslosigkeit lassen *keine Rückschlüsse auf Personen zu.* Zum einen können sehr viel mehr Personen vorübergehend von Arbeitslosigkeit betroffen sein, als die Konstanz der Zahlen ausdrückt. Zum anderen können dieselben Personen mehrfach über einen Zeitraum mit Unterbrechungen arbeitslos gemeldet sein. Auf das Beispiel mit der Bahn übertragen: Die Anzahl der Sitz- und Stehplätze fällt nicht zusammen mit dem im Kommen und Gehen begriffenen Menschenstrom. Aber im Rein und Raus sind auch oft dieselben Gesichter und einige Dauergäste enthalten, so daß auch das Zählen der Ströme über die Betroffenheiten direkt nichts aussagt: *Fälle, Zu- und Abgänge und Personen fallen in der lebensphasenspezifischen Verteilung auseinander.* Entsprechend groß ist der Breiteneffekt. Arbeitslosigkeit ist in ihrer Verteilung als lebensphasenspezifisches Einzelschicksal kein Klassen- oder Randgruppenschicksal mehr, sondern generalisiert und normalisiert worden.

Die lebensphasenspezifische Verteilung kennzeichnet auch die *neue Armut.* Sie macht die Ambivalenz, in der sie sich ausbreitet, verschärft und doch, ins Private gewendet, verborgen bleibt, verständlich. Dabei muß das Vorübergehende keineswegs vorübergehen, geht für immer mehr Menschen auch nicht vorüber, *erscheint* aber zunächst als vorübergehendes Ereignis. *Frauen* sind in besonderem Ausmaß vom Fall in die Armut bedroht. Bezeichnenderweise nicht aufgrund von Ausbildungsmängeln oder durch Herkunft. Vielmehr ist *Scheidung* zu einem wesentlichen Faktor geworden, der – insbesondere Mütter mit Kindern – in Lebensverhältnisse unter das Existenzminimum drückt. Auch hier gilt: Viele leben nicht unter Umständen, die der Stereotype der Unterschicht entsprechen. Armut ist für sie oft ein *Zwischen*ereignis. Sie sind (ihrem Selbstbild und teilweise auch tatsächlich) nur »eine Heirat weit« von der Überwindung der Armut entfernt. Wenn die Armut dann nicht mehr abzuschütteln ist, sind sie ihr allerdings viel schonungsloser ausgesetzt, da sie nicht mit den Abschirmmöglichkeiten und Umgangsformen einer Kultur vertraut sind, die mit Armut zu leben weiß.

Entsprechend verkriecht sich die neue Armut hinter den eigenen vier Wänden, bleibt in dem schrillen Skandalcharakter, die das Ereignis hier hat, aktiv verborgen. Nicht klar ist, was schlimmer ist – entdeckt zu werden oder nicht entdeckt zu werden, Hilfe empfangen zu müssen oder noch länger zu entbehren. Die Zahlen sind da.

Aber man weiß nicht, wo die Menschen sind. Es gibt Spuren. Das abgemeldete Telefon. Der überraschende Austritt aus dem Club. Aber sie verweisen nur noch einmal auf die Mauern des scheinbar Vorläufigen, mit dem sich die neue Armut auch dort noch umgibt, wo sie endgültig geworden ist.

Dies ist eine Entwicklung von einer solchen Zweischneidigkeit, daß man von ihr eigentlich nur in gedoppelten, das Gegenteil immer mitsagenden Sätzen sprechen kann. Der Skandal konstanter Massenarbeitslosigkeit über den Zwei-Millionen-Gipfeln mit Langzeitperspektive verpufft auf diese Weise. Massenarbeitslosigkeit wird, zerlegt in (scheinbar) vorübergehende Zwischenphasen, unter den Teppich der Normalität gefegt. Arbeitslosigkeit dieser Größenordnung wird ohne politischen Aufschrei hingenommen, gleichsam *wegindividualisiert*. Sie erscheint irgendwie als »gelöschtes Pulver«, dessen Explosivität aber ungebrochen ist und mit großer Plötzlichkeit hervorbrechen kann.

Unter diesen Bedingungen skandalöser Massenarbeitslosigkeit hat diese Verteilungsform dann auch mildernde Aspekte. Dort, wo Arbeitslosigkeit tatsächlich vorübergehend bleibt, wird sie auf viele Schultern verteilt, trifft nicht mehr eine Klasse mit der ganzen Härte, sondern wird in gewisser Weise demokratisiert. Auch »die da oben« sind jetzt vor ihr nicht mehr sicher. Daß darin zugleich wiederum das Gift steckt, das die politischen Kräfte bindet und lähmt, muß hier noch einmal gesagt werden. Anders gewendet, liegt in diesem Stück Demokratisierung der Massenarbeitslosigkeit auch ein Stück *Umverteilung des Mangels*, ein Stück Chancenangleichung *nach unten*.

Dem entspricht ein bestimmtes biographisches Verteilungsmuster. Was früher als Gruppenschicksal zugewiesen wurde, wird – mit vielen Einschränkungen – heute sozusagen *biographisch querverteilt*. Schematisch gesprochen: Die Gegensätze sozialer Ungleichheit tauchen als Gegensätze zwischen Lebensabschnitten *innerhalb* einer Biographie wieder auf. Das ist natürlich überformuliert. Überspitzt die beobachtbare Tendenz, daß die Lebensläufe mit der Individualisierung vielfältiger, gegensätzlicher, brüchiger, unsicherer, auch für katastrophale Einbrüche anfälliger, aber auch bunter, umfassender, widersprüchlicher werden, bis hin zu der Tatsache, daß ein wachsender Teil der Gesamtbevölkerung mindestens »vorübergehend« Arbeitslosigkeit (und Armut) ausgesetzt ist.

Die Kehrseite des Vorübergehenden, mit der die Arbeitslosigkeit eintritt, ist die *Verwandlung von Außenursachen in Eigenschuld, von Systemproblemen in persönliches Versagen*. Die Vorläufigkeit, die sich erst in Immer-und-immer-wieder-Versuchen in nicht mehr vorübergehende Dauerarbeitslosigkeit verwandelt, ist der *Kreuzigungsweg des Selbstbewußtseins*. Im kontinuierlichen Ausschluß des Möglichen wird die Arbeitslosigkeit, also etwas Äußerliches, Schritt für Schritt in die Person hineingedrückt, ihr zur Eigenschaft. Die neue Armut ist vor allem, aber nicht nur, ein materielles Problem. Es ist auch diese in die Stummheit hineingenommene, im rituellen Durchlaufen der vergeblichen Abwendungsversuche sich vollziehende Selbstzerstörung, mit der das Massenschicksal unter der Oberfläche wuchert.

Dieser Zusammenhang wird auch durch das Wissen um die Ursachen, durch Belege des statistischen Massencharakters der Arbeitslosigkeit vielleicht gemildert, aber nicht wirklich aufgebrochen. Der Hinweis auf die »gesellschaftliche Bedingtheit« bleibt Hinweis, ihm entspricht kein Lebenszusammenhang. Die *Zahlen und das Leben* driften auseinander. Fälle sind nicht Personen. Die Zahlen künden von einem Leben, das sie nicht mehr zu interpretieren, zu verorten wissen. Sie geben Hinweise auf *verlorengegangene Sicherheit*, auf sich ausbreitendes Elend, führen dieses aber nicht zusammen, heben seine Isolation nicht auf. Sie sind die Art, wie die Spuren protokolliert werden, die das kollektiv Vereinzelte hinterläßt. Sie sind damit auch der abstrakte Nenner, mit dem die Vereinzelten von ihrer Kollektivität erfahren, genauer: hören können. Die Zahlen werden zur *Ersatz*wirklichkeit einer sozialen Wirklichkeit, die sich selbst nicht kennt. Sie sind die übriggebliebene »Klassenhülse«, die sich im Abstrakten der Statistik zusammenzieht. Was hinter den Zahlen steckt, ist mit der Individualisierung hinter den Mauern des Einzelfalls verschwunden und immer schwerer dahinter vorzulocken.

Schließlich geben die Versuche, aus den Rollenklischees des »Weiblichen« und des »Männlichen« auszubrechen und dem eigenen Leben ein Stück Selbstbestimmung abzuringen, sogar den Hintergrund ab, vor dem sich die Gefährdungen der Arbeitslosigkeit auch in eine *Chance* verwandeln können. Das, was das 19. Jahrhundert »Proletarisierung« genannt hat, gewinnt so auch *den Glanz eines sozialen Aufbruchs in eine »andere« Gesellschaft*. Die entstehenden neuen sozialen Ungleichheiten brechen sich teilweise in einem sozialkulturell andersartigen Erwartungshorizont, der die Selbstverständlichkeiten eines status- und einkommensorientierten Aufstiegsdenkens nicht mehr ungebrochen teilt, das letztlich der Feststellung sozialer Ungleichheit zugrunde liegt. Hier konkurrieren inhaltliche Ansprüche an den »Sinn der Arbeit«, an ihren sozialen Nutzen, an das, was man ein »ausgefülltes Leben« nennt, mit den Werten der ökonomischen Sicherheiten und des Statusdenkens. Im Extremfall kann sogar das Stück selbst- und sinnerfüllte Arbeit, das man sich gegen die Übermacht der Verhältnisse freigeschaufelt hat, gegen die »Sinnentleerung« einer erwerbssicheren und statusorientierten Industrie- und Büroarbeit ausgespielt werden. Im Ergebnis gehen so die Ungleichheiten ein Stück weit unter in dem soziokulturellen Wandel der Lebensstile und Lebensformen und der in ihm enthaltenen Fluktuation von Maßstäben. Am Ende wird unklar, ob die Entfremdung einer ökonomisch und sozial gesicherten Existenz nicht größer war als die Entfremdungen, die in dem ökonomisch ungesicherten Ringen um neue Lebensformen liegen. Gerade dieser Kulturwandel und das *Unscharfwerden von Verteilungsmaßstäben,* die in den vergangenen Jahrhunderten die Ungleichheitskritik sozial zur Waffe werden ließ, ist also der Schleier, hinter dem sogar sich verschärfende Ungleichheiten verschwimmen und der, da er Widerstände absorbiert, wiederum zu ihrer Verschärfung beitragen durfte.

5. Szenarien zukünftiger Entwicklungen

Was geschieht eigentlich – das ist die Frage, die damit ins Zentrum rückt –, wenn im Zuge der historischen Entwicklung die lebensweltliche Identität sozialer Klassen wegschmilzt *und gleichzeitig* soziale Ungleichheiten sich verschärfen? Wenn Lohnarbeitsrisiken sich ausbreiten, aber nicht nach dem Großgruppenmodell der »Proletarisierung«, sondern verkleinert in vorübergehende und nicht mehr vorübergehende Lebenseinschnitte von Arbeitslosigkeit, Unterbeschäftigung, Armut? Ist dies das *Ende* der Klassen oder der *Anfang* einer neuen nichttraditionalen Klassenbildung? Läßt sich der Zustand einer ungleichen Sozialstruktur im Individualisierungsprozeß überhaupt noch im Hierarchiemodell sozialer Ungleichheit erfassen? Entstehen oder begünstigen Individualisierungen vielleicht neue Arten von (z. B. massenmedial vermittelten) Gruppenbildungen, die einem ganz anderen Rhythmus folgen, aber auch andere Reichweiten haben? In welchen Richtungen verläuft die durch Individualisierungen in Gang gesetzte Suche nach neuen Sozialidentitäten, Lebensformen und politischer Teilhabe, und in welche Konflikte und Widersprüche sind diese eingebunden?

Drei Entwicklungsvarianten, die sich keineswegs ausschließen, sollen hier gegenübergestellt werden:

1. Das Ende der traditionalen Klassengesellschaft ist der Anfang der *Emanzipation der Klassen aus regionalen und partikularen Beschränkungen*. Es beginnt ein neues Kapitel der Klassengeschichte, das erst noch geschrieben und entziffert werden müßte. Der Enttraditionalisierung der Klassen im wohlfahrtsstaatlichen Kapitalismus könnte eine Modernisierung der Klassenbildung entsprechen, die das erfolgte Niveau der Individualisierung aufgreift und neu sozial und politisch zusammenfaßt.

2. Im Zuge der aufgezeigten Entwicklung verlieren Betrieb und Arbeitsplatz als Ort der Konflikt- und Identitätsbildung an Bedeutung, und es bildet sich ein neuer Ort der Entstehung sozialer Bindungen und Konflikte heraus: die *Verfügung und Gestaltung der privaten Sozialbeziehungen, Lebens- und Arbeitsformen*; entsprechend kommt es zur Ausprägung neuer sozialer Netzwerke, Identitäten und Bewegungen.

3. Es kommt immer stärker zu einer Abspaltung eines Vollbeschäftigungs- von einem *System der flexiblen, pluralen, individualisierten Unterbeschäftigung*. Die sich verschärfenden Ungleichheiten verbleiben in der Grauzone. Der Lebensschwerpunkt verlagert sich vom Arbeitsplatz und Betrieb in die Gestaltung und Erprobung neuer Lebensformen und Lebensstile. Die im Aufbrechen der Familienform entstehenden Gegensätze zwischen Männern und Frauen treten in den Vordergrund.

Entstehung nichtständischer Klassensolidaritäten

Die neue Armut verschwindet in ihrer Stummheit und wächst in ihr. Dies ist ein ebenso skandalöser wie prekärer Zustand, der der politischen und organisatorischen Anwaltschaft dringend bedarf. Ohne dieses bleibt das Faktum selbst in seinem fehlenden Selbstbewußtsein verborgen. Jedoch Armut, die sich aus den sozialstrukturellen Auffangbecken der Klassen und ihren politischen Organisationen herausentwickelt, in der Individualisierung verschwindet und sich verschärft, *ist dadurch noch lange nicht verschwunden.* Im Gegenteil: sie wird zum Ausdruck einer *massenhaften Labilisierung* der Existenzbedingungen im wohlfahrtsstaatlichen Kapitalismus, deren politische Wirkkraft ebenso neu wie unberechenbar und global ist. Worauf beruht denn der Eindruck der »Harmlosigkeit« der Entwicklung? Er hängt an zwei seidenen Fäden: dem Kommen und Gehen im Millionen-Zug der Massenarbeitslosigkeit und dem Zusammentreffen von Arbeitslosigkeit mit einer historisch verordneten, soziokulturellen Erprobungsphase, in der die Lebenslauflinien brüchig und neu »er-lebt« (im aktiven Wortsinn) werden müssen. Beides läßt sich aber genau andersherum wenden: mindestens *ein Drittel* der aktiven Erwerbsbevölkerung ist nicht nur durch Arbeitslosigkeit bedroht, sondern hat diese auch bereits mindestens einmal am eigenen Leib erfahren. Die Zahlen für registrierte Dauerarbeitslosigkeit weisen eine starke Aufwärtstendenz auf. Zu den tiefen Verunsicherungen in den Selbstverständlichkeiten des Lebens: Beziehungen zwischen den Geschlechtern, Ehe, Familie und zivilisatorischen Gefährdungslagen, gesellt sich also eine globale materielle Verunsicherung der Lebensführung, von der die konstanten Arbeitslosenzahlen über zweieinhalb Millionen nur die Spitze des Eisbergs darstellen. Nicht nur der aktuelle materielle Durchbruch, der sich im Anwachsen der Sozialhilfeempfänger und Tippelbrüder ausdrückt, ist das Alarmierende. Hinzu kommt wesentlich der Globalschock der materiellen Verunsicherung hinter den noch intakten Fassaden der Normalexistenz bis hinein in die bestintegrierten und wohlverdienenden Facharbeiter- und gehobenen Angestellten-Familien. Dieser Breiten- und Echoeffekt der Massenarbeitslosigkeit wird ahnungsweise in dem Auseinanderklaffen von mehr als zweieinhalb Millionen »Fällen« und weit mehr als *vierzehn Millionen* betroffenen Menschen deutlich. Die Kehrseite der Demokratisierung der Massenarbeitslosigkeit ist ihr Export in ehemalige Beschäftigungsparadiese. *Der Ohnemichel der Arbeitslosigkeit stirbt weg.* Als Gespenst nistet sie sich (fast) überall ein und beginnt auch in den wohlstandsverwöhnten Stadtvierteln und den Zweitwohnungen ihr Unwesen zu treiben. Im Gegenteil: Die Angst läßt sich nicht dadurch vertreiben, daß man schlimmstenfalls immer noch Sozialhilfe bekommt, von der ein Durchschnitts-Inder nur träumen kann. Sie entsteht aus den Gefährdungen des Mercedes ebenso wie des gebrauchten VW. Und das Bohren der Angst – und nicht die Wunschtraumhaftigkeit der Sozialhilfe für Menschen aus der Dritten Welt – ist der zukunftsbestimmende politische Faktor *im* (Ex-)Wirtschaftswunderland Bundesrepublik.

Auch vor diesem Hintergrund gewinnt das Reden in traditionalen Klassenkategorien nicht an Wirklichkeitsgehalt. Die Diskussion um Arbeiterklasse und Arbeiterbewegung in der zweiten Hälfte des 20. Jahrhunderts ist geprägt durch eine *falsche Alternative*. Auf der einen Seite wird mit immer neuen Argumenten darauf hingewiesen, daß sich die Lage der Arbeiterschaft im Kapitalismus beträchtlich verbessert hat (materieller Wohlstand, Eröffnung von Bildungschancen, gewerkschaftliche und politische Organisierung und damit erkämpfte Rechte und soziale Sicherungen). Auf der anderen Seite wird gesagt, daß durch alle Verbesserungen hindurch die Klassenlage, d. h. das Lohnarbeitsverhältnis und die in ihm enthaltenen Abhängigkeiten, Entfremdungen und Risiken, unberührt geblieben sind, ja daß sie sich ausgedehnt und verschärft haben (Massenarbeitslosigkeit, Dequalifizierung usw.). Ziel der Argumentation ist dort: der Nachweis der *Auflösung*, hier: der der *Kontinuität* der Arbeiterklasse – mit den jeweils damit verbundenen politischen Wertungen.

In beiden Fällen wird die Entwicklung verkannt, die hier im Zentrum steht: *daß nämlich die historische Symbiose von Stand und Klasse aufgelöst wird, und zwar so, daß einerseits ständische Subkulturen wegschmelzen und zugleich andererseits grundlegende Merkmale des Klassencharakters generalisiert werden*. Mit dieser wohlfahrtsstaatlichen Enttraditionalisierung sozialer Klassen ist es immer weniger möglich, die Entstehung von Solidaritäten gruppenspezifisch, *arbeiter*spezifisch auf das historische Urbild des »proletarischen Produktionsarbeiters« festzulegen. Die Rede von »Arbeiter-Klasse«, »Angestellten-Klasse« usw. verliert ihre lebensweltliche Evidenz, womit Grundlage und Bezugspunkt für den unendlichen Austausch der Argumente entfallen, ob das Proletariat »verbürgerlicht« oder Angestellte »proletarisiert« werden. Gleichzeitig erfaßt die Arbeitsmarktdynamik immer weitere Bevölkerungskreise; die Gruppe der Nichtlohnabhängigen wird immer kleiner und die Gruppe derjenigen, die auf den Arbeitsmarkt drängen (Frauen!), immer größer. Bei allen Unterschieden wachsen so auch die Gemeinsamkeiten, insbesondere die *Gemeinsamkeiten der Risiken*, über unterschiedliche Einkommenshöhen, Bildungsabschlüsse hinweg.

In der Konsequenz wird einerseits die mögliche und reale Klientel der Gewerkschaften erheblich *erweitert*, andererseits aber auch in neuer Weise *gefährdet*: In dem Bild der Proletarisierung ist der Zusammenschluß der Betroffenen durch die Evidenz der materiellen Verelendung und Entfremdungserfahrung gleich mitgedacht. Lohnarbeiterrisiken schaffen dagegen aus sich heraus *keine* Gemeinsamkeiten. Sie fordern zu ihrer Bewältigung sozialpolitische und rechtliche Maßnahmen, die ihrerseits Individualisierungen sozialer Ansprüche bewirken, und müssen in ihrer Kollektivität überhaupt erst erkennbar gemacht werden – und zwar im Gegenzug zu individuell-therapeutischen Behandlungsformen. So geraten gewerkschaftliche und politische Bearbeitungsformen in Konkurrenz zu individualisierenden rechtlichen, medizinischen und psychotherapeutischen Betreuungen und Kompensationen, die unter Umständen sehr viel konkreter und für die Betroffenen evidenter die entstandenen Zerstörungen und Belastungen zu bewältigen vermögen.

Vom familialen zum politischen Privatismus

Viele sozialwissenschaftliche Untersuchungen haben in den fünfziger und sechziger Jahren für alle westlichen Industrieländer nachgewiesen, daß die Arbeitseinstellung der Menschen erst in dem Gesamtzusammenhang von Familienleben und Arbeitsexistenz zu verstehen ist. Durchgängig wird hier sichtbar, daß auch bei Industriearbeitern der Lebensschwerpunkt in der Familie und nicht in der Erfahrung der Lohn- und Industriearbeit liegt.

Diese durchaus ambivalente, über Kultur- und Freizeitindustrie forcierte Entfaltung der Privatsphäre ist nicht nur eine Ideologie, sondern ein *realer* Prozeß und eine *reale* Chance der Selbstgestaltung von Lebensbedingungen. Dieser Prozeß hat nur seinen Anfang bei einem familialen Privatismus, wie er für die fünfziger und sechziger Jahre wohl durchgängig kennzeichnend war. Er kann aber, wie inzwischen deutlich hervortritt, vielfältige Erscheinungsformen annehmen und eine Eigendynamik entwickeln, die schließlich auch – im Bedeutungswandel von Familie und Sexualität, Ehe und Elternschaft, aber auch im raschen Wandel von Alternativkulturen – den Privatismus von innen her politisch auflädt und die Grenzen zwischen Privatheit und Öffentlichkeit ausdehnt oder zerfließen läßt. In ganz neuer Weise und vielleicht tiefgreifender als durch politische Reformversuche wird hier über eine permanente Erosion und Evolution soziokultureller Lebensformen das gesellschaftlich-politische Gefüge durch eine permanente Praxis des »Andersmachens im kleinen« unter Veränderungs- und Anpassungsdruck gesetzt. In diesem Sinne hat die Enttraditionalisierung der letzten Jahrzehnte einen Lernprozeß freigesetzt, dessen historische Wirkungen (z. B. auf Erziehungsverhältnisse und Geschlechterbeziehungen) man mit Spannung erwarten kann.

In den fünfziger und sechziger Jahren haben die Menschen auf die Frage, welche Ziele sie anstreben, klar und eindeutig geantwortet: in den Kategorien eines »glücklichen« Familienlebens, mit Plänen für das Einfamilienhaus, das neue Auto, die gute Ausbildung für die Kinder und die Erhöhung ihres Lebensstandards. Heute sprechen viele hier eine andere Sprache, die – zwangsläufig vage – um »Selbstverwirklichung«, die »Suche nach der eigenen Identität« kreist, die »Entwicklung der persönlichen Fähigkeiten« und das »In-Bewegung-Bleiben« zum Ziel hat. Dies trifft keinesfalls auf alle Bevölkerungsgruppen gleichermaßen zu. Dieser Wandel ist wesentlich ein Produkt der jüngeren Generation, der besseren Ausbildung und des höheren Einkommens, während die älteren, ärmeren und weniger gut ausgebildeten Teile der Bevölkerung deutlich an das Wertsystem der fünfziger Jahre gebunden bleiben. Die konventionellen Erfolgssymbole (Einkommen, Karriere, Status) erfüllen für viele nicht mehr die neu erwachten Bedürfnisse nach Selbstfindung und Selbstbestätigung, ihren Hunger nach einem »ausgefüllten Leben«.

Die Konsequenz ist, daß die Menschen immer nachdrücklicher in das Labyrinth der Selbstverunsicherung, Selbstbefragung und Selbstvergewisserung hineingeraten. Der (unendliche) Regreß der Fragen: »Bin ich wirklich glücklich?«, »Bin ich wirklich selbsterfüllt?«, »Wer ist das eigentlich, der hier ›ich‹ sagt und fragt?«, führt in immer neue Antwort-Moden, die in vielfältiger Weise in Märkte für Experten, Industrien und Religionsbewegungen umgemünzt werden. In der Suche nach Selbsterfüllung reisen die Menschen nach Tourismuskatalog in alle Winkel der Erde. Sie zerbrechen die besten Ehen und gehen in rascher Folge immer neue Bindungen ein. Sie lassen sich umschulen. Sie fasten. Sie joggen. Sie wechseln von einer Therapiegruppe zur anderen. Besessen von dem Ziel der Selbstverwirklichung reißen sie sich selbst aus der Erde heraus, um nachzusehen, ob ihre Wurzeln auch wirklich gesund sind.

Dieses Wertsystem der Individualisierung enthält zugleich auch Ansätze einer neuen Ethik, die auf dem Prinzip der »Pflichten gegenüber sich selbst« beruht. Dies stellt für die traditionelle Ethik einen Widerspruch dar, da Pflichten notwendig Sozialcharakter haben und das Tun des einzelnen mit dem Ganzen abstimmen und in es einbinden. Diese neuen Wertorientierungen werden daher auch leicht als Ausdruck von Egoismus und Narzißmus (miß)verstanden. Damit wird jedoch der Kern des Neuen, der hier hervorbricht, verkannt. Dieser richtet sich auf Selbstaufklärung und Selbstbefreiung als eigentätigen, lebenspraktischen Prozeß; dies schließt die Suche nach neuen Sozialbindungen in Familie, Arbeit und Politik mit ein.

Die politische Macht der Arbeiter- und Gewerkschaftsbewegung beruht auf dem im Streik organisierten Vorenthalten der Arbeitsleistung. Das politische Potential der sich entfaltenden Privatsphäre liegt demgegenüber in der Wahrnehmung von Selbstgestaltungsmöglichkeiten, darin, tiefsitzende kulturelle Selbstverständlichkeiten durch die direkte Tat des Andersmachens zu verletzen und zu überwinden. Um es an einem Beispiel zu illustrieren: Die »Macht« der Frauenbewegung beruht *auch* auf der Umgestaltung von Alltäglichkeiten und Selbstverständlichkeiten, die sich vom Familienalltag über alle Bereiche formeller Arbeit und des Rechtssystems bis in die verschiedenen Entscheidungszentralen hinein erstrecken und mit einer Politik der Nadelstiche für die »ständisch« geprägte und geschlossene Männerwelt schmerzhafte Änderungen einklagen. Allgemein formuliert liegt also in der erlebbaren Gefährdung selbstbewußt wahrgenommener, expansiv ausgelegter privater Handlungs- und Entscheidungsräume der Funken, an dem sich heute (anders als in klassenkulturell bestimmten Lebenswelten) die sozialen Konflikte und Bewegungen entzünden.

Individualisierte »Gesellschaft der Unselbständigen«

Der Motor der Individualisierung läuft auf vollen Touren, und es ist insofern nicht erkennbar, wie neue, dauerhafte soziale Lebenszusammenhänge, vergleichbar mit der Tiefstruktur sozialer Klassen, überhaupt gestiftet werden können. Im Gegenteil dürften gerade in den kommenden Jahren zur Bewältigung der Arbeitslosigkeit und zur Ankurbelung der Wirtschaft soziale und technologische Innovationen in Gang gesetzt werden, die Individualisierungsprozessen neue Dimensionen eröffnen. Dies gilt für die Flexibilisierung von Arbeitsmarktbeziehungen und insbesondere die Einführung neuer Arbeitszeitregelungen; dies gilt aber auch für die Einführung neuer Informations- und Kommunikationsmedien. Wenn diese Einschätzung zutrifft, entsteht ein eigentümliches Übergangsstadium, in dem verbliebene oder sich verschärfende Ungleichheiten zusammentreffen mit Elementen einer enttraditionalisierten und individualisierten »Nachklassengesellschaft«, die nichts mit den Visionen einer klassenlosen Gesellschaft im Sinne von Marx zu tun hat:

(1) Die gesellschaftlichen Institutionen – politische Parteien, Gewerkschaften, Regierungen, Sozialämter usw. – *werden zu Konservatoren einer sozialen Wirklichkeit, die es immer weniger gibt.* Während die Lebenslaufbilder von Klasse, Familie, Beruf, Frau, Mann an Wirklichkeitsgehalt und zukunftsleitender Kraft einbüßen, werden sie in den »Betreuungsinstitutionen« konserviert und *gegen* »abweichende« Entwicklungen und Orientierungen geltend gemacht. Das fehlende Klassenbewußtsein wird in Schulungskursen repetiert. Die politisch »fremdgehende« Stammwählerschaft wird zurückbeordert mit Beschwörungen einer »Stimmungsdemokratie«. Eine Gesellschaft *jenseits* der Industriegesellschaft spaltet sich ab von einer in den Institutionen konservierten Industriegesellschaft, die die Welt nicht mehr versteht. Frei nach *Brecht* könnte man sagen: Wir geraten mehr und mehr in eine Situation, in der die Regierungen sich gezwungen sehen können, das Volk abzuwählen, und die Verbände vielleicht nicht umhin kommen, ihre Mitglieder zu entlassen.

(2) Die sozialen Klassenunterschiede verlieren ihre lebensweltliche Identität und mit ihnen *verblaßt die Idee sozialer Mobilität* im Sinne eines Wechsels von Individuen zwischen erlebbaren Großgruppen, die ja bis weit in dieses Jahrhundert hinein ein soziales und politisches Thema von großer identitätsstiftender Kraft war. Damit werden jedoch die Ungleichheiten keineswegs beseitigt, sondern nur umdefiniert in eine *Individualisierung sozialer Risiken*. In der Konsequenz schlagen gesellschaftliche Probleme unmittelbar um in psychische Dispositionen: in persönliches Ungenügen, Schuldgefühle, Ängste, Konflikte und Neurosen. Es entsteht – paradox genug – eine *neue Unmittelbarkeit* von Individuum und Gesellschaft, die Unmittelbarkeit von Krise und Krank-

heit in dem Sinne, daß gesellschaftliche Krisen *als* individuelle erscheinen und nicht mehr oder nur noch sehr vermittelt in ihrer Gesellschaftlichkeit wahrgenommen werden. Hier liegt auch eine Wurzel für die gegenwärtige »Psychowelle«. In demselben Maße gewinnt individuelles Leistungsdenken an Bedeutung, so daß man sagen kann, daß die *Leistungsgesellschaft* mit ihren Möglichkeiten der (Schein-)Legitimierung sozialer Ungleichheiten sich in Zukunft erst in ihrer ganzen Problematik entfalten wird.

(3) Die Menschen sind auch hier zur Bewältigung gesellschaftlicher Problemlagen zu sozialen und politischen Koalitionen gezwungen. Diese müssen aber nicht mehr nach einem Schema, etwa dem Klassenschema, erfolgen. Die Isolation der gegeneinander verselbständigten Privatexistenzen kann vielmehr durch verschiedenartigste Ereignisse und Entwicklungen gesellschaftlich-politisch durchbrochen werden. Entsprechend werden Koalitionen punktuell, situations- und themenspezifisch und durchaus wechselnd mit unterschiedlichen Gruppen aus unterschiedlichen Lagen geschlossen und wieder aufgelöst. Man kann gleichzeitig etwa zur Verhinderung des Fluglärms mit Anrainern in einer Bürgerinitiative koalieren, Mitglied der Industriegewerkschaft Metall sein und politisch rechts wählen. Koalitionen sind in diesem Sinne situations- und personenabhängige Zweckbündnisse im individuellen Existenzkampf auf den verschiedenen gesellschaftlich vorgegebenen Kampfschauplätzen. Hier wird erkennbar, wie im Zuge von Individualisierungsprozessen Konfliktlinien und -themen eine *eigentümliche Pluralisierung* erfahren. In der individualisierten Gesellschaft wird der Boden bereitet für neue, bunte, die bisherigen Schematisierungen sprengende Konflikte, Ideologien und Koalitionen: mehr oder weniger themenspezifisch, keineswegs einheitlich, sondern situations- und personenbezogen. Die entstehende Sozialstruktur wird anfällig für *massenmedial forcierte Modethemen und Konfliktmoden*.

(4) Dauerhafte Konfliktlinien entstehen mehr und mehr entlang »*zugewiesener*« Merkmale, die nach wie vor mit Benachteiligungen verbunden sind: Rasse, Hautfarbe, Geschlecht, ethnische Zugehörigkeit (Gastarbeiter), Alter, körperliche Behinderungen. Derartige »quasi-naturvermittelte« soziale Ungleichheiten erhalten unter Bedingungen fortgeschrittener Individualisierung besondere Organisations- und Politisierungschancen aufgrund ihrer Unentrinnbarkeit, ihrer zeitlichen Konstanz, ihrer Widersprüch-

lichkeit zum Leistungsprinzip, ihrer Konkretheit und direkten Wahrnehmbarkeit und der damit ermöglichten Identifikationsprozesse. Zwei epochale Themen treten dabei in den Vordergrund: die Gefährdungslagen der (Welt)Risikogesellschaft (s. Teil I) und die bislang in der Familie zusammengebundenen Gegensätze zwischen Männern und Frauen.

Kapitel IV
Ich bin Ich: Vom Ohne-, Mit- und Gegeneinander der Geschlechter innerhalb und außerhalb der Familie

Die Sprachbarometer zeigen auf Sturm: »The *war* over the family« (Berger/Berger), »The *battle* of the sexes« (Ehrenreich), der »*Terror* der Intimität« (Sennett). Zur Kennzeichnung der Lage der Dinge zwischen den Geschlechtern wird immer häufiger auf ein wenig friedfertiges Vokabular zurückgegriffen. Wer Sprache für Wirklichkeit nimmt, muß meinen, Liebe und Intimität seien in ihr Gegenteil umgeschlagen. Gewiß, dies sind sprachliche Übertreibungen im Konkurrenzkampf um öffentliche Aufmerksamkeit. Sie verweisen jedoch auch auf die tiefe Verunsicherung, Verletztheit und: »bewaffnete Ratlosigkeit«, mit der Männer und Frauen sich im Alltag von Ehe und Familie (und was davon übriggeblieben ist) gegenüberstehen.

Wenn es nur um Familie und Ehe ginge. Wer jedoch die Beziehungen zwischen den Geschlechtern nur an dem festmacht, was sie zu sein scheinen: Beziehungen zwischen den Geschlechtern mit den Themen Sexualität, Zärtlichkeit, Ehe, Elternschaft usw., verkennt, daß sie das sind und gleichzeitig alles andere auch: Arbeit, Beruf, Ungleichheit, Politik, Wirtschaft. Es ist dieses unausgewogene Ineinander von allem, von Gegensätzlichstem, das alle Fragen so vertrackt macht. Wer über Familie redet, muß auch über Arbeit und Geld reden, wer über Ehe redet, muß über Ausbildung, Beruf, Mobilität reden, und zwar über *Un*gleichverteilungen bei inzwischen (weitgehend) gleichen Bildungsvoraussetzungen.

1. Zur Lage von Männern und Frauen

Ist nun diese Alldimensionalität der Ungleichheit zwischen Mann und Frau in den vergangenen ein, zwei Jahrzehnten in der Bundesrepublik tatsächlich in Bewegung geraten? Die Daten sprechen eine doppelte Sprache. Auf der einen Seite haben sich epochale Veränderungen – insbesondere in den Bereichen Sexualität, Recht und Bildung – vollzogen. In der Summe sind dies (von Sexualität einmal abgesehen) aber eher Veränderungen im *Bewußtsein* und auf dem *Papier*. Ihnen steht auf der anderen Seite eine *Konstanz im Verhalten und der Lagen* von Männern und Frauen (insbesondere auf dem Arbeitsmarkt, aber auch in der sozialen Sicherung) gegenüber. Dies hat den – scheinbar paradoxen – Effekt, daß das Mehr an Gleichheit die fortbestehenden und sich verschärfenden Ungleichheiten noch deutlicher ins Bewußtsein hebt.

Diese historisch entstandene Gemengelage von neuem Bewußtsein und alten Lagen ist in doppeltem Sinne explosiv: Die jungen Frauen haben – in der Angleichung der Bildung und in der Bewußtwerdung ihrer Lage – Erwartungen auf mehr Gleichheit und Partnerschaft in Beruf und Familie aufgebaut, die auf *gegenläufige* Entwicklungen auf dem Arbeitsmarkt und im Verhalten der Männer treffen. Die Männer umgekehrt haben eine *Rhetorik der Gleichheit* eingeübt, ohne ihren Worten Taten folgen zu lassen. Auf beiden Seiten ist das Eis der Illusionen dünn geworden: Bei Angleichung der Voraussetzungen (in Bildung und Recht) werden die Lagen von Männern und Frauen zugleich ungleich*er*, bewuß*ter* und legitimations*loser*. Die Widersprüche zwischen weiblicher Gleichheitserwartung und Ungleichheitswirklichkeit, zwischen männlichen Gemeinsamkeitsparolen und Festhalten an den alten Zuweisungen spitzen sich zu und bestimmen mit der durchaus gegensätzlichen Vielfalt ihrer Umgangsformen im Privaten und Politischen die zukünftige Entwicklung. Wir stehen also – mit allen Gegensätzen, Chancen und Widersprüchen – erst am *Anfang* der Freisetzung aus den »ständischen« Zuweisungen des Geschlechts. Das Bewußtsein ist den Verhältnissen vorweggeeilt. Daß die Uhren des Bewußtseins zurückgedreht werden können, bleibt unwahrscheinlich. Viel spricht für die *Prognose eines langen Konflikts*: Das *Gegen*einander der Geschlechter bestimmt die kommenden Jahre. Diese These soll zunächst anhand von Daten zur »Alldimensionalität« der Lebenslagen von Männern und Frauen empirisch erläutert, dann theoretisch ausgearbeitet werden.

Ehe und Sexualität

In allen westlichen Industrieländern gibt es die Signale *steigender Scheidungsziffern*. Obwohl die Bundesrepublik – etwa im Vergleich zu den USA – noch gemäßigt abschneidet, wird auch bei uns inzwischen nahezu jede *dritte* Ehe geschieden (in Großstädten bereits fast jede zweite, in kleinstädtischen und ländlichen Gebieten ca. jede vierte Ehe) – mit steigender Tendenz. Bis 1984 konnte der Scheidungsbilanz eine positive Wiederverheiratungsbilanz entgegengehalten werden. Inzwischen entschließen sich immer weniger Geschiedene zu einer neuen Heirat. Dies liegt in dem allgemeinen Trend sinkender Heiratszahlen. Demgegenüber steigt die Scheidungsquote für wiederverheiratete Paare ebenso wie die Scheidungsquote für Eltern mit Kindern. Entsprechend wächst der Dschungel elterlicher Beziehungen: meine, deine, unsere Kinder mit den jeweils damit verbundenen unterschiedlichen Regelungen, Empfindlichkeiten und Konfliktzonen für alle Betroffenen.

Die Daten der offiziellen Scheidungs- und Heiratsstatistik werden durch die Wirklichkeit der *sprunghaft gestiegenen Zahl von »Ehen ohne Trauschein«* (wahrscheinlich) noch übertroffen. Schätzungen sprechen davon, daß in der Bundesrepublik z. Zt. zwischen 1 und 2,5 Millionen Personen in nichtehelichen Lebensgemeinschaften leben. Scheidungen in trauscheinlosen Ehen werden aber von keiner Statistik erfaßt. Dabei hat sich nicht nur der Anteil dieser Form des Zusammenlebens in dem vergangenen Jahrzehnt vervielfacht. Erstaunlich ist auch die Selbstverständlichkeit, mit der dieses noch in den sechziger Jahren umstrittene und bekämpfte »Konkubinat« inzwischen allgemein akzeptiert wird. Diese Quasi-Institutionalisierung außerrechtlicher und außerfamilialer Formen des Zusammenlebens signalisiert, vielleicht mehr noch als das Phänomen selbst, das Tempo des Wandels.

Noch in den sechziger Jahren besaßen Familie, Ehe und Beruf als Bündelung von Lebensplänen, Lebenslagen und Biographien weitgehend Verbindlichkeit. Inzwischen sind in allen Bezugspunkten Wahlmöglichkeiten und -zwänge aufgebrochen. Es ist nicht mehr klar, ob man heiratet, wann man heiratet, ob man zusammenlebt und nicht heiratet, heiratet und nicht zusammenlebt, ob man das Kind innerhalb oder außerhalb der Familie empfängt oder aufzieht, mit dem, mit dem man zusammenlebt, oder mit dem, den man liebt, der aber mit einer anderen zusammenlebt, vor oder nach der Karriere oder mitten drin. Wie dies alles kurzfristig, langfristig oder vorübergehend mit den Zwängen oder Ambitionen der Versorgungssicherung, der Karriere, des Berufs aller Beteiligten vereinbar ist. Alle derartigen Planungen und Absprachen sind prinzipiell aufkündbar und damit in den mehr oder weniger ungleichen Belastungen, die in ihnen enthalten sind, legitimationsabhängig. Dies läßt sich als *Entkopplung und Ausdifferenzierung* der (ehemals) in Familie und Ehe zusammengefaßten Lebens- und Verhaltenselemente verstehen. In der Folge wird es immer schwerer, Begriff und Wirklichkeit aufeinander zu beziehen. Die Einheitlichkeit und Konstanz der Begriffe – Familie, Ehe, Elternschaft, Mutter, Vater usw. – verschweigt und verdeckt die *wachsende Vielfalt* von Lagen und Situationen, die sich dahinter verbergen (z. B. geschiedene Väter, Väter von Einzelkindern, alleinerziehende Väter, uneheliche Väter, ausländische Väter, Stiefväter, arbeitslose Väter, Hausmänner, Väter in Wohngemeinschaften, Wochenendväter, Väter mit einer berufstätigen Ehefrau usw.; vgl. M. Rerrich 1986, S. 44).

Die Richtung der Entwicklung wird dabei durch die Zusammensetzung der Haushalte signalisiert: *Immer mehr Menschen leben allein*. Der Anteil an Einpersonen-Haushalten hat in der Bundesrepublik inzwischen *ein Viertel* (30%) überschritten. Im Jahre 1900 lebten in rund 44% aller Privathaushalte fünf oder mehr Personen. 1981 lag der entsprechende Anteil nur noch bei knapp 9%. Dagegen nahm das Zusammenleben in Zweipersonen-Haushalten von 15% im Jahr 1900 auf 29% 1981 zu. Bereits zu Beginn der achtziger Jahre lebten also in der Bundesrepublik etwa 7,7 Millionen Menschen (rund 12,5% der Bevölkerung) allein – mit steigender Tendenz. Allerdings handelt es sich dabei nur zum Teil um Personen, die der Stereotype des »Single-Daseins« entsprechen: junge, ledige Berufstätige; in der Mehrzahl dagegen um ältere, verwitwete Personen, überwiegend Frauen (vgl. Statistisches Bundesamt [Hg.], 1983, S. 54ff.).

Diese Entwicklungstendenzen dürfen jedoch nicht geradlinig im Sinne einer *wachsenden Anarchie und Bindungsflucht* in den Beziehungen zwischen Männern und Frauen interpretiert werden. Es gibt auch den gegenläufigen Trend. Den auf ein Drittel angestiegenen Scheidungszahlen stehen immerhin noch *zwei Drittel nicht*geschiedene Ehen und Familien gegenüber (was immer sich dahinter verbergen mag). Zwar haben sich innerhalb einer Generation – insbesondere bei den Mädchen – auffallende Veränderungen im sexuellen Verhalten vollzogen. So war es früher nur jungen Männern – und dies auch nur inoffiziell und augenzwinkernd – gestattet, sexuelle Erfahrungen zu sammeln. Heute stehen weit über die Hälfte aller Mädchen (61%) offen zu der Forderung, daß es für Frauen wichtig ist, sexuelle Erfahrungen zu sammeln. Immerhin jede zweite sieht einen gewissen Reiz darin, zwei Freunde gleichzeitig zu haben (Seidenspinner/Burger, 1982, S. 30). Doch dies darf nicht darüber hinwegtäuschen, daß auch das gelockerte Sexualverhalten stark normiert ist. Die Jugendlichen streben in der Mehrzahl – selbst wenn sie die Leitbilder von Ehe und Familie für sich bezweifeln – *kein bindungsloses Leben* an. Auch heute steht das Ideal stabiler Partnerschaft im Vordergrund, »erscheint praktizierte Treue oft selbstverständlich – nur eben ohne die offiziellen Legitimationen und Zwänge von staatlichem Recht und kirchlicher Moral« (K. Allerbeck, W. Hoag, S. 105). Die Entwicklung ist also doppeldeutig. Auf die vieldiskutierte Frage, ob Ehe und Familie einer ausklingenden Epoche angehören, läßt sich mit einem *klaren Jein* antworten.

Bildung, Arbeitsmarkt und Beschäftigung

Die rechtliche Gleichstellung der Frau ist im Grundgesetz der Bundesrepublik Deutschland verankert. Wesentliche Ungleichheiten in der Rechtsstellung wurden aber erst 1977 mit dem neuen Ehe- und Familienrecht abgebaut. Auf dem Papier gilt nun keine Norm mehr, die Mann und Frau unterschiedlich behandelt. Den Frauen wird die Möglichkeit eingeräumt, ihren Geburtsnamen zu behalten. Die bis dahin *gesetzlich* fixierte Zuständigkeit der Frauen für Hausarbeit und Familie wurde aufgehoben und die Haushaltsführung in die Entscheidung der Eheleute gelegt. Ebenso sind beide berechtigt, erwerbstätig zu sein. Die elterliche Sorge für die Kinder haben Vater und Mutter, die bei Meinungsverschiedenheiten – so der Wortlaut des Gesetzes – »versuchen müssen, sich zu einigen« (vgl. Frauenlexikon, 1983, S. 79).

Neben dieser weitgehenden rechtlichen Gleichstellung von Mann und Frau ist das wohl hervorstechendste Ereignis in der Entwicklung der Bundesrepublik die geradezu *revolutionäre Angleichung in den Bildungschancen* (vgl. dazu und zur Entwicklung der

Frauenerwerbstätigkeit auch oben S. 126): Noch zu Beginn der sechziger Jahre war die Benachteiligung der Mädchen in der Ausbildung offensichtlich (überraschenderweise in den höheren Schichten erheblich größer als in allen anderen). Im Jahre 1983 haben die Mädchen die Jungen sogar in einigen Punkten überholt (z. B. mehr weibliche als männliche Jugendliche streben das Abitur an; bei dem untersten Hauptschulabschluß führen die Jungen gegenüber den Mädchen). Es gibt auch gegenläufige Entwicklungen. So zeigt ein Vergleich der beruflichen Ausbildungsabschlüsse immer noch ein starkes Gefälle bei der Berufsausbildung (40% der erwerbstätigen Frauen, aber nur 21% der Männer besitzen zu Beginn der achtziger Jahre keinen beruflichen Ausbildungsabschluß). Auch ging die Studienbereitschaft von Abiturientinnen in den vergangenen 10 Jahren von 80% auf 63% zurück (bei Abiturienten dagegen von 90% auf 73%). Nach wie vor sind auch Studentinnen in bestimmten Fachrichtungen überrepräsentiert (über 70% wählen geistes-, sprach- und erziehungswissenschaftliche Fächer), und Frauen qualifizieren sich auch eher für »untere« Schulen.

Dennoch scheint es nicht übertrieben – gemessen an der Ausgangssituation –, von einer *Feminisierung* der Bildung in den sechziger und siebziger Jahren zu sprechen. Doch dieser Bildungsrevolution ist *keine* Revolution auf dem Arbeitsmarkt und im Beschäftigungssystem gefolgt. Im Gegenteil: die Türen, die in der Bildung geöffnet wurden, werden »auf dem Beschäftigungs- und Arbeitsmarkt ... wieder zugeschlagen« (G. Seidenspinner/A. Burger, 1982, S. 11). Dem geringen Zuwachs an Mädchen in »Männerberufen« steht eine massive Verdrängung der Mädchen in allen anderen Bereichen gegenüber. Die in den siebziger Jahren geforderte (und geförderte) »Integration der Frau in den Beruf« folgt ungebrochen der *»geschlechtsständischen Gesetzmäßigkeit« der umgekehrten Hierarchie*: Je »zentraler« ein Bereich für die Gesellschaft (definiert) ist, je »mächtiger« eine Gruppe, desto weniger sind Frauen vertreten; und umgekehrt: als je »randständiger« ein Aufgabenbereich gilt, je weniger »einflußreich« eine Gruppe, desto größer ist die Wahrscheinlichkeit, daß Frauen sich in diesen Feldern Beschäftigungsmöglichkeiten erobert haben. Dies zeigen die entsprechenden Daten in allen Bereichen – Politik, Wirtschaft, Hochschule, Massenmedien usw.:

In Spitzenpositionen von *Politik* sind Frauen nach wie vor eine Ausnahme. Einerseits hat sich die Repräsentanz von Frauen in politischen Entscheidungsgremien seit 1970 kontinuierlich verbessert; andererseits verringert sich ihr Anteil, je näher politische Entscheidungszentren rücken. In Parteigremien haben die Frauen am deutlichsten Einzug gehalten (von 14% im Jahre 1970 auf durchschnittlich 20,5% 1982). Dabei überwiegt ihr Einfluß bezeichnenderweise bei den Grünen (bis zu 50%). In den Parlamenten nimmt der Frauenanteil von oben nach unten zu; auf kommunaler Ebene ist er am größten (der Anteil von Frauen in Länderparlamenten schwankt zwischen 6 und 15%; in Gemeinde- und Stadtparlamenten sind Frauen zwischen 9,2 und 16,1% vertreten). In der *Wirtschaft* ist mit nur 2,7% der Anteil von Frauen in Positionen mit Dispositionsbefugnis sehr gering, wobei ihre Repräsentanz in weniger einflußreichen Bereichen der Betriebe (z. B. Personalbüros) größer ist. Das Bild in der *Justiz* ist auf einem gehobenen Niveau ähnlich. Der Anteil von Frauen liegt hier weit höher (1977: ca. 11% Richterinnen, 10% Staatsanwältinnen, 7% Rechtsanwältinnen). Aber an den Bundesgerichtshöfen, »dort also, wo die Grundsatzentscheidungen unserer Rechtsprechung fallen, wo die Weichen unserer Justiz für Jahrzehnte gestellt werden, haben Frauen (fast) nichts zu suchen« (B. Wiegmann, 1979, S. 130). In den *Hochschulen* sind Frauen an der Spitze der Stellenpyramide – in Professorenstellen der Besoldungsgruppe C 4 – immer noch die Ausnahme (1980 waren von insgesamt 9431 Stellen nur 239 mit Frauen besetzt), wobei nach unten hin ihr Anteil kontinuierlich steigt (bereits doppelt so groß ist der Anteil bei C 3-Professuren und ein Vielfaches dann in den ungesicherten Stellen des Mittelbaus der wissenschaftlichen Hilfskräfte – besonders in »Randfächern«). Auch in den *Massenmedien* dasselbe Bild: Je höher man steigt, desto seltener haben Frauen das Sagen. Wenn Frauen im Fernsehen tätig sind, dann vorwiegend im »Mittelbau« und in den »bunten« Ressorts – aber weniger in den »wichtigen« politischen und wirtschaftlichen Themenbereichen und fast nie im Rundfunkrat. Der Anteil der Frauen in den leitenden Positionen der in der Arbeitsgemeinschaft öffentlich-rechtlicher Anstalten zusammengeschlossenen Sender betrug 1978 3% (»Frauen 80«, hrsg. vom Bundesminister für Jugend, Familie und Gesundheit, S. 31).

Die *qualifizierte Berufsarbeit* der jüngeren Frauen bleibt davon unberührt. Die jungen Frauen sind gut ausgebildet und haben ihren Müttern gegenüber (und auch z. T. ihren Vätern gegenüber!) oft einen *deutlichen Aufstieg* geschafft (s. oben, S. 126). Allerdings trügt auch hier die Ruhe. In vielen Bereichen des Erwerbslebens *haben die Frauen »sinkende Schiffe« erobert.* Typische Frauenberufe sind oft diejenigen, deren Zukunft unsicher ist: Sekretärinnen, Verkäuferinnen, Lehrerinnen, angelernte Industriearbeiterinnen. Gerade dort, wo Frauen schwerpunktartig arbeiten, greift die Rationalisierung besonders stark oder bestehen – im besten Soziologendeutsch – »beträchtliche Rationalisierungsreserven«. Dies gilt gerade auch für die Industriearbeit. Die Mehrzahl »weiblicher« Arbeitsplätze – in der Elektroindustrie, in der Nahrungs- und Genußmittelindustrie, in Bekleidungs- und Textilindustrie – sind teilweise durch »Mechanisierungssperren«, aber auch durch »Mechanisierungslücken« oder durch »Restarbeiten« in hochmechanisierten bzw. teilautomatisierten Produktionssystemen gekennzeichnet, die wahrscheinlich bei zukünftigen mikroelektronischen Rationalisierungswellen wegfallen werden.

Diese Verdrängung der Frauen aus Beschäftigungsverhältnissen spiegelt sich bereits in der Entwicklung der *Erwerbslosigkeit*. Der Anteil der arbeitslos gemeldeten Frauen lag in den letzten Jahren immer über dem der Männer – mit steigender Tendenz. Im Jahre 1950 betrug die Arbeitslosenquote von Frauen 5,1% (Männer: 2,6%); 1982 ist sie auf 8,6% (Männer: 6,8%) angestiegen. Von den mehr als 2,5 Millionen Erwerbslosen in der Bundesrepublik seit 1983 sind – bei rund einem Drittel geringerer Erwerbsbeteiligung als Männer – inzwischen *die Hälfte* Frauen. Die Akademikerarbeitslosigkeit stieg sogar von 1980 bis 1982 bei Männern um 14%, bei Frauen dagegen um 39% an. Nicht mitgezählt sind dabei die Frauen, die – mehr oder weniger freiwillig – als Hausfrauen aus dem Erwerbsleben ausscheiden. So haben sich die Zahlen für Personen, die sich im Anschluß an Arbeitslosigkeit in »sonstige Nichterwerbstätigkeit« – überwiegend Hausarbeit – zurückziehen, in den vergangenen zehn Jahren vervielfacht (1970: 6000, aber 1982 bereits 121 000!). M. a. W., alles steigt: die Erwerbs*beteiligung*, die Erwerbs*losigkeit* und die *Schatten*erwerbslosigkeit von Frauen.

Diese deprimierende Entwicklung am Arbeitsmarkt steht nun in deutlichem Widerspruch zu den Erwartungen, die die nachwachsende Frauengeneration aufgebaut hat und äußert. Eines der wesentlichen Ergebnisse der von G. Seidenspinner und A. Burger veröffentlichten Studie »Mädchen 82« ist »die Tatsache, daß für Mädchen zwischen 15 und 19 die *Verwirklichung des Berufswun-*

sches an erster Stelle steht« – und auch höher rangiert als Heirat und Mutterschaft (S. 9). Diese hohe Berufs- und Bildungsmotivation der jungen Frauen trifft auf die gegenläufigen Entwicklungstendenzen des Arbeitsmarktes, und es bleibt abzuwarten, wie dieser *»Wirklichkeitsschock«* kurzfristig und langfristig, privat und politisch verarbeitet wird.*

Die Freisetzung aus den »ständischen« Rollenzuweisungen der Geschlechter betrifft nie nur eine Seite – die Frau. Sie kann nur so weit erfolgen, wie auch die *Männer* ihr Selbstverständnis und ihr Verhalten ändern. Dies wird nicht nur an neu errichteten Sperren zum Beschäftigungssystem deutlich, sondern auch entlang der anderen Achse traditionaler »Frauenarbeit«: Alltagsarbeit, Kinderarbeit, Familienarbeit.

Frauenemanzipation und Familienarbeit in der Perspektive der Männer

Die im Herbst 1985 von S. Metz-Göckel und U. Müller veröffentlichte, repräsentative empirische Studie »Der Mann« zeichnet ein ambivalentes, aber in seiner Ambivalenz durchaus eindeutiges Bild. Die harmonische Männersicht der Geschlechterordnung, von der Helge Pross noch Mitte der siebziger Jahre berichtet hat – »der Mann ist stärker, er will den Beruf und will Familienernährer sein; die Frau ist schwächer, sie will ihre heutige Familienrolle und nur zeitweise einen dann auch noch anspruchslosen Beruf, und sie will zum Mann aufschauen können« (1978, S. 173) –, ist einer *verbalen Aufgeschlossenheit bei weitgehender Verhaltensstarre* der Männer gewichen. »Die Männer sind in ihren Reaktionen geteilt. Womit sie mit ihrem Kopf eintreten, setzen sie in die Tat nicht um. Hinter den Parolen von Gemeinsamkeiten verstecken sie faktisch Ungleichheit« (S. 18). Insbesondere an den alten Zuständigkeiten

---

* Abgerundet wird dieses düstere Bild weiblicher Unterprivilegierung im Beruf durch einen – im Schnitt – *schlechteren Verdienst*. Arbeiterinnen in der Industrie verdienten 1982 mit 11,38 DM 73% des Stundenlohns der Männer (15,66 DM). Ein Vergleich seit 1960 zeigt, daß sich die Unterschiede bei den Bruttostundenverdiensten zwischen Männern und Frauen – relativ betrachtet – verringert haben. Jedoch trotz gleicher Ausbildung und vergleichbarem Alter verdienen Männer im allgemeinen mehr als Frauen. Beispielsweise über 3 000 DM verdienten 1979 29% der vollzeitbeschäftigten Männer über 40 Jahre mit einer betrieblichen Ausbildung zum Einzelhandelskaufmann, aber nur 9% der Frauen (vgl. Quintessenzen 1984, Frauen und Arbeitsmarkt, S. 33f.).

für Haushalt und Kinder hat sich wenig oder gar nichts geändert. »Väter kochen nicht, waschen nicht, sie wischen nicht. Sie beteiligen sich so gut wie gar nicht an der Hausarbeit. Sie begnügen sich mit einem finanziellen Beitrag zur Haushaltsführung und Kindererziehung« (S. 21). Entsprechend gilt »die mehrheitliche Akzeptanz der Hausmann-Rolle nur für die *anderen* Männer« (S. 63). Mit einer gewissen Schlitzohrigkeit wird bei verbaler Beweglichkeit auf den alten Zuständigkeiten beharrt. Ihre eigene »Hausarbeits-Freiheit« zu verteidigen *und* die Gleichberechtigung der Frau zu akzeptieren ist den Männern kein Widerspruch. Sie haben sich in neuen Argumenten eingerichtet:

Vor zehn Jahren erklärte die Mehrheit der Männer die Benachteiligung der Frau im Berufsleben noch mit mangelnder Qualifikation. Da diese Argumente im Anschluß an die Bildungsexpansion nicht länger zu halten sind, werden heute andere Schutzwälle bezogen: die *Mutterrolle*. »61% der Männer sieht in der Familienbelastung der Frau den entscheidenden Hinderungsgrund für berufliche Karriere... Gefragt, wie eine Familie mit Kindern (unter zehn Jahren) Berufsarbeit, Haushalt und Kindererziehung am besten unter sich aufteilen könne, befürwortet die große Mehrheit der deutschen Männer das Modell: Die Frau bleibt zu Hause, der Mann ist berufstätig (80%)... All dies stellt in der Wahrnehmung der Männer keine eigentliche Benachteiligung der Frauen dar, sondern eine Sachgesetzlichkeit... Die Frauenfrage zur Kinderfrage zu machen, das ist die stabilste Bastion gegen die Gleichstellung der Frau« (S. 26f.). Die historische Ironie will es, daß gleichzeitig ein geringer, aber wachsender Teil der Männer – die alleinerziehenden Väter und die Hausmänner – auch diese Rückzugsposition untergräbt.

Die Autorinnen beschreiben mit doppelbödiger Ironie die Widersprüchlichkeit des neuen männlichen Frauenbildes. »Das ›Heimchen am Herd‹ ist passé. Der Entscheidungsautonomie der Frauen messen sie einen hohen Stellenwert bei. Die selbständige Frau, die weiß, was sie will, ist gewünscht. Diese neue Selbständigkeit ist eine Frau, die ihre Angelegenheiten (und die der anderen Familienmitglieder) eigenständig und verantwortlich regelt und damit zur Entlastung des Mannes beiträgt... Dieser Spielart der Emanzipation gewinnen Männer sogar viele positive Seiten ab. Probleme mit der Emanzipation haben die Männer dann, wenn die ›Selbständigkeit‹ der Frau sich auch gegen sie zu wenden droht,

Forderungen an sie gestellt und Interessen gegen sie durchgesetzt werden« (S. 22f.).

Erste Untersuchungen der verschwindenden Minderheit von Männern, die den Rollentausch vollzogen haben und *neue Väter* und *Hausmänner* geworden sind, vervollständigen das Bild (vgl. A. Hoff, J. Scholz, 1985). Ihren eigenen Angaben nach ist dies eine Entscheidung von nur bedingter Freiwilligkeit. Sie sind dem »Wunsch oder der Forderung der *Partnerin* gefolgt, weiter berufstätig bleiben zu können. In einzelnen Fällen war dies bereits Bedingung für die Schwangerschaft« (S. 5). Die alte Männer-Ideologie von den Freiräumen der Hausarbeit wird bezeichnenderweise von den Männern, die diesen Worten Taten folgen ließen, nicht mehr geteilt. »Herausragende Erfahrung der Hausmänner ist die Isolation in der und das Unausgefülltsein durch die als monotone Routine empfundene Hausarbeit« (S. 17). Die Haus*männer* leiden unter dem Haus*frauen*-Syndrom: Unsichtbarkeit der Arbeit, fehlende Anerkennung, fehlendes Selbstbewußtsein. Einer von ihnen sagt: »...das Schlimmste, das ist das Saubermachen, das Unangenehmste, ja das ist wirklich ekelhaft... Das lernt man wirklich erst kennen, wenn man es jeden Tag macht, wenn man sagen wir mal freitags irgendwo saubergemacht hat, nächste Woche zur selben Zeit an derselben Stelle liegt der gleiche Dreck. Und das ist wirklich das fast Entwürdigende, wenn nicht zumindest Nervtötende an dieser Beschäftigung... Man könnte fast sagen, das ist so ein Kampf gegen Windmühlenflügel« (S. 17f.). Angesichts dieser Erfahrung revidieren selbst die Männer, die bewußt die Hausarbeit gegen die »entfremdete Berufsarbeit« eingetauscht haben, ihr Bild vom Beruf, erkennen die Bedeutung der Erwerbsarbeit für die Selbst- und Fremdbestätigung und streben nun mindestens eine Teilzeitbeschäftigung an (S. 8, 43). Wie wenig diese Art des Austausches der Rollen bislang sozial akzeptiert ist, geht daraus hervor, daß die Männer von ihrer Umwelt gelobt werden, während die Schattenseiten auf die Ehefrau fallen. Sie sieht sich den Vorwürfen der »Unmutter« ausgesetzt (S. 16).

Fassen wir zusammen: Hinter den Fassaden des von beiden Seiten gepflegten Partnerschaftsideals stauen sich die *Widersprüche* auf. Je nachdem, wo man hinschaut, kann man Fortschritte und Niederlagen erkennen. Zunächst zu den Frauen. Zweifellos haben sich in zentralen Dimensionen im Leben der jungen Frauen – im Vergleich zur Generation ihrer Mütter – *neue Freiräume* aufgetan; in den Bereichen Recht, Bildung und Sexualität, aber auch in der beruflichen Stellung (vgl. zusammenfassend E. Beck-Gernsheim, 1983). Ein Blick auf die aktuelle und sich abzeichnende zukünftige Entwicklung zeigt aber auch, daß diese Freiräume durchaus *gesellschaftlich ungesichert* sind. Die Entwicklungstendenzen der Erwerbsarbeit und die ständische Geschlossenheit der Männerwelt in Politik, Wirtschaft usw. begründet die Vermutung, daß alle bisherigen Auseinandersetzungen noch Harmonie waren und die Phase des Konflikts erst noch bevorsteht.

Ausgangssituation und Perspektive sind dabei in mehrfache Ambivalenzen eingebunden. Im Generationsvergleich stehen die Frauen im allgemeinen nicht schlecht da (bessere Bildung, daher im Prinzip auch bessere Beruf*schancen*). Gleichzeitig haben ihre eigenen Ehemänner, die annähernd gleich ausgebildet sind, sie beruflich überholt, und unverändert hängt an ihnen der Urteilsspruch »lebenslänglich Hausarbeit«. Dem Interesse der Frauen an eigenständiger ökonomischer Absicherung und dem Sich-Einlassen auf individualisierende Berufstätigkeit steht aber nach wie vor das Interesse an Partnerschaft und *Mutterschaft* gegenüber, und zwar auch und gerade bei denjenigen Frauen, die wissen, was dies für ihre Berufschancen heißt und ihre ökonomische Abhängigkeit vom Ehemann. Das Hin und Her zwischen »eigenem Leben« und »Dasein für andere« mit neuem Bewußtsein zeigt die *Unentschiedenheit des weiblichen Individualisierungsprozesses*. Allerdings wird der »Geist der Gleichheit« sich nicht mehr zurück in die Flasche korken lassen. Es war – aus Männerperspektive – eine außerordentlich kurzsichtige und naive Strategie, den Frauen durch Bildung den Blick zu schärfen und darauf zu setzen, sie würden die durchsichtigen männlichen »Rechtfertigungen« der geschlechtlichen Ständeordnung in Familie, Beruf und Politik nicht durchschauen und in alle Zukunft hinnehmen.

Auch auf seiten der *Männer* ist in den vergangenen 10 Jahren einiges in Bewegung geraten. Das alte Klischee des »harten Mannes« stimmt nicht mehr. Auch Männer wollen mehrheitlich Gefühle und Schwächen zeigen. Sie finden es nicht mehr peinlich, wenn ein Mann weint (Metz/Göckel/Müller, S. 139). Sie beginnen ein neues Verhältnis zur Sexualität zu entwickeln. Sexualität »erscheint nicht mehr als isolierter Trieb, sondern als selbstverständlicher Bestandteil ihrer Persönlichkeit. Auf die Partnerin wird Rücksicht genommen« (S. 139). Doch Männer befinden sich in einer anderen Lage.

Das Wort »Gleichstellung« hat für sie einen anderen Sinn. Es bedeutet nicht – wie für die Frauen – *mehr* Bildung, *bessere* Berufschancen, *weniger* Hausarbeit, sondern komplementär: *mehr Konkurrenz, Verzicht auf Karriere, mehr Hausarbeit*. Noch gibt die Mehrheit der Männer sich der Illusion hin, daß der Kuchen zweimal gegessen werden kann. Sie halten Gleichstellung von Frau und Mann *und* Beibehaltung der alten Arbeitsteilung (insbesondere im eigenen Fall) für ohne weiteres vereinbar. Nach der bewährten Regel, wo Gleichheit droht, muß Natur her, täuschen sie sich über die Widersprüche zwischen ihren Worten und Taten mit biologischen Begründungen der herrschenden Ungleichheiten hinweg. Von der Gebärfähigkeit der Frau wird auf die Zuständigkeit für Kind, Hausarbeit, Familie und daraus auf Berufsverzicht und Unterordnung im Beruf geschlossen.

Dabei treffen die aufbrechenden Konflikte gerade die Männer besonders empfindlich. Gemäß dem traditionalen männlichen Geschlechtsrollenstereotyp ist der »Erfolg« des Mannes wesentlich an ökonomischen, beruflichen Erfolg gebunden. Erst ein sicheres Einkommen ermöglicht es ihm, dem Männlichkeitsideal des »guten Ernährers« und »fürsorglichen Ehemannes und Familienvaters« nachzukommen. In diesem Sinne ist auch die konforme dauerhafte Befriedigung sexueller Bedürfnisse an ökonomisch meßbaren Erfolg gebunden. Im Umkehrschluß bedeutet dies auch, daß zur Erreichung dieser Ziele und Erfüllung dieser Erwartungen der Mann »sein Bestes« in der Arbeit geben muß, Karrierezwänge verinnerlichen, sich selbst verausgaben, ja »ausbeuten« muß. Diese Struktur des *»männlichen* Arbeitsvermögens« ist zum einen die Voraussetzung dafür, daß die betrieblichen Disziplinierungsstrategien von Belohnung und Bestrafung greifen. Wer eine Ehefrau und zwei Kinder zu ernähren hat, tut, was ihm gesagt wird. Auf der anderen Seite bleibt die Verausgabung der männlichen Arbeitskraft auf ein »harmonisches Heim«, für das die Frau steht, angewiesen. Die Verkörperung des »Berufsmenschentums« macht also die Männer in besonderem Maße *emotional unselbständig*. Sie binden sich selbst ein in eine Arbeitsteilung, in der sie wesentliche Seiten ihres Selbst und ihrer Fähigkeiten im Umgang mit sich selbst an die Frau delegiert haben. Parallel wächst der Zwang zur Harmonisierung in allen Angelegenheiten der Geschlechterbeziehung. Männer entwickeln eine beachtliche Fähigkeit, die sich zusammenbrauenden Konflikte nicht zur Kenntnis zu nehmen. Im gleichen Maße werden sie verletzbar durch dosierten oder endgültigen Entzug des in ihrem Partnerschaftsverständnis enthaltenen emotionalen Austauschs. Wenn die Beziehung zur Frau dann nicht harmonisch, sondern konflikthaft ist, trifft sie dies doppelt: Zum Entzug treten die Hilflosigkeit und das Unverständnis.

Thesen

Doch die Themen und Konflikte zwischen Männern und Frauen sind nicht *nur* das, was sie zu sein scheinen: Themen und Konflikte zwischen Männern und Frauen. In ihnen zerbricht *auch* eine gesellschaftliche Struktur im Privaten. Was als »Beziehungskonflikt« erscheint, hat eine allgemeine, gesellschaftstheoretische Seite, die hier in drei Thesen entwickelt werden soll:

(1) Die Zuweisung zu den Geschlechtscharakteren ist *Basis* der Industriegesellschaft und nicht etwa ein traditionales Relikt, auf das zu verzichten ein leichtes wäre. Ohne Trennung von Frauen- und Männerrolle keine traditionale Kleinfamilie. Ohne Kleinfamilie keine Industriegesellschaft in ihrer Schematik von Arbeit und Leben. Das Bild der bürgerlichen Industriegesellschaft basiert auf einer unvollständigen, genauer: *halbierten* Vermarktung menschlichen Arbeitsvermögens. Vollindustrialisierung, Vollvermarktung *und* Familien in den traditionalen Formen und Zuweisungen schließen sich aus. Einerseits setzt Erwerbsarbeit Hausarbeit, marktvermittelte Produktion die Formen und Zuweisungen der Kleinfamilie voraus. Die Industriegesellschaft ist insofern auf die ungleichen Lagen von Männern und Frauen angewiesen. Andererseits stehen diese im Widerspruch zu den Prinzipien der Moderne und werden in der Kontinuität von Modernisierungsprozessen problematisch und konfliktvoll. Im Zuge der *tatsächlichen* Gleichstellung von Männern und Frauen werden damit aber die Grundlagen von Familie (Ehe, Sexualität, Elternschaft usw.) in Frage gestellt. Das heißt: in der Modernisierungsphase nach dem Zweiten Weltkrieg fallen Durchsetzung *und* Aufhebung der industriellen Marktgesellschaft zusammen. Der Universalismus des Marktes kennt auch seine eigenen, selbstgesetzten Tabuzonen nicht und durchlöchert die Einbindung der Frauen in ihr industriell erzeugtes »Ständeschicksal« von Hausarbeitszuweisung und Eheversorgung. Damit werden die biographischen Abstimmungen von Produktion und Reproduktion sowie die Arbeitsteilungen und Nor-

men in der Familie brüchig, soziale Sicherungslücken der Frauen sichtbar usw. In den heute aufbrechenden Konflikten zwischen Männern und Frauen müssen so die ins Persönliche gewendeten Widersprüche einer Industriegesellschaft ausgetragen werden, die in der Durchmodernisierung und Durchindividualisierung die zugleich modernen *und* ständischen Grundlagen ihres Zusammenlebens aufhebt.

(2) Die Individualisierungsdynamik, die die Menschen aus Klassenkulturen herausgelöst hat, macht auch vor den Toren der Familie nicht halt. Die Menschen werden mit einer Gewalt, die sie selbst nicht begreifen und deren innerste Verkörperung sie bei aller Fremdheit, mit der sie über sie kommt, doch auch sie selbst sind, aus den Fassungen des Geschlechts, seinen ständischen Attributen und Vorgegebenheiten, herausgelöst oder doch bis ins Innerste der Seele hinein erschüttert. Das Gesetz, das über sie kommt, lautet: *Ich bin ich*, und dann: ich bin Frau. Ich bin ich, und dann: ich bin Mann. In dieser Distanz zwischen Ich und *zugemuteter* Frau, Ich und *zugemutetem* Mann klaffen Welten. Dabei hat der Individualisierungsprozeß in den Beziehungen der Geschlechter durchaus gegenläufige Konsequenzen: Einerseits werden Männer und Frauen in der Suche nach einem »eigenen Leben« aus den traditionalen Formen und Rollenzuweisungen *freigesetzt*. Auf der anderen Seite werden die Menschen in den ausgedünnten Sozialbeziehungen in die Zweisamkeit, in die Suche nach dem Partnerglück *hineingetrieben*. Das Bedürfnis nach geteilter Innerlichkeit, wie es im Ideal der Ehe und Zweisamkeit ausgesprochen wird, ist kein Urbedürfnis. Es *wächst* mit den Verlusten, die die Individualisierung als Kehrseite ihrer Möglichkeiten beschert. In der Konsequenz führt der direkte Weg aus Ehe und Familie meist früher als später wieder in sie hinein – und umgekehrt. Das Jenseits zu Frust oder Lust der Geschlechter ist immer wieder Frust oder Lust der Geschlechter, ihr Gegeneinander, Aufeinander, Untereinander, Nebeneinander, Ohneeinander, Füreinander – oder alles zugleich.

(3) In *allen* Formen des Zusammenlebens von Frauen und Männern (vor, in, neben und nach der Ehe) brechen die *Jahrhundert-Konflikte* hervor. Sie zeigen dort immer ihr privates, persönliches Gesicht. Doch die Familie ist *nur Ort, nicht Ursache* des Geschehens. Man kann die Bühnen wechseln. Das Stück, das gespielt wird, bleibt dasselbe. Das Ineinander der Geschlechter in seiner Vielschichtigkeit von Arbeit, Elternschaft, Liebe, Beruf, Politik,

Entfaltung und Selbstverwirklichung im und gegen den anderen ist ins Wanken geraten. In den ehelichen (und außerehelichen) Beziehungen entzündet sich die Bewußtwerdung der Konflikte an den aufbrechenden *Wahlmöglichkeiten* (z. B. auseinanderstrebende berufliche Mobilität der Ehepartner, Aufteilung der Hausarbeit und Kinderversorgung, Art der Empfängnisverhütung, Sexualität). Mit den Entscheidungen werden die unterschiedlichen und gegensätzlichen Konsequenzen und Risiken für Männer und Frauen und damit die *Gegensätze ihrer Lagen* bewußt. So wird z. B. mit der Zuständigkeit für die Kinder über die berufliche Karriere der Ehepartner und damit über ihre gegenwärtige und zukünftige ökonomische Abhängigkeit und Unabhängigkeit mit allen damit wiederum verbundenen unterschiedlichen Konsequenzen für Männer und Frauen entschieden. Diese Entscheidungsmöglichkeiten haben eine persönliche *und* eine institutionelle Seite. Das heißt: fehlende institutionelle Lösungen (z. B. fehlende Kindergärten und flexible Arbeitszeiten, ungenügende soziale Sicherungen) potenzieren private Beziehungskonflikte, und umgekehrt: institutionelle Vorkehrungen entlasten das private »Hickhack« der Geschlechter. Entsprechend müssen private *und* politische Lösungsstrategien in ihrem Zusammenhang gesehen werden.

Die drei Grundthesen – der »ständische Charakter« der Industriegesellschaft, Individualisierungstendenzen im weiblichen und männlichen Lebenszusammenhang sowie die anhand von Wahlchancen und -zwängen bewußtwerdenden Konfliktlagen – sollen nun nacheinander entwickelt und erläutert werden.

2. Die Industriegesellschaft ist eine moderne Ständegesellschaft

Die Besonderheiten der Gegensätze in den Lebenslagen von Männern und Frauen lassen sich in Abgrenzung gegen Klassenlagen theoretisch bestimmen. Die Klassengegensätze entzündeten sich im 19. Jahrhundert an der materiellen Verelendung breiter Teile der Arbeiterschaft. Sie wurden öffentlich ausgetragen. Die mit der Enttraditionalisierung der Familie hervortretenden Gegensätze zwischen den Geschlechtern brechen wesentlich in der Zweisamkeit auf, haben ihre Austragungsorte in Küche, Bett und Kinderzimmer. Ihre Geräuschkulisse und Anzeichen sind die ewigen Beziehungsdiskussionen oder das stumme Gegeneinander in der Ehe; die Flucht ins Alleinsein und aus ihm heraus; Verlust der Sicherheit im anderen, den man plötzlich nicht mehr versteht; die Schmerzen der Scheidung; die Vergöttlichung der Kinder; der Kampf um ein Stück eigenes Leben, das dem anderen abgerungen und dennoch mit ihm geteilt werden soll; das Aufspüren der Unterdrückung in den Lächerlichkeiten des Alltags, der Unterdrückung, die man selbst *ist*. Man nenne dies, wie man will: »Grabenkampf der Geschlechter«, »Rückzug ins Subjektive«, »Zeitalter des Narzißmus«. Dies ist genau die Art, in der eine *gesellschaftliche Form* – das ständische Binnengefüge der Industriegesellschaft – ins Private hinein zerspringt.

Die mit dem Industriesystem entstehenden Klassengegensätze sind sozusagen »immanent modern«, in der industriellen Produktionsweise selbst begründet. Die Gegensätze zwischen den Geschlechtern beugen sich *weder* dem Schema moderner Klassengegensätze, *noch* sind sie bloßes traditionales Relikt. Sie sind ein Drittes. Sie sind ebenso wie die Gegensätze von Kapital und Arbeit *Produkt* und *Grundlage* des Industriesystems, und zwar in dem Sinne, daß Erwerbsarbeit Hausarbeit *voraussetzt* und die Sphären und Formen von Produktion und Familie im 19. Jahrhundert getrennt und *geschaffen* werden. Gleichzeitig beruhen die so entstehenden Lagen von Männern und Frauen auf *Zuweisungen* qua Geburt. Sie sind insofern der seltsame Zwitter *»moderner Stände«*. Mit ihnen wird eine *industriegesellschaftliche* Ständehierarchie in der Moderne etabliert. Sie beziehen ihren Zündstoff und ihre Konfliktlogik aus dem *Widerspruch* zwischen Moderne und Gegenmoderne *in* der Industriegesellschaft. Entsprechend brechen die geschlechtsständischen Zuweisungen und Gegensätze nicht wie die Klassengegensätze in der früh-, sondern in der *spät*industriellen Modernisierung auf, also dort, wo die sozialen Klassen bereits enttraditionalisiert sind und die Moderne nicht länger haltmacht vor den Toren und Formen von Familie, Ehe, Elternschaft, Hausarbeit.

Im 19. Jahrhundert werden mit der Durchsetzung der Industriegesellschaft die Formen der Kleinfamilie ausgeprägt, die heute wiederum enttraditionalisiert werden. Familienarbeit und Produktion werden gegensätzlichen Organisationsprinzipien unterworfen (vgl. M. Rerrich, 1986). Gelten hier Regeln und Macht des *Marktes*, wird dort die *un*entgeltliche Verrichtung der Alltagsarbeit selbstverständlich in Anspruch genommen. Der *Vertrags*förmigkeit der Beziehungen steht die kollektive *Gemeinschaftlichkeit* von Ehe und Familie gegenüber. Individuelle Konkurrenz und Mobilität, die für den Produktionsbereich gefordert werden, treffen in der Familie auf die Gegenforderung: Aufopferung für den anderen, Aufgehen in dem kollektiven Gemeinschaftsprojekt der Familie. In Gestalt familialer Reproduktion und marktabhängiger Produktion sind also zwei Epochen mit gegensätzlichen Organisationsprinzipien und Wertsystemen – Moderne und moderne Gegenmoderne – im Grundriß der Industriegesellschaft zusammengeschweißt, die sich ergänzen, bedingen *und* widersprechen.

Entsprechend epochal verschieden sind die Lebenslagen, die mit der Trennung von Familie und Produktion geschaffen und zugewiesen werden. Es gibt also nicht nur ein System der Ungleichheit, das seine Basis in der Produktion hat: Unterschiede der Bezahlung, der Berufe, der Stellung zu den Produktionsmitteln usw. Es gibt auch ein System der Ungleichheiten, das *quer* dazu liegt und die epochalen Unterschiede zwischen der »Familienlage« in ihrer relativen Gleichheit einerseits und die Vielfalt der Produktionslagen andererseits umfaßt. Die Produktionsarbeiten werden über den Arbeitsmarkt vermittelt und gegen Geld ausgeführt. Ihre Übernahme macht die Menschen – bei aller Einbindung in abhängige Arbeit – zu *Selbst*versorgern. Sie werden zu Trägern von Mobilitätsprozessen, darauf bezogenen Planungen usw. Die unbezahlte Familienarbeit wird als natürliche Mitgift qua Ehe zugewiesen. Ihre Übernahme bedeutet prinzipielle Versorgungs*un*selbständigkeit. Wer sie übernimmt – und wir wissen, wer das ist –, wirtschaftet mit Geld aus »zweiter Hand« und bleibt auf die Ehe als Bindeglied zur Selbstversorgung angewiesen. Die Verteilung dieser Arbeiten – und darin liegt die feudale Grundlage der Industriegesellschaft – bleibt der Entscheidung entzogen. Sie werden qua Geburt und Geschlecht zugewiesen. Im Prinzip *liegt das Fatum auch in der Industriegesellschaft bereits in der Wiege*: lebenslange Hausarbeit oder arbeitsmarktförmige Existenzführung. Diese ständischen »Geschlechtsschicksale« werden gemildert, aufgehoben, verschärft und verschleiert durch die ihnen auch aufgegebene Liebe. Liebe macht blind. Da Liebe bei aller Not auch als Ausweg aus der Not, die sie selbst schafft, erscheint, darf die Ungleichheit, die ist, nicht sein. Sie ist aber, und läßt die Liebe schal und kalt werden.

Was als »Terror der Intimität« erscheint und beklagt wird, sind also – gesellschaftstheoretisch und gesellschaftsgeschichtlich gewendet – die *Widersprüche einer im Grundriß der Industriegesellschaft halbierten Moderne*, die die unteilbaren Prinzipien der Moderne – individuelle Freiheit und Gleichheit jenseits der Beschränkung von Geburt – immer schon geteilt und qua Geburt dem einen Geschlecht vorenthalten, dem anderen zugewiesen hat. Die Industriegesellschaft war und ist *nie* als Nurindustriegesellschaft möglich, sondern immer nur als halb Industrie-, halb *Stände*gesellschaft, deren ständische Seite kein traditionales Relikt, sondern industriegesellschaftliches *Produkt* und *Fundament* ist, eingebaut in die institutionelle Schematik von Arbeit und Leben.

In der wohlfahrtsstaatlichen Modernisierung nach dem Zweiten Weltkrieg geschieht nun ein Doppeltes: Einerseits werden die Anforderungen marktabhängiger Normalbiographie auch in den weiblichen Lebenszusammenhang ausgedehnt. Damit vollzieht sich im Prinzip nichts Neues, nur die Anwendung der Prinzipien entwickelter Marktgesellschaften über die Geschlechtslinie hinweg. Andererseits werden auf diese Weise aber völlig neue Lagen innerhalb der Familie und zwischen Männern und Frauen ganz allgemein geschaffen, ja die ständischen Lebensgrundlagen der Industriegesellschaft aufgelöst. Mit der *Durchsetzung* der industriellen Marktgesellschaft über ihre geschlechtsspezifische Halbierung hinweg wird insofern immer schon die *Aufhebung* ihrer Familienmoral, ihrer Geschlechtsschicksale, ihrer Tabus von Ehe, Elternschaft und Sexualität, sogar die Wiedervereinigung von Haus- und Erwerbsarbeit betrieben.

Das Gebäude der industriegesellschaftlichen Ständehierarchie ist aus vielen Elementen zusammengezimmert: Teilung der Arbeitssphären von Familie und Produktion und ihre gegensätzliche Organisation, Zuweisung der entsprechenden Lebenslagen qua Geburt, Bemäntelung des Gesamtverhältnisses mit den Zärtlichkeits- und Antieinsamkeitsversprechen von Liebe, Ehe, Elternschaft. Rückblickend betrachtet, mußte dieses Gebäude auch errichtet, gegen Widerstände durchgesetzt werden. Man hat also Modernisierung bisher zu einseitig gesehen. Sie hat ein Doppelgesicht. Parallel mit der Entstehung der Industriegesellschaft im 19. Jahrhundert wurde die *moderne* Geschlechtsständeordnung errichtet. In diesem Sinne geht im 19. Jahrhundert Modernisierung einher mit *Gegen*modernisierung. Die epochalen Unterschiede und Gegensätze von Produktion und Familie werden etabliert, gerechtfertigt, zu Ewigkeiten verklärt. Ein Bündnis aus männlich inspirierter Philosophie, Religion und Wissenschaft verknotet – wenn schon, denn schon – das Ganze mit dem »Wesen« der Frau und dem »Wesen« des Mannes.

Modernisierung löst also nicht nur die Feudalverhältnisse der Agrargesellschaft auf, sondern schafft auch neue und beginnt diese heute wiederum aufzulösen. Dasselbe – Modernisierung – hat unter den unterschiedlichen Rahmenbedingungen des 19. und am Ende des 20. Jahrhunderts *gegenteilige* Konsequenzen: damals die *Trennung* von Hausarbeit und Erwerbsarbeit, heute das Ringen um neue Formen der *Wiedervereinigung*; dort die Einbindung der Frauen in *Eheversorgung*, heute ihr Drängen auf den *Arbeitsmarkt*; dort die *Durch*setzung der weiblichen und männlichen Rollenstereotype, heute die *Frei*setzung der Menschen aus den ständischen Vorgaben des Geschlechts.

Dies sind Anzeichen dafür, daß heute die Moderne auf die Gegenmoderne übergreift, die sie in die Industriegesellschaft eingebaut hat: Die Geschlechtsbeziehungen, die verschweißt sind mit der Trennung von Produktion und Reproduktion und zusammengehalten werden in der Kompakttradition der Kleinfamilie mit allem, was sie an gebündelter Gemeinschaftlichkeit, Zugewiesenheit und Emotionalität enthält, brechen auseinander. Plötzlich wird alles unsicher: die Form des Zusammenlebens, wer wo wie was arbeitet, die Auffassungen von Sexualität und Liebe und ihre Einbindung in Ehe und Familie, die Institution der Elternschaft zerfällt in das Gegeneinander von Mutterschaft und Vaterschaft; Kinder mit der in ihnen enthaltenen, jetzt anachronistisch werdenden Bindungsintensität werden zu den letzten Partnern, die nicht gehen. Es beginnt ein allgemeines Ringen und Experimentieren mit »Wiedervereinigungsformen« von Arbeit und Leben, Haus- und Erwerbsarbeit usw. Kurz gesagt: das Private wird politisch, und dies strahlt auf alle Bereiche aus.

Doch dies deutet nur die Richtung der Entwicklung an. Der springende Punkt dieser Überlegungen liegt in folgendem: Die Problemlagen der *durchgesetzten* Marktgesellschaft können nicht in den sozialen Lebensformen und institutionellen Strukturen der *halbierten* Marktgesellschaft bewältigt werden. Wo Männer *und* Frauen eine ökonomisch selbständige Existenz führen müssen und wollen, kann dies *weder* in den traditionalen Rollenzuweisungen der Kleinfamilie *noch* in den institutionellen Strukturen von Berufsarbeit, Sozialrecht, Stadtplanung, Schulen usw. erfolgen, die gerade das traditionale Bild der Kleinfamilie mit ihren geschlechtsständischen Grundlagen *voraussetzen*.

Die »Jahrhundertkonflikte«, die sich in persönlichen Schuldzuweisungen und Enttäuschungen in den Geschlechtsbeziehungen entladen, haben ihren Grund auch darin, daß immer noch versucht wird, unter *Konstant*setzung der institutionellen Strukturen die Freisetzung aus den Geschlechtsstereotypen (weitgehend) *allein* im privaten Gegeneinander von Männern und Frauen, und zwar *in* den Rahmenbedingungen der Kleinfamilie, zu proben. Dies kommt dem Versuch gleich, einen Gesellschaftswechsel bei gleichbleibenden Gesellschaftsstrukturen *in* der Familie zu vollziehen. Was dann bleibt, ist ein *Austausch der Ungleichheiten*. Die *Frei*setzung der Frauen aus Hausarbeit und Eheversorgung soll erzwungen werden durch den Rückschritt der Männer in diese »moderne Feudalexistenz«, die die Frauen für sich gerade ablehnen. Das kommt – historisch – dem Versuch gleich, den Adel zu Leibeigenen der Bauern zu machen. Doch ebensowenig wie die Frauen werden die Männer dem Ruf »Zurück an den Herd!« folgen (das sollten die Frauen eigentlich am besten wissen!). Dabei ist dies nur ein Punkt. Zentral ist diese Einsicht: *Die Gleichstellung von Männern und Frauen ist nicht in institutionellen Strukturen zu schaffen, die die Ungleichstellung von Männern und Frauen voraussetzen.* Wir können nicht die neuen »runden« Menschen in die alten »eckigen« Schachteln der Vorgaben des Arbeitsmarktes, Beschäftigungssystems, Städtebaus, sozialen Sicherungssystems usw. zwängen. Wenn dies versucht wird, darf sich niemand wundern, daß das private Verhältnis der Geschlechter zum Schauplatz für Auseinandersetzungen wird, die nur defizitär in den Zerreißproben des »Rollentauschs« oder der »Rollenmischformen« von Männern und Frauen »gelöst« werden können.

3. Freisetzung aus Frauen- und Männerrolle?

Die skizzierte Perspektive kontrastiert eigentümlich mit den zuvor dargestellten Daten. Diese dokumentieren ja auch eindrucksvoll den Gegentrend der *Erneuerung* der geschlechtsständischen Hierarchie. In welchem Sinne kann überhaupt von »Freisetzung« die

Rede sein? Werden Frauen wie Männer gleichermaßen aus den stereotypen Vorgaben ihres »Geschlechtsschicksals« freigesetzt? Welche Bedingungen bewirken dies, welche wirken dagegen?

Wesentliche Einschnitte haben in den vergangenen Jahrzehnten – wie die oben zusammengefaßten Daten belegen – die Frauen ein Stück weit aus den traditionalen Weiblichkeitszuweisungen freigesetzt. Dabei stehen fünf Bedingungen im Zentrum, die keineswegs in einem ursächlichen Verhältnis zueinander stehen:

Zunächst hat sich durch *Verlängerung der Lebenserwartung* das biographische Gefüge, die Abfolge der Lebensphasen, verschoben. Wie insbesondere Arthur E. Imhof in seinen sozialhistorischen Studien zeigt, hat dies zu einer »*demographischen* Freisetzung der Frauen« geführt. Reichte – schematisch gesprochen – in früheren Jahrzehnten die Spanne eines Frauenlebens gerade hin, um die gesellschaftlich »erwünschte« Zahl von überlebenden Kindern auf die Welt zu bringen und großzuziehen, so enden diese »Mutterpflichten« heute etwa mit dem 45. Lebensjahr. Das »Dasein-für-Kinder« ist zu einem *vorübergehenden* Lebensabschnitt der Frauen geworden. Ihm folgen noch einmal durchschnittlich *drei Jahrzehnte* des »leeren Nestes« – jenseits des traditionalen Lebenszentrums der Frauen. »So leben heute allein in der Bundesrepublik Deutschland über fünf Millionen Frauen im ›besten Alter‹ in nach-elterlicher Gefährtenschaft..., häufig... ohne konkrete sinnvolle Tätigkeit.« (Imhof, 1981, S. 181)

Zweitens haben Modernisierungsprozesse insbesondere in der Phase nach dem Zweiten Weltkrieg auch die *Hausarbeit umstrukturiert.* Zum einen ist die *soziale Isolierung* der Hausarbeit keineswegs ein Strukturmerkmal, das ihr als solches innewohnt, sondern Ergebnis historischer Entwicklungen, nämlich der Enttraditionalisierung der Lebenswelten. Im Zuge von Individualisierungsprozessen verschärft die Kleinfamilie ihre Grenzziehung, und es bildet sich eine »Insularexistenz« heraus, die sich gegenüber den verbliebenen Bindungen (Klassenkulturen, Nachbarschaften, Bekanntschaften) verselbständigt. Erst so entsteht in der Hausfrauenexistenz die isolierte Arbeitsexistenz par excellence. Zum anderen greifen *technische Rationalisierungsprozesse* auf die Hausarbeit über. Vielfältige Geräte, Maschinen und Konsumangebote entlasten und entleeren die Arbeit in der Familie. Sie wird zur unsichtbaren und nie endenden »Restarbeit« zwischen Industrieproduktion, bezahlten Dienstleistungen und technisch perfektionierter Binnenausstattung der Privathaushalte. Beides zusammengenommen – Isolierung und Rationalisierung – bewirkt eine »*Dequalifizierung der Hausarbeit*« (Claus Offe), die die Frauen in der Suche nach einem »erfüllten« Leben auch auf die außerhäusliche Berufsarbeit verweist.

Drittens: Wenn es richtig ist, daß Mutterschaft die nach wie vor stärkste Anbindung an die traditionale Frauenrolle ist, dann können die Bedeutung von *Empfängnis verhütenden und regelnden Mitteln* sowie die *rechtlichen Möglichkeiten, Schwangerschaften zu beenden (§ 218),* für die Herauslösung der Frauen aus den traditionalen Vorgaben wohl kaum überschätzt werden. Kinder und damit Mutterschaft (mit all ihren Konsequenzen) sind nicht mehr »Naturschicksal«, sondern – im Prinzip – *Wunsch*kinder, *gewollte* Mutterschaft. Die Daten zeigen zwar auch, daß Mutterschaft *ohne* ökonomische Abhängigkeit vom Ehemann und *ohne* Familienzuständigkeit immer noch für viele *Utopie* bleibt. Doch kann die junge Frauengeneration – anders als die ihrer Mütter – das Ob, den Zeitpunkt und die Zahl der Kinder (mit)bestimmen. Gleichzeitig wird weibliche Sexualität vom »Fatum der Mutterschaft« befreit und kann auch *gegen* männliche Normen selbstbewußt entdeckt und entwickelt werden.

Viertens verweisen die wachsenden Scheidungszahlen auf die *Brüchigkeit der Ehe- und Familienversorgung.* Die Frauen sind oft nur »einen Mann weit« von der Armut entfernt. Fast 70% aller alleinerziehenden Mütter müssen mit ihren Kindern mit weniger als 1 200 DM im Monat auskommen. Sie und die Rentnerinnen sind die häufigsten Klienten der Sozialhilfe. In diesem Sinne sind die Frauen »freigesetzt«, d. h. *abgeschnitten* von der lebenslangen Garantie der ökonomischen Absicherung durch den Mann. Das statistisch dokumentierbare Drängen der Frauen auf den Arbeitsmarkt (das alle Prognosen über eine Bewältigung der Erwerbslosigkeit in den neunziger Jahren wohl über den Haufen werfen wird), zeigt ja auch, daß viele Frauen diese historische Lehre verstanden haben und die Konsequenzen aus ihr ziehen.
In dieselbe Richtung wirkt *fünftens* die Angleichung der Bildungschancen, die ja auch Ausdruck einer starken *beruflichen* Motivation der jungen Frauen ist (s. o.).

In allem – demographische Freisetzung, Dequalifizierung der Hausarbeit, Empfängnisverhütung, Scheidung, Bildungs- und Berufsbeteiligung – drückt sich zusammengenommen der Grad der *Freisetzung der Frauen aus den Vorgaben ihres modernen, weiblichen Standesschicksals aus, die nicht mehr revidierbar ist*. Damit greift aber die Individualisierungsspirale: Arbeitsmarkt, Bildung, Mobilität, Karriereplanung, alles jetzt in der Familie doppelt und dreifach. Familie wird zu einem dauernden Jonglieren mit auseinanderstrebenden Mehrfachambitionen zwischen Berufen und ihren Mobilitätserfordernissen, Bildungszwängen, querliegenden Kinderverpflichtungen und dem hausarbeitlichen Einerlei.

Doch diesen in die Individualisierung hineinführenden Bedingungen stehen andere entgegen, die die Frauen zurückbinden in die traditionalen Zuweisungen. Die wirklich *durchgesetzte* Arbeitsmarktgesellschaft, die *allen* Frauen und Männern eine eigenständige ökonomische Existenzsicherung ermöglicht, würde die sowieso schon skandalösen Arbeitslosenzahlen um ein Mehrfaches hochschnellen lassen. Das heißt: Unter Bedingungen der Massenarbeitslosigkeit und der Verdrängung aus dem Arbeitsmarkt sind Frauen zwar freigesetzt *von* der Eheversorgung, aber nicht frei *zu* einer eigenständigen Sicherung durch Erwerbsarbeit. Dies bedeutet aber auch: sie sind nach wie vor zu einem großen Teil auf die ökonomische Sicherung durch den Mann *angewiesen*, die *keine* mehr ist. Dieses Zwischenstadium zwischen »Freiheit von«, aber nicht »Freiheit zu« wirklichem Lohnarbeiterverhalten wird auch durch die Rückbindung an *Mutterschaft* zusätzlich bestärkt. Solange Frauen Kinder bekommen, Kinder stillen, sich für Kinder verantwortlich fühlen, in Kindern einen wesentlichen Teil ihres Lebens sehen, bleiben Kinder gewollte »Hindernisse« im beruflichen Konkurrenzkampf und Verlockungen für eine bewußte Entscheidung *gegen* ökonomische Eigenständigkeit und Karriere.

So werden die Frauen durch den Widerspruch zwischen Freisetzung und Rückbindung an die alten Zuweisungen in den weiblichen Lebenszusammenhang hin- und hergerissen. Dies spiegelt sich auch in ihrem Bewußtsein und Verhalten. Sie fliehen vor der Hausarbeit in den Beruf und umgekehrt und versuchen, in unterschiedlichen Lebensabschnitten ihrer Biographie durch entgegengesetzte Entscheidungen die auseinanderstrebenden Bedingungen ihres Lebens »irgendwie« zusammenzuhalten. Die Widersprüche der Umwelt verstärken ihre eigenen: Vor dem Scheidungsrichter müssen sich die Frauen fragen lassen, wieso sie ihre berufliche Versorgung vernachlässigt haben. In der Familienpolitik müssen sie sich fragen lassen, warum sie ihren Mutterpflichten nicht nachkommen. Dem Ehemann vermiesen sie mit eigenen Berufsambitionen sein sowieso schon schweres Berufsleben. Scheidungsrecht und Scheidungswirklichkeit, fehlende soziale Sicherungen, die geschlossenen Türen des Arbeitsmarktes und die Hauptlast der Familienarbeit kennzeichnen einige der *Widersprüche*, die der Individualisierungsprozeß in den weiblichen Lebenszusammenhang hineingetragen hat.

Die Situation der *Männer* ist eine ganz andere. Während die Frauen *auch* aus Gründen der ökonomischen Existenzsicherung die alten Zuweisungen zum »Dasein für andere« lockern und eine neue soziale Identität suchen müssen, fallen bei den Männern *selbständige* ökonomische Existenzsicherung und *alte* Rollenidentität *zusammen*. In der männlichen Geschlechtsrollenstereotype des »Berufsmenschen« sind ökonomische Individualisierung *und* traditionales männliches Rollenverhalten zusammengeschlossen. Die Fremdversorgung durch den Ehepartner (die Ehefrau) ist den Männern historisch unbekannt, die »Freiheit zur« Erwerbsarbeit bei gleichzeitiger Familienexistenz selbstverständlich. Die dazu gehörige Schattenarbeit fällt traditional der Ehefrau zu. Freuden und Pflichten der Vaterschaft konnten immer schon *dosiert* als Freizeitvergnügen genossen werden. In der Vaterschaft lag kein wirkliches Hindernis der Berufsausübung, im Gegenteil: der Zwang zu ihr. M. a. W.: alle Komponenten, die Frauen aus der traditionalen Frauenrolle *herauslösen*, *entfallen* auf seiten der Männer. Vaterschaft *und* Beruf, ökonomische Selbständigkeit *und* Familienexistenz sind im männlichen Lebenszusammenhang keine Widersprüche, die *gegen* die Bedingungen in Familie und Gesellschaft erkämpft und zusammengehalten werden müssen, ihre Vereinbarkeit vielmehr in der traditionalen Männerrolle vorgegeben und gesichert. Das aber heißt: Individualisierung (im Sinne marktvermittelter Existenzführung) *bestärkt* männliches Rollenverhalten.

Wenn auch Männer sich gegen die Vorgaben ihrer Geschlechtsrolle wenden, dann hat das andere Gründe. Auch in der Berufsfixierung der Männerrolle sind Widersprüche enthalten: etwa die Aufopferung im Beruf für etwas, für dessen Genuß dann die Muße, ja die Bedürfnisse und die Fähigkeiten fehlen; das Platzhirschverhalten um nichts; die Verausgabung für berufliche und betriebliche Ziele, mit denen man sich nicht identifizieren kann, aber muß; die daraus resultierende »Gleichgültigkeit«, die doch nie eine ist usw. Dennoch sind wesentliche Impulse für die Freisetzung aus der Männerrolle wohl nicht immanent, sondern von *außen* (durch Veränderungen bei den Frauen) *induziert* und zwar in einem doppelten Sinne. Männer werden einerseits durch die größere Erwerbsbeteiligung der Frauen aus dem Joch der *alleinigen* Ernährerrolle entlassen. Damit wird der Zwangszusammenhang, sich *für* Ehefrau und Kinder im Beruf fremdem Willen und Zwecken unterwerfen zu müssen, gelockert. In der Konsequenz ist ein anderes Engagement im Beruf *und* in der Familie möglich. Andererseits wird die »Familienharmonie« brüchig. Die frauenbestimmte Seite der männlichen Existenz gerät aus der Balance. Gleichzeitig dämmert den Männern ihre Unselbständigkeit in Alltagsdingen und ihre emotionale Angewiesenheit. In beidem liegen wesentliche Impulse, die Identifikation mit den Vorgaben der Männerrolle zu lockern und neue Lebensformen zu proben.

Die Konflikte lassen die Gegensätze zwischen Männern und Frauen schärfer hervortreten. Zwei »Katalysator-Themen« sind zentral: *Kinder* und *ökonomische Sicherung*; in beiden Fällen können sie in der Ehe latent gehalten werden, treten aber im Fall der Scheidung offen hervor. Dabei verändert sich bezeichnenderweise im Übergang vom traditionalen zum Doppelverdiener-Modell der Ehe die Verteilung von Lasten und Chancen. Im Fall der Eheversorgung der Frau steht – schematisch gesprochen – nach der Scheidung die Frau *mit* Kindern und *ohne* Einkommen, der Mann dagegen *mit* Einkommen und *ohne* Kinder da. Im zweiten Fall ändert sich auf den ersten Blick wenig. Die Frau verfügt über ein Einkommen *und* hat die Kinder (nach geltender Rechtsprechung). Doch dreht sich hier in einer wesentlichen Hinsicht die Ungleichheit um. In dem Maße, in dem die ökonomische Ungleichheit zwischen Männern und Frauen – sei es durch Berufstätigkeit der Frauen, sei es durch Versorgungsregelungen im Scheidungsrecht, Alterssicherung – abgebaut wird, wird die – teils natürliche, teils rechtliche – *Benachteiligung des Vaters* bewußt. Die Frau, das unbekannter werdende Wesen, hat das Kind mit ihrem Bauch, der bekanntlich ihr gehört, biologisch und rechtlich *im Besitz*. Die Eigentumsverhältnisse zwischen Samen und Ei differenzieren sich aus. Der Vater im Kinde bleibt immer an die Mutter und ihr Belieben verwiesen. Dies gilt auch und gerade für alle Fragen des Schwangerschaftsabbruchs. In dem Maße, in dem die Distanzierung von Frauen- *und* Männerrolle fortschreitet, droht das Pendel umzuschlagen. Die sich aus dem »Fatum« des Berufs herauslösenden und ihren Kindern zuwendenden Männer finden ein leeres Nest vor. Die Tatsache, daß sich Fälle (insbesondere in den USA) häufen, wo Väter ihnen nach der Scheidung abgesprochene Kinder *entführen*, spricht eine deutliche Sprache.

Doch die Individualisierung, die die Lagen von Männern und Frauen auseinanderdividiert, treibt sie umgekehrt auch in die Zweisamkeit hinein. *Mit der Ausdünnung der Traditionen wachsen die Verheißungen der Partnerschaft.* Alles, was verlorengeht, wird unverhofft in dem anderen gesucht. Da hat sich zunächst Gott verzogen (oder wir ihn verdrängt). Das Wort »Glauben«, das einmal Erfahren-Haben gemeint hat, hat heute den leicht schäbigen Beiklang von »wider besseres Wissen«. Mit Gott verschwindet der Gang zum Priester und damit wächst die Schuld, die nicht mehr abgeladen werden kann und die in der Einebnung von richtig und falsch dem wachen Fragen doch nicht geringer, sondern unbestimmter, unbestimmbarer wird. Die Klassen, die das Leid, das sich in ihnen sammelte, wenigstens zu interpretieren wußten, haben sich aus dem Leben in die Reden und Zahlen verflüchtigt. Nachbarschaften, im Austausch und in Erinnerungen gewachsen, sind mobilitätsbedingt zusammengeschmolzen. Bekanntschaften können geschlossen werden, kreisen aber um ihr eigenes Zentrum. Man kann auch in Vereine eintreten. Die Palette der Kontakte wird eher größer, weiter, bunter. Aber ihre Vielzahl macht sie auch flüchtiger, leichter dem Fassadenspiel verhaftet. In dem schematisch bekundeten Interesse füreinander wird das Ansinnen an mehr gleich mit abgelehnt. Auch Intimitäten können auf diese Weise flüchtig, fast schon wie das Händeschütteln, ausgetauscht werden. Dies alles mag in Bewegung halten und »Möglichkeiten« eröffnen, und doch kann die Vielfalt von Beziehungen die identitätsbildende Kraft einer stabilen Primärbeziehung wohl nicht ersetzen. Wie Untersuchungen zeigen, ist *beides* notwendig: Beziehungsvielfalt *und* dauerhafte Intimität. Glücklich verheiratete Hausfrauen leiden unter Kontaktproblemen und sozialer Isolation. Geschiedene Männer, die sich zu Gruppen zusammengeschlossen haben, um ihre Probleme auszusprechen, können selbst dann, wenn sie in soziale Netzwerke eingebunden sind, die aufbrechende Einsamkeit nicht bewältigen.

In den Idealisierungen des modernen Liebesideals spiegelt sich noch einmal der Weg der Moderne. Die Überhöhung ist das Gegenbild zu den Verlusten, die diese hinterläßt. Gott nicht, Priester nicht, Klasse nicht, Nachbar nicht, dann wenigstens Du. Und die Größe des Du ist die umgedrehte Leere, die sonst herrscht.

Das heißt auch: weniger das materielle Fundament und die Liebe, sondern die Angst vor dem Alleinsein hält Ehe und Familie zusammen. Was *jenseits* von ihr droht oder befürchtet wird, ist bei allen Krisen und Konflikten vielleicht das stabilste Fundament der Ehe: Einsamkeit.

In alledem liegt zunächst eine grundsätzliche Relativierung der Kontroverse um die Familie. Man hat die bürgerliche Kleinfamilie, in deren Form in den hochindustrialisierten Demokratien des Westens das Zusammenleben der Geschlechter normiert ist, heiliggesprochen oder verdammt, sah eine Krise der Familie die andere jagen oder die Familie aus der ihr zugedachten Krisenumwobenheit auferstehn. Dies alles bleibt dem Verdikt der *falschen Alternative* verhaftet. Wer alles Übel oder alles Heil der Familie anlastet, greift zu kurz. Die Familie ist nur die Oberfläche, an der die historischen Konfliktlagen *zwischen den Männern und Frauen sichtbar werden*. Diesseits oder jenseits der Familie – immer treffen die Geschlechter aufeinander und mit ihnen die Widersprüche, die sich zwischen ihnen angesammelt haben.

In welchem Sinne kann dann aber von *Freisetzung relativ zur Familie* gesprochen werden? Mit der Verlängerung der Individualisierungsdynamik in die Familie beginnen sich die Formen des Zusammenlebens *durchgängig* zu wandeln. Das Verhältnis von Familie und individueller Biographie lockert sich. Die lebenslange Einheitsfamilie, die die in ihr zusammengefaßten Elternbiographien von Männern und Frauen in sich aufhebt, wird zum Grenzfall, und die Regel wird ein lebensphasenspezifisches Hin und Her zwischen verschiedenen Familien auf Zeit bzw. *nicht*-familialen Formen des Zusammenlebens. Die Familienbindung der Biographie wird in der Zeitachse im Wechsel zwischen Lebensabschnitten durchlöchert *und so aufgehoben.* Unter den austauschbar werdenden Familienbeziehungen schält sich innerhalb und außerhalb der Familie die Eigenständigkeit der männlichen und weiblichen *Einzelbiographie* heraus. Jede(r) durchlebt jeweils phasengebunden mehrere Teilfamilienleben und auch familienfreie Lebensformen und gerade *deswegen* mehr und mehr sein eigenes Leben. Also erst im *Längsschnitt* der Biographie – nicht im jeweiligen Augenblick oder in der Familienstatistik – zeigt sich die Individualisierung der Familie, d.h. die Umkehrung der Priorität von Familie und Individualbiographie (diesseits und jenseits der Familie). Empirisch ergibt sich der Grad der Freisetzung aus der Familie infolgedessen in der *lebensgeschichtlichen Zusammenschau* der Daten über Scheidung *und* Wiederverheiratung, vor-, zwischen- *und* nebenehelichen Formen des Zusammenlebens, die – für sich genommen und auf das Pro und Kontra der Familie bezogen – widersprüchlich bleiben. Zwischen die Extreme Familie oder Nichtfamilie gestellt, beginnt sich eine wachsende Zahl von Menschen für einen dritten Weg: einen widerspruchsvollen, *pluralistischen Gesamtlebenslauf im Umbruch*, zu »entscheiden«. Dieser biographische Pluralismus der Lebensformen, d.h. der Wechsel zwischen Familien gemischt mit und unterbrochen durch andere Formen des Zusammen- oder Alleinlebens, wird zur (paradoxen) »Norm« des Mit- und Gegeneinander von Männern und Frauen unter Individualisierungsbedingungen.

Über das Gesamtleben betrachtet, sind die Mehrzahl der Menschen also in eine ihnen unter Schmerzen und Ängsten *historisch verordnete Erprobungsphase der Formen ihres Zusammenlebens eingetreten*, deren Ende und Ergebnis heute noch gar nicht abgesehen werden kann. Aber alle durchlittenen »Irrtümer« können von dem erneuten »Versuch« nicht abhalten.

4. Bewußtwerdung der Ungleichheiten: Wahlmöglichkeiten und -zwänge

Unterschiede und Gegensätze in den Lagen von Männern und Frauen bestehen nicht erst seit gestern. Und doch wurden sie bis in die sechziger Jahre hinein von der überwiegenden Mehrheit der Frauen »selbstverständlich« hingenommen. Seit zwei Jahrzehnten wächst die Aufmerksamkeit, und es gibt gezielte politische Bemühungen, die Gleichstellung der Frauen zu erreichen. Mit den ersten Erfolgen *verschärft* sich das Bewußtsein der Ungleichheiten. Die *tatsächlichen* Ungleichheiten, ihre Bedingungen und Ursachen sind also zu unterscheiden von ihrer *Bewußtwerdung*. Die Gegensätze zwischen Männern und Frauen haben zwei Seiten, die durchaus unabhängig voneinander variieren können: die Objektivität der Lagen *und* deren Delegitimierung und Bewußtwerdung. Wer die lange Zeit der Hinnahme der Ungleichheiten ins Verhältnis setzt zu der kurzen Zeit ihrer Problematisierung und gleichzeitig sieht, daß der Abbau der Ungleichheiten den Blick erst richtig für sie geöffnet hat, wird die eigenständige Bedeutung der Bewußtwerdung nicht unterschätzen. Nach den Bedingungen der Bewußtwerdung soll nun gefragt werden.

Mit fortschreitender Modernisierung vermehren sich in allen gesellschaftlichen Handlungsfeldern die Entscheidungen und Entscheidungszwänge. Mit leichter Übertreibung kann man sagen: »*anything goes*«. Wer wann den Abwasch macht, die Schreihälse wickelt, den Einkauf besorgt und den Staubsauger herumschiebt, wird ebenso unklar, wie wer die Brötchen verdient, die Mobilität bestimmt, und warum eigentlich die schönen Nachtseiten des Bettes immer mit dem qua Standesamt hierfür vorgesehenen, angetrauten Alltagsgegenüber genossen werden sollen dürfen. Ehe läßt sich von Sexualität trennen und die noch einmal von Elternschaft, die Elternschaft läßt sich durch Scheidung multiplizieren und das Ganze durch das Zusammen- oder Getrenntleben dividieren und mit mehreren Wohnsitzmöglichkeiten und der immer vorhandenen Revidierbarkeit potenzieren. Aus dieser Rechenoperation erhält man rechts vom Gleichheitszeichen eine ziemlich umfängliche, selbst noch im Fluß befindliche Ziffer, die einen leichten Eindruck über die Vielfalt von direkten und mehrfach verschachtelten Schattenexistenzen vermittelt, die sich heute hinter den gleichgebliebenen und so treuen Wörtchen Ehe und Familie immer häufiger verbergen.

In allen Dimensionen der Biographie brechen Wahl*möglichkeiten* und Wahl*zwänge* auf. Die dafür nötigen Planungen und Absprachen sind prinzipiell aufkündbar und in den ungleichen Belastungen, die in ihnen enthalten sind, legitimationsabhängig. In darauf bezogenen Aus- und Absprachen, Fehlern und Konflikten schälen sich immer deutlicher die unterschiedlichen Risiken und Folgen für Männer und Frauen heraus. Das Verwandeln von Vorgegebenheiten in Entscheidungen heißt – systematisch gedacht – zweierlei: Die *Möglichkeit der Nichtentscheidung wird der Tendenz nach unmöglich*. Die Entscheidungsmöglichkeit entfaltet ein Muß, hinter das nicht ohne weiteres zurückgegangen werden kann. Es muß nun durch die Mühlen der Beziehung, Bedenken und damit: Abwägungen der unterschiedlichen Konsequenzen hindurch. Dies heißt aber zweitens, daß die zu durchdenkenden Entscheidungen *zum Bewußtmacher der in ihnen aufbrechenden Ungleichheiten und sich daran entzündender Konflikte und Lösungsbemühungen werden*. Das fängt schon bei der im Grunde genommen noch konventionellen beruflichen Mobilitätsentscheidung an. Einerseits erfordert der Arbeitsmarkt Mobilität unter Absehung von den persönlichen Umständen. Ehe und Familie erfordern das Gegenteil. In dem zu Ende gedachten Marktmodell der Moderne wird die familien- und ehe*lose* Gesellschaft unterstellt. Jeder muß selbständig, frei für die Erfordernisse des Marktes sein, um seine ökonomische Existenz zu sichern. Das Marktsubjekt ist in letzter Konsequenz das alleinstehende, nicht partnerschafts-, ehe- oder familien»behinderte« Individuum. Entsprechend ist die durchgesetzte Marktgesellschaft auch eine *kinderlose* Gesellschaft – es sei denn, die Kinder wachsen bei mobilen, alleinerziehenden Vätern und Müttern auf.

Dieser Widerspruch zwischen den Erfordernissen der Partnerschaft und den Erfordernissen des Arbeitsmarktes konnte so lange verborgen bleiben, wie feststand, daß Ehe für die Frau Berufsverzicht, Familienzuständigkeit und »Mitmobilität« unter den beruflichen Sternen des Ehemannes bedeutet. Er bricht dort auf, wo *beide* Ehepartner frei für lohnarbeitsabhängige Existenzsicherung sein müssen oder wollen. Für diesen Widerspruch zwischen Familie und Arbeitsmarkt wären sehr wohl *institutionelle* Lösungen oder Milderungen denkbar (etwa ein Mindesteinkommen für alle Bürger oder eine soziale Sicherung, die nicht an Berufsarbeit gekoppelt ist; Abbau aller Hindernisse, die Doppelbeschäftigung von Eheleuten erschweren; entsprechende »Zumutbarkeitskriterien« usw.). Diese sind aber weder vorhanden noch überhaupt vorgesehen. Entsprechend müssen die Ehepaare nach *privaten* Lösungen suchen, die aber unter den ihnen zur Verfügung stehenden Möglichkeiten auf eine interne Verteilung von *Risiken* hinauslaufen. Die Frage lautet: Wer *verzichtet* auf ökonomische Selbständigkeit und Sicherheit, also auf das, was in unserer Gesellschaft die selbstverständliche Voraussetzung der Lebensführung ist. Denn wer mitzieht, muß (meist) erhebliche berufliche Nachteile in Kauf nehmen, wenn *sie* nicht überhaupt aus ihrer beruflichen Bahn herausgeworfen wird. Entsprechend steigt der Konfliktpegel. Ehe, Familie, Partnerschaft werden zum Ort, wo die ins Persönliche gewendeten Widersprüche einer durchmodernisierten Marktgesellschaft auch nicht mehr kompensiert werden können.

Zur Gretchenfrage der beruflichen Mobilität gesellen sich andere Gretchenfragen: Zeitpunkt, Zahl und Versorgung der Kinder; der Dauerbrenner der nie gleichzuverteilenden Alltagsarbeiten; die »Einseitigkeit« der Verhütungsmethoden; die Alptraumfragen des Schwangerschaftsabbruchs; Unterschiede in Art und Häufigkeit der Sexualität; nicht zu vergessen die Nervigkeit einer Optik, die selbst noch in der Margarine-Reklame einen Sexismus wittert. An allen diesen konfliktzündenden Schlüsselthemen des Zusammenlebens zwischen Männern und Frauen wird die *Dissoziation der Lagen* bewußt: Der *Zeitpunkt* der Elternschaft trifft im männlichen und weiblichen Lebenszusammenhang auf ganz andere Voraussetzungen und Hindernisse usw.

Wenn dann schließlich die Ehe schon »auf Abruf« geführt wird – sozusagen »scheidungsgerecht« (wie die den Markt überflutenden Eheberatungsbücher durch vertragliche Regelungen aller Details vom Eigentumssplitting bis zur außerehelichen Sexualität fordern) –, dann wird die Spaltung, die abgewendet werden soll, vorweggenommen, und aus allen Entscheidungen und Regelungen treten die ungleichen Konsequenzen immer offener hervor. Was hier über die Familie an Enttabuisierung und neuen technischen Möglichkeiten hereinbricht – man denke auch an die durch Psychologie und Pädagogik vorgespiegelten Gestaltungsmöglichkeiten des Kindes, die Eingriffsmöglichkeiten in den Mutterleib, die die Chirurgie eröffnet, von der science-fiction-Realität der Humangenetik ganz zu schweigen (dazu S. 332 ff.) –, dividiert die in ihr ehemals zusammengefaßten Lagen Stück für Stück auseinander: Frau gegen Mann, Mutter gegen Kind, Kind gegen Vater. Die traditionale Einheit der Familie bricht in die Entscheidungen, die ihr abverlangt werden, auseinander. Die Menschen tragen viele der Probleme nicht, wie sie vielleicht glauben und sich vorwerfen, in die Familie hinein. Fast alle Konfliktthemen haben auch eine institutionelle Seite (das Kinderthema beruht z.B. wesentlich auf der institutionell gut gesicherten Unmöglichkeit, Kinderbetreuung und berufliches Engagement zu vereinen). Aber diese Einsicht versorgt nun einmal die Kinder nicht! Mit einer gewissen Zwangsläufigkeit wird so alles, was von außen – vom Arbeitsmarkt, Beschäftigungssystem, Recht usw. – in die Familie hineinschlägt, ins Persönliche verdreht und verkürzt. In ihr (und in all ihren Alternativen) entsteht so der systematisch bedingte Wahn, in ihr lägen die Fäden und Hebel, das aufgebrochene Jahrhundert-Fatum der Ungleichheit zwischen den Geschlechtern in der konkreten Zweisamkeit zu ändern.

Auch der Kern der Familie, das Heiligtum der Elternschaft, beginnt in seine Bestandteile, in die Lagen von Mutterschaft und Vaterschaft zu zerfallen. In der Bundesrepublik wächst heute bereits jedes 10. Kind in einer »Einelternfamilie« auf, das heißt unter der Obhut alleinstehender Männer oder Frauen. Die Zahl der Einelternfamilien steigt an, während die Zahl der Zweielternfamilien abnimmt. Die alleinversorgende Mutter ist dabei nicht mehr nur »sitzengelassen worden«, sondern eine Wahlmöglichkeit, die ergriffen wird und angesichts der Konflikte mit dem Vater (den frau eigentlich nur noch *dafür* und sonst gar nicht mehr braucht) in vielen Köpfen als Ausweg zum mehr denn je ersehnten Kind herumirrlichtert.

Mit dem innerfamilialen Individualisierungsprozeß verändern sich – wie Elisabeth Beck-Gernsheim und Maria Rerrich zeigen – auch die soziale Beziehung und Bindungsqualität zum Kind. Einerseits wird das Kind *Hindernis* im Individualisierungsprozeß. Es kostet Arbeit und Geld, ist unberechenbar, bindet an und würfelt die sorgfältig geschmiedeten Tages- und Lebenspläne durcheinander. Mit seinem Erscheinen entwickelt und perfektioniert das Kind seine »Diktatur der Bedürftigkeit« und zwingt mit der nackten Gewalt seiner Stimmbänder und dem Leuchten seines Lächelns den Eltern seinen kreatürlichen Lebensrhythmus auf. Gerade dies macht es auf der anderen Seite aber auch unersetzlich. Das Kind wird zur *letzten verbliebenen, unaufkündbaren, unaustauschbaren Primärbeziehung.* Partner kommen und gehen. Das Kind bleibt. Auf es richtet sich all das, was in die Partnerschaft hineingesehnt, aber in ihr unauslebbar wird. Das Kind gewinnt mit dem Brüchigwerden der Beziehungen zwischen den Geschlechtern Monopolcharakter auf lebbare Zweisamkeit, auf ein Ausleben der Gefühle im kreatürlichen Hin und Her, das sonst immer seltener und fragwürdiger wird. In ihm wird eine anachronistische Sozialerfahrung kultiviert und zelebriert, die mit dem Individualisierungsprozeß gerade unwahrscheinlich *und* herbeigesehnt wird. Die Verzärtelung der Kinder, die »Inszenierung der Kindheit«, die man ihnen angedeihen läßt – den übergeliebten, armen Wesen –, und das böse Ringen um die Kinder in und nach der Scheidung sind einige Anzeichen dafür.

Das Kind wird zur *letzten Gegeneinsamkeit*, die die Menschen gegen die ihnen entgleitenden Liebesmöglichkeiten errichten können. Es ist die *private Art der »Wiederverzauberung«*, die mit der Entzauberung und aus ihr ihre Bedeutung gewinnt. Die Geburtenzahlen gehen zurück. Die Bedeutung des Kindes aber *steigt*. Mehr als eines wird es dann meistens nicht. Für mehr ist dieser Aufwand auch kaum leistbar. Doch wer glaubt, die (ökonomischen) Kosten würden die Menschen vom Kinder-in-die-Welt-Setzen abhalten, stolpert über seine eigenen Befangenheiten im Kosten-Nutzen-Denken.

Das Stück Mittelalter, das die Industriegesellschaft nicht nur konserviert, sondern produziert hat, schmilzt weg. Die Menschen werden freigesetzt aus den zur Natur verklärten ständischen Schalen des Geschlechts. Es ist wichtig, dies in seinen historischen Dimensionen zu erkennen, *weil* sich diese gesellschaftsgeschichtliche Veränderung als privater, persönlicher Konflikt vollzieht. Die Psychologie (und Psychotherapie), die das Leiden, das ihr nun massenhaft zugetrieben wird, auf die Individualgeschichte der frühkindlichen Sozialisation zurückführt, wird *kurzschlüssig*. Wo den Menschen die Konflikte aus den Lebensformen, die ihnen vorgegeben sind, entgegenspringen, wo ihr Zusammenleben vorbildlos wird, kann ihr Leiden nicht mehr nur auf Versäumnisse und Weichenstellungen in ihrer individuellen Entwicklungsgeschichte zurückgeführt werden. Sexualität, Ehe, Erotik, Elternschaft haben unter den Bedingungen der Freisetzung aus den modernen ständischen Geschlechtsschicksalen von Männern und Frauen viel mit Ungleichheit, Beruf, Arbeitsmarkt, Politik, Familie und den in sie eingelassenen und zukunftsunfähig gewordenen Lebensformen zu tun. Diese Historisierung und gesellschaftsgeschichtliche Revision ihrer Denkformen steht der Psychologie noch bevor, wenn sie nicht dem Schein der Individualisierung, von der sie profitiert, aufsitzen will, indem sie die Ursachen für die Probleme in die Menschen, die sie haben, hineinverlegt.

5. Szenarien zukünftiger Entwicklung

Die Jahrhundert-Konflikte stauen sich auf. Doch wie sie – privat und politisch – »bewältigt« werden, ist weitgehend offen. Von den genannten *objektiven* Momenten der Freisetzung kann nicht auf *Bewußtsein und Verhalten* von Frauen und Männern geschlossen werden. Dies hängt – neben den individuellen Konstellationen und gerade in den familialen und intimen Beziehungen enthaltenen persönlichen Gestaltungsmöglichkeiten – wesentlich auch von der politischen Entwicklung und institutionellen Stützungs- und Kompensationsmöglichkeiten ab. Der historisch entstehende Möglichkeitsraum soll hier durch drei (sich keineswegs ausschließende) Varianten abgesteckt werden: (1) *Zurück zur Familie* in den traditionalen Formen; (2) *Egalisierung* nach dem Vorbild der Männer; und (3) Erprobung neuer Lebensformen *jenseits von Frauen- und Männerrolle*.

Zurück zur Kleinfamilie

Bei der Frage nach der Zukunft »der« Familie wird häufig von falschen Voraussetzungen ausgegangen. Es wird die bekannte Form der Kernfamilie mit irgendeinem verschwommenen Zustand der »Familienlosigkeit« konfrontiert oder unterstellt, daß ein anderer Familientyp die Kernfamilie ersetzt. Sehr viel wahrscheinlicher ist – wenn die skizzierte Analyse stimmt –, daß nicht ein Typus von Familie einen anderen verdrängt, sondern daß eine *große Variationsbreite* von familialen und außerfamilialen Formen des Zusammenlebens nebeneinander entstehen und bestehen wird. Charakteristischerweise werden viele davon – Single-Dasein, voreheliches und eheliches Zusammenleben, Wohngemeinschaften, variierende Elternschaften über ein oder zwei Scheidungen hinweg usw. – als verschiedene Phasen in *einen* Gesamtlebenslauf integriert werden.

Aber selbst diese Ausdifferenzierung und Pluralisierung von Lebensformen als Folge »naturwüchsiger« Modernisierungsprozesse wird von vielen als Bedrohung der kulturellen Werte und Lebensgrundlagen der modernen Welt erlebt und angeprangert. Vielen erscheint der Ausbruch aus Ehe und Familie als ein *ausufernder Individualismus*, dem politisch und institutionell durch gezielte Gegenmaßnahmen zur Stützung der Familie entgegengewirkt werden muß. Da es insbesondere die Frauen sind, die sich ein »eigenes Leben« jenseits der ihnen zugewiesenen Rolle in Hausarbeit und Eheversorgung erobern wollen, treffen ihre privaten und politischen Bemühungen auf besondere Ängste, Skepsis und Gegenwehr. Die Maßnahmen zur Rettung »der« Familie orientieren sich dabei an der Einheitsnorm des Zusammenlebens – der Ehemann, der die Brötchen verdient, die Ehefrau, die sie streicht, und zwei bis drei Kinder –, die überhaupt erst mit der Industriegesellschaft im 19. Jahrhundert entstanden ist. Trotz aller aufgezeigten Individualisierungs- und Freisetzungstendenzen gibt es auch Bedingungen und Entwicklungen, die der Forderung »Zurück an den Herd!« gesellschaftlich Nachdruck verleihen.

Von einer ökonomisch selbständigen, beruflich gesicherten Biographie ist die überwiegende Mehrheit der Frauen weit entfernt. Dies spiegeln allein die Zahlen für die Erwerbsbeteiligung von Frauen wider. Im Juni 1984 waren bei steigendem beruflichem Engagement nur *über die Hälfte* (51, 7%) aller Frauen zwischen 15 und 65 Jahren erwerbstätig, d.h. gingen entweder einer bezahlten Beschäftigung nach oder waren amtlich als erwerbslos gemeldet (1983: 50,7%). Von allen Männern sind in demselben Zeitraum demgegenüber mehr als *vier Fünftel* erwerbstätig (1983: 82%; 1984: 81,4%) (vgl. Spiegel der Frauenpublizistik 5.11.1985, S. 8). Anders gewendet bedeutet dies: Ein großer und wachsender Teil der Frauen bleibt auf die Versorgung über Ehe und Ehemann angewiesen. *Die anhaltende Massenarbeitslosigkeit und die begrenzten, eher noch schrumpfenden Kapazitäten des Arbeitsmarktes ganz allgemein konservieren und restabilisieren die traditionalen Rollen und Zuständigkeiten von Männern und Frauen.* Unterstützt wird diese Tendenz der Freisetzung *aus* der Erwerbsarbeit *in* die Eheversorgung durch den Kinderwunsch vieler Frauen. Beide Stabilisatoren der Frauenrolle – Erwerbslosigkeit und Kinderwunsch – könnten dort besonders wirken, wo Ausbildungsdefizite junger Frauen nach wie vor bestehen oder neu entstehen: in der beruflichen Ausbildung, und so zu einer *Polarisierung von Lebenslaufmustern* innerhalb der nachwachsenden Frauengeneration entlang der Bildungshierarchie führen.

Doch wer die Rettung der Familie in den verschlossenen Türen des Arbeitsmarktes sieht, macht die Rechnung ohne die Frauen und Männer, die unter diesen Verhältnissen zusammenleben sollen und wollen. Zunächst bleibt völlig unklar, wie die jungen Frauen die Enttäuschung ihres entschieden geäußerten Berufswunsches und die damit verbundene Abhängigkeit vom Ehemann verkraften werden. Ebenso offen ist, ob wirklich eine entsprechend große Zahl von jungen Männern bereit (und von der eigenen beruflichen Situation her überhaupt in der Lage) ist, das Joch der lebenslangen Ernährerrolle noch einmal auf sich zu nehmen. In jedem Fall werden die aufbrechenden Diskrepanzen zwischen systematisch erzeugten Gleichheitserwartungen der Frauen und der Ungleichheitswirklichkeit in Beruf und Familie auf den Privatbereich innerhalb und außerhalb von Ehe und Familie abgewälzt. Es ist nicht schwer vorherzusagen, daß dies auf eine von außen induzierte *Verstärkung der Beziehungskonflikte* hinausläuft. Am Ende dürften die Barrieren des Arbeitsmarktes nur scheinbar die Kleinfamilie stabilisieren, tatsächlich aber genau im Gegenteil die Gänge vor den Scheidungsrichtern füllen oder die Wartezimmer der Eheberater und Psychotherapeuten.

Gleichzeitig wird auf diese Weise die neue Armut der Frauen vorprogrammiert. Wer unter den Bedingungen wachsender Scheidungszahlen die Frauen aus dem Arbeitsmarkt heraus und an den Herd zurückdrängt, muß wenigstens wissen, daß er für einen großen Teil der Gesellschaft *die Löcher im sozialen Netz reserviert.*

Dies verweist auf prinzipielle Mängel im Denken und Handeln aller Versuche, die alten Verhältnisse zwischen Männern und Frauen in Familie und Beruf wiederherzustellen. Erstens stehen sie im offenen Widerspruch zu den inzwischen rechtlich fixierten Grundsätzen moderner, demokratisch verfaßter Gesellschaften, nach denen ungleiche Positionen nicht qua Geburt zugewiesen, sondern über Leistung und Erwerbsbeteiligung, die allen offensteht, erworben werden. Zweitens werden die Veränderungen innerhalb der Familie und zwischen den Geschlechtern auf ein privates Phänomen und Problem hin verkürzt und der Zusammenhang mit sozialen und kulturellen Modernisierungen verkannt.

Dies spiegelt sich nicht zuletzt in den oft propagierten Vorschlägen wider, durch die die zerfallende Familienharmonie wieder gekittet werden soll. Manche meinen, gezielte »Familienerziehungskurse« könnten Abhilfe schaffen. Andere sehen in einer Professionalisierung der Wahl des Ehepartners die zentrale Familientherapie. Wenn wir nur erst genügend Eheberatungsstellen und therapeutische Einrichtungen haben, meinen wiederum andere, werden die Probleme schon kapitulieren. Von der Pornographie über legalisierte Schwangerschaftsunterbrechungen bis zum Feminismus wird alles für die »Krise der Familie« verantwortlich gemacht und entsprechende Gegenmaßnahmen gefordert. Dabei ist die Rat- und Hilflosigkeit Pate der Erklärung. Die historische

Entwicklung und gesellschaftlichen Zusammenhänge, aus denen die Konflikte entstehen, bleiben vollständig außerhalb des Blickfeldes.

Modernisierung ist aber – um in einem Vergleich Max Webers zu sprechen – kein Fiaker, aus dem man, wenn es einem nicht paßt, an der nächsten Ecke wieder aussteigen kann. Wer wirklich die Kleinfamilie in den Formen der fünfziger Jahre wiederherstellen will, muß die Uhren der Modernisierung zurückdrehen, das heißt: nicht nur versteckt – z.B. durch Mutterschaftsgeld oder durch Imagepflege der Hausarbeit – die Frauen aus dem Arbeitsmarkt verdrängen, sondern offen, und zwar nicht nur aus dem Arbeitsmarkt, sondern gleich auch aus der Bildung; das Lohngefälle wäre zu verstärken; letztlich müßte auch die gesetzliche Gleichstellung rückgängig gemacht werden: es wäre zu prüfen, ob das Unheil nicht schon beim allgemeinen Wahlrecht angefangen hat; Mobilität, Markt, neue Medien und Informationstechnologien usw. wären einzuschränken oder zu verbieten. Kurz, die unhalbierbaren Prinzipien der Moderne müßten *halbiert* werden, und zwar dem einen Geschlecht – natürlich – zugewiesen, dem anderen – natürlich – vorenthalten werden und dies ein für allemal.

Gleichheit von Männern und Frauen

Als Gegenforderung wird die Forderung nach *Gleichstellung* der Frauen in allen gesellschaftlichen Bereichen erhoben. Die Allgeltung der Prinzipien der Moderne soll gegen ihre patriarchale Halbierung eingeklagt und durchgesetzt werden – in der Hausarbeit, in den Parlamenten und Regierungen, in den Fabriken, im Management usw. In den Diskussionen der Frauenbewegung wird diese Gleichheitsforderung meist mit dem Anspruch auf *Veränderung* der »Männerwelt Beruf« verbunden. Gekämpft wird für ökonomische Sicherheit, Einfluß, Mitbestimmung der Frau, aber auch, um dadurch andere »weibliche« Orientierungen, Werte und Umgangsformen in das gesellschaftliche Leben hineinzutragen. Was »Gleichheit« im einzelnen heißt, bleibt interpretationsbedürftig. Hier soll eine – meist ungesehene – Konsequenz einer bestimmten Interpretation zur Diskussion gestellt werden. Wenn »Gleichheit« im Sinne der Durchsetzung der Arbeitsmarktgesellschaft für alle gedeutet und betrieben wird, dann wird – implizit –

mit der Gleichstellung letztlich die *vollmobile Single-Gesellschaft* geschaffen.

Die Grundfigur der *durchgesetzten* Moderne ist – zu Ende gedacht – der oder die *Alleinstehende* (L. Gravenhorst). In den Erfordernissen des Arbeitsmarktes wird von den Erfordernissen der Familie, Ehe, Elternschaft, Partnerschaft usw. abgesehen. Wer in diesem Sinne die Mobilität am Arbeitsmarkt ohne Rücksicht auf private Belange einklagt, betreibt – gerade als Apostel des Marktes – die Auflösung der Familie. Dieser Widerspruch zwischen Arbeitsmarkt und Familie (oder Partnerschaft ganz allgemein) könnte so lange verdeckt bleiben, wie Ehe für Frauen gleichbedeutend war mit Familienzuständigkeit, Berufs- und Mobilitätsverzicht. Er bricht heute in dem Maße auf, in dem die Teilung von Berufs- *und* Familienarbeit in die Entscheidung der (Ehe)Partner gelegt wird. Mit dieser marktkonformen Interpretation der Gleichheitsforderung erfaßt die Individualisierungsspirale immer stärker die Beziehungen zwischen Männern und Frauen. Daß dies nicht nur ein Gedankenexperiment ist, zeigen die sprunghaft ansteigenden Zahlen für Einpersonenhaushalte und alleinerziehende Mütter und Väter im internationalen Vergleich. Es wird aber auch an der Art der Lebensführung deutlich, die den Menschen unter diesen Bedingungen abverlangt wird.

In dem Leben, das – bei aller sozialen Orientierung und Vielfalt – im Kern allein geführt werden soll bzw. muß, sind Vorkehrungen erforderlich, die diese Art der Lebensführung gegen die in sie eingebauten Gefährdungen absichern. Kontaktkreise müssen aufgebaut und gepflegt werden für die verschiedensten Gelegenheiten. Dies erfordert viel Bereitschaft auf der eigenen Seite, die Lasten der anderen mitzutragen. Eine Intensivierung des Freundschaftsnetzes bleibt unverzichtbar und ist auch der Genuß, den das Single-Dasein bietet. Gerade auch die ausgesuchten Flüchtigkeiten haben ihre Reize. Alles dies setzt eine möglichst sichere Berufsposition voraus – als Einnahmequelle und als Selbstbestätigung und Sozialerfahrung –, die entsprechend gepflegt und behauptet werden muß. Der so entstehende »Kosmos des eigenen Lebens« wird auf das Zentrum des Ich, seine Verletzlichkeiten, Möglichkeiten, Stärken und Schwächen hin zugeschnitten und ausbalanciert.

Doch in dem Maße, in dem diese individualisierte Existenzführung gelingt, wächst die Gefahr, daß sie zu einem unüberschreitbaren Hindernis für die ja meist doch angestrebte Partnerschaft

(Ehe, Familie) wird. In dem Single-Dasein wächst die Sehnsucht nach dem (der) anderen ebenso wie die Unmöglichkeit, diesen Menschen in den Bauplan des nun wirklich »eigenen Lebens« überhaupt noch aufnehmen zu können. Das Leben wurde ausgefüllt mit der Nichtgegenwart des anderen. Jetzt ist kein Raum mehr für ihn (sie). Alles atmet die Abwehr von Einsamkeit: die Vielfalt der Beziehungen, die Rechte, die man ihnen einräumt, die Gewohnheiten des Wohnens, die Verfügung über den Zeitplan, die Arten des Rückzugs, um die hinter den Fassaden bohrenden Schmerzen zu bewältigen. Dies alles wird durch die erhoffte Zweisamkeit in seiner mühselig austarierten Feinbalance gefährdet. Die Konstruktionen der Selbständigkeit werden zu Gitterstäben der Einsamkeit. Der Kreis der Individualisierung schließt sich. Das »eigene Leben« muß besser gesichert, die Mauern, die die Verletzungen, vor denen sie schützen sollen, mitbedingen, höher gezogen werden.

Diese Existenzform des Alleinstehenden ist kein abweichender Fall auf dem Weg der Moderne. Sie ist das Urbild der *durchgesetzten* Arbeitsmarktgesellschaft. Die Negation sozialer Bindungen, die in der Marktlogik zur Geltung kommt, beginnt in ihrem fortgeschrittensten Stadium auch die Voraussetzungen dauerhafter Zweisamkeit aufzulösen. Damit ist sie ein Fall paradoxer Vergesellschaftung, in der die hochgradige Gesellschaftlichkeit, die in ihr zum Durchbruch kommt, nicht mehr in Erscheinung tritt. In der hier vorgetragenen Art hat diese Überlegung zunächst eher »idealtypischen« Charakter. Wie die Daten (s.o.) zeigen, kommt ihr aber auch durchaus ein wachsendes Stück Realität zu. Mehr noch: *Sie ist die wahrscheinlich ungesehene und ungewollte Konsequenz, in die die Forderung der Gleichheit der Geschlechter unter den gegebenen institutionellen Bedingungen hineinführt.* Wer – wie Teile der Frauenbewegung – mit dem besten Recht Traditionen, unter denen die Moderne angetreten ist, weiterverlängert und die marktkonforme Gleichstellung von Mann und Frau einklagt und betreibt, muß auch sehen, daß am Ende dieses Weges aller Wahrscheinlichkeit nach nicht die gleichberechtigte Eintracht steht, sondern die *Vereinzelung* in gegen- und auseinanderlaufenden Wegen und Lagen, für die es heute unter der Oberfläche des Zusammenlebens bereits viele Anzeichen gibt.

Jenseits von Frauen- und Männerrolle

Beide Extremvarianten verkennen den Grundsachverhalt, der hier im Zentrum steht. Die aufbrechenden Widersprüche zwischen Familie und Arbeitsmarkt werden dort durch eine Konservierung der Familie, hier durch eine Generalisierung des Arbeitsmarktes *nicht* gelöst. Unerkannt bleibt, daß die Ungleichheit zwischen Männern und Frauen kein Oberflächenphänomen ist, das *in* den Strukturen und Formen von Familie und Berufssphäre *korrigiert* werden kann. Diese epochalen Ungleichheiten sind vielmehr in die Grundschematik der Industriegesellschaft, ihr Verhältnis von Produktion und Reproduktion, von Familien- und Erwerbsarbeit eingebaut. Mit ihnen brechen die Widersprüche zwischen Moderne und Gegenmoderne *in* der Industriegesellschaft auf. Entsprechend können sie auch nicht durch eine Begünstigung von »Wahlfreiheit« zwischen Familie und Beruf aus der Welt geschafft werden. Die Gleichstellung von Männern und Frauen kann nicht in den institutionellen Stukturen gelingen, die ihrem Zuschnitt nach auf die Ungleichstellung bezogen sind. Erst in dem Maße, in dem das gesamte institutionelle Gefüge der entwickelten Industriegesellschaft auf die Lebensvoraussetzungen von Familie und Partnerschaft hin durchdacht und verändert wird, kann eine neue Art der Gleichstellung *jenseits* von Frauen- und Männerrolle Schritt für Schritt erreicht werden. Der Scheinalternative »*Re*familialisierung« oder »*Durch*marktung« soll hier der dritte Weg der *Eindämmung und Abpufferung von Marktbeziehungen* gegenübergestellt werden, verbunden mit der gezielten Ermöglichung sozialer Lebensformen. Dabei geht es im folgenden nur um die Veranschaulichung des Grundgedankens.

Das Prinzip läßt sich genau spiegelbildlich zu der hier skizzierten theoretischen Deutung begreifen: Mit der Individualisierung der Familie wird die Trennung zwischen Produktion und Reproduktion sozusagen in einem zweiten historischen Schritt *in* der Familie vollzogen. Die damit aufbrechenden Widersprüche können entsprechend nur dann bewältigt werden, wenn *institutionelle Wiedervereinigungsmöglichkeiten von Arbeit und Leben* auf dem Stand der erreichten Trennung, und zwar in allen Komponenten der auseinanderstrebenden Marktbiographien, angeboten bzw. ermöglicht werden.

Beginnen wir mit der arbeitsmarktbedingten *Mobilität*. Zum einen wäre es denkbar, die Individualisierungseffekte der Mobilität selbst abzupuffern. Bislang wird mit großer Selbstverständlichkeit davon ausgegangen, daß Mobilität *individuelle* Mobilität ist. Die Familie, und mit ihr die Frau, zieht mit. Die damit aufbrechende Alternative: Berufsverzicht der Frau (mit allen Langzeitkonsequenzen) oder »Spagatfamilie« (als erster Schritt zur Scheidung), wird den Eheleuten als persönliches Problem zugeschoben. Demgegenüber wären *partnerschaftliche* Formen der Arbeitsmarktmobilität zu erproben und zu institutionalisieren. Nach dem Motto: wer den (die) einen(n) will, muß auch dem (der) anderen eine Beschäftigung verschaffen. Das Arbeitsamt müßte eine Berufsberatung und -vermittlung *für Familien* organisieren. Auch die Unternehmen (der Staat) müßten die »Werte der Familie« nicht nur beschwören, sondern durch partnerschaftliche Beschäftigungsmodelle (möglicherweise über mehrere Betriebe hinweg) sichern helfen. Parallel wäre zu prüfen, ob in bestimmten Bereichen nicht bestehende Mobilitätszwänge abgebaut werden könnten (etwa im akademischen Teilarbeitsmarkt). Auf derselben Linie liegt die soziale und rechtliche *Anerkennung von Immobilität* aus familialpartnerschaftlichen Gründen. Für die Bemessung der »Zumutbarkeit« von Arbeitsplatzwechseln müßten auch die Gefährdungen der Familie mit aufgenommen werden.

Allerdings wirkt angesichts einer stabilen Massenarbeitslosigkeit von über zwei Millionen die Forderung nach gedrosselter Allmobilität aller noch irrealer, als sie sowieso schon ist. Ähnliche Effekte können dann vielleicht auch von ganz anderen Ansatzpunkten her, z.B. dadurch erzielt werden, daß der *Zusammenhang zwischen Existenzsicherung und Arbeitsmarktbeteiligung* insgesamt gelockert wird. Sei es, daß die Sozialhilfe in Richtung Mindesteinkommen für alle Bürger aufgestockt wird; sei es, daß Probleme der Gesundheits- und Alterssicherung von Erwerbsarbeit abgekoppelt geregelt werden usw. Diese Lockerung der Arbeitsmarkt-Schraube hat Tradition (sozialstaatliche Sicherungen, Verringerung der Arbeitszeit usw.). Sie steht mit der gegenläufigen Entwicklung, die sich in der Massenarbeitslosigkeit ausdrückt – Drängen der Frauen auf den Arbeitsmarkt bei gleichzeitiger Verringerung des Arbeitsvolumens durch Steigerung der Produktivität der Arbeit (dazu Kapitel VI) – sowieso auf der gesellschaftlichen Tagesordnung.

Doch selbst eine »familienfreundlich« gedrosselte Arbeitsmarktdynamik wäre nur die eine Seite. Das soziale Zusammenleben der Menschen müßte neu ermöglicht werden. Die in ihren Sozialbeziehungen ausgedünnte Kleinfamilie stellt eine ungeheure Arbeitsintensivierung dar. Vieles, was gemeinsam über mehrere Familien hinweg leicht(er) gelöst werden kann, wird, wenn man ihm allein gegenübersteht, zu einer Dauerüberforderung. Das beste Beispiel hierfür sind wohl die Aufgaben und Sorgen der Elternschaft. Doch mehrere Familien übergreifende Lebens- und Unterstützungszusammenhänge werden meist schon durch die *Wohnverhältnisse* ausgeschlossen. Die berufliche Mobilität und der Trend zum Single-Dasein sind bereits Beton geworden. Die Wohnungen werden kleiner. Sie bleiben ganz auf die individuelle Familienmobilität zugeschnitten. Daß mehrere Familien zusammenziehen und zusammen mobil sein wollen, bleibt vom Grundriß der Wohnungen, Häuser, Wohnviertel ausgeschlossen. Dabei ist dies nur ein Beispiel. Nicht nur Architektur, Stadtplanung usw. geben Individualisierung vor und schließen soziales Leben aus. Der konkreten Änderungsphantasie sind kaum Grenzen gesetzt. Kindererziehung könnte z.B. nicht nur durch die Ermöglichung nachbarschaftlicher Hilfen erleichtert werden, sondern auch durch neue Spezialisierung – »Tagesmütter« – oder durch ein Schulsystem, das nicht die elterliche Nachhilfe bereits zum Bestandteil des »hidden curriculum« gemacht hat usw.

Zu der Frage nach der Realisierbarkeit und Finanzierbarkeit dieser »Utopie« ließen sich sehr wohl einige Worte sagen. Sie ist hier aber nicht Thema. Hier ging es vielmehr im Kern um ein theoretisches Argument, nämlich darum, die falsche Alternative zwischen Familienkonservativismus und Marktangleichung aufzubrechen. Allerdings ist durch diese oder andere institutionelle Veränderungen immer nur ein *Möglichkeits*raum zu schaffen und zu sichern. Die neuen Formen des Zusammenlebens *jenseits* der ständischen Zuweisungen müssen Männer und Frauen selbst erfinden und erproben. Damit gewinnen aber die viel geschmähten »Refugien der Privatheit und Innerlichkeit« einen zentralen Stellenwert. Nur auf den ersten Blick erscheint es dann noch so, als sei die gesellschaftliche Bewegung der siebziger Jahre in »subjektiven Selbstbespiegelungen« untergegangen. So nah und so weit man zu sehen vermag, wird heute im Alltag von Beziehungen und Bindungen innerhalb und außerhalb von Ehe und Familie unter der Last zukunftsunfähig gewordener Lebensformen schwere Arbeit geleistet. In der

Summierung kommen hier Änderungen zustande, die man sich wohl abgewöhnen muß für ein privates Phänomen zu halten. Was sich da zusammenläppert an empfindlicher Praxis in Lebensgemeinschaften aller Art, an rückschlagserfahrenen Neuerungsversuchen im Verhältnis zwischen den Geschlechtern, an neu aufgelebter Solidarität aufgrund *geteilter* und *eingestandener* Unterdrückung, geht der Gesellschaft vielleicht sogar anders an die Wurzel als »systemverändernde Strategien«, die auf der Höhe ihrer Theorie hängengeblieben sind (vgl. G. Muschg, 1976, S. 31).*
Die Rückschritte in den Fortschritten resultieren aus vielem. Sicherlich aber auch aus der Last der entgegenstehenden institutionellen Bedingungen. Vieles, was sich Männer und Frauen heute noch um die Ohren schlagen, haben sie nicht persönlich zu verantworten. Wenn sich diese Einsicht Bahn bricht, wäre viel, vielleicht sogar die zu den Veränderungen erforderlichen politischen Energien gewonnen.

---

* Rainer Maria Rilke, der von den Irrungen, die hier allgemein werden, viel wußte, hat schon um die Jahrhundertwende (1904) gehofft: »Das Mädchen und die Frau, in ihrer neuen, eigenen Entfaltung, werden nur vorübergehend Nachahmer männlicher Unart und Art und Wiederholung männlicher Berufe sein. Nach der Unsicherheit solcher Übergänge wird sich zeigen, daß die Frauen durch die Fülle und den Wechsel jener (oft lächerlichen) Verkleidung nur gegangen sind, um ihr eigenstes Wesen von den entstellenden Einflüssen des anderen Geschlechtes zu reinigen... Dieses in Schmerzen und Erniedrigungen ausgetragene Menschtum der Frau wird dann, wenn sie die Konventionen der Nur-Weiblichkeit in den Verwandelungen ihres äußeren Standes abgestreift haben wird, zutage treten, und die Männer, die es heute noch nicht kommen fühlen, werden davon überrascht und geschlagen werden. Eines Tages (wofür jetzt, zumal in den nordischen Ländern, schon zuverlässige Zeichen sprechen und leuchten), eines Tages wird das Mädchen da sein und die Frau, deren Name nicht mehr nur einen Gegensatz zum Männlichen bedeuten wird, sondern etwas für sich, etwas, wobei man an keine Ergänzung und Grenze denkt, nur an ein Leben und Dasein –: der weibliche Mensch. Dieser Fortschritt wird das Liebe-Erleben, das jetzt voller Irrung ist, (sehr gegen den Willen der überholten Männer zunächst) verwandeln, von Grund auf ändern, zu einer Beziehung umbilden, die von Mensch zu Mensch gemeint ist, nicht mehr von Mann zu Weib. Und diese menschlichere Liebe (die unendlich rücksichtsvoll und leise, und gut und klar im Binden und Lösen sich vollziehen wird), wird jener ähneln, die wir ringend und mühsam vorbereiten, der Liebe, die darin besteht, daß zwei Einsamkeiten einander schützen, grenzen und grüßen«. (Rainer Maria Rilke, Briefe, Frankfurt/Main 1980, S. 79f.).

Kapitel V
Individualisierung, Institutionalisierung und Standardisierung von Lebenslagen und Biographiemustern

»Individualisierung« – ein überbedeutungsvoller, mißverständlicher, vielleicht sogar ein Unbegriff, der aber auf etwas verweist, das wichtig ist. Bisher wurde versucht, sich ihm von der Seite des Wichtigen, von der Seite der Realität zu nähern. Das Bedeutungsknäuel des Wortes wurde dabei, so gut es geht, beiseite gelassen. In zwei Argumentationsschritten sollen nun einige begrifflich-theoretische Präzisierungen nachgereicht werden. Zunächst wird ein allgemeines, analytisches, gleichsam ahistorisches *Individualisierungsmodell* skizziert; hierunter läßt sich sehr viel der klassischen Diskussion von K. Marx über M. Weber bis E. Durkheim und G. Simmel fassen und vielleicht auch einige der zentralen Mißverständnisse verorten. Zweitens soll dieses »Modell« in der Anwendung auf die Nachkriegsverhältnisse in der Bundesrepublik über die bisherigen Ausführungen hinaus ergänzt und präzisiert werden. Dabei soll das Individualisierungstheorem zu der Zentralthese verdichtet werden: Das, was sich seit den letzten zwei Jahrzehnten in der Bundesrepublik (und vielleicht auch in anderen westlichen Industriestaaten) abzeichnet, ist nicht mehr im Rahmen der bisherigen Begrifflichkeiten immanent als eine Veränderung von Bewußtsein und Lage der Menschen zu begreifen, sondern – man verzeihe mir das Wortmonster – muß als Anfang eines *neuen Modus der Vergesellschaftung* gedacht werden, als eine Art »Gestaltwandel« oder »kategorialer Wandel« im Verhältnis von Individuum und Gesellschaft.*

---

* Ähnliches haben wohl auch M. Kohli und G. Robert (1984) im Sinn, wenn sie von »Individualität als (historisch neuer) Vergesellschaftungsform« sprechen.

1. Analytische Dimensionen von Individualisierung

»Individualisierung« ist keine Erscheinung, keine Erfindung der zweiten Hälfte des 20. Jahrhunderts. Entsprechende »individualisierte« Lebensstile und Lebenslagen finden sich in der Renaissance (Burckhardt), in der höfischen Kultur des Mittelalters (Elias), in der innerweltlichen Askese des Protestantismus (Max Weber), in der Befreiung des Bauern aus ständischer Hörigkeit (Marx) und im 19. und beginnenden 20. Jahrhundert in der Lockerung der intergenerativen Bindungen der Familie (Imhof) sowie in Mobilitätsprozessen – etwa der Landflucht und dem rasanten Städtewachstum (Lederer, Kocka) usw. In diesem allgemeinen Sinne meint »Individualisierung« bestimmte subjektiv-biographische Aspekte des Zivilisationsprozesses (im Sinne von N. Elias), insbesondere in seiner letzten Stufe von Industrialisierung und Modernisierung (inhaltlich im Sinne von E. Beck–Gernsheim, methodisch im Sinne von K. M. Bolte): Modernisierung führt nicht nur zur Herausbildung einer zentralisierten Staatsgewalt, zu Kapitalkonzentrationen und zu einem immer feinkörnigeren Geflecht von Arbeitsteilungen und Marktbeziehungen, zu Mobilität, Massenkonsum usw., sondern eben auch – und damit sind wir bei dem allgemeinen Modell – zu einer dreifachen »Individualisierung«: *Herauslösung* aus historisch vorgegebenen Sozialformen und -bindungen im Sinne traditionaler Herrschafts- und Versorgungszusammenhänge (»Freisetzungsdimension«), *Verlust von traditionalen Sicherheiten* im Hinblick auf Handlungswissen, Glauben und leitende Normen (»Entzauberungsdimension«) und – womit die Bedeutung des Begriffes gleichsam in ihr Gegenteil verkehrt wird – eine *neue Art der sozialen Einbindung* (»Kontroll- bzw. Reintegrationsdimension«).

Diese drei Momente – Herauslösung (bzw. Freisetzung), Stabilitätsverlust, Wiedereinbindung – sind für sich genommen schon ein unendliches Reservoir für Mißverständnisse. Sie bilden ein allgemeines, *ahistorisches Modell der Individualisierung*. Es erscheint mir jedoch wesentlich, dieses entlang einer zweiten Dimension begrifflich zu differenzieren: nämlich nach *(objektiver) Lebenslage* und *(subjektivem) Bewußtsein* (Identität, Personwerdung). Es ergibt sich dann die folgende Sechs-Felder-Tafel:

	Individualisierung	
	Lebenslage objektiv	Bewußtsein/Identität subjektiv
Freisetzung		
Stabilitätsverlust		
Art der Kontrolle		

Ein Hauptmißverständnis, das mit dem Wort »Individualisierung« verbunden ist, nistet und nährt sich aus seiner Gleichsetzung mit dem rechten oberen Feld: Viele assoziieren mit »Individualisierung« Individuation gleich Personwerdung gleich Einmaligkeit gleich Emanzipation. Das mag zutreffen. Vielleicht aber auch das Gegenteil. *Über die ganze rechte Seite wurde bislang wenig oder gar nichts ausgesagt.* Dies wäre ein eigenes Buch. Im wesentlichen haben sich die Ausführungen auf die linke objektive Seite beschränkt. Das heißt: Individualisierung wurde als historisch-soziologische, als *gesellschaftsgeschichtliche* Kategorie verstanden, als Kategorie, die in der Tradition der Lebenslagen- und Lebenslaufsforschung steht und sehr wohl zu unterscheiden weiß zwischen dem, was mit den Menschen geschieht, und dem, wie sie in ihrem Verhalten und Bewußtsein damit umgehen. * Die Hauptfrage dieses Kapitels lautet gegenüber diesen letztlich dominant an Bewußtsein, Identität, Sozialisation, Emanzipation orientierten Fragestellungen: *Wie läßt sich »Individualisierung« als Veränderung von Lebenslagen, Biographiemustern fassen?* Welcher Zuschnitt von Lebenslagen, welcher Typus von Biographie setzt sich unter entwickelten Arbeitsmarktbedingungen durch?

---

* Im wesentlichen ist die rechte Seite das Zentralthema der Kulturkritik – »Ende des Individuums« – etwa bei Adorno und bei Landmann. In anderer Weise sind die entsprechenden Fragestellungen Gegenstand der Sozialisationstheorie und -forschung (wie sie etwa bei Geulen zusammengefaßt wird.) Nach meinem Eindruck gehören auch neuere Überlegungen von N. Luhmann zur »Autopoiesis des Bewußtseins« (1985) hierher, siehe zusammenfassend auch G. Nunner-Winkler (1985).

2. Besonderheiten des Individualisierungsschubes in der Bundesrepublik

Wie läßt sich dieses allgemeine Modell für die Nachkriegsentwicklung in Deutschland konkretisieren? Also: Aus welchen Sozialformen und Versorgungssicherheiten werden die Menschen freigesetzt? Welches sind die Bedingungen und Medien, die diese Freisetzung vorantreiben? Zu welchen neuen Kontroll- und Vergesellschaftungsformen führen sie?

Zwei Kristallisationspunkte für Freisetzungen wurden bisher herausgearbeitet, zwei weitere zeichnen sich für die Zukunft ab (und sind Thema des nächsten Kapitels). Zunächst ging es um die *Herauslösung aus ständisch geprägten sozialen Klassen*, die sich weit zurückverfolgen läßt bis zum Beginn dieses Jahrhunderts, aber in der Bundesrepublik eine neue Qualität gewinnt. Diese Freisetzungen beziehen sich auf soziale und kulturelle Klassenbindungen *im Reproduktionsbereich*. Sie gehen dabei allerdings auch mit Veränderungen im Produktionsbereich einher: allgemeine Anhebung des Bildungsniveaus und des verfügbaren Einkommens, Verrechtlichung von Arbeitsbeziehungen, Veränderungen in der sozialen Zusammensetzung etc. bei Beibehaltung wesentlicher sozialer Ungleichheitsrelationen (vgl. zuletzt Bolte/Hradil 1984; Schäfers 1985). Beschreibbar wird dies am Wandel der Familienstrukturen, Wohnverhältnisse, räumlichen Verteilungen, Nachbarschaftsbeziehungen, Freizeitverhalten, Clubmitgliedschaften usw. (vgl. auch Herkommer 1983). Diese »Auflösung der proletarischen Milieus« (J. Mooser 1983) spiegelt sich – auf die gesamte Sozialstruktur projiziert – in den endemischen Schwierigkeiten, Modelle der Klassen- und Schichtungsforschung angesichts von Differenzierungs- und Pluralisierungstendenzen empirisch gehaltvoll zu interpretieren. Diese haben auf der einen Seite zu einem *methodisch versteckten Konventionalismus in der Festlegung von Schichtungsgrenzen* geführt (zuerst K. M. Bolte 1958) und auf der anderen Seite zu einem *Rückzug ins ahistorische Apriori des Klassengegensatzes*. Ein zweiter Kristallisationspunkt liegt in den Veränderungen *der Lage der Frauen*. Die Frauen werden aus der Eheversorgung – dem materiellen Eckpfeiler der traditionalen Hausfrauenexistenz – freigesetzt. Damit gerät das gesamte familiale Bindungs- und Versorgungsgefüge unter Individualisierungsdruck. Es bildet sich der Typus der *Verhandlungsfamilie auf Zeit* *heraus*, in der die bildungs-, arbeitsmarkt- und berufsorientierten Individuallagen, soweit sie nicht von vornherein außerfamiliale Lebensformen vorziehen, ein eigenartig widerspruchsvolles Zweckbündnis zum geregelten Emotionalitätsaustausch auf Widerruf eingehen*.

Neben sozialen Klassenkulturen und dem familialen Beziehungsgefüge gibt es zwei Kristallisationspunkte für Freisetzungen. Sie haben ihren Ausgangspunkt nicht mehr in der Reproduktions-, sondern in der Produktionssphäre und vollziehen sich als Freisetzungen relativ zum Beruf und zum Betrieb. Gemeint sind insbesondere die *Flexibilisierung der Erwerbsarbeitszeit* und die *Dezentralisierung des Arbeitsortes* (von der die elektronische Heimarbeit nur ein Extremfall ist). Auf diese Weise entstehen *neuartige Formen flexibler, pluraler Unterbeschäftigung* (dazu Kapitel VI). Diese werfen (sozialrechtliche) Versorgungsprobleme auf und lassen zugleich neuartige Lebenslagen und biographische Verlaufsmuster entstehen.

Soweit die Zusammenfassung der bisherigen Argumentation. Nun zu der weiterführenden Frage: Welcher *Modus der Re-Integration und Kontrolle* ist mit den entstehenden Individuallagen verbunden? Dazu zunächst *drei Thesen*:

1. Eine wesentliche Besonderheit des Individualisierungsschubs in der Bundesrepublik liegt in seinen *Konsequenzen*: Er wird nicht mehr durch eine soziale Bezugseinheit im Reproduktionsbereich aufgefangen. Sehr schematisch gesprochen: An die Stelle von Ständen treten nicht mehr soziale Klassen, an die Stelle von sozialen Klassenbindungen tritt nicht mehr der stabile Bezugsrahmen der Familie. *Der oder die einzelne selbst wird zur lebensweltlichen Reproduktionseinheit des Sozialen.* Oder anders formuliert: Die Familie als »vorletzte« Synthese generations- und geschlechtsübergreifender Lebenslagen und Lebensverläufe zerbricht, und die Individuen werden innerhalb und außerhalb der Familie zum Akteur ihrer marktvermittelten Existenzsicherung und ihrer Biographieplanung und -organisation.

---

* Daß dies nicht nur auf die Beziehungen zwischen den Eltern, sondern auch auf die Stellung der *Kinder und Jugendlichen* zutrifft, haben im Anschluß an die Ergebnisse der Shell-Jugend-Studie Fuchs und neuerdings auch theoretisch grundsätzlich L. Rosenmayr 1985, W. Hornstein 1985 und M. Baethge 1985 gezeigt; zu den besonderen Problemen weiblicher Jugendlicher und Jungarbeiterinnen siehe insbesondere Bilden/Diezinger 1982.

2. Diese Ausdifferenzierung von »Individuallagen« geht aber gleichzeitig mit einer hochgradigen *Standardisierung* einher. Genauer gesagt: *Eben die Medien, die eine Individualisierung bewirken, bewirken auch eine Standardisierung.* Dies gilt für Markt, Geld, Recht, Mobilität, Bildung usw. in jeweils unterschiedlicher Weise. Die entstehenden Individuallagen sind durch und durch *(arbeits)marktabhängig*. Sie sind sozusagen die Perfektionierung der Marktabhängigkeit bis in alle Fasern der Existenz(sicherung) hinein, sie sind ihr spätes Ergebnis in der wohlfahrtsstaatlichen Phase. Sie entstehen in der *durchgesetzten* Markt- und Arbeitsmarktgesellschaft, die traditionale Versorgungsmöglichkeiten nicht oder kaum kennt. Bereits G. Simmel hat anschaulich gezeigt, wie Geld zugleich individualisiert *und* standardisiert. Dies gilt nicht nur für geldabhängigen Massenkonsum und »Arbeitsmarkt-Freisetzungen«, sondern auch für die Herauslösung und Neueinbindung durch Ausbildung, Verrechtlichung, Verwissenschaftlichung usw.

3. Die Gleichzeitigkeit von Individualisierung, Institutionalisierung und Standardisierung faßt die entstehenden Individuallagen noch nicht zureichend. Sie weisen nämlich einen *neuartigen Zuschnitt* auf. Sie *übergreifen die getrennten Bereiche des Privaten und die verschiedenen Sphären des Öffentlichen.* Sie sind nicht mehr nur private, sondern immer auch institutionelle Lagen. Sie haben das widersprüchliche Doppelgesicht *institutionenabhängiger Individuallagen*. Das scheinbare Jenseits der Institutionen wird zum Diesseits der Individualbiographie. Dieser institutionelle Grenzen übergreifende Zuschnitt von Lebenslagen ergibt sich gerade aus deren Institutionenabhängigkeit (im weitesten Sinne): Die freigesetzten Individuen werden arbeitsmarktabhängig und *deshalb* bildungsabhängig, konsumabhängig, abhängig von sozialrechtlichen Regelungen und Versorgungen, von Verkehrsplanungen, Konsumangeboten, Möglichkeiten und Moden in der medizinischen, psychologischen und pädagogischen Beratung und Betreuung. Dies alles verweist auf die *institutionenabhängige Kontrollstruktur* von Individuallagen. Individualisierung wird zur *fortgeschrittensten* Form markt-, rechts-, bildungs- usw. -abhängiger Vergesellschaftung.

3. Institutionalisierung von Biographiemustern

Im Zuge von Individualisierungsprozessen werden Klassenunterschiede und Familienzusammenhänge nicht wirklich außer Kraft gesetzt, treten vielmehr relativ zur neu entstehenden »Mitte« des biographischen Lebensentwurfs in den Hintergrund. Gleichzeitig entstehen neue Abhängigkeiten. Diese verweisen auf *immanente Widersprüche im Individualisierungsprozeß*. In der fortgeschrittenen Moderne vollzieht sich Individualisierung unter den Rahmenbedingungen eines Vergesellschaftungsprozesses, der individuelle Verselbständigungen gerade in zunehmendem Maße unmöglich macht: Der einzelne wird zwar aus traditionalen Bindungen und Versorgungsbezügen herausgelöst, tauscht dafür aber die Zwänge des Arbeitsmarktes und der Konsumexistenz und der in ihnen enthaltenen Standardisierungen und Kontrollen ein. An die Stelle *traditionaler* Bindungen und Sozialformen (soziale Klasse, Kleinfamilie) treten *sekundäre* Instanzen und Institutionen, die den Lebenslauf des einzelnen prägen und ihn gegenläufig zu der individuellen Verfügung, die sich als Bewußtseinsform durchsetzt, zum Spielball von Moden, Verhältnissen, Konjunkturen und Märkten machen.

So wird gerade die individualisierte Privatexistenz immer nachdrücklicher und offensichtlicher von Verhältnissen und Bedingungen abhängig, die sich ihrem Zugriff vollständig entziehen. Parallel entstehen Konflikt-, Risiko- und Problemlagen, die sich ihrem Ursprung und Zuschnitt nach gegen jede individuelle Bearbeitung sperren. Diese umfassen bekanntlich so ziemlich alles, was gesellschaftlich und politisch diskutiert wird und umstritten ist: von den sogenannten »Maschen des sozialen Netzes« über die Aushandlung von Löhnen und Arbeitsbedingungen bis hin zur Abwehr bürokratischer Übergriffe, der Bereitstellung von Bildungsangeboten, der Regelung von Verkehrsproblemen, dem Schutz vor Umweltzerstörungen usw. Die Individualisierung greift also gerade unter gesellschaftlichen Rahmenbedingungen, die eine individuelle verselbständigte Existenzführung weniger denn je zulassen.

Ständisch geprägte, klassenkulturelle oder familiale Lebenslaufrhythmen werden überlagert oder ersetzt durch *institutionelle Lebenslaufmuster*: Eintritt und Austritt aus dem Bildungssystem, Eintritt und Austritt aus der Erwerbsarbeit, sozialpolitische Fixierungen des Rentenalters, und dies sowohl im Längsschnitt des Lebenslaufes (Kindheit, Jugend, Erwachsensein, Pensionierung und Alter) als auch im täglichen Zeitrhythmus und Zeithaushalt (Abstimmung von Familien-, Bildungs- und Berufsexistenz). Der Fall der Überlagerung wird insbesondere an der »Normalbiographie« von Frauen deutlich. Während Männer weitgehend in ihrem Lebenslauf von Familienereignissen unberührt bleiben, führen Frauen eine widersprüchliche, familial-institutionell geprägte Doppelexistenz. Für sie gilt der Familienrhythmus *immer noch* und in der Mehrzahl der Fälle der Bildungs- und Berufsrhythmus *auch schon*, woraus sich konflikthafte Zuspitzungen und fortlaufend unvereinbare Anforderungen ergeben.

Individualisierung bedeutet Marktabhängigkeit in allen Dimensionen der Lebensführung. Die entstehenden Existenzformen sind der vereinzelte, sich seiner selbst nicht bewußte *Massenmarkt* und *Massenkonsum* für pauschal entworfene Wohnungen, Wohnungseinrichtungen, tägliche Gebrauchsartikel, über Massenmedien lancierte und adoptierte Meinungen, Gewohnheiten, Einstellungen, Lebensstile. M.a.W., Individualisierungen liefern die Menschen an eine *Außensteuerung und -standardisierung* aus, die die Nischen ständischer und familialer Subkulturen noch nicht kannten.

Diese institutionellen Prägungen des Lebenslaufes bedeuten, daß Regelungen im Bildungssystem (z.B. Bildungszeiten), im Berufssystem (z.B. Arbeitszeiten im täglichen Wechsel und im Gesamtlebenslauf) und im System sozialer Sicherungen *direkt verzahnt sind mit Phasen im Lebenslauf der Menschen*: Mit institutionellen Festlegungen und Eingriffen werden zugleich (implizit) Festlegungen und Eingriffe im menschlichen Lebenslauf vollzogen. Durch die Heraufsetzung der Kindergartenzeiten wird es z.B. Frauen erschwert oder verunmöglicht, Mutter- und Berufspflichten zu vereinbaren (d.h. auch: Frauen werden vom Arbeitsmarkt verdrängt). Mit der Herabsetzung der Pensionsgrenze wird für eine ganze Generation per Erlaß das »soziale Alter« erhöht (mit allen damit verbundenen Problemen und Chancen). Zugleich wird eine Umverteilung von Arbeitsanteilen auf die nachwachsenden, jungen Generationen vorgenommen. Gerade Individualisierung bedeutet also: *Institutionalisierung*, institutionelle Prägung, und damit: *politische Gestaltbarkeit* von Lebensläufen und Lebenslagen. Deren Formung erfolgt meist »ungesehen«, als »latente Nebenwirkung« von Entscheidungen, die explizit auf Innerbetriebliches bezogen sind (Bildungssystem, Arbeitsmarkt, Erwerbsarbeit usw.). Ein eher pittoreskes Beispiel – das Fernsehen – mag diesen Zusammenhang veranschaulichen.

Das Fernsehen vereinzelt *und* standardisiert. Es löst die Menschen einerseits aus traditional geprägten und gebundenen Gesprächs-, Erfahrungs- und Lebenszusammenhängen heraus. Zugleich befinden sich aber alle in einer ähnlichen Situation: sie konsumieren institutionell fabrizierte Fernsehprogramme, und zwar von Honolulu bis Moskau und Singapur. Die Individualisierung – genauer: Herauslösung aus traditionalen Lebenszusammenhängen – geht einher mit einer Vereinheitlichung und Standardisierung der Existenzformen. Jeder sitzt selbst innerhalb der Familie vereinzelt vor der Flimmerkiste. Auf diese Weise entsteht das soziale Strukturbild eines individualisierten Massenpublikums oder – schärfer formuliert – das standardisierte Kollektivdasein der vereinzelten Massen-Eremiten (vgl. G. Anders, 1980).

Dies geschieht gleichzeitig *überkulturell, übernational.* Man trifft sich sozusagen am Abend weltweit und schichtübergreifend am *Dorfplatz des Fernsehens* und konsumiert die Nachrichten. Individuallagen lassen sich in diesem Sinne sogar nicht einmal mehr in ihrer institutionellen Abhängigkeit auf nationalstaatliche Grenzen festlegen. Sie sind Teil eines weltweit standardisierten Mediennetzwerks. Mehr als das: institutionelle und nationale Grenzen gelten in einem bestimmten Sinne nicht mehr. Wir führen medienvermittelt eine Art *räumlich-soziale Doppelexistenz.* Wir sind zugleich hier und ganz woanders, für uns selbst alleine und doch lauschen wir dem gleichen Konzert der New Yorker Philharmonie oder sind, während wir hier isoliert zu Abend essen, alle dort teilnehmende Beobachter grausamer Bürgerkriegsszenen im Libanon. Wenn man so will, kann man sagen, die entstehenden Lebenslagen weisen in ihrer »Doppelörtlichkeit« eine *individuell-institutionell schizophrene* Struktur auf. Allerdings mit unterschiedlichen Chancen von innen und außen, dies zu durchschauen. Von innen nein, von außen oder oben ja. Die Grenzen zwischen innen und außen bestehen also und bestehen zugleich nicht.

Damit sind auch *neuartige politische Kontroll- und Einflußchancen* verbunden. Angesichts der Fernsehgewohnheiten breiter Schichten der Bevölkerung (die bei Nichteinhaltung Entzugserscheinungen auslösen) wird mit den Fernsehprogrammen *in einem* die Wochen- und Tagesordnung der Familie gestaltet.

Die Privatsphäre ist nicht das, was sie zu sein scheint: eine gegen die Umwelt abgegrenzte Sphäre. *Sie ist die ins Private gewendete und hineinreichende Außenseite von Verhältnissen und Entscheidungen,* die anderswo: in den Fernsehanstalten, im Bildungssystem, in den Betrieben, am Arbeitsmarkt, im Verkehrssystem etc., unter weitgehender Nichtberücksichtigung der privat-biographischen Konsequenzen getroffen werden. Wer dies nicht sieht, verkennt einen wesentlichen Grundzug sozialer Lebensformen in der Phase fortgeschrittener Modernität: das Überlappen und Vernetzen der entstehenden individualisierten Privatheit mit den scheinbar institutionell abgegrenzten Bereichen und Produktionssektoren von Bildung, Konsum, Verkehr, Produktion, Arbeitsmarkt usw.

Mit dieser Institutionenabhängigkeit wächst die *Krisenanfälligkeit* der entstehenden Individuallagen. Die Institutionenabhängigkeit besteht nicht allgemein, sondern in bestimmten Prioritäten. Der Schlüssel der Lebenssicherung liegt im Arbeitsmarkt. Arbeitsmarkttauglichkeit erzwingt Bildung. Wem das eine oder andere vorenthalten wird, der steht gesellschaftlich vor dem materiellen Nichts. Ohne entsprechende Ausbildungszertifikate ist die Lage ebenso verheerend wie mit ihnen, aber ohne darauf bezogene Erwerbsarbeitsplätze. Erst unter diesen Bedingungen fallen diejenigen, die bereits beim Eintritt in das berufliche Ausbildungssystem abgewiesen werden, gesellschaftlich ins Bodenlose. Das Bereitstellen und Vorenthalten von Lehrstellen wird so zur Frage des Einstiegs oder Ausstiegs in die oder aus der Gesellschaft. Zugleich können durch konjunkturelle oder demographische »Hochs und Tiefs« *ganze Generationen ins existentielle Abseits* driften. D.h.: institutionenabhängige Individuallagen lassen gerade entlang von Wirtschafts- und Arbeitsmarkt-Konjunkturen generationsspezifische Benachteiligungen bzw. Bevorzugungen in entsprechenden *»Kohortenlagen«* entstehen. Diese erscheinen allerdings immer auch als mangelnde Fürsorge- und Versorgungsleistungen staatlicher Institutionen, die auf diese Weise unter Druck geraten, die institutionell vorprogrammierte Chancenlosigkeit ganzer Generationen, Lebensphasen und Altersstufen durch rechtliche Regelungen und sozialstaatliche Umverteilungen zu verhindern bzw. zu kompensieren.

Die Institutionen handeln in rechtlich fixierten *Kategorien von »Normalbiographien«, denen die Wirklichkeit immer weniger ent-*

spricht. Das Rückgrat der Normalbiographie ist das Normal-Arbeitsverhältnis. So ist das soziale Sicherungssystem auf den Angelpunkt der Beteiligung an Erwerbsarbeit hin zugeschnitten. Zugleich wächst die Zahl derjenigen, die bei aller Bereitschaft nicht oder nur mit Mühe den Einstieg in das Beschäftigungssystem schaffen. Der Sozialversicherung liegen Normalitätsstandards zugrunde, die angesichts konstanter Massenarbeitslosigkeit immer weniger erfüllt werden können und denen die Entwicklung der Lebensbedingungen in der Familie und zwischen Männern und Frauen immer weniger entspricht. Die Konzeption des »*Familienernährers*« ist durch die Familie mit geteilten und in Abhängigkeit von Phasen und Entscheidungen wechselnden Rollen als Verdiener und Versorger, Betreuer und Erzieher von Kindern zurückgedrängt worden. An die Stelle der »vollständigen« sind verschiedenste Varianten »unvollständiger« Familien getreten. Die wachsende Gruppe alleinerziehender Väter sieht sich durch ein Scheidungsrecht diskriminiert, das auf das Muttermonopol festgelegt ist usw.

Einer sich aus den Achsen der industriegesellschaftlichen Lebensführung – soziale Klassen, Kleinfamilie, Geschlechtsrollen und Beruf – herausentwickelnden Gesellschaft steht also ein System von Betreuungs-, Verwaltungs- und Politik-Institutionen gegenüber, die nun mehr und mehr *eine Art Statthalterfunktion der ausklingenden Industrieepoche* übernehmen. Sie wirken auf das von den amtlichen Normalitätsstandards »abweichende« Leben normativ pädagogisch disziplinierend ein. Sie werden zu den Beschwörern und Verfechtern der ehemaligen Sicherheiten, die nur noch für einen kleiner werdenden Teil der Bevölkerung gelten. So verschärfen sich die *Gegensätze zwischen institutionell entworfener und gesellschaftlich geltender »Normalität«*, und das Gebäude der Industriegesellschaft droht ins Normativ-Rechtliche abzurutschen.

Durch die Institutionenabhängigkeit wird die individualisierte Gesellschaft zugleich auch anfällig für alle möglichen Konflikte, Verbindungen und Koalitionen *quer* zu den traditionalen Klassengrenzen. Der Gegensatz der Arbeitsmarktparteien tritt als bestimmter Gegensatz zurück, und ins Zentrum rücken die vielfältigen Formen, in denen die verdrängte Gesellschaftlichkeit in der Privatexistenz jeweils konflikthaft durchschlägt: Vielleicht sind es Ereignisse wie der geplante Straßenzug in der Nähe des eigenen

Gartens, die sich verschärfende Schulsituation der Kinder oder die in der Umgebung entstehende Atommülldeponie, die Aspekte eines »Kollektivschicksals« ins Bewußtsein dringen lassen.

Entscheidend ist jedoch, *wie* in der individualisierten Gesellschaft das institutionell geprägte Kollektivschicksal im Lebenszusammenhang der Menschen in Erscheinung tritt, wahrgenommen und verarbeitet wird. Wenn man dies in einem Vergleich zum Ausdruck bringen will, kann man sagen: Der Hohlspiegel des Klassenbewußtseins zersplittert, ohne zu zerfallen, und jeder Splitter gibt seine eigene Totalperspektive wider, ohne daß die von Ritzen und Sprüngen feinmaschig zergliederte, in ihre Bestandteile zerfallene Spiegeloberfläche noch ein gemeinsames Bild erzeugen könnte. Indem die Menschen in Individualisierungsschüben immer wieder aus sozialen Bindungen herausgelöst und privatisiert werden, geschieht nämlich ein Doppeltes. Einerseits werden die Wahrnehmungsformen privat, und sie werden zugleich – in der Zeitachse gedacht – *ahistorisch*. Die Kinder kennen schon nicht mehr den Lebenszusammenhang der Eltern, geschweige den der Großeltern. D.h., die Zeithorizonte der Lebenswahrnehmung verengen sich immer mehr, bis schließlich im Grenzfall *Geschichte zur (ewigen) Gegenwart* schrumpft und sich alles um die Achse des eigenen Ichs, des eigenen Lebens dreht. Andererseits nehmen die Bereiche ab, in denen gemeinsam verfaßtes Handeln das eigene Leben affiziert, und es nehmen die Zwänge zu, den eigenen Lebenslauf selbst zu gestalten, und zwar auch und gerade dort, wo er nichts als das Produkt der Verhältnisse ist.

Individualisierung bedeutet in diesem Sinne, daß die Biographie der Menschen aus vorgegebenen Fixierungen herausgelöst, offen, entscheidungsabhängig und als Aufgabe in das Handeln jedes einzelnen gelegt wird. Die Anteile der prinzipiellen entscheidungsverschlossenen Lebensmöglichkeiten nehmen ab, und die Anteile der entscheidungsoffenen, selbst herzustellenden Biographie nehmen zu. Individualisierung von Lebenslagen und -verläufen heißt also: Biographien werden *»selbstreflexiv«*; sozial vorgegebene wird in selbst hergestellte und herzustellende Biographie transformiert. Die Entscheidungen über Ausbildung, Beruf, Arbeitsplatz, Wohnort, Ehepartner, Kinderzahl usw. mit all ihren Unterunterentscheidungen können nicht nur, sondern müssen getroffen werden. Selbst dort, wo die Rede von »Entscheidungen« ein zu hochtrabendes Wort ist, weil weder Bewußtsein noch Alternativen vorhanden sind, wird der einzelne die Konsequenzen aus seinen nicht getroffenen Entscheidungen »ausbaden« müssen. Dies bedeutet: durch institutionelle und lebensgeschichtliche Vorgaben entstehen gleichsam *Bausätze biographischer Kombinationsmöglichkeiten.* Im Übergang von der »Normal- zur Wahlbiographie« (Ley) bildet sich der konfliktvolle und historisch uneingeübte Typus der *»Bastelbiographie«* (Gross, 1985) heraus. Das Entweder-Oder von reichen und benachteiligten Lebens- bzw. Konfliktlagen wird relativiert durch lebensphasenspezifische Problemkumulationen (etwa für die jungen Erwachsenen das Zusammentreffen von Entscheidungen über Ehe, Kinder und Beruf der Ehepartner), die privat und institutionell besonderer Planungen und Abstimmungen bedürfen.

In der individualisierten Gesellschaft muß der einzelne entsprechend bei Strafe seiner permanenten Benachteiligung lernen, sich selbst als Handlungszentrum, als Planungsbüro in bezug auf seinen eigenen Lebenslauf, seine Fähigkeiten, Orientierungen, Partnerschaften usw. zu begreifen. »Gesellschaft« *muß* unter den Bedingungen des herzustellenden Lebenslaufes als eine »Variable« individuell gehandhabt werden. Sicherlich ist die Knappheit der Bildungschancen ein alle betreffendes Problem; was heißt das aber für das Schmieden meines eigenen Schicksals, das mir keiner abnehmen kann? Was kann, muß ich in die Wege leiten, um auch noch bei einem Notendurchschnitt von 2,5 Medizin studieren zu können? Auf diese Weise müssen die gesellschaftlichen Determinanten, die in das eigene Leben hineinschlagen, als »Umweltvariable« begriffen werden, die durch »Maßnahmenphantasie«, die auf den eigenen Handlungsradius bezogen ist, und entsprechend der »Binnendifferenzierungen« von Kontakt- und Aktivitätsmöglichkeiten für den eigenen Lebensraum abgemildert, unterlaufen oder außer Kraft gesetzt werden können.

Gefordert ist ein *aktives Handlungsmodell des Alltags*, das das Ich zum Zentrum hat, ihm Handlungschancen zuweist und eröffnet und es auf diese Weise erlaubt, die aufbrechenden Gestaltungs- und Entscheidungsmöglichkeiten in bezug auf den eigenen Lebenslauf sinnvoll kleinzuarbeiten. Dies bedeutet, daß hier hinter der Oberfläche intellektueller Spiegelfechtereien für die Zwecke des eigenen Überlebens ein *ichzentriertes Weltbild* entwickelt werden muß, das das Verhältnis von Ich und Gesellschaft sozusagen auf den Kopf stellt und für die Zwecke der individuellen Lebenslaufgestaltung handhabbar denkt und macht.

In der Konsequenz werden die Schleusen für die Subjektivierung und Individualisierung gesellschaftlich-institutionell erzeugter Risiken und Widersprüche geöffnet. Für den einzelnen sind die ihn determinierenden institutionellen Lagen nicht mehr nur Ereignisse und Verhältnisse, die über ihn hereinbrechen, sondern mindestens *auch Konsequenzen der von ihm selbst getroffenen Entscheidungen*, die er als solche sehen und verarbeiten muß. Dies wird auch dadurch begünstigt, daß sich unterderhand der Charakter der typischen Ereignisse verändert, die den einzelnen aus der Bahn werfen. War das, was ihn traf, früher eher ein »Schicksalsschlag«, qua Gott oder Natur gesandt, z.B. Krieg, Naturkatastrophen, Tod des Ehepartners, kurz, ein Ereignis, für das er selbst keine Verantwortung trug – so sind es heute weit eher Ereignisse, die als »persönliches Versagen« gelten, vom Nicht-Bestehen eines Examens bis zu Arbeitslosigkeit oder Scheidung. In der individualisierten Gesellschaft nehmen also nicht nur, rein quantitativ betrachtet, die Risiken zu, sondern es entstehen auch qualitativ neue Formen des persönlichen Risikos: Es kommen, was zusätzlich belastend ist, auch neue Formen der »Schuldzuweisung« auf. Aus diesen Zwängen zur Selbstverarbeitung, Selbstplanung und Selbstherstellung von Biographie dürften über kurz oder lang auch neue Anforderungen an Ausbildung, Betreuung, Therapie und Politik entstehen.

Abschließend sei ein letzter, scheinbar gegenläufiger Grundzug angedeutet: Individualisierte Biographien, auf der einen Seite in ihren Strukturen zurückgebunden an die Selbstgestaltung, werden zur anderen Seite fast ins Unabschließbare hin geöffnet. *Alles, was in systemtheoretischer Perspektive getrennt erscheint, wird zum integralen Bestandteil der Individualbiographie:* Familie *und* Erwerbsarbeit, Ausbildung *und* Beschäftigung, Verwaltung und Verkehrswesen, Konsum, Medizin, Pädagogik usw. Teilsystemgrenzen gelten für Teilsysteme, aber nicht für Menschen in institutionenabhängigen Individuallagen. Oder in Anknüpfung an J. Habermas formuliert: Individuallagen liegen *quer* zur Unterscheidung von System und Lebenswelt. Die Teilsystemgrenzen gehen durch Individuallagen hindurch. Sie sind sozusagen die biographische Seite des institutionell Getrennten. Es handelt sich, so betrachtet, um individualisierte Institutionenlagen, deren auf Systemebene vernachlässigte Zusammenhänge und Brüche permanent Reibungspunkte, Abstimmungsschwierigkeiten und Widersprüche in und zwischen den Individualbiographien erzeugen. Lebensführung wird unter diesen Bedingungen zur *biographischen Auflösung von Systemwidersprüchen* (z.B. zwischen Ausbildung und Beschäftigung, rechtlich unterstellter und realer Normalbiographie).* Biographie ist – in Anknüpfung an N. Luhmann formuliert – die *Summe der Teilsystemrationalitäten,* und keineswegs deren Umwelt. Nicht nur, daß der Kauf von Kaffee im Laden an der Ecke u.U. zu einer Frage der Mitwirkung an der Ausbeutung der Plantagenarbeiter in Südamerika wird. Nicht nur, daß mit der Allpräsenz von Pestiziden ein Grundkurs in (Anti-)Chemie zur Überlebensvoraussetzung wird. Nicht nur, daß Pädagogik und Medizin, Sozialrecht und Verkehrsplanung ein aktives – wie es immer so schön heißt – »mitdenkendes Individuum« voraussetzen, das sich in diesem Dschungel von vorübergehenden Endgültigkeiten dank eigener Klarsicht zurechtfindet. Alle diese und alle anderen Experten laden ihre Widersprüche und Streitigkeiten bei dem einzelnen ab und entlassen ihn mit der meist auch noch gutgemeinten Aufforderung, dies alles kritisch auf eigene Vorstellungen hin zu beurteilen. Mit der Enttraditionalisierung und der Schaffung weltweiter Mediennetzwerke wird die Biographie mehr und mehr aus ihren unmittelbaren Lebenskreisen herausgelöst und über Länder- und Expertengrenzen hinweg für eine *Fernmoral* geöffnet, die den einzelnen in den Zustand der potentiellen Dauerstellungnahme versetzt. Bei gleichzeitiger Versenkung in die Unbedeutendheit wird er auf den scheinbaren Thron eines Weltgestalters gehoben. Während die Regierungen (noch) im nationalstaatlichen Gefüge handeln, wird die Biographie schon zur Weltgesellschaft hin geöffnet. Mehr noch: die Weltgesellschaft wird *Teil* der Biographie, auch wenn diese Dauerüberforderung nur durch das Gegenteil: Weghören, Simplifizieren, Abstumpfen zu ertragen ist.

---

* Eine forschungspraktische Konsequenz: Biographieforschung, die sich nur in den Fußstapfen von Familien- oder Schichtungsforschung bewegt, wird problematisch. Wer die Standardisierung und (implizite) politische Gestaltbarkeit von Individuallagen erforschen will, muß ebenso etwas von Ausbildung, Beschäftigungsverhältnissen, Industriearbeit, Massenkonsum, Sozialrecht, Verkehrswesen und Stadtplanung verstehen. Biographieforschung wäre in diesem Sinne – zumindest der Anforderung nach – so etwas wie eine überdisziplinäre Gesellschaftsforschung aus der Perspektive des Subjekts – eine Forschung, die gerade *quer* zu dem Schema der speziellen Soziologien liegt.

Kapitel VI
Entstandardisierung der Erwerbsarbeit:
Zur Zukunft von Ausbildung und Beschäftigung

Die Bedeutung, die die Arbeit in der Industriegesellschaft gewonnen hat, kennt in der Geschichte keine Beispiele. In den Stadtstaaten des frühen Griechenlands wurde die zur Versorgung notwendige Arbeit, die im ewig Gleichen der Erfüllung alltäglicher Bedürfnisse aufgeht und keine über die Sicherung des Lebens hinausgehenden Spuren hinterläßt, den Sklaven zugewiesen. Die freien Bürger widmeten sich dem politischen Tun und kulturellem Schaffen. Auch im Mittelalter, wo Arbeit noch Hände-Arbeit war, hatte Arbeitsteilung einen anderen Sinn. Dem Adel galt Arbeit als unedel. Sie war Sache der niederen Stände. Sicherste Zeichen der einstürzenden Welt kamen dort in Sicht, wo der männliche Sprößling eines angesehenen Adelshauses einen »bürgerlichen Beruf« ergreifen – sprich: in die Niederungen der Medizin oder Juristerei herabsteigen mußte. Hätte man diesen Zeiten verkündet, was in den letzten Jahren über das Schwinden oder gar Verschwinden der Erwerbsarbeit orakelt wurde, sie hätten die Botschaft, die Aufregung nicht verstanden.

Die Bedeutung der Erwerbsarbeit für das Leben der Menschen in der Industriegesellschaft liegt nicht oder nicht wesentlich in der Arbeit selbst begründet. Sie entsteht zunächst sicherlich daraus, daß die Verausgabung der Arbeitskraft die Basis der Existenzsicherung gerade auch der individualisierten Lebensführung ist. Aber auch dies erklärt nur einen Teil der Erschütterungen, die die Nachricht vom Schwinden der Arbeitsgesellschaft ausgelöst hat. Erwerbsarbeit und Beruf sind im Industriezeitalter zur *Achse der Lebensführung* geworden. Zusammen mit der Familie bildet sie das zweipolige Koordinatensystem, in dem das Leben in dieser Epoche befestigt ist. Dies läßt sich im idealtypischen Lebenslängsschnitt einer intakten industriellen Welt veranschaulichen. Bereits in der Kindheit, noch ganz in die Familie eingebunden, erfährt der Heranwachsende den Beruf über den Vater als den Schlüssel zur Welt. Später bleibt Ausbildung durch alle Stationen hindurch auf das in ihr nicht vorhandene »Jenseits« des Berufs bezogen. Das Erwachsensein steht ganz unter den Sternen der Erwerbsarbeit, nicht nur allein aufgrund der zeitlichen Beanspruchung durch die Arbeit selbst, sondern auch deren Verarbeitung oder Planung in der Zeit außerhalb, davor und danach. Selbst »Alter« wird durch Nichtberuf definiert. Es fängt dort an, wo die Berufswelt die Menschen entläßt – egal, ob sie sich alt fühlen oder nicht.

Nirgendwo wird vielleicht die Bedeutung, die Erwerbsarbeit für das Leben der Menschen in der industriellen Welt gewonnen hat, so deutlich wie an der Situation, in der zwei Unbekannte sich begegnen und fragen: *»Was sind Sie?«*, und antworten nicht mit dem Hobby: Taubenzüchter, nicht mit der Religionszugehörigkeit: katholisch, nicht mit Bezug auf das Schönheitsideal: sie sehen es doch, rothaarig und vollbusig – sondern mit der größten Selbstverständlichkeit der im Grunde genommen mit dieser Antwort aus den Fugen tretenden Welt mit dem *Beruf*: Facharbeiter bei Siemens. Wenn wir den Beruf unseres Gegenübers kennen, glauben wir, *ihn (sie)* zu kennen. Der Beruf dient zur wechselseitigen Identifikationsschablone, mit deren Hilfe wir die Menschen, die ihn »haben«, einschätzen in ihren persönlichen Bedürfnissen, Fähigkeiten, ihrer ökonomischen und sozialen Stellung. So seltsam es ist, die Person mit dem Beruf gleichzusetzen, den sie hat. In der Gesellschaft, in der das Leben auf dem Faden des Berufs aufgereiht ist, enthält dieser tatsächlich einige Schlüsselinformationen: Einkommen, Status, sprachliche Fähigkeiten, mögliche Interessen, Sozialkontakte usw.*

Noch Mitte der sechziger Jahre spricht Helmut Schelsky in diesem Sinne davon, daß Familie und Beruf die zwei großen Sicherheiten sind, die den Menschen in der Moderne geblieben sind. Sie verleihen ihrem Leben »Innenstabilität«. Im Beruf wird dem einzelnen Zugang zu gesellschaftlichen Wirkungszusammenhängen eröffnet. Vielleicht läßt sich sogar sagen, durch das Nadelöhr seines Arbeitsplatzes hindurch wird der »Berufsinhaber« zum »Mitgestalter der Welt« im Kleinen. Insofern garantiert der Beruf (wie auf der anderen Seite die Familie) *grundlegende Sozialerfahrungen*. Der Beruf ist ein Ort, an dem soziale Wirklichkeit in der

---

* Vgl. dazu ausführlich U. Beck, M. Brater, H.-J. Daheim, Soziologie der Arbeit und der Berufe, Reinbek 1980.

Teilnahme, sozusagen aus erster Hand, erfahren werden kann.*

Die Frage einmal beiseite gelassen, ob dieses Bild die Situation der sechziger Jahre zutreffend wiedergibt, heute und mit Blick auf die wahrscheinliche Zukunft gilt es in vielen Beschäftigungsbereichen jedenfalls nicht mehr. Ebenso wie die Familie hat auf der Gegenseite *der Beruf seine ehemaligen Sicherheiten und Schutzfunktionen eingebüßt*. Mit dem Beruf verlieren die Menschen ein mit der industriellen Epoche entstandenes, inneres Rückgrat der Lebensführung. Die Probleme und Vorgaben der Erwerbsarbeit durchstrahlen die gesamte Gesellschaft. Die Industriegesellschaft ist auch außerhalb der Arbeit in der Schematik ihres Lebens, in ihren Freuden und Leiden, in ihrem Begriff von Leistung, in ihrer Rechtfertigung von Ungleichheit, in ihrem Sozialrecht, in ihrer Machtbalance, in ihrer Politik und Kultur *durch und durch eine Erwerbsarbeitsgesellschaft*. Wenn ihr ein Systemwandel der Erwerbsarbeit bevorsteht, dann steht ihr ein Gesellschaftswandel bevor.

1. Vom System standardisierter Vollbeschäftigung zum System flexibel-pluraler Unterbeschäftigung

Das Thema der Massenarbeitslosigkeit in den westlichen Industriestaaten wird immer noch in den alten Fragen und Kategorien diskutiert. Noch herrscht in fast allen politischen und wirtschaftlichen Lagern die Hoffnung vor, daß es im Zuge einer konsequenten Wiederbelebung der Wirtschaft in den neunziger Jahren zu einem neuen Aufbruch in die Vollbeschäftigung kommt. Daß wir am Anfang eines *gegen*industriellen Rationalisierungsprozesses stehen, in dessen Verlauf die *Prinzipien* des bisherigen Beschäftigungssystems – und nicht nur Umschichtungen in Berufs- und Qualifikationsstruktur – zur Disposition stehen: diese Möglichkeit wird bisher weder theoretisch noch politisch systematisch in Erwägung gezogen.

Bei allen Kontroversen sind sich die Experten allerdings in einem

---

* »Lebenskontinuität und Berufskontinuität hängen für uns heute engstens zusammen, während wir etwa die soziale und regionale Umwelt viel leichter zu wechseln bereit sind. Man kann den Wohnsitz, ja man kann das Land und die Gesellschaft heute verhältnismäßig leicht vertauschen, ohne ›entwurzelt‹ zu werden, wenn man seine Berufsmöglichkeiten und seine beruflichen Leistungen in dem Wechsel bewahren kann« (H. Schelsky, 1972, S. 32).

Punkt einig: Selbst bei wirtschaftlichen Wachstumsraten zwischen 2 und 4 % wird die hohe Arbeitslosigkeit oberhalb der Zweimillionengrenze *nicht vor den neunziger Jahren abzubauen sein*. Erst dann sinkt nämlich mit den geburtenschwachen Jahrgängen drastisch das bis dahin steil ansteigende Potential von »Erwerbspersonen« und damit die Nachfrage nach Arbeitsplätzen unter den Stand zu Beginn der achtziger Jahre. In dieses Jonglieren mit Zahlen gehen viele Unbekannte ein; etwa die in den vergangenen Jahren kontinuierlich angestiegene Erwerbsbeteiligung von Frauen; oder inwieweit per saldo durch den rapide steigenden Einsatz von Informationstechnologien und Produktionsautomaten die dadurch vernichteten Arbeitsplätze durch erhöhten Absatz kompensiert werden können (Schätzungen schwanken zwischen 1 zu 2 bis 1 zu 6); schließlich inwieweit nicht pauschal Vollzeit- in verschiedenartigste Teilzeitarbeitsplätze umgewandelt werden und auf diese Weise die ganzen bisherigen Berechnungen, die im wesentlichen das Erwerbsarbeitsvolumen in Vollzeitarbeitsplätzen messen, das Zeitliche segnen, dem sie verhaftet sind.

Die Unsicherheiten derartiger Berechnungen dürfen aber nicht über ihre große politische Bedeutung hinwegtäuschen. Denn diese Einschätzung der Entwicklung sagt zwar noch eine lange Durststrecke bis weit in die neunziger Jahre voraus: aber nach diesen »dürren« können wieder »fette« Jahre am Arbeitsmarkt erwartet werden – mit der entscheidenden Konsequenz, daß auf diese Weise einer *»Nichtpolitik des Überwinterns«* (direkt oder indirekt) das Wort geredet wird. Es kommt gemäß dieser politikentlastenden Version nur darauf an, »Übergangsmaßnahmen« zu treffen, um die Situation für die »betroffenen Zwischengenerationen« abzumildern. An dem grundsätzlichen wirtschafts-, arbeitsmarkt- und bildungspolitischen Kurs dagegen braucht nicht nur, sondern darf letztlich nicht herumexperimentiert werden.

Diese Deutung, die sich in den letzten Jahren sowohl wissenschaftlich als auch politisch weitgehend durchgesetzt hat, steht und fällt mit einer Prämisse, die hier systematisch bezweifelt werden soll: der *Kontinuität* des bisherigen Beschäftigungssystems und seiner tragenden Säulen Betrieb, Arbeitsplatz, Beruf, Lohnarbeit etc. Es wird ausgeschlossen, daß mit den informationstechnologischen, aber auch sozialen und rechtlichen Modernisierungsschüben sozusagen eine Art *»Verfassungsänderung«* des Beschäftigungssystems eingeleitet wird. Die Möglichkeit eines derartigen

Systemwandels der Erwerbsarbeit soll im folgenden durchdacht werden. Ich gehe dabei – getreu dem guten, alten Popper – davon aus, daß erst eine theoretische *Alternative* überhaupt eine empirische Überprüfung auch der Gegenthese ermöglicht. Es handelt sich also im folgenden um ein Hypothesen-Set – nicht mehr und nicht weniger –, dessen empirische Überprüfung und kritische Diskussion aussteht, dessen Zentralfunktion aber darin besteht, den vorherrschenden (und politisch so folgenreichen) *theoretischen Monismus* des Kontinuitätsdenkens aufzubrechen und mit der so hergestellten Deutungskonkurrenz zwischen Kontinuität und Zäsur der Beschäftigungsentwicklung überhaupt erst eine empirische Überprüfung *beider* Perspektiven in Zukunft zu ermöglichen. In diesem Sinne soll zunächst erläutert werden, was mit einem »Systemwandel« der Erwerbsarbeit gemeint sein kann (siehe dazu auch S. 345 ff.). Dann wird im einzelnen zu klären sein, *wodurch, wie* und *mit welchen Konsequenzen* dieser Systemwandel vorangetrieben und möglicherweise durchgesetzt wird, auf welche Widerstände er trifft, welche Risiken er produziert usw.

Bei den Extrapolationen der Arbeitslosenentwicklung bis zum Jahre 2000, aber auch bei der persönlichen Bildungs- und Berufsplanung der Menschen sowie im politischen Denken und Handeln wird, wie gesagt, das gegenwärtige Beschäftigungssystem in seinen Grundzügen voraus- und konstant gesetzt. Dabei gehen folgende Annahmen ein, die in aktuellen Modernisierungs- und Rationalisierungswellen gerade fragwürdig werden:

Das in dem vergangenen Jahrhundert aus schweren sozialen und politischen Konflikten und Krisen heraus entstandene Beschäftigungssystem beruht auf hochgradigen *Standardisierungen* in allen seinen wesentlichen Dimensionen: des Arbeits*vertrages*, des Arbeits*ortes* und der Arbeits*zeit*. Der Arbeitseinsatz folgt in seinen rechtlichen Konditionen Musterverträgen, die z.T. tariflich in ihren Rahmenbedingungen für ganze Branchen und Beschäftigungsgruppen ausgehandelt werden. Völlig selbstverständlich ist uns geworden, daß die Arbeit örtlich konzentriert in betrieblichen (Groß-)Organisationen geleistet wird. Auch liegt dem Beschäftigungssystem als zeitlicher Organisationsmaßstab – von einigen Ausnahmen abgesehen – bis weit in die siebziger Jahre hinein die Einheitsnorm »lebenslanger Ganztagsarbeit« für Planung und Einsatz der Arbeitskraft im Betrieb, aber auch in biographischen Lebenszusammenhängen zugrunde. Dieses System erlaubt – im

Prinzip – klare Grenzziehungen zwischen Arbeit und Nichtarbeit, die sich räumlich und zeitlich fixieren lassen, aber auch soziale und rechtliche Trennschärfen von Arbeitslosigkeit und Beschäftigung ausdrücken. Dieses *standardisierte Vollbeschäftigungssystem* beginnt in den aktuellen und bevorstehenden Rationalisierungswellen vom Rande her in Flexibilisierungen seiner drei tragenden Säulen – Arbeitsrecht, Arbeitsort, Arbeitszeit – aufzuweichen und auszufransen. Damit werden die *Grenzen zwischen Arbeit und Nichtarbeit fließend*. Flexible, plurale Formen der Unterbeschäftigung breiten sich aus.

Daß die Norm lebenslanger Ganztagsarbeit inzwischen durch vielfältige Formen arbeitszeitlicher Flexibilisierungen aufgebrochen wird, ist inzwischen wohl auch in den letzten gesellschaftlichen (Schmoll-)Winkel vorgedrungen. Weit weniger bekannt ist, daß dies wohl in naher Zukunft auch für die *räumliche* Konzentration und damit für die »Betriebsförmigkeit« der Erwerbsarbeit gelten könnte. Der betriebliche Kooperationszusammenhang kann schon jetzt zumindest in Teilbereichen (Verwaltung, Schreibbüro, Management, Dienstleistungen) elektronisch hergestellt und damit *dezentral*, sozusagen »ortsdiffus«, »ortsunabhängig« organisiert werden. Diese räumliche Dekonzentration der Erwerbsarbeit kann dabei in vielen Formen erfolgen: von der Lockerung der Anwesenheitsregelungen über ortsdiffuse Neuvernetzungen von Abteilungen und Teams bis hin zur Auslagerung von Teilfunktionen in Gestalt teilweiser oder vollständiger elektronischer Heimarbeit. Alle sind aber mit derselben Konsequenz verbunden. Der Zusammenhang zwischen gesellschaftlichen Arbeits- und Produktionsprozessen wird gelockert, die Selbstverständlichkeit, daß direkte Kooperation »an einem Ort zusammenarbeiten« bedeutet, durchlöchert. Damit wechselt aber das Beschäftigungssystem in wesentlicher Hinsicht seine Erscheinungsform. An die Stelle der *sichtbaren*, in Hochhäusern und Fabrikhallen zusammengeballten Betriebsförmigkeit der Arbeit tritt eine *unsichtbare* Betriebsorganisation. Beobachtbares Anzeichen für einen derartigen Übergang vom alten in das neue Beschäftigungssystem wäre das allmähliche *Verwaisen* der großräumigen Arbeitsgebäude, die mehr und mehr wie Dinosaurier des Industrie-Zeitalters an eine ausklingende Epoche erinnern würden. Letztlich geschähe damit nichts wesentlich Neues. Es würde »nur« die Unsichtbarkeit von Kapitalverflechtung auf die Ebene der inhaltlichen Arbeitsorganisation übertragen – mit übrigens ähnlichen Gewinnen an verdeckten Organisations- und Neuvernetzungsmöglichkeiten für das betriebliche Management.

Selbstverständlich muß diese zeitliche und räumliche Flexibilisierung der Erwerbsarbeit nicht einheitlich und für alle Teilbereiche des Beschäftigungssystems parallel erfolgen. Es ist anzunehmen, daß Pluralisierungen der Arbeitszeit und des Arbeitsortes unabhängig voneinander oder nacheinander vorangetrieben werden. Auch kann heute noch nicht abgesehen werden, wo diese absolut oder vorübergehend auf eine sachliche und/oder politische Grenze trifft, welche Funktionsbereiche (und damit Berufsgruppen, Branchen und Abteilungen) von ihr ausgeschlossen bleiben. Schon jetzt läßt sich aber sagen, daß die arbeitszeitliche Flexibilisierung, die Umwandlung von Vollzeit- in verschiedenartigste Teilzeitarbeitsplätze nicht *einkommensneutral* erfolgen kann. Das heißt, mit der Teilung der Arbeitszeit (die ja nicht dem Ziel einer Über-, sondern einer Generalisierung der *Unter*beschäftigung, dem Abbau der Arbeitslosigkeit dient), geht eine Umverteilung des Einkommens, der sozialen Sicherung, der Karrierechancen, der Stellung im Betrieb *nach unten* einher, im Sinne eines kollektiven Abstiegs (quer zu Fach-, Berufs- und Hierarchiedifferenzierungen). Arbeitszeitpolitik ist in diesem Sinne immer auch *Umverteilungspolitik* und schafft neue soziale Unsicherheiten und Ungleichheiten. Hierin liegt sicher wesentlich der Widerstand der Gewerkschaften wie auch das aktive Vorpreschen vieler Unternehmen in den letzten Jahren begründet. Dies gilt selbst dann noch, wenn flexible Formen der Unterbeschäftigung auf zunehmendes Interesse bei (insbesondere jüngeren) Frauen und Männern treffen, ja geradezu gefordert werden, um Erwerbsarbeit und Familienarbeit, Arbeit und Leben, besser aufeinander abstimmen zu können. Wie später noch gezeigt wird, können mit der räumlichen Flexibilisierung der Erwerbsarbeit Souveränitätsgewinne der Arbeitenden über ihre Arbeit kombiniert werden mit einer *Privatisierung der gesundheitlichen und psychischen Risiken der Arbeit*. Arbeitsschutznormen entziehen sich in dezentralen Arbeitsformen öffentlicher Kontrolle, und die Kosten für ihre Übertretung oder Einhaltung werden auf die Arbeitenden selbst abgewälzt (ebenso wie übrigens die Betriebe die Kosten für zentrale Organisation der Erwerbsarbeit von den Gebäudekosten bis zur Wartung des elektronischen Geräteparks einsparen).

Nimmt man diese Konsequenzen einer arbeitszeitlichen und arbeitsräumlichen Entstandardisierung zusammen, dann kann man sagen, daß der Übergang von einem einheitlichen industriegesellschaftlichen System der betrieblich organisierten lebenslangen Ganztagsarbeit mit der radikalen Gegenalternative der Beschäftigungslosigkeit zu einem risikoreichen System flexibler, pluraler, dezentraler Unterbeschäftigung vollzogen wird, das allerdings möglicherweise das *Problem der Arbeitslosigkeit (im Sinne von Erwerbslosigkeit) nicht mehr kennt*. In diesem System ist die Arbeitslosigkeit sozusagen in Gestalt von Unterbeschäftigungsformen ins Beschäftigungssystem »integriert«, damit aber auch eingetauscht worden gegen eine *Generalisierung von Beschäftigungsunsicherheiten*, die das »alte«, industriegesellschaftliche Einheitsvollbeschäftigungssystem in diesem Sinne nicht kannte. Wie im 19. Jahrhundert hat auch diese Entwicklung eine prinzipielle *Janusköpfigkeit*. Fortschritt und Verelendung greifen in neuer Weise ineinander. Produktivitätsgewinne der Betriebe gehen einher mit Kontrollproblemen. Die Arbeitenden tauschen ein Stück Freiheit von der Arbeit gegen neuartige Zwänge und materielle Unsicherheiten ein. Arbeitslosigkeit verschwindet, aber taucht zugleich in neuen risikovollen Unterbeschäftigungsformen generalisiert wieder auf. Das alles bedeutet, es wird eine doppeldeutige, widersprüchliche Entwicklung in Gang gesetzt, bei der Vor- und Nachteile unauflösbar ineinander verzahnt sind, deren weitreichende Folgen und Risiken gerade auch für politisches Bewußtsein und Handeln aber unabsehbar sind. Genau das ist gemeint, wenn von einem *risikogesellschaftlichen* Unterbeschäftigungssystem die Rede ist.

Für die Industriegesellschaft war nach langen Eingewöhnungsphasen Erwerbsarbeit selbstverständlich *außer*häusliche Arbeit. Diese Trennung von Familien- und Erwerbsarbeit wird im risikogesellschaftlichen System durch Lockerungen von Anwesenheitsregelungen, elektronische Vernetzungen dezentraler Arbeitsplätze usw. wiederum rückgängig gemacht. Die weitreichenden gesellschaftlichen Konsequenzen lassen sich nur ahnen. Entlastung des täglichen Berufsverkehrs, damit Entlastung der natürlichen Umwelt und menschlichen Mitwelt, mögliche Entstädterung der Städte, Einschränkung der alltäglichen Ortsmobilität, die gleichsam elektronisch delegiert und so bei räumlicher Immobilität sogar noch gesteigert werden kann usw.

Auch die bisherigen Grundkategorien – Betrieb, Beruf, Lohnarbeit – greifen die entstehende Wirklichkeit der in Teilen gesellschaftlich unsichtbar werdenden Arbeitsorganisation nicht mehr. Sie passen auf das entstehende Unterbeschäftigungssystem etwa genausogut wie die Arbeitsbegriffe der Feudalgesellschaft auf die Arbeitsverhältnisse der Industriegesellschaft. Das heißt nicht etwa, daß mit dieser Entwicklung Lohnarbeit im positiven Sinne aufgehoben würde, eher im Gegenteil: die entstehenden flexibel-pluralen Formen von Unterbeschäftigung sind zugleich *mehr* Lohnarbeit als je zuvor und überhaupt *nicht mehr* Lohnarbeit – was aber nur meint, daß wir durch die Brille unserer industriegesellschaftlichen Begriffe uns an der entstehenden Arbeitswirklichkeit sozusagen die Augen wund sehen.

Man kann die hier entworfene Perspektive auch so zeichnen: Das, was bislang antithetisch gegenübergestellt wurde – formelle und informelle Arbeit, Beschäftigung und Arbeitslosigkeit –, wird in Zukunft zu einem neuartigen System flexibler, pluraler, risikovoller Formen von Unterbeschäftigung *verschmolzen*. Diese Integration der Arbeitslosigkeit durch eine Pluralisierung von Erwerbsarbeitsverhältnissen wird das bekannte Beschäftigungssystem nicht vollständig verdrängen, es aber überlagern oder besser: unterhöhlen und angesichts des insgesamt schrumpfenden Erwerbsarbeitsvolumens unter permanenten Anpassungsdruck setzen. Diese Entwicklung läßt sich auch als eine *Zweiteilung des Arbeitsmarktes entlang standardisierter und entstandardisierter Einsatznormen von Arbeitskraft* (in zeitlicher, räumlicher und sozialrechtlicher Hinsicht) beschreiben. Es wird auf diese Weise eine neuartige Spaltung des Arbeitsmarktes zwischen einem industriegesellschaftlich einheitlichen Normalarbeitsmarkt und einem risikogesellschaftlichen flexibel-pluralen Markt für Unterbeschäftigungen geschaffen, wobei dieser zweite Arbeitsmarkt sich quantitativ ausweitet und den ersten mehr und mehr dominiert. Warum? Bisher wurde nicht mehr als eine theoretische Unterscheidung getroffen, eine Typologie entworfen. Nun muß die Einschätzung begründet werden, daß der Zug der informationstechnologischen Modernisierung des Beschäftigungssystems bereits in diese Richtung abgefahren ist.

Alle Arbeitspolitik – sei sie nun staatlich oder betrieblich – steht spätestens seit Beginn der achtziger Jahre unter dem Gesetz, den *systematisch produzierten Arbeitsmangel neu zu verteilen*. War man bislang davon ausgegangen, daß eine Wiederbelebung der

Wirtschaft auch zu einem Abbau der Arbeitslosigkeit führen wird, so wird in den letzten Jahren erkennbar, daß beides zwei voneinander unabhängige Größen sind. Viele Unternehmen – fast alle großen der deutschen Industrie – haben in den vergangenen drei Jahren ihren Umsatz *vergrößert* – und gleichzeitig Personal *abgebaut*. Dies wird ermöglicht durch den breiten Einsatz der Mikroelektronik in Kombination mit neuen Organisationsformen der Restarbeit. Numerisch gesteuerte Werkzeugmaschinen – die elektronischen »Automationssklaven der Neuzeit« – übernehmen zunächst einen Großteil der Arbeit im Fertigungsbereich (der Automobilindustrie, chemischen Industrie und im Werkzeugmaschinenbau), aber der Kollege Computer dünnt auch die Arbeit in Verwaltung und Büro aus. Ausmaß und Brisanz dieser Entwicklung werden deutlich, wenn man sich die Produktivitätssteigerung in den Jahren 1977 bis 1984 vor Augen hält. Betrug in Industrie und Bergbau die Produktivität pro Arbeitsstunde 1977 noch 2,7%, so stieg sie bis 1979 auf 4,7% an und fiel danach bis 1982 in Zickzack-Bewegungen auf 1,5% ab. Erst im letzten Quartal von 1983 steigt sie plötzlich steil an, bis sie 1984 (vom ersten Quartal hochgerechnet) auf den Wert von 10,8% emporschnellt. Das bedeutet *eine beträchtliche Steigerung der Produktivität in etwas mehr als einem Jahr*! (vgl. DER SPIEGEL, Nr. 21/1984, S. 22ff.). Diese Entwicklung findet ihre Parallele in dem Einsatz von Industrierobotern, der 1980 noch bei 1255 liegt, 1982 dann auf 3500 ansteigt und 1984 sich schon auf 6600 erhöht hat (vgl. *Süddeutsche Zeitung* vom 8.2.1985, S. 23). Dabei handelt es sich hierbei um erste Wellen einer Entwicklung, deren Ende heute noch gar nicht abzusehen ist.

In dem vorherrschenden Beschäftigungssystem der Vollarbeitsplätze wird der Arbeitsmangel nach dem eindeutigen Schwarzweiß-Schema von Beschäftigung und Arbeitslosigkeit verteilt. In der gegenwärtigen Krisensituation wird als Deus ex machina die Organisationsreserve Arbeitszeit entdeckt, propagiert, in ihren Vor- und Nachteilen ausgeleuchtet. Dabei wird sehr schnell erkennbar, daß die Spielräume für *standardisierte* Arbeitszeitverkürzungen bei vollem Lohnausgleich außerordentlich gering sind.* Dies gilt, wie der Ausgang des Kampfes um Einführung der

---

* Diese Integration von Nicht-Arbeit (diesseits der Arbeitslosigkeit in das Beschäftigungssystem) kann viele Formen annehmen. Die bekanntesten sind die folgenden: Anhebung des Durchschnittsalters der Erstbeschäftigung, Senkung des durchschnittlichen Renten- bzw. Pensionierungsalters, Einrichtung von Teilzeitarbeit, Senkung

35-Stunden-Woche deutlich macht, für die Wochenarbeitszeit; es gilt aber auch für die Vorverlegung des Rentenalters oder die Verlängerung der Schulpflicht – überdies beides Pauschalverringerungen des Erwerbsarbeitsvolumens, die nicht in die Kompetenz der Tarifparteien fallen. Unter den Bedingungen des standardisierten Vollbeschäftigungssystems – diese Schlußfolgerung zeichnet sich ab – führt der Abbau der Erwerbsarbeit zwangsläufig zu einer massenhaften Ausgrenzung Arbeitsloser. Entsprechend wächst der Druck zu einer *Flexibilisierung* der arbeitszeitlichen Beschäftigungsverhältnisse. Diese hat viele Fürsprecher: staatliche Instanzen, die angesichts des »politischen Skandals« der Massenarbeitslosigkeit unter Handlungsdruck stehen; Frauen und insbesondere jüngere Arbeitnehmer, die sich eine bessere Abstimmung von Familien- und Erwerbsarbeit oder mehr »Zeitsouveränität« versprechen; Betriebe, die in der organisatorischen Nutzung der Arbeitszeit ungeahnte Produktivitätsquellen entdecken. Dieser gleichsam *riesengroßen Koalition* von Staat, großen Teilen der Arbeitnehmerschaft und betrieblichem Management steht der *Widerstand* der Gewerkschaften (und der traditionellen Arbeiterpartei) gegenüber, die die Grundlagen des bisherigen Beschäftigungssystems und ihrer eigenen Machtstellung in ihm ins Rutschen geraten sehen.

der Lebens-, Wochen- und Tagesarbeitszeit; Anhebung der durchschnittlichen Urlaubs-, Ferien- und Pausenzeiten; Zunahme der Häufigkeit einer Unterbrechung der Arbeit durch Teilnahme an Weiterbildungskursen während des gesamten Erwerbslebenslaufes usw. Alle diese Indikatoren sprechen für eine systematische *Schrumpfung* der Erwerbsarbeitsgesellschaft in diesem Jahrhundert (und zwar in unterschiedlichem Maße in allen westlichen Industriegesellschaften): In Deutschland hat die tägliche, wöchentliche, jährliche und Lebensarbeitszeit in den letzten hundert Jahren spürbar abgenommen. Um 1880 lag die Wochenarbeitszeit noch bei über 65 Stunden, und auch vor dem Ersten Weltkrieg betrug sie noch über 55 Stunden; in den zwanziger Jahren wurde sie dann offiziell auf 48 Stunden reduziert. Nach Mitte der fünfziger Jahre betrug sie allerdings wiederum 47 Stunden, gearbeitet wurde an 6 Tagen, und der Jahresurlaub lag durchschnittlich bei ca. 2 Wochen. Derzeit liegt demgegenüber der Jahresurlaub bei rund 6 Wochen, die wöchentliche Arbeitszeit bei 40 Stunden an 5 Tagen. Parallel verringert sich die Lebensarbeitszeit durch die immer häufiger auftretende Frühverrentung; für viele Erwerbstätige endet das Berufsleben eben heute schon spätestens mit 57–60 Jahren. Gleichzeitig treten die Jugendlichen immer später in das Beschäftigungssystem ein. Kamen Mitte der fünfziger Jahre beim erwerbstätigen männlichen Arbeiter im Jahresdurchschnitt auf eine geleistete Arbeitsstunde 2,9 Nicht-Arbeitsstunden, so lag das Verhältnis 1980 bei rund 1:4,1. Auch Weiterbildungsmaßnahmen und -zeiten sind in den Betrieben in den letzten Jahrzehnten sprunghaft ausgebaut worden, so daß man inzwischen sehr wohl von einer Reintegration der Ausbildung in Arbeits- und Beschäftigungssystem sprechen kann.

In dieser scheinbaren Patt-Situation entdecken die Betriebe die *Produktivkraft Teilzeitarbeit*, *Unterbeschäftigung* oder allgemeiner: der Entstandardisierung von Einsatznormen der Arbeit und die in ihnen enthaltenen organisatorischen Möglichkeiten der Produktivitätssteigerung auf der Grundlage der Mikroelektronik.* Dies erfolgt allerdings uneinheitlich, widersprüchlich, sprunghaft:

Zur Überraschung der industriesoziologischen Beobachter vollzieht sich »in den industriellen Kernsektoren vor unseren Augen ein grundlegender Wandel in der Nutzung der verbleibenden Arbeitskräfte, der mit der Formel von der Krise des Taylorismus zu eng und zu einseitig gefaßt wäre. Man kann durchaus von einem arbeitspolitischen Paradigmenwechsel in den Betrieben des Kern-

---

* Diese Entdeckung des arbeitszeitlichen Abbaus des Erwerbsarbeitssystems als organisatorische Produktivkraft hat allerdings eine längere Tradition. In diesem Sinne verlegt Martin Sklar die ersten Anzeichen einer Erosion der Arbeitsgesellschaft in den USA bereits in die Phase nach dem Ersten Weltkrieg zurück. Statistisch belegbare Entwicklungstrends wurden allerdings lange Zeit nicht in diesem Sinne interpretiert, da sie als reversibel galten. Im wesentlichen standen dabei drei Grundtatsachen im Vordergrund: Erstens expandierte die Zahl der Produktionsarbeiter in den Fabriken und das Niveau der Güterproduktion insgesamt bis 1919, während die Zahl der Arbeiter von 1919 bis 1929 um 100.000 *zurückging*, obwohl die Produktivität gleichzeitig um etwa 65% stieg. Zweitens: Während in der Wirtschaft der Arbeitsanteil gemessen in »Personen-Jahren« der Arbeit insgesamt von 28,3 Mill. in 1890 auf 42,5 Mill. in 1910 anstieg, fiel der Anstieg von 1910 bis 1920 auf nur 1 Mill. ab und verringerte sich schließlich zu einem Null–Wachstum während der zwanziger Jahre. Sklar interpretiert diese statistisch belegbaren Entwicklungen und Beziehungen folgendermaßen: Mit dem Beginn der zwanziger Jahre begannen neue Produktivkräfte ihre Wirkung zu entfalten. Auf diese Weise gelang es, die Steigerung der Produktivät *unabhängig* von einer Expansion der Arbeitsanteile (gemessen in Arbeitszeit) voranzutreiben. Insofern liegen hier bereits die ersten Anzeichen für die Erosion des »alten« industriellen und die Entstehung eines »neuen« Arbeitssystems. Dabei standen der Produktivkraftentwicklung der zwanziger Jahre drei zentrale Management-Innovationen Pate: Erstens der Taylorismus, der – nach zwei Jahrzehnten Widerstand – schließlich in den Fabriken in breitem Stil umgesetzt wird. Zweitens verbreitete sich die Elektrizität mit ihren neuen Möglichkeiten über das gesamte Produktionssystem; und drittens wurden neue Organisationstechniken angewandt, um Zentralisation und Dezentralisation großer und räumlich auseinanderliegender Unternehmen auszubalancieren. Die entdeckten und genutzten Produktivitätssteigerungen wurden also auch bereits in dieser frühen Phase durch die Rationalisierung von Information, Technologie und organisatorisches Management erschlossen (vgl. M. Sklar, On the proletarian revolution and the end of political-economic society, in: Radical America 3, S. 3–28, 1969, zit. nach L. Hirschhorn, The theory of social services in disaccumulationist Capitalism, in: International Journal of Health Services, Volume 9, No. 2, 1979, S. 295–311).

bereichs sprechen« (H. Kern, M. Schumann, 1984, S. 149). Die Verdrängung und Neuorganisation menschlicher Arbeit geschieht unter den Bedingungen tayloristischer Arbeitsformen in einer genauen *Umkehrung* der ursprünglich geltenden »Management-Philosophie«. Die restriktiven Teiltätigkeiten können in den aktuellen oder bevorstehenden Rationalisierungen ganz oder teilweise von Produktionsautomaten übernommen werden, und die entstehenden neuen Überwachungs-, Steuerungs- und Wartungsaufgaben werden in wenigen fachlich hochqualifizierten Positionen zusammengefaßt. Das Prinzip der Arbeitsteilung bzw. Arbeitszerschlagung wird durch das Gegenprinzip der *Zusammenschließung von Teilaufgaben auf einem höheren Niveau von Qualifikation und fachlicher Souveränität* ersetzt. An die Stelle der großen Zahl Gering- oder Unqualifizierter tritt die kleine Zahl »professionalisierter Automationsarbeiter«. Erweiterung betrieblicher Flexibilitätsspielräume und drastische Einsparungen von Personal sind also in dieser Phase betrieblicher Rationalisierung durch Zusammenlegung und fachliche Anreicherung der verbliebenen Restarbeit möglich.

Dies trifft aber zunächst im wesentlichen nur die Situation in den Fertigungsbereichen der industriellen Kernsektoren. Etwa gleichzeitig wird insbesondere im Dienstleistungsbereich (Einzelhandel, Kaufhäuser, Gaststättengewerbe) die *Verwandlung von Vollzeit- in vielfältige Teilzeitarbeitsverhältnisse* vorangetrieben. Nach anfänglichen Widerständen werden damit mehr und mehr auch die Produktivitätsvorteile für die Unternehmungen erkennbar: Sie liegen im wesentlichen darin, daß die Betriebe einerseits das Arbeitszeitvolumen flexibel am Auftragseingang orientieren können und auf diese Weise Teile des Unternehmerrisikos als zeitlich flexible Unterbeschäftigung unterhalb der Sicht- und Hemmschwelle offener Arbeitslosigkeit auf die Arbeitenden abwälzen können. Andererseits werden sie so in die Lage versetzt, die Produktionszeit von der Arbeitszeit abzukoppeln und auf diese Weise das Produktionsarrangement dichter, intensiver und länger zu nutzen. Schließlich erweitern Teilzeit- und Unterbeschäftigung insgesamt den personalpolitischen Handlungsspielraum der Betriebe, indem Arbeitsumstellungen leichter durchgesetzt, rascher Qualifikationsentwertungen angesichts neuer technologischer Anforderungen kompensiert werden können und insgesamt die Machtposition der Belegschaft durch Diversifizierung geschwächt wird. Man kann in diesem Sinne sagen, daß die »Zerstückelungs-Philosophie« *Taylors* hier von der arbeitsinhaltlichen auf die zeitlichen und vertraglichen Beschäftigungsverhältnisse übertragen wird. Ansatzpunkte für diesen neuen »Taylorismus der Beschäftigungsverhältnisse« liegen nicht mehr in der Kombination von Arbeit und Maschine, sondern in der zeitlichen Befristung, rechtlichen (Nicht-)Absicherung und vertraglichen Pluralisierung des Arbeitseinsatzes. Dabei sind die Möglichkeiten der flexiblen Arbeitszeitgestaltung auf der Grundlage der Mikroelektronik noch lange nicht ausgeschöpft. Kernstücke dieses organisatorischen »Zeitpuzzles« sind die Gleitzeit (die in der Bundesrepublik im ersten Halbjahr 1985 bereits für mehr als 6 Millionen Arbeitnehmer gilt) und verschiedene Formen der Teilzeit (Job-Sharing wöchentlich, monatlich usw.), die z. Zt. von mehr als 2 Millionen Arbeitenden, meist Frauen, wahrgenommen wird.

Neben diesen Möglichkeiten für Arbeitszeit-Rationalisierungen beginnen die Betriebe in ersten Modellexperimenten die *Auslagerung* von Teilfunktionen als Produktivitätsreserve zu erproben. Ihren Ausgang nimmt diese Entwicklung bei der Reorganisation der Schreib- und Verwaltungsaufgaben. Es handelt sich aber um eine prinzipielle Möglichkeit in dieser Phase der Produktivkraftentwicklung, die nach erfolgreicher Testphase durchaus auf andere Funktionsbereiche übertragen werden könnte. Zentral ist hierfür das Potential der Mikroelektronik, direkte Kooperationszwänge arbeitsteilig aufeinander bezogener Funktionsgruppen informationstechnologisch abzubauen oder sogar aufzuheben. In diesem Sinne erlaubt der Einsatz von Telekommunikation und entsprechenden Speichermedien eine weitgehende *räumliche und zeitliche Entkoppelung* von Arbeits- und Produktionsprozessen und damit auch neuartige *dezentrale* Organisationsformen von Arbeit, von denen die vieldiskutierte »elektronische Heimarbeit« nur *einen* Extremfall darstellt. Das Besondere liegt also auch hier darin, daß die Entwicklung der Produktivkräfte zusammenfällt mit dem Umbau des bisherigen »Betriebsparadigmas« der Arbeitsorganisation: Die Steigerung der Produktivität, die Erprobung und Durchsetzung neuer, nichtberuflicher, nichtbetrieblicher Beschäftigungs- und Organisationsformen menschlicher Arbeit sind zwei Seiten derselben Medaille.

Diese von den Betrieben bereits ergriffenen Möglichkeiten einer flexiblen Unterbeschäftigung werden durch das »Beschäftigungsförderungsgesetz«, das im Mai 1985 in Kraft getreten ist, sanktioniert. Mit ihm wird die *rechtliche Grundlage für eine Flexibilisierung des Arbeitsmarktes und des Arbeitsrechtes* (Zeitverträge, Job-Sharing, Arbeit auf Abruf, Leiharbeit) geschaffen. Auch wenn diese Regelungen in ihrer Geltung bis zum Jahre 1990 begrenzt sind, bieten sie in den kommenden 5 Jahren das rechtliche Instrumentarium, um die Umwandlung von Vollzeit- in Teilzeitarbeitsplätze zu verstärken und zu perfektionieren. So ist noch nicht abzusehen, inwieweit diese Umstellung der Betriebe von dem standardisierten System der Vollbeschäftigung zu einem entstandardisierten System flexibler Unterbeschäftigung in den neunziger Jahren überhaupt rückgängig gemacht werden kann. Der »Witz« des Gesetzes liegt darin, daß Arbeitsverträge ohne sachliche Begründung auf 18 Monate befristet werden können – mit der Konsequenz, daß der gesetzliche Kündigungsschutz umgangen werden kann. Einerseits wurde auf diese Weise ein Anreiz geschaffen, Arbeitslose in befristeten Arbeitsverhältnissen in das Beschäftigungssystem zu integrieren; andererseits wird gerade dadurch einer breiten Durchsetzung unsicherer Unterbeschäftigungsformen mit allen damit verbundenen Risiken Tor und Tür geöffnet.

Über das Ausmaß, in dem heute schon vertraglich *»ungeschützte«* oder *»desorganisierte«* Beschäftigungsverhältnisse in der Bundesrepublik Deutschland (oder in anderen westlichen Industriestaaten) verbreitet sind, liegen kaum (zuverlässige) Daten und Informationen vor. Dieser Teil des Arbeitsmarktes ist in Umfang, arten- und branchenspezifischer Verteilung ein »weißer Fleck« in der Forschungslandschaft. Umgekehrt proportional wächst seine Bedeutung. Carola Müller hat 1982 einige Daten zusammengetragen: *legale Leiharbeit* (im Jahre 1981 wurden rund 43 000 Leiharbeitnehmer gemeldet); *illegale Leiharbeit* wird um 6- bis 9mal höher geschätzt; Verbreitung vollzieht sich meist in der Form von Scheinwerkverträgen, vor allem im Bau- und metallverarbeitenden Gewerbe und unter Einsatz ausländischer Arbeitnehmer; *geringfügige Beschäftigung* (weniger als 20 Stunden wöchentlich schließt Arbeitslosenversicherung, weniger als 15 Stunden zusätzlich Kranken- und Rentenversicherung aus; 1979 in beiden Formen zusammen ca. 1,24 Millionen, insbesondere Frauen, beschäftigt); *saisonale Beschäftigung* (Vollbeschäftigung auf Zeit); *Kapovaz* (= kapazitätsorientierte variable Arbeitszeit), zeitlich begrenzter Arbeitsvertrag ohne festgelegte Arbeitszeit; Arbeitnehmer muß sich auf Abruf bereit halten; diese Form wird von den Betrieben aufgrund der für sie überragenden Vorteile insbesondere im Einzelhandel offensichtlich verstärkt praktiziert; ferner sind zu nennen: Werkverträge, »freie Mitarbeit«, Schwarzarbeit usw. (vgl. C. Müller, 1982, S. 183–200).

Nach wie vor liegt also die Explosivität der Entwicklung in der Entfaltung der Produktivkräfte. Die Produktivkräfte sprengen allerdings nicht mehr – wie Marx vermutet hatte – die Eigentumsverhältnisse. Marxistisch gedacht, droht ihr revolutionäres Potential gegenwärtig vielmehr sozusagen »nach hinten« loszugehen. *Es sprengt die Verhältnisse des Arbeitsvertrages und Arbeitsmarktes*, die industriellen Sozialformen des Anbietens und Einsetzens von Arbeitskraft und schafft auf diese Weise völlig neuartige *Machtungleichgewichte* zwischen den Arbeitsmarktkontrahenten und ihren Interessenorganisationen. Angesichts der in das vorherrschende System der Erwerbsarbeit investierten Interessen und deren politischer und verbandlicher Organisationsmacht ist es unschwer vorherzusagen, daß dieser arbeitsgesellschaftliche Systemwandel auf beträchtliche Widerstände treffen und sich möglicherweise lange hinziehen wird. Insofern läßt sich heute noch keine Prognose darüber aufstellen, welche Teile des industriegesellschaftlichen Arbeitssystems von diesem Ablösungsprozeß erfaßt bzw. verschont bleiben. Dennoch kann sich das neue System pluraler flexibler Unterbeschäftigung und dezentraler Arbeitsformen auf die höhere Produktivität berufen, die bisher letztlich immer noch den Ausschlag gegeben hat. Die »historische Überlegenheit« des neuen Arbeitssystems liegt in den Möglichkeiten, den sich verschärfenden Arbeitsmangel aus der politisch skandalösen und bedrohlichen Erscheinungsform *offener* Arbeitslosigkeit herauszulösen, ihn umzuverteilen und sogar in eine Entfaltung der Produktivkräfte zu verwandeln. In der Perspektive der Arbeitenden konkurrieren die mit den Formen der Unterbeschäftigung einhergehenden Gefährdungen mit der partiellen Freiheit und Souveränität, die sie für die Gestaltung ihres eigenen Lebens gewinnen.

Viele werden meinen, mit der Verwandlung von Vollzeit- in Teilzeitarbeitsplätze könne ein wesentlicher Beitrag zur Überwindung von Arbeitslosigkeit geleistet werden. Das Gegenteil dürfte eintreten. Die fortschreitende Individualisierung zwingt die Menschen auf den Arbeitsmarkt. Mit Schaffung flexibel-pluraler Unter- und Zwischenbeschäftigungsmöglichkeiten *brechen die noch verbliebenen Dämme der halbierten Arbeitsmarktgesellschaft* (vgl. oben S. 165). Die Hindernisse, die jetzt noch einer Beteiligung im Wege stehen – Unvereinbarkeit von Familie und Erwerbsbeteiligung, Studium und Erwerbsbeteiligung –, werden abgebaut, und die in der »stillen Reserve« wartenden Frauen und Jugendlichen können auf den Markt für flexible Unterbeschäftigung stürmen. Mit der Schaffung entsprechender Angebote dürfte insofern die Nachfrage *überproportional steigen*, eine Nachfrage-Lawine ausgelöst werden, die alle bisherigen Kalkulationen Makulatur werden läßt.

Bei dem hier skizzierten Entwurf handelt es sich um eine Theorie der *Selbstrevolutionierung* des industriegesellschaftlichen Systems in seiner fortgeschrittensten Entwicklungsphase. Der Rationalisierungsprozeß verläuft nicht mehr nur *in* den, sondern richtet sich mehr und mehr *gegen* die industriellen Formen und Bahnen der Erwerbsarbeit. In der entfachten Neuerungsdynamik werden nicht nur die quantitativen Verteilungen auf vorausgesetzte Kategorien von Arbeitskräften und Arbeitsplätzen verändert, sondern deren Sozialformen und Organisationsprinzipien selbst *umgeschmolzen*. In dieser theoretischen Perspektive sind Kontinuität und Zäsur der gesellschaftlichen Entwicklung in bestimmter Weise ineinander verwoben, bedingen einander: Bei gleichbleibender Logik gewinnorientierter Rationalisierung wird die Zäsur vom bekannten, industriell-standardisierten System zu einem zukünftigen System pluralisierter, flexibler, dezentraler Unterbeschäftigung vollzogen. Die Parallele zur lebensphasenspezifischen Verteilung der Massenarbeitslosigkeit (siehe oben, S. 143) drängt sich auf: ähnlich wie Lebensabschnitte von Arbeitslosigkeit schon für große Teile der Bevölkerung zum Bestandteil der Normalbiographie geworden sind, wird nun Unterbeschäftigung als Synthese von Vollbeschäftigung und Arbeitslosigkeit ins Beschäftigungssystem »integriert«. Der biographischen entspricht die institutionelle »Normalisierung« – mit offenem Ausgang. Wesentlich bleiben die politischen Reaktionen. *Ohne* Ausbau des sozialen Sicherungssystems droht eine Zukunft der Armut. *Mit* der Schaffung eines rechtlich abgesicherten Mindesteinkommens für alle könnte der Entwicklung ein Stück Freiheit abgewonnen werden.

2. Geisterbahnhof – Ausbildung ohne Beschäftigung

Wer sich den Schlaf der Forschungsroutine aus den Augen wischt und die beunruhigende Generalistenfrage nach der Zukunft der Ausbildung in dem sich derart abzeichnenden Systemwandel der Arbeitsgesellschaft stellt, sieht eine Lawine von Fragen auf sich zu rollen, deren offensichtliche Dringlichkeit nur noch durch ihre Unbeantwortbarkeit übertroffen zu werden scheint. Wie verändert eigentlich lang anhaltende Massenarbeitslosigkeit die Situation *im* Bildungssystem? Welche Bildungskonsequenzen lassen sich aus dem Gang in die Unterbeschäftigung ziehen? Wie wird der Wettlauf zwischen informationstechnologischen Reformbemühungen im Bildungsbereich und neuen Technologiegenerationen, die diese Reformen gerade wiederum überflüssig machen, entschieden? Gilt es in dieser Situation, den Berufsbezug der Ausbildung zu verstärken oder ihn, da er uneinlösbar wird, endgültig aufzugeben?

Nehmen wir die erste Mammutfrage heraus. Evident ist, daß die Massenarbeitslosigkeit die Situation in den Ausbildungsgängen radikal verändert hat. Dabei geistert das Gespenst der Arbeitslosigkeit inzwischen auch in den ehemals als beschäftigungssicher geltenden Bildungshochburgen (Medizin, Jura, Ingenieurwissenschaften, Ökonomie, Facharbeit, s. oben S. 146) umher. Berufsorientierte Ausbildungsgänge, deren berufliche Zukunft sich verdunkelt, verändern aber gerade auch bei gleichbleibenden Lehrinhalten ihren Sinnbezug wesentlich. Dies mag von den Bildungsorganisatoren und -forschern in den großen Sack der »Diskrepanzen zwischen Bildung und Beschäftigung« gesteckt werden, mag auch den (selbst in Brot und Würden befindlichen) Ausbildern entgehen, *nicht aber den Jugendlichen*, die spätestens beim Verlassen des Bildungssystems auf die verschlossenen Türen des Beschäftigungssystems treffen und dies selbstverständlich auch während der Ausbildung antizipieren. Das aber heißt: *durch externe Arbeitsmarkteinbrüche wird die bildungsimmanente Sinngrundlage berufsorientierter Ausbildung gefährdet bzw. zerstört*. Die antizipierte, (noch) nicht existente berufliche Zukunft, also eine »irreale Variable«, bewirkt eine radikale Veränderung der Situation *im* Bildungssystem. Junge Menschen bleiben länger in den Schulen, wählen oft eine Zusatzausbildung, um Arbeitslosigkeit zu vermeiden. Jedoch je länger sie in den Schulen bleiben, desto mehr erscheint ihnen Ausbildung, bezogen auf ihren immanenten Anspruch einer beruflichen Zukunft, als Zeitverschwendung. Mag sein, daß manche ihren Appetit auf Bildung neu entdecken. Als institutionelles Arrangement werden Schulen jedoch leicht zu Aufbewahrungsanstalten, »Wartesälen«, die die ihnen zugeschriebenen Aufgaben einer beruflichen Qualifizierung nicht mehr erfüllen. Entsprechend leidet die Autorität der Lehrer, und berufsorientierte Lehrpläne und Lehrinhalte gleiten in die Irrealität ab.

In nur geringfügiger Übertreibung und Zuspitzung kann man sagen, daß die von Arbeitslosigkeit betroffenen Teilbereiche des Bildungssystems heute mehr und mehr einem *Geisterbahnhof* gleichen, in dem die Züge nicht mehr nach Fahrplan verkehren. Dennoch läuft alles nach den alten Mustern ab. Wer verreisen will – und wer will schon zu Hause bleiben, wo das Zuhausebleiben Zukunftslosigkeit bedeutet –, muß sich in irgendwelche Warteschlangen zu den Schaltern einreihen, an denen Fahrscheine für Züge vergeben werden, die meist sowieso überfüllt sind oder nicht mehr mit der ausgezeichneten Zielrichtung abfahren. Als sei nichts geschehen, verteilen die Bildungsbeamten hinter den Fahrkartenschaltern mit großem bürokratischem Aufwand Fahrkarten ins Nirgendwohin und halten die sich vor ihnen bildende Menschenschlange mit der »Drohung« in Schach: »*Ohne* Fahrkarten werdet ihr *nie* mit dem Zug fahren können!« Und das Schlimme ist, sie haben auch noch recht...!

Lang anhaltende, strukturelle Arbeitslosigkeit läßt die Situation im berufsorientierten Bildungssystem *widersprüchlich* werden. Daß dies nicht gerade das Vertrauen in das »System« stärkt, liegt auf der Hand. In diesem Sinne wird den nachwachsenden Generationen im »hidden curriculum« ein *Grundkurs in Irrationalität* verpaßt, der sie dazu zwingt, an sich selbst, den Erwachsenen oder dem »System« oder allem zugleich zu zweifeln – eine Entwicklung, die aus psychologischen und politischen Gründen zu größter Besorgnis Anlaß gibt. (Vgl. dazu D. Mertens, 1984 sowie W. Hornstein, 1981)

Ganz ähnlich verändert sich die Situation in den Institutionen der Sozialfürsorge und des Wohlfahrtsstaates. In Perioden struktureller Arbeitslosigkeit werden berufliche Vorbereitungsprogramme, Rehabilitationsprogramme für entlassene Straftäter, Wiedereingliederungsversuche psychisch Kranker oder Bemühungen, Hausfrauen in der »Leere-Nest-Phase« den Weg zurück in die Berufswelt zu ebnen, ebenso notwendig wie unglaubwürdig. Sozialarbeiter, Psychologen und Betreuer, die um »Rehabilitation« und »Integration« dieser Personen und Gruppen bemüht sind – was ja immer heißt, Arbeitslose in das Erwerbssystem zu integrieren –, gefährden die Effektivität und Autorität ihrer Arbeit, weil derartige Programme nichts an der Grundsituation des bestehenden Arbeitsmangels ändern können.

Der Systemwandel der Arbeitsgesellschaft wirft in diesem Sinne bereits seine Schatten voraus. Das Damoklesschwert der Arbeitslosigkeit hängt inzwischen über allen Bereichen und Hierarchiestufen des Ausbildungssystems (wenn auch – statistisch – einmal als Guillotine, einmal als Küchenmesser) und verbreitet entsprechend seine Schrecken. Für eine wachsende Zahl von Absolventen aller Ausbildungsgänge schiebt sich *zwischen Ausbildung und Beschäftigung eine risikoreiche Grauzone labiler Unterbeschäftigung*. Die Spuren der Zukunft – die Anzeichen eines Systems flexibel-pluraler Unterbeschäftigung – sind bereits in der Vergangenheit der letzten 15 Jahre erkennbar:

Wie empirisch-statistische Analysen zeigen, haben sich im Zuge der Bildungsexpansion in den siebziger Jahren insbesondere die Beschäftigungschancen von *Hauptschulabgängern* dramatisch verschlechtert. Die Türen zum Beschäftigungssystem sind in diesen unteren Gängen des Bildungssystems durch Umschichtungen und Verdrängungsprozesse sowie betriebliche Rationalisierungsmaßnahmen inzwischen fast vollständig verschlossen. Im Zeitraum von 1970 bis 1978 haben in diesem Sinne vor allem Arbeitsplätze für Ungelernte und die Volksschulabgänger(innen) mit Berufsausbildung stark abgenommen; gleichzeitig läßt sich sowohl im staatlichen Bereich als auch in der privaten Wirtschaft ein deutlicher Anstieg von Absolventen mit Mittlerer Reife und Berufsausbildung und von Abiturienten nachweisen (vgl. H.-P. Blossfeld, 1984, S. 175ff.). Entsprechend hoch ist das Beschäftigungsrisiko für Hauptschulabgänger ohne zusätzliche Berufsausbildung. Mitte 1983 waren 55% aller Zugänge an Arbeitslosen ohne berufliche Qualifikation (bei ca. 30% der Beschäftigten insgesamt), und alle Schätzungen gehen davon aus, daß auch in Zukunft das Bildungssystem im unteren Bereich einen quantitativ ansteigenden Sockel Dauerarbeitsloser ohne Beschäftigungsperspektiven produzieren wird.

Weniger bekannt ist, daß inzwischen auch in dem ehemaligen Beschäftigungsparadies der *Facharbeit* das Schreckgespenst der Arbeitslosigkeit sein Unwesen treibt. So ist im Jahre 1981 der globale Facharbeitermangel in einen Facharbeiterüberschuß umgeschlagen. 1982 standen nur noch 50.000 offene Stellen für mehr als 300.000 arbeitslose Facharbeiter zur Verfügung. Experten gehen übereinstimmend davon aus, daß gerade auch Facharbeiter in Zukunft einen steigenden Anteil an Arbeitslosen stellen werden. Entsprechend schützt auch die ehemals so viel gerühmte betriebliche Berufsausbildung nicht mehr vor Statusverlust. Lag der Anteil derjenigen, die unmittelbar nach einer beruflichen Ausbildung einen Abstieg hinnehmen mußten, 1950 noch bei nur 5,5 %, so stieg er im Zeitraum von 1950 bis 1969 auf 7,6% und bis 1979 dann schließlich sogar auf knapp 10% an (vgl. H. Althoff, 1982, S. 16f.). Auch hier besteht Einigkeit darüber, daß die Abstiegsgefährdungen im dualen System in den kommenden Jahren eher zu- als abnehmen werden.

Auch bei Absolventen von *Fachhochschulen* zeigen sich beachtliche Übergangsschwierigkeiten ins Erwerbsleben: während in diesem Bildungsbereich die Arbeitslosenquote in den siebziger Jahren aufgrund der Absorptionsfähigkeit des staatlichen Dienstleistungsbereichs noch relativ gering ist, verschlechtert sich die Situation mit Beginn der achtziger Jahre schlagartig bei einer Polarisierung der Arbeitslosigkeit nach Fachrichtungen (z.B. Sozialwesen 14%, Elektro- und Nachrichteningenieure sind dagegen kaum betroffen): In den zwei Jahren nach Abschluß des Studiums sind 33% der Fachhochschulabsolventen einmal arbeitslos (auch hier Frauen überproportional häufiger als Männer; (vgl. M. Kaiser, 1984, S. 241ff.).

Insbesondere aber für die *Hochschulabsolventen* öffnet sich seit den achtziger Jahren die Schere zwischen den Zahlen von Abgängern und den im öffentlichen und privaten Beschäftigungssystem verfügbaren Stellen dramatisch. Entgegen vielen Vermutungen zeigen empirisch-vergleichende Analysen, daß die überwiegende Mehrzahl der Höherqualifizierten (Hochschul- und Fachhochschulabgänger) und damit der Bildungsexpansion allgemein nicht von der Wirtschaft, sondern von dem in den siebziger Jahren expandierenden staatlichen Dienstleistungssektor aufgenommen wurden – eine Nachfrage, die mit den achtziger Jahren zum Erliegen kommt und die Beschäftigungssituation für Jungakademiker rapide verschlechtert. Die Gefahr ist für diese Gruppe von Berufsanfängern auch gerade deswegen so groß, weil keine andere Absolventengruppe *aufgrund des Berufsbezugs der Ausbildung* so sehr auf Beschäftigungen im staatlichen Bereich angewiesen ist. So waren im Jahre 1978 über 80% der abhängig beschäftigten Berufsanfänger mit (Fach-)Hochschulabschluß (darunter die Frauen sogar mit 91%) im öffentlichen Dienst beschäftigt. Außerdem stehen für die meisten Absolventen – wie z.B. Sozialarbeiter, Pädagogen, Richter, Gymnasiallehrer sowie die meisten Geistes- und Sozialwissenschaftler – in der Privatwirtschaft kaum Ausweichmöglichkeiten zur Verfügung (vgl. Blossfeld, S. 186). Nicht die Ausbildung als solche, aber der ihr immanente Berufsbezug bindet also die Absolventen dieser Ausbildungsgänge in ein staatliches Abnehmermonopol ein und belastet rückwirkend die entsprechenden Bereiche des Bildungssystems mit der *folgenschweren Hypothek einer grandiosen Fehlqualifizierung*. Erst fachfremde Requalifizierungen könnten diesen Gruppen in Zukunft Beschäftigungsmöglichkeiten eröffnen. Es sei denn, es werden in großem Stil Vollzeit- in Teilzeitarbeitsplätze verwandelt und damit auch in diesem Bereich dem System flexibler Unterbeschäftigung zum Durchbruch verholfen.

Auf allen Stufen der Bildungshierarchie wächst entsprechend die Neigung, vor der drohenden Arbeitslosigkeit in *Zusatz- und Weiterbildungen auszuweichen.* So steigt unter dem Druck der Misere am Arbeitsmarkt die Bereitschaft, nach dem Abschluß der Fachhochschule ein Universitätsstudium aufzunehmen (M. Kaiser, S. 239). Auch im Übergang von der Schule zur Lehre gewinnen »Warteschleifen« eine zunehmende Bedeutung. Immer mehr Jugendliche besuchen zunächst eine Berufsfachschule, ein Berufsgrundbildungsjahr oder ein Berufsvorbereitungsjahr, bevor sie eine Lehre beginnen. Aber auch ausbildungslose Phasen, z.B. Arbeitslosigkeit oder Wehr- und Zivildienst, gehen immer häufiger einer Lehre voran. Es werden zwar »Parkplatz«- und Arbeitsplatzbeschaffungs-Maßnahmen sowie sonstige Kompensationen angeboten. Aber selbst nach dem erfolgreichen Absolvieren der Berufsausbildung wird eine *labile Übergangsphase*, in der schlechte Jobs mit Arbeitslosigkeit, kurzfristigen Arbeitsverhältnissen und Unterbeschäftigungen wechseln, immer mehr zum Normalfall.

Noch wird diese globale und z.T. dramatische »Labilisierung« des Übergangs in das Beschäftigungssystem von einer Mehrzahl der Jugendlichen erstaunlich ruhig hingenommen. Mit einem Gemisch von Enttäuschungen und Hoffnungen ertragen die meisten, daß ihre Bildungsabschlüsse pauschal entwertet wurden, ihre Bildungsbemühungen sich beruflich nicht auszahlen. Gleichzeitig schöpfen sie immer noch Mut aus der Hoffnung, daß sie »irgendwann« den Lohn für ihre Anstrengungen »kassieren« werden. So ist die Mehrzahl der von Arbeitslosigkeit bedrohten Jugendlichen nach Abschluß der Ausbildung letztlich bereit, »vorübergehend« (wie sie hoffen) *jede* Arbeit zu akzeptieren, um zunächst einmal überhaupt ins Beschäftigungssystem integriert zu werden. Sie sehen allerdings auch die Gefahr, durch die Annahme von un- oder angelernten Tätigkeiten endgültig auf die unterqualifizierten Tätigkeiten verbannt zu werden. Wie stark sich dieser Druck, unterwertige Beschäftigungsverhältnisse einzugehen, bereits heute auswirkt, hängt dabei wesentlich auch vom sozialen Umfeld und den privaten Lebensverhältnissen der Jugendlichen ab. Dieses Hin- und Herschwanken zwischen Enttäuschung und Hoffnung wird inzwischen auch auf die Möglichkeiten ausgedehnt, durch Umschulung oder Fortbildung die Berufsperspektive zu verbessern.

3. Chancenverteilung durch Bildung?

Das Arbeitsvolumen der Arbeitsgesellschaft schrumpft, und das Erwerbssystem wird in seinen Organisationsprinzipien umgeschmolzen. Der Übergang vom Bildungs- in das Beschäftigungssystem wird unsicher und labil; dazwischen schiebt sich eine Grauzone risikovoller Unterbeschäftigung. Angesichts dieser Vorboten eines Systemwandels der Arbeitsgesellschaft wird die Berufsprogrammierung des Bildungssystems mehr und mehr zu einem *Anachronismus.* In diesem Sinne ist in den letzten Jahren »von außen«, von den Rahmenbedingungen her das Innere des Bildungssystems einem Radikalwandel unterworfen worden. In den Bildungsinstitutionen wurde dies bislang nicht hinreichend erkannt, geschweige denn pädagogisch verarbeitet. Unterscheidet man zwischen »Bildungs*organisation*« und »Bildungs*bedeutung*« und meint mit Organisation: den institutionellen Rahmen, die Ordnungen, das Zertifikatswesen, die Lehrpläne und -inhalte, und mit Bildungsbedeutung: den Sinn, den die Individuen mit ihrer Ausbildung verbinden, dann kann man sagen: *Organisation* *und Bedeutung von Ausbildung haben sich voneinander abgelöst und gegeneinander verselbständigt.* Ausbildung hat ihr »immanentes Danach«, ihren über sie hinausweisenden beruflichen Sinnfaden verloren. Einige suchen nun – eher informell und gegen den Strich der verordneten Berufsorientierung – den Sinn und Zweck der Ausbildung wiederum in ihr selbst. Abgeschnitten von dem Ziel, auf das Bildung formell hin organisiert bleibt, wird Bildung als eigenwertiges Erleben der Selbstfindung und -gestaltung neu entdeckt.

Während der institutionelle Rahmen der Ausbildung durchbürokratisiert wird, hier also der *Taylorismus* späte Blüten treibt, feiert informell in dem so errichteten »bürokratischen Gehäuse der Bildungshörigkeit« Humboldt eine späte Wiederauferstehung. Wo die »transzendente« berufliche Sinngrundlage verlorengeht, klagen die findigsten Jugendlichen das ein, das allein dem realen jahrelangen Jetzt der Ausbildung Sinn verleihen kann: den *Selbstwert der Bildung.* Dafür sprechen z.B. die von niemandem vorhergesehene Plötzlichkeit, mit der bisher sogenannte »Orchideenfächer« zu vielgewählten Massenfächern avancieren, oder auch das zögerlich neu aufkeimende Diskussions- und Theorieinteresse in den Seminaren.

Noch ist nicht abzusehen, wie sich Ausbildung für ein flexibles System pluraler, mobiler Unterbeschäftigung in elektronisch vermittelten, dezentralen »Kooperationszusammenhängen« inhaltlich gestalten müßte bzw. sollte. Dafür wäre wohl zunächst öffentliches Brainstorming über die in dieses Unterbeschäftigungssystem eingebauten Problemlagen erforderlich. Schon jetzt läßt sich aber sagen: Unvermeidlich wird ein *Zurückschrauben des Berufsbezugs*, womit sich historisch die Chance einer phantasievollen Rückverwandlung von Ausbildung in Bildung *in einem neu zu entwerfenden Sinne* ergibt. Ins Zentrum sollte eine gezielte bildungsbezogene Auseinandersetzung mit den vielfältigen Herausforderungen rücken, mit denen das (Über-)Leben und (politische) Handeln in der Risikogesellschaft der Zukunft konfrontiert ist.

Auch die Verteilung (ungleicher) sozialer Chancen durch Bildung muß neu diskutiert werden. Wie empirische Untersuchungen belegen, haben sich zwischen 1970 und 1982 die Wahrscheinlichkeiten, mit einem höheren Bildungsabschluß auch einen Zugang zu der jeweils statushöheren Position zu erhalten, dramatisch verringert.

Im Zuge dieser Entwicklung *hat das Bildungssystem in den siebziger Jahren seine statusverteilende Funktion eingebüßt*: Ein Abschluß allein reicht nicht mehr hin, um eine bestimmte Berufsposition und damit ein bestimmtes Einkommen und Ansehen zu erreichen.

Ausbildung ist allerdings auch nicht überflüssig geworden. Im Gegenteil: ohne qualifizierenden Abschluß ist die berufliche Zukunft gänzlich verbaut. Dafür beginnt sich die Formel durchzusetzen, daß qualifizierende Ausbildungsabschlüsse *immer weniger hinreichend*, zugleich aber *immer notwendiger* werden, um die erstrebten, knappen Beschäftigungspositionen zu erreichen. Was aber heißt das? Im Niemandsland zwischen »hinreichender« und »notwendiger« Bedingung hat das Bildungssystem seine ihm immerhin seit der Aufklärung zugeschriebene, in den sechziger Jahren beschworene Funktionsbestimmung – öffentlich kontrollierbare Verteilung sozialer Chancen – verloren! Wie und anhand welcher Kriterien werden nun und in Zukunft knappe soziale Chancen zwischen formal Gleichqualifizierten verteilt? Wie beeinflußt der Verlust der Zuweisungsfunktion die pädagogische Situation in den verschiedenen Teilbereichen des Bildungssystems – in der Haupt- und Berufs-, Hoch- und Hilfsschule –, in denen die berufliche Zukunft in sehr unterschiedlicher Weise verbaut ist? Was bedeutet dies für die Autoritätsverhältnisse zwischen Ausbildern und Auszubildenden, für Lernbereitschaft und Berufswahlverhalten der nachwachsenden Generation?

Auch diese Fragen können hier nur angerührt werden. Soviel jedenfalls läßt sich sagen: Die statuszuteilende Funktion von Ausbildung hat sich in dem vergangenen Jahrzehnt in zwei separate Dimensionen aufgespalten, und zwar in eine *Negativauswahl der Nichtteilnahmeberechtigten* am Konkurrenzkampf um Status und die tatsächlich positive *Zuteilung* von Statuschancen. Während das Bildungssystem die tatsächliche Zuteilungsfunktion an die betrieblichen Personalabteilungen bzw. -chefs verloren hat, ist die öffentliche Kontrolle der Chancenverteilung im Bildungssystem zurückgeführt worden auf eine Negativauslese des Status*vor*enthaltens. Hintergrund für diese Funktionsverschiebung ist das Brüchigwerden des Zusammenhangs von Bildung und Beschäftigung.

In Zeiten der Vollbeschäftigung wurde mit der Vergabe von knappen Bildungszertifikaten sozusagen die Einstellungsentscheidung des (bzw. irgendeines) Personalbüros (fast) vorweggenommen. In Zeiten eines inflationären Überangebotes an Qualifikationen wird dagegen die Entscheidung zwischen gleichwertigen Abschlüssen an das Beschäftigungssystem delegiert. Die Betriebe können nun durch eigene Aufnahmetests oder ähnliche Verfahren entscheiden, wem sie eine (Lehr-)Stelle geben. Dies bedeutet umgekehrt: Die Zertifikate, die im Bildungssystem vergeben werden, sind keine Schlüssel mehr zum Beschäftigungssystem, sondern nur noch Schlüssel zu den *Vorzimmern*, in denen die Schlüssel zu den Türen des Beschäftigungssystems verteilt werden (nach welchen Kriterien und Spielregeln auch immer). Dieser Bedeutungsverlust gewinnt nun aber in den unterschiedlichen Abteilungen und Hierarchiestufen des Bildungssystems eine ganz unterschiedliche Bedeutung.

Am extremsten sind die Konsequenzen dort, wo der Bildungsabschluß auch nicht mehr die Türen zu den »Vorzimmern« öffnet, sondern selbst zum *Ausschließungskriterium* wird. Dies trifft mehr und mehr auf den *Nur-Hauptschulabschluß* zu. Das erfolgreiche Absolvieren *irgendeiner* Berufsausbildung wird zunehmend zur Voraussetzung dafür, überhaupt ins Erwerbsleben einsteigen zu können. In dem Maße, in dem derart der Facharbeiterbrief zur »Eintrittskarte« wird, werden Jugendliche, die *keine* abgeschlossene Berufsausbildung aufweisen können, marginalisiert. Hauptschulabsolventen werden zu »Ungelernten«, finden einen vernagelten Arbeitsmarkt vor. Der *Gang durch die Hauptschule wird zur Einbahnstraße in die berufliche Chancenlosigkeit*. Die Hauptschule driftet so in das gesellschaftliche Abseits ab, wird zur Schule der unteren, auf berufliche Zukunftslosigkeit *fest*geschriebenen Statusgruppen.

Die neue Negativfunktion der Chancenvorenthaltung tritt also gleichsam »rein« an der Hauptschule hervor. Dies ist auch insofern eine höchst bemerkenswerte Entwicklung, weil mit der Anhebung der Bildungsvoraussetzungen die Ausbildung der Hauptschule zur »Nonbildung« degradiert, der Hauptschulabschluß historisch *in die Nähe zum Analphabetentum gerückt wird*. Pauschal gesagt: Im 18. Jahrhundert war es noch »selbstverständlich«, *ohne* Kenntnis des Alphabets seinen Lebensunterhalt verdienen zu können. Im Laufe des 19. Jahrhunderts wird die Beherrschung des Lesens und Schreibens mehr und mehr zur Einstiegsvoraussetzung in das expandierende industrielle Beschäftigungssystem. Im letzten Viertel des 20. Jahrhunderts reicht schließlich sogar der Hauptschulabschluß *allein* immer weniger hin, um arbeitsmarktvermittelt die materielle Existenz zu sichern. Im Fall der Hauptschule wird erkennbar, daß »Bildung« – *das* klassische Merkmal für *erwerbbaren* Status – historisch zurückverwandelt werden kann in ein quasi-*askriptives* Merkmal: Die Hauptschule verteilt Chancen*losigkeit* und droht damit *als* Bildungsinstitution zur Gettomauer zu werden, hinter der die unteren Statusgruppen auf die Dauerexistenz der Erwerbslosigkeit (bzw. Fürsorge, Sozialhilfe) festgeschrieben werden. Die *durchgesetzte* Bildungsgesellschaft produziert in diesem Sinne auch ein neuartiges, paradoxes »Quasi-Analphabetentum« der untersten Bildungsabschlüsse (Haupt- und Sonderschule). Daß sich auch hierin wiederum der durchorganisierte Berufsbezug der Ausbildung spiegelt – eine Spezialität des deutschen Bildungssystems, die z.B. für die USA in dieser Weise nicht gilt –, sei hier nur am Rande vermerkt.

Mit dieser Marginalisierungsfunktion verwandelt sich die Haupt- wie vorher bereits die Sonderschule in einen *Aufbewahrungsort* für arbeitslose Jugendliche. Sie ist als bildungsorientierte »Jugendherberge« irgendwo zwischen Straße und Gefängnis angesiedelt. Ihr Funktionsgehalt verschiebt sich in Richtung Beschäftigungstherapie. Entsprechend verschlechtert sich die pädagogische Situation. Lehrer und Lehrpläne werden in ihrer Legitimität gefährdet. Auf sie werden die Widersprüche einer »berufsorientierten Ausbildung ins Nichts« projiziert. In dem Maße, in dem die Schule den Schülern nichts mehr zu »bieten« oder vorzuenthalten hat, büßt sie ihre Autorität ein. *Anomische* Reaktionen der Jugendlichen sind (aktuell oder potentiell) in derartigen Bildungsgettos beruflicher Zukunftslosigkeit geradezu vorgezeichnet. Das extremste und sichtbarste Zeichen hierfür wäre die ansteigende Gewalt gegen Lehrer, vor allem in Großstädten mit hoher, konstanter Jugendarbeitslosigkeit.

Gleichzeitig gewinnt aber auch die *interne Selektion* in der Hauptschule eine Schlüsselbedeutung: Der Sprung in die Mittelschule oder das Gymnasium wird zum Sprung an das »rettende Ufer« einer *möglichen* beruflichen Zukunft. Ebenso gilt es, wenigstens durch die *Art* des Hauptschulabschlusses die Ausgangssituation in der Konkurrenz um knappe Lehrstellen mit den überlegenen Mittelschulabgängern und Abiturienten nicht noch mehr zu verschlechtern. Der *qualifizierte* Hauptschulabschluß differenziert in diesem Sinne sozusagen zwischen verschiedenen Graden von Chancenlosigkeit. Insofern sind die Konsequenzen für die pädagogische Situation in der Hauptschule (wie für das Bildungssystem insgesamt) letztlich nicht eindeutig. Einerseits bietet, wie gesagt, der Hauptschulabschluß als solcher kaum noch Einstiegschancen in das Beschäftigungssystem. Andererseits stellt er immer noch den notwendigen Zipfel einer Chance dar, um vielleicht doch noch eine der knappen Lehrstellen zu ergattern. Die »Notwendigkeitsfunktion« von Bildungsabschlüssen enthält auch Leistungs*anreize* und ein Disziplinierungspotential, da Vorenthalten Ausgrenzen bedeutet. Mit dem Zensururteil des Lehrers droht immer das Zuklappen der Tür zu den Vorzimmern der Chancenvergabe. Gerade dort, wo der Bildungserfolg nur in die Grauzone möglicher (Unter-)Beschäftigung führt, kommt die Negativauslese einer materiellen Existenzbedrohung gleich, und die Hetze nach guten Zensuren und Abschlüssen wird zum Hoffnungslauf, um auf der sich nach unten drehenden Rolltreppe gesellschaftlicher Hierarchie die nächsthöhere Etage zu »erwetzen«. Der Sponti-Spruch: »Du hast keine Chance, also nutze sie«, wird unter diesen Bedingungen zur durchaus realistischen Überlebensdevise.

Die Situation in den oberen Regionen des Bildungssystems – Fachhochschule und Universität – hat sich demgegenüber subtiler und weniger greifbar verändert. »*Vor*verteilung von Chancen« bedeutet hier, daß die Studenten nicht mehr in der Lage sind, langfristige Karriereplanung zu betreiben. Die Krise des Arbeitsmarktes und der Arbeitsgesellschaft schlägt für sie weniger als Berufsverlust denn als Verlust der kalkulierbaren gutbezahlten und prestigeträchtigen Beschäftigungssicherheit durch. Das berufliche Jenseits der Bildungskarriere geht nicht verloren, sondern wird unvorhersehbar und unberechenbar. Entsprechend wird oft Langzeitplanung ersetzt durch die Konzentration auf das vorübergehend Mögliche. Dies *kann* bedeuten, daß in der Überfütterung mit irreal werdenden beruflichen Ausbildungsinhalten der Hunger nach Bildung neu entdeckt wird. Dies *kann* aber auch bedeuten, daß im Bewußtsein um die Entwertung der inhaltlichen Qualifikationen allein der formale Bildungsabschluß als Absicherung gegen den sonst drohenden Fall in die Beschäftigungslosigkeit angestrebt wird. Der Bildungsabschluß verheißt nichts mehr; aber er ist immer noch oder sogar mehr denn je Voraussetzung, um die sonst drohende Hoffnungslosigkeit abzuwenden. Und mit diesem Abgrund im Nacken – und nicht mehr den Wurstzipfel der Karriere vor Augen – frißt man sich Happen für Happen durch den Grießbrei bürokratisierter Ausbildungsanforderungen hindurch. Kein Wunder – um im Bild zu bleiben –, daß man dann »das Maul nicht mehr aufkriegt«.

Die Verlagerung der statuszuweisenden Funktion aus dem Bildungs- in das Beschäftigungssystem hat schließlich – wie ein Blick in die Arbeitslosenstatistik zeigt – tiefgreifende Konsequenzen: Als Problemgruppen am Arbeitsmarkt, die insbesondere vom Risiko der Langzeitarbeitslosigkeit betroffen sind, gelten – wie aufgezeigt – Frauen (vor allem bei einer längeren Unterbrechung der Erwerbstätigkeit), Personen mit gesundheitlichen Beeinträchtigungen, ältere Menschen und ungelernte sowie sozial benachteiligte Jugendliche (vgl. dazu ausführlich oben S. 144 ff.).

Hieran wird exemplarisch deutlich, daß am Ende der Ausbildungsreform Selektionskriterien neue Bedeutung erhalten, die *vor* ihrem Beginn galten und mit dem Ausbau der Bildungsgesellschaft gerade überwunden werden sollten: nämlich *Zuweisungen* qua Geschlecht, Alter, Gesundheit, aber auch Gesinnung, Auftreten, Beziehungen, regionale Bindungen usw. Dies wirft die Frage auf, inwieweit die Expansion des Ausbildungssystems (bei Schrumpfung der Arbeitsgesellschaft) de facto zu einer Renaissance *ständischer* Zuweisungskriterien in der Verteilung sozialer Chancen führt. Einige Anzeichen sprechen dafür, daß es gerade zu einer – allerdings jetzt gerade durch Bildung verdeckten – *Refeudalisierung* in der Verteilung von Chancen und Risiken am Arbeitsmarkt kommt. Dies wird dadurch ermöglicht, daß in der Auswahl zwischen formal Gleichqualifizierten Kriterien erneut greifen, die jenseits von Ausbildungszertifikaten liegen und sich Rechtfertigungszwängen entziehen. Die ehemals so hoch geschätzte und gepriesene öffentliche Kontrollierbarkeit des Zuweisungsprozesses wurde insgesamt eingeschränkt oder ist verlorengegangen. Wie lange dieser Rückfall der *Nach*bildungsgesellschaft in die Chancenzuweisung der *Vor*bildungsgesellschaft noch hingenommen oder wann er politisch explosiv wird und zu neuen Protestwellen führt, kann heute noch nicht abgesehen werden.

Dritter Teil

Reflexive Modernisierung: Zur Generalisierung von Wissenschaft und Politik

Rückblick und Ausblick

In den zwei vorangegangenen Teilen wurde die theoretische Leitidee einer *reflexiven Modernisierung der Industriegesellschaft* in zwei Argumentationslinien ausgearbeitet: zum einen anhand der Logik der *Risiko*verteilung (Teil I), zum anderen anhand des *Individualisierungs*theorems (Teil II). Wie sind diese beiden Stränge der Argumentation aufeinander und auf den Grundgedanken zu beziehen?

(1) Der Individualisierungsprozeß wird theoretisch als Produkt der Reflexivität gedacht, in der der wohlfahrtsstaatlich abgesicherte Modernisierungsprozeß die in die Industriegesellschaft eingebauten Lebensformen *enttraditionalisiert*. An die Stelle der Vormoderne ist die »Tradition« der Industriegesellschaft selbst getreten. Wurden mit der Wende ins 19. Jahrhundert die Lebens- und Arbeitsformen der feudalen Agrargesellschaft, so werden heute die der entwickelten Industriegesellschaft aufgelöst: soziale Klassen und Schichten, Kleinfamilie mit den in sie eingelassenen »Normalbiographien« von Männern und Frauen, die Normierungen der Berufsarbeit usw. Damit wird eine Legende entzaubert, die im 19. Jahrhundert erfunden und bis heute das Denken und Handeln in Wissenschaft, Politik und Alltag beherrscht – die Legende nämlich, die Industriegesellschaft in ihrer Schematik von Arbeit und Leben sei eine *moderne* Gesellschaft. Demgegenüber wird erkennbar, daß das Projekt der Moderne, das historisch in der Form der Industriegesellschaft zunächst Geltung erlangt hat, zugleich in dieser Form *institutionell halbiert* wird. In wesentlichen Prinzipien – etwa der »Normalität« arbeitsmarktvermittelter Existenzsicherung – bedeutet *die Durchsetzung die Aufhebung* der Industriegesellschaft. Die Generalisierung der wohlfahrtsstaatlich abgesicherten Arbeitsmarktgesellschaft löst sowohl die sozialen Grundlagen der Klassengesellschaft als auch die der Kleinfamilie auf. Der Schock, der die Menschen damit trifft, ist ein doppelter: Sie werden aus den *scheinbar naturgegebenen* Lebensformen und Selbstverständlichkeiten der Industriegesellschaft *freigesetzt*; und dieses Ende des »Post-Historie« fällt zusammen mit dem *Verlust* des historischen Bewußtseins ihrer Denk-, Lebens- und Arbeitsformen. Die überlieferten Formen der Angst- und Unsicherheits-

bewältigung in sozial-moralischen Milieus, Familien, Ehe, Männer- und Frauenrolle versagen. In demselben Maße wird deren Bewältigung den Individuen abverlangt. Aus den damit verbundenen sozialen und kulturellen Erschütterungen und Verunsicherungen werden über kurz oder lang neue Anforderungen an die gesellschaftlichen Institutionen in Ausbildung, Beratung, Therapie und Politik entstehen.

(2) Die Reflexivität des Modernisierungsprozesses läßt sich auch am Beispiel des Verhältnisses von Reichtums- und Risikoproduktion erläutern: Erst dort, wo der Modernisierungsprozeß seine industriegesellschaftlichen Grundlagen enttraditionalisiert, wird der *Monismus* brüchig, mit dem das Denken in Kategorien der Industriegesellschaft die Risikoverteilung der Logik der Reichtumsverteilung subsumiert. Nicht der Umgang mit Risiken unterscheidet die Risiko- von der Industriegesellschaft, auch nicht allein die größere Qualität und Reichweite der Risiken, die durch neue Technologien und Rationalisierungen produziert werden. Zentral ist vielmehr, daß die gesellschaftlichen Rahmenbedingungen im Zuge reflexiver Modernisierungsprozesse radikal verändert werden: mit der Verwissenschaftlichung der Modernisierungsrisiken wird ihre Latenz aufgehoben. Der Siegeszug des Industriesystems läßt die Grenzen von Natur und Gesellschaft verschwimmen. Entsprechend können auch die Naturzerstörungen nicht länger auf die »Umwelt« abgewälzt werden, sondern werden mit ihrer industriellen Universalisierung zu systemimmanenten sozialen, politischen, ökonomischen und kulturellen Widersprüchen. Modernisierungsrisiken, die sich systembedingt globalisieren und ihre Latenz eingebüßt haben, können aber nicht länger nach dem Modell der Industriegesellschaft implizit in der Unterstellung der Konformität zu den Strukturen sozialer Ungleichheit abgehandelt werden, sondern entfalten eine Konfliktdynamik, die sich aus der industriegesellschaftlichen Schematik von Produktion und Reproduktion, Klassen, Parteien und Teilsystemen herauslöst.

Die Unterscheidung von Industrie- und Risikogesellschaft fällt also nicht zusammen mit der Unterscheidung zwischen der »Logik« der Reichtums- und der »Logik« der Risikoproduktion und -verteilung, sondern ergibt sich daraus, daß das *Prioritätsverhältnis umkippt.* Der Begriff der Industriegesellschaft unterstellt die *Dominanz* der »Reichtumslogik« und behauptet die *Kompatibilität* der Risikoverteilung, während der Begriff der Risikogesellschaft die *In*kompatibilität von Reichtums- und Risikoverteilung und die *Konkurrenz* ihrer »Logiken« behauptet.

In dem folgenden dritten Teil sollen diese Argumente in zwei Richtungen weiter ausgearbeitet werden: In allen Konzeptionen von Industriegesellschaft wird von der *Spezialisierbarkeit*, das heißt: Abgrenzbarkeit und Monopolisierbarkeit von wissenschaftlicher Erkenntnis und politischem Handeln, ausgegangen. Dies kommt nicht zuletzt in den dafür vorgesehenen sozialen Systemen und ihren Institutionen – dem »Wissenschaftssystem« und dem »politischen System« – zum Ausdruck. Demgegenüber soll die Perspektive entfaltet werden: Reflexive Modernisierung, die auf die Bedingungen *hochentwickelter* Demokratie und *durchgesetzter* Verwissenschaftlichung trifft, führt zu charakteristischen *Entgrenzungen* von Wissenschaft und Politik. Erkenntnis- und Veränderungsmonopole werden ausdifferenziert, wandern aus den dafür vorgesehenen Orten ab und werden in einem bestimmten, veränderten Sinne allgemeiner verfügbar. So ist plötzlich nicht mehr klar, ob *noch* die Familienpolitik oder *schon* die Humangenetik das Primat der Veränderung menschlichen Zusammenlebens *jenseits* demokratischer Zustimmung und Abstimmung besitzt. Dies bedeutet: die heute aufbrechenden Risiken unterscheiden sich von allen früheren über die bisher erarbeiteten Merkmale hinaus erstens durch ihre *gesellschaftsverändernde Reichweite* (Kapitel VIII) und zweitens durch ihre besondere *wissenschaftliche Konstitution*.

Kapitel VII
Wissenschaft jenseits von Wahrheit und Aufklärung? Reflexivität und Kritik der wissenschaftlich-technologischen Entwicklung

Im folgenden steht zunächst dieser Gedanke im Zentrum: Handelte es sich früher um »*extern*« (Götter, Natur) bedingte Gefahren, so liegt die historisch neuartige Qualität der Risiken heute in ihrer zugleich *wissenschaftlichen und sozialen Konstruktion* begründet, und zwar in einem dreifachen Sinne: Wissenschaft wird *(Mit)Ursache*, *Definitionsmedium* und *Lösungsquelle* von Risiken und öffnet sich gerade dadurch neue Märkte der Verwissenschaftlichung. Im Wechselspiel von selbst miterzeugten und selbst mitdefinierten Risiken und deren öffentlicher und sozialer Kritik wird die wissenschaftlich-technische Entwicklung *widerspruchsvoll*. Diese Perspektive soll in *vier Thesen* entfaltet und veranschaulicht werden:

(1) Entsprechend der Unterscheidung von Modernisierung der Tradition und Modernisierung der Industriegesellschaft lassen sich zwei Konstellationen im Verhältnis von Wissenschaft, Praxis und Öffentlichkeit unterscheiden: *einfache* und *reflexive* Verwissenschaftlichung. Zunächst erfolgt die Anwendung von Wissenschaft auf die »vorgegebene« Welt von Natur, Mensch und Gesellschaft, in der reflexiven Phase sind die Wissenschaften bereits mit ihren eigenen Produkten, Mängeln, Folgeproblemen konfrontiert, treffen also auf eine *zweite zivilisatorische Schöpfung*. Die Entwicklungslogik der ersten Phase beruht auf einer *halbierten* Verwissenschaftlichung, in der die Ansprüche wissenschaftlicher Rationalität auf Erkenntnis und Aufklärung noch von der methodischen Selbstanwendung des wissenschaftlichen Zweifels verschont bleiben. Die zweite Phase beruht auf einer *Durch*wissenschaftlichung, die den wissenschaftlichen Zweifel auch auf die immanenten Grundlagen und externen Folgen der Wissenschaft selbst ausgedehnt hat. So wird beides: *Wahrheits- und Aufklärungsanspruch, entzaubert*. Der Übergang von der einen zur anderen Konstellation vollzieht sich also einerseits in der *Kontinuität* der Verwissenschaftlichung; gerade dadurch entstehen jedoch andererseits *völlig*

veränderte Innen- und Außenbeziehungen wissenschaftlichen Arbeitens.

Primäre Verwissenschaftlichung gewinnt ihre Dynamik aus der Gegenüberstellung von Tradition und Moderne, Laien und Experten. Nur unter den Bedingungen dieser Grenzziehung können der *Zweifel* im Innenverhältnis der Wissenschaften generalisiert und gleichzeitig im Außenverhältnis Anwendung wissenschaftlicher Ergebnisse *autoritär* vorangetrieben werden. Diese Konstellation eines ungebrochenen Wissenschafts- und Fortschrittsglaubens ist für die industriegesellschaftliche Modernisierung bis in die erste Hälfte des 20. Jahrhunderts hinein (mit abnehmender Sicherheit) typisch. In dieser Phase sieht sich Wissenschaft einer Praxis und Öffentlichkeit gegenüber, deren Widerstände sie, gestützt auf die Evidenz der Erfolge, mit den Verheißungen der Befreiung aus unbegriffenen Zwängen hinwegfegen kann. In dem Maße, in dem die *reflexive* Konstellation an Bedeutung gewinnt (und Anzeichen hierfür lassen sich mit der Entwicklung der Wissenssoziologie, Ideologiekritik, dem wissenschaftstheoretischen Fallibilismus, der Expertenkritik usw. bis zum Beginn des 20. Jahrhunderts zurückverfolgen), ändert sich die Situation grundlegend:

Die Wissenschaften werden jetzt beim Gang in die Praxis mit ihrer eigenen objektivierten Vergangenheit und Gegenwart konfrontiert: mit sich selbst als Produkt und Produzent der Wirklichkeit und Probleme, die sie zu analysieren und zu bewältigen haben. Sie kommen damit nicht mehr nur als Quelle für Problemlösungen, sondern zugleich auch als *Quelle für Problemursachen* ins Visier. In Praxis und Öffentlichkeit treten den Wissenschaften neben der Bilanz ihrer Siege auch die Bilanz ihrer Niederlagen und damit zunehmend das Spiegelbild ihrer uneingelösten Versprechen entgegen. Die Gründe hierfür sind vielfältig: Gerade mit den Erfolgen scheinen die Risiken der wissenschaftlich-technischen Entwicklung überproportional zu wachsen; Lösungen und Befreiungsversprechen, praktisch umgesetzt, haben inzwischen nachdrücklich ihre problematischen Seiten offenbart, und diese sind wiederum Gegenstand intensiver wissenschaftlicher Analysen geworden; und in der bereits wissenschaftlich aufgeteilten und professional verwalteten Welt sind – paradox genug – Zukunftsperspektiven und Expansionschancen der Wissenschaft auch an Wissenschaftskritik gebunden.

Indem Wissenschafts*expansion* in einer Phase, in der Wissenschaft sich auf Wissenschaft richtet, derart *Kritik* der Wissenschaft und der vorfindlichen Expertenpraxis voraussetzt und betreibt, unterzieht sich die wissenschaftliche Zivilisation einer ihre Grundlagen und ihr Selbstverständnis erschütternden, öffentlich vermittelten Selbstkritik, offenbart ein Maß an Unsicherheit ihren Grundlagen und Wirkungen gegenüber, das nur noch übertroffen wird durch das Potential an Risiken und Entwicklungsperspektiven, das sie freilegt. Auf diese Weise wird ein Prozeß der *Demystifizierung* der Wissenschaften in Gang gesetzt, in dessen Verlauf das Gefüge von Wissenschaft, Praxis und Öffentlichkeit einem grundlegenden Wandel unterworfen wird.

(2) In der Konsequenz kommt es zu einer folgenreichen *Entmonopolisierung wissenschaftlicher Erkenntnisansprüche*: Wissenschaft wird immer *notwendiger*, zugleich aber auch immer *weniger hinreichend* für die gesellschaftlich verbindliche Definition von Wahrheit. Dieser Funktionsverlust ist kein Zufall. Er wird den Wissenschaften auch nicht von außen aufgedrückt. Er entsteht vielmehr als Folge der *Durchsetzung* und Ausdifferenzierung wissenschaftlicher Geltungsansprüche, ist *Produkt der Reflexivität* der wissenschaftlich-technischen Entwicklung unter Risikobedingungen: Einerseits beginnt die Wissenschaft, die im Innen- und Außenverhältnis auf sich selbst trifft, die methodische Kraft ihres Zweifels auf ihre eigenen Grundlagen und praktischen Folgen auszudehnen. Entsprechend wird der Anspruch auf Erkenntnis und Aufklärung in der Flucht vor dem nun mit wissenschaftlicher Akribie *erfolgreich* vorangetriebenen Fallibilismus systematisch zurückgeschraubt. An die Stelle des zunächst unterstellten Zugriffs auf Wirklichkeit und Wahrheit treten Entscheidungen, Regeln, Konventionen, die auch anders hätten ausfallen können. Die Entzauberung greift auf den Entzauberer über und verändert damit die Bedingungen der Entzauberung.

Auf der anderen Seite wächst mit der Ausdifferenzierung der Wissenschaft die unüberschaubar werdende Flut konditionaler, selbstungewisser, zusammenhangloser Detailergebnisse. Dieser *Überkomplexität* des Hypothesenwissens ist mit methodischen Überprüfungsregeln allein nicht mehr beizukommen. Auch Ersatzkriterien wie Reputation, Art und Ort der Veröffentlichung, institutionelle Basis usw. versagen. Entsprechend greift die mit der Verwissenschaftlichung systematisch produzierte Unsicherheit auf das Außenverhältnis über und macht nun umgekehrt die

Adressaten und Verwender wissenschaftlicher Ergebnisse in Politik, Wirtschaft und Öffentlichkeit zu *aktiven Mitproduzenten* im gesellschaftlichen Prozeß der Erkenntnisdefinition. Die »Objekte« der Verwissenschaftlichung werden auch zu »*Subjekten*« in dem Sinne, daß sie die heterogenen wissenschaftlichen Interpretationsangebote aktiv handhaben können und müssen. Dies nicht nur in Gestalt von Auswahlen zwischen sich widersprechenden hochspezialisierten Geltungsansprüchen; diese können auch gegeneinander ausgespielt und müssen in jedem Fall zu einem handlungsfähigen Bild neu kombiniert und zusammengesetzt werden. Reflexive Verwissenschaftlichung eröffnet also den gesellschaftlichen Adressaten und Verwendern der Wissenschaft *neue Einfluß- und Entfaltungsmöglichkeiten* in den Prozessen der Produktion *und* Anwendung wissenschaftlicher Ergebnisse. Dies ist eine Entwicklung von hochgradiger Ambivalenz: Sie enthält die Chance der Emanzipation gesellschaftlicher Praxis *von* Wissenschaft *durch* Wissenschaft; andererseits *immunisiert* sie gesellschaftlich geltende Ideologien und Interessenstandpunkte gegen wissenschaftliche Aufklärungsansprüche und öffnet einer *Feudalisierung* wissenschaftlicher Erkenntnispraxis durch ökonomisch-politische Interessen und »neue Glaubensmächte« Tor und Tür.

(3) Prüfstein für kritische Eigenständigkeit wissenschaftlicher Forschung werden die gerade mit der Durchsetzung wissenschaftlicher Erkenntnisansprüche gegenläufig entstehenden *Tabus der Nichtveränderbarkeit*: Je weiter die Verwissenschaftlichung voranschreitet und je deutlicher die Gefährdungslagen ins öffentliche Bewußtsein treten, desto größer wird der politische Handlungsdruck, und desto mehr droht sich die wissenschaftlich-technische Zivilisation in eine wissenschaftlich hergestellte »Tabugesellschaft« zu verwandeln. Immer mehr Bereiche, Instanzen, Bedingungen, die nun alle prinzipiell veränderbar wären, werden von dieser Veränderungszumutung durch die Erarbeitung von »Sachzwängen«, »Systemzwängen«, »Eigendynamiken« systematisch ausgeschlossen. Die Wissenschaften können nicht länger auf ihrer angestammten Aufklärungsposition des »Tabu-*Brechers*« verharren; sie müssen auch noch die Gegenrolle des »Tabu-*Konstrukteurs*« mitübernehmen. Entsprechend schwankt die gesellschaftliche Funktion der Wissenschaften zwischen Eröffnung und Schließung von Handlungsmöglichkeiten, und diese widersprüchlichen Außenerwartungen schüren professionsintern Konflikte und Spaltungen.

(4) Von der generalisierten Veränderungszumutung bleiben auch die *Grundlagen wissenschaftlicher Rationalität* nicht verschont. Was von Menschen gemacht wurde, kann auch von Menschen verändert werden. Gerade die reflexive Verwissenschaftlichung läßt die Selbsttabuisierung der wissenschaftlichen Rationalität sichtbar und fragwürdig werden. Die Vermutung lautet: »Sachzwänge«, »latente Folgewirkungen«, die für die »Eigendynamik« der wissenschaftlich-technischen Entwicklung stehen, sind ihrerseits *hergestellt* und damit: prinzipiell *auflösbar*. Das Projekt der Moderne, der Aufklärung, ist unabgeschlossen: Seine faktischen Verkrustungen im historisch vorherrschenden Wissenschafts- und Technologieverständnis können durch eine Wiederbelebung der Vernunft aufgebrochen und in eine dynamische Theorie wissenschaftlicher Rationalität überführt werden, die historische Erfahrungen verarbeitet und sich so lernfähig weiterentwickelt.

Entscheidend dafür, ob die Wissenschaft derart zur Selbstkontrolle ihrer praktischen Risiken beiträgt, ist dabei nicht, ob sie über ihren eigenen Einflußradius hinausgreift und sich um (politische) Mitsprache bei der Umsetzung ihrer Ergebnisse bemüht. Wesentlich ist vielmehr: *welche Art von Wissenschaft bereits im Hinblick auf die Absehbarkeit ihrer angeblich unabsehbaren Nebenfolgen betrieben wird*. Ausschlaggebend ist in diesem Zusammenhang: ob es bei der *Überspezialisierung* bleibt, die aus sich heraus Nebenfolgen produziert und damit deren »Unvermeidbarkeit« immer wieder zu bestätigen scheint, oder ob die Kraft zur *Spezialisierung auf den Zusammenhang* neu gefunden und entwickelt wird; ob die *Lernfähigkeit* im Umgang mit praktischen Folgen wiedergewonnen wird oder ob im Absehen von den praktischen Folgen *Irreversibilitäten* geschaffen werden, die auf der *Unterstellung der Irrtumslosigkeit* beruhen und das Lernen aus praktischen Fehlern vom Ansatz her unmöglich machen; inwieweit gerade im Umgang mit Modernisierungsrisiken *Symptom*behandlungen durch echte *Ursachen*beseitigung ersetzt werden können; inwieweit durch die in Betracht gezogenen Variablen und Ursachen *praktische Tabus* der »zivilisatorisch selbstverschuldeten« Risiken wissenschaftlich abgebildet oder aufgebrochen werden; also Risiken und Gefährdungen methodisch-sachlich ausinterpretiert, wissenschaftlich entfaltet oder verharmlost und verschleiert werden.

1. Einfache und reflexive Verwissenschaftlichung

Mit dieser Unterscheidung ist eine Einschätzung verbunden: Die Aufbruchsphase *primärer* Verwissenschaftlichung, in der die Laien wie die Indianer aus ihren »Jagdgründen« vertrieben und auf klar eingegrenzte »Reservate« zurückgedrängt wurden, ist längst abgeschlossen und mit ihr der ganze Überlegenheitsmythos und das Machtgefälle, das das Verhältnis von Wissenschaft, Praxis und Öffentlichkeit in dieser Phase gekennzeichnet hat. Wenn überhaupt, läßt sich ihre Entwicklungslogik (die ja immerhin das Zentralthema der klassischen Soziologie war) heute nur noch in Randzonen der Modernisierung beobachten.* An ihre Stelle sind fast überall die Konflikte und Beziehungen *reflexiver* Verwissenschaftlichung getreten: Die wissenschaftliche Zivilisation ist in eine Entwicklung eingetreten, in der sie nicht mehr nur Natur, Mensch und Gesellschaft, sondern zunehmend sich selbst, ihre eigenen Produkte, Wirkungen, Fehler verwissenschaftlicht. Es geht also nicht mehr um die »Befreiung aus *vorgefundenen* Abhängigkeiten«, sondern um die Definition und Verteilung *»selbstverschuldeter«* Fehler und Risiken.

Für die so in den Vordergrund der wissenschaftlich-technischen Entwicklung tretenden »Folgeprobleme« der Modernisierung sind nun aber andere Bedingungen und Prozesse, andere Medien und Akteure charakteristisch als für die Prozesse der Fehlerbearbeitung in der Phase einfacher Verwissenschaftlichung: In der ersten Welle können sich die Wissenschaftler der verschiedenen Disziplinen auf die – manchmal reale, oft auch nur scheinbare – Überlegenheit wissenschaftlicher Rationalität und Denkmethoden gegenüber traditionalen Wissensbeständen, Überlieferungen und Laienpraktiken stützen. Diese Überlegenheit ist sicherlich kaum zurückzuführen auf eine geringe Fehlerbelastetheit wissenschaftlichen Arbeitens, sondern wohl eher auf die *Art, in der der Umgang mit Fehlern und Risiken in dieser Phase sozial organisiert ist.*

Zunächst einmal erlaubt die wissenschaftliche Durchdringung einer wissenschaftlich noch unberührten Welt eine klare Grenzziehung zwischen Problemlösungen und Problemursachen, wobei

---

* So z.B. die zur Zeit laufende Welle der »Verwissenschaftlichung der Familie« (etwa ablesbar an dem Vordringen von Familien- und Eheberatungsexperten); aber selbst hier trifft Verwissenschaftlichung ja bereits auf ein Praxisfeld, das auf vielfältige Weise wissenschaftlich-professionell vorgeprägt und beeinflußt ist.

diese Grenze eindeutig zwischen den Wissenschaften auf der einen Seite und ihren (aktuellen und potentiellen) »Objekten« auf der anderen Seite verläuft. Die Anwendung der Wissenschaft erfolgt also in der Einstellung einer klaren *Objektivierung* möglicher Problem- und Fehlerquellen: »Schuld« an den Krankheiten, Krisen, Katastrophen, unter denen die Menschen leiden, ist die wilde, unbegriffene Natur, sind die ungebrochenen Zwänge der Überlieferung.

Diese Projektion von Problem- und Fehlerquellen in das noch unerforschte »Niemandsland« der Wissenschaften ist offensichtlich daran gebunden, daß sich die Wissenschaften in ihren Anwendungsfeldern noch nicht wesentlich überschneiden. Sie ist ferner auch daran gebunden, daß die eigenen theoretischen und praktischen Fehlerquellen der Wissenschaften in einer bestimmten Weise definiert und organisiert werden: Mit guten Gründen kann man davon ausgehen, daß die Geschichte der Wissenschaften von Anfang an weniger eine Geschichte der Erkenntnisgewinnung als eine Geschichte der Irrtümer und praktischen Fehlleistungen ist. So widersprechen sich auch wissenschaftliche »Erkenntnisse«, »Erklärungen« und praktische »Lösungsvorschläge« im Zeitablauf, an verschiedenen Orten, innerhalb verschiedener Denkschulen, Kulturen usw. diametral. Dies muß solange keinen Einbruch in die Glaubwürdigkeit wissenschaftlicher Rationalitätsansprüche bedeuten, wie es den Wissenschaften gelingt, Fehler, Irrtümer und Kritik an ihren praktischen Folgen im wesentlichen wissenschafts*intern* abzubauen und damit einerseits den Monopolanspruch auf Rationalität gegenüber der außerfachlichen Öffentlichkeit aufrechtzuerhalten und andererseits fachintern ein Forum für kritische Auseinandersetzungen bereitzustellen. In dieser sozialen Struktur ist es sogar umgekehrt möglich, aufbrechende Probleme, technische Mängel und Risiken der Verwissenschaftlichung auf bisherige Unzulänglichkeiten im *Entwicklungsstand* des wissenschaftlichen Versorgungssystems zurückzuführen, die dann in *neue* technische Entwicklungsschübe und -vorhaben umgesetzt werden können und damit letztlich auch in eine Festigung des wissenschaftlichen Rationalitätsmonopols. Diese *Verwandlung von Fehlern und Risiken in Expansionschancen und Entwicklungsperspektiven von Wissenschaft und Technik* hat in der ersten Phase die wissenschaftliche Entwicklung im wesentlichen gegen die Modernisierungs- und Zivilisationskritik immunisiert und sozusagen

»*ultrastabil*« gemacht. Tatsächlich beruht diese Stabilität aber auf einer Halbierung des methodischen Zweifels: im Innenraum der Wissenschaften werden (zumindest dem Anspruch nach) die Regeln der *Kritik* generalisiert, nach außen werden wissenschaftliche Ergebnisse gleichzeitig *autoritär* durchgesetzt.

Tatsächlich werden diese Bedingungen auch offensichtlich in dem Maße unterhöhlt, in dem sich – interdisziplinär vermittelt – Wissenschaft auf Wissenschaft richtet. Gerade die Strategie der »Projektion« von Fehlerquellen und Problemursachen muß nun umgekehrt *Wissenschaft und Technik als mögliche Ursachen für Probleme und Fehler* in den Blick geraten lassen. Die in der reflexiven Phase ins Zentrum rückenden Risiken der Modernisierung sprengen so das Muster der fachinternen Verwandlung von Fehlern in Entwicklungschancen und lassen das am Ende des 19. Jahrhunderts weitgehend durchgesetzte Modell einfacher Verwissenschaftlichung mit seinen abgestimmten Machtbeziehungen zwischen Professionen, Wirtschaft, Politik und Öffentlichkeit in Bewegung geraten:

Die wissenschaftliche Bearbeitung von Modernisierungsrisiken setzt voraus, daß die wissenschaftlich-technische Entwicklung – *inter*disziplinär vermittelt – sich selbst zum Problem wird; Verwissenschaftlichung wird hier *als Problem* verwissenschaftlicht. Damit müssen zunächst all die Schwierigkeiten und Gegensätze hervorbrechen, die die einzelnen Wissenschaften und Professionen im Umgang miteinander haben. Denn hier trifft Wissenschaft auf Wissenschaft und damit auf die ganze Skepsis und Verachtung, die eine Wissenschaft einer anderen entgegenzubringen imstande ist. An die Stelle des oft ebenso aggressiven wie ohnmächtigen Widerstands von Laien treten die Widerstandsmöglichkeiten von Wissenschaften gegen Wissenschaften: Gegenkritik, Methodenkritik sowie verbandspolitisches »Blockierverhalten« auf allen Feldern professioneller Verteilungskämpfe. Folgen und Risiken der Modernisierung sind in diesem Sinne nur im Durchgang durch *Kritik* (und Gegenkritik) wissenschaftlicher Dienstleistungssysteme vom Boden verschiedener Wissenschaften sichtbar zu machen. Die Chancen reflexiver Verwissenschaftlichung scheinen infolgedessen direkt proportional mit den Risiken und Mängelbilanzen der Modernisierung und umgekehrt proportional mit der ungebrochenen Fortschrittsgläubigkeit der wissenschaftlich-technischen Zivilisation zu wachsen. Das Tor, über das Risiken wissenschaftlich erschlossen und bearbeitet werden können, heißt: Wissenschaftskritik, Fortschrittskritik, Expertenkritik, Technikkritik. Auf diese Weise sprengen Risiken die traditionalen, fachinternen, intradisziplinären Verarbeitungsmöglichkeiten von Fehlern und erzwingen *neue Arbeitsteilungsstrukturen* im Verhältnis von Wissenschaft, Praxis und Öffentlichkeit.

Das Aufdecken von Risiken bisheriger Modernisierung sticht so zwangsläufig in das Wespennest der Konkurrenzbeziehungen zwischen den wissenschaftlichen Professionen und weckt alle Widerstände gegen »expansionistische Übergriffe« auf den eigenen »Problem-Kuchen« und auf die sorgfältig installierte »Pipeline der Forschungsgelder«, die eine wissenschaftliche Profession unter Einsatz aller ihrer Kräfte (einschließlich ihrer wissenschaftlichen) über Generationen hinweg eingerichtet hat. An den hier aufbrechenden Konkurrenzproblemen und unschlichtbaren Schulstreitigkeiten scheitert ihre gesellschaftliche Anerkennung und Bearbeitung, solange nicht die *öffentliche* Sensibilität gegenüber bestimmten problematischen Aspekten der Modernisierung wächst, in Kritik umschlägt, möglicherweise sogar in sozialen Bewegungen kumuliert, sich hier artikuliert und in Protesten gegen Wissenschaft und Technik entlädt. Modernisierungsrisiken können den Wissenschaften also nur von *außen*, auf dem Wege ihrer öffentlichen Anerkennung, »aufgedrückt«, »in die Feder diktiert« werden. Sie beruhen *nicht* auf *inner*wissenschaftlichen, sondern auf *gesamtgesellschaftlichen Definitionen und Beziehungen* und entfalten auch innerwissenschaftlich ihre Wirksamkeit nur durch die treibende Kraft im Hintergrund: die gesellschaftsweite Tagesordnung.

Dies wiederum setzt eine bislang unbekannte Kraft der Wissenschafts- und Kulturkritik voraus, die zumindest teilweise auf einer *Rezeption von Gegenexpertisen* beruht. Unter reflexiven Bedingungen wächst nämlich die Wahrscheinlichkeit, daß in unterschiedlichen sozialen Handlungsbereichen vorhandenes wissenschaftliches Folgeproblemwissen aktiviert, von außen aufgegriffen beziehungsweise nach außen getragen wird und zu *Formen der Verwissenschaftlichung des Protestes gegen Wissenschaft* führt. Durch diese Verwissenschaftlichung unterscheidet sich die Fortschritts- und Zivilisationskritik, die wir zur Zeit erleben, von der der vergangenen zweihundert Jahre: Die Themen der Kritik werden generalisiert, die Kritik wird zumindest in Teilen wissenschaftlich untermauert und tritt nun mit der ganzen Definitionsmacht von Wissenschaft der Wissenschaft gegenüber. Auf diese Weise wird eine Bewegung ausgelöst, in deren Verlauf die Wissenschaften immer nachdrücklicher dazu gezwungen werden, ihre intern längst bekannten Unbeholfenheiten, Borniertheiten und »Geburtsfehler« vor aller Öffentlichkeit auszubreiten. Es entstehen Formen von »Gegenwissenschaft« und »advokatorischer Wissenschaft«, die den ganzen »Hokuspokus der Wissenschaft« auf andere Prinzipien, andere Interessen beziehen – und so zu genau gegenteiligen Ergebnissen kommen. Kurz, *im Zuge der Verwissenschaftlichung des Protestes gegen Wissenschaft läuft die Wissenschaft selbst Spießruten.* Es entstehen neue öffentlichkeitsorientierte Formen wissenschaftlichen Expertenhandelns, die Grundlagen wissenschaftlichen Argumentierens werden mit gegenwissenschaftlicher Gründlichkeit in ihren Fragwürdigkeiten freigelegt, und zahlreiche Wissenschaften werden in ihren praxisbezogenen Grenzbereichen einem »Politisierungstest« bislang unbekannten Ausmaßes unterworfen.

Im Zuge dieser Entwicklung erlebt die Wissenschaft nicht nur einen rapiden Schwund ihrer öffentlichen Glaubwürdigkeit, sondern erschließt sich zugleich auch *neue Wirkungs- und Anwendungsfelder.* So haben gerade die Natur- und Technikwissenschaften in den letzten Jahren zahlreiche ihrer öffentlichen Kritiken aufgegriffen und in Expansionschancen zu verwandeln gewußt: in der begrifflichen, instrumentellen und technischen Ausdifferenzierung der »noch« beziehungsweise »nicht mehr« zumutbaren Risiken, Gesundheitsgefährdungen, Arbeitsbelastungen usw. Hier wird der Selbstwiderspruch greifbar, in den die wissenschaftliche Entwicklung in der Phase reflexiver Verwissenschaftlichung zu geraten scheint: *die öffentlich vermittelte Kritik der bisherigen Entwicklung wird zum Motor der Expansion.*

Dies ist die Entwicklungslogik, in der Modernisierungsrisiken in einem spannungsreichen Zusammenspiel von Wissenschaft, Praxis und Öffentlichkeit sozial konstituiert und in die Wissenschaften zurückgespielt werden, hier »Identitätskrisen«, neue Organisations- und Arbeitsformen, neue Theoriegrundlagen, neue Methodenentwicklungen usw. auslösend. Die Verarbeitung von Fehlern und Risiken ist damit sozusagen an den Kreislauf gesamtgesellschaftlicher Auseinandersetzungen angekoppelt und erfolgt unter anderem in Konfrontation und Verschmelzung mit sozialen Bewegungen der Wissenschafts- und Modernisierungskritik. Man sollte sich dennoch nicht darüber täuschen: Durch alle Widersprüche hindurch wurde hier ein Weg der Wissenschafts*expansion* eingeschlagen (bzw. der alte in abgewandelter Form fortgesetzt). Die öffentliche Aushandlung von Modernisierungsrisiken *ist* der Weg der Verwandlung von Fehlern in Expansionschancen unter Bedingungen reflexiver Verwissenschaftlichung.

Besonders anschaulich läßt sich dieses Ineinandergreifen von Zivilisationskritik, interdisziplinären Interpretationsgegensätzen und öffentlichkeitswirksamen Protestbewegungen an der Entwicklung der *Umweltbewegung* verdeutlichen:* Naturschutz hat es seit Beginn der Industrialisierung gegeben, ohne daß die punktuelle Kritik, die von Naturschutzorganisationen vorgetragen wurde (die im übrigen weder mit großen Kosten noch mit einer grundsätzlichen Kritik der Industrialisierung verbunden war), jemals den Nimbus der Fortschrittsfeindlichkeit und Rückständigkeit hätte ablegen können. Dies änderte sich erst, als die soziale Evidenz der Naturgefährdungen durch Industrialisierungsprozesse wuchs und zugleich völlig losgelöst von alten Naturschutzideen wissenschaftliche Deutungssysteme angeboten und aufgegriffen wurden, die das wachsende öffentliche Unbehagen an offensichtlich zerstörerischen Industrialisierungskonsequenzen erklärten, untermauerten, von konkreten Einzelfällen und Anlässen ablösten, generalisierten und in einen allgemeinen Protest gegen die Industrialisierung und Technisierung einstimmten. Dies geschah in den USA im wesentlichen durch engagierte *biologische* Forschungen, die sich auf die zerstörerischen Folgen der Industrialisierung für natürliche Lebenszusammenhänge konzentrierten und im wahrsten Sinne des Wortes »Alarm« schlugen, das heißt in einer für die Öffentlichkeit verständlichen Sprache unter Verwendung wissenschaftlicher Argumente die bereits ausgelösten und noch bevorstehenden Folgen der Industrialisierung für das natürliche Leben auf dieser Erde ausleuchteten und zu Bildern des bevorstehenden Untergangs verdichteten.** Indem diese und andere Argumente in öffentlichen Protestbewegungen aufgegriffen wurden,

---

* Ich stütze mich hier insbesondere auf (m.W. bislang unpublizierte) Ausführungen von Robert C. Mitchell (1979), siehe dazu ferner H. Nowotny (1979), P. Weingart (1979) sowie G. Küppers, P. Lundgreen, P. Weingart (1978).
** Gemeint sind insbesondere die Schrift von Rachel Carson, Silent Spring, die zuerst 1962 erschienen und von der bereits drei Monate nach ihrem Erscheinen 100 000 Exemplare verkauft waren, sowie das Buch von Barry Commoner, Science and Survival (1963).

setzt das ein, was oben die Verwissenschaftlichung des Protestes gegen bestimmte Formen der Verwissenschaftlichung genannt wurde:

Die Ziele und Themen der Umweltbewegung wurden allmählich von konkreten Anlässen und letztlich leicht erfüllbaren Einzelforderungen (Sperren eines Waldgebietes, Schutz einer bestimmten Tierart usw.) abgelöst und auf einen allgemeinen Protest gegen die Bedingungen und Voraussetzungen »der« Industrialisierung eingestimmt. Anlässe für den Protest sind jetzt nicht mehr ausschließlich Einzelfälle, sichtbare und auf zurechenbare Eingriffe zurückführbare Gefährdungen (Ölpest, Verschmutzung der Flüsse durch Industrieabwässer usw.). Ins Zentrum rücken mehr und mehr Gefährdungen, die für den Laien oft weder sichtbar noch spürbar sind, Gefährdungen, die unter Umständen gar nicht mehr in der Lebensspanne der Betroffenen, sondern erst in der zweiten Generation ihrer Nachfahren wirksam werden, in jedem Fall Gefährdungen, *die der »Wahrnehmungsorgane« der Wissenschaft bedürfen – Theorien, Experimente, Meßinstrumente –, um überhaupt als Gefährdungen »sichtbar«, interpretierbar zu werden.* In der verwissenschaftlichten Ökologiebewegung haben sich – so paradox das klingen mag – Anlässe und Themen des Protestes weitgehend gegenüber den Trägern des Protestes, den betroffenen Laien, verselbständigt, im Grenzfall sogar von ihren Wahrnehmungsmöglichkeiten abgelöst und sind nicht mehr nur wissenschaftlich vermittelt, sondern im strengen Sinne *wissenschaftlich konstituiert.* Dies mindert nicht die Bedeutung des »Laienprotestes«, zeigt aber seine Abhängigkeit von »gegenwissenschaftlichen« Vermittlungen: Die Diagnose der Gefährdungen und die Bekämpfung ihrer Ursachen ist oft nur noch mit Hilfe des gesamten Arsenals der wissenschaftlichen Meß-, Experimentier- und Argumentationsinstrumente möglich. Sie erfordert hohe Spezialkenntnisse, Bereitschaft und Fähigkeit zur unkonventionellen Analyse sowie im allgemeinen kostspielige technische Anlagen und Meßinstrumente.

Dieses Beispiel steht für viele. Man kann also sagen, Wissenschaft ist in einer dreifachen Weise an der Entstehung und Vertiefung zivilisatorischer Gefährdungslagen und eines entsprechenden Krisenbewußtseins beteiligt: Die industrielle Nutzung wissenschaftlicher Ergebnisse schafft nicht nur Probleme, die Wissenschaft stellt auch die Mittel – die Kategorien und das Erkenntnisrüstzeug – zur Verfügung, um die Probleme überhaupt *als* Probleme erkennen und darstellen zu können (bzw. erscheinen zu lassen) oder eben nicht. Schließlich stellt die Wissenschaft auch noch die Voraussetzungen für die »Bewältigung« der selbstverschuldeten Gefährdungen zur Verfügung. So ist – wieder auf das Beispiel der Umweltprobleme bezogen – heute in den professionalisierten Teilen der Ökologiebewegung bereits wenig von der ehemals propagierten Handlungsabstinenz gegenüber der Natur übriggeblieben. »Ganz im Gegenteil werden die einschlägigen Forderungen mit dem Neuesten und Besten begründet, was Physik, Chemie, Biologie, Systemforschung und Computersimulation zu bieten haben. Die Konzepte, mit denen die Ökosystemforschung operiert, sind hochmodern und zielen darauf ab, die Natur nicht nur einzelteilig zu erfassen (mit dem Risiko der Verursachung von Schäden und Konsequenzen zweiter bis n-ter Ordnung aufgrund des damit systematisch erzeugten Unwissens), sondern in der Totale... Müsli und Jutetasche sind in Wahrheit die *Vorboten einer neuen Moderne*, deren Kennzeichen die weitaus perfektere und effizientere, vor allem auch umfassendere Verwissenschaftlichung und Technisierung der Natur sein wird.« (P. Weingart, 1984, S. 74) Ganz allgemein dürfte gelten: Gerade das Bewußtwerden dieser Abhängigkeit vom Objekt des Protestes verleiht wiederum der Anti-science-Haltung viel von ihrer Bissigkeit und Irrationalität.

2. Entmonopolisierung der Erkenntnis

Nicht das Versagen, sondern der *Erfolg* der Wissenschaften hat die Wissenschaften *entthront*. Man kann sogar sagen: je erfolgreicher die Wissenschaften in diesem Jahrhundert agiert haben, desto schneller und gründlicher sind ihre ursprünglichen Geltungsansprüche relativiert worden. In diesem Sinne durchläuft die wissenschaftliche Entwicklung in der zweiten Hälfte dieses Jahrhunderts *in ihrer Kontinuität eine Zäsur*, und zwar nicht nur im Außenverhältnis (wie bisher gezeigt wurde), sondern auch im Innenverhältnis (wie jetzt gezeigt werden soll): in ihrem wissenschaftstheoretischen und gesellschaftlichen Selbstverständnis, in ihren methodologischen Grundlagen und ihrem Anwendungsbezug:

Das Modell einfacher Verwissenschaftlichung beruht auf der »Naivität«, daß der methodische Skeptizismus der Wissenschaften einerseits institutionalisiert, andererseits auf die *Objekte* der Wissenschaft eingegrenzt werden kann. Die Grundlagen wissenschaftlicher Erkenntnis bleiben davon ebenso ausgeschlossen wie alle Fragen der praktischen Umsetzung wissenschaftlicher Ergebnisse. Nach außen wird *dogmatisiert*, was im Inneren dem bohrenden Fragen und Zweifeln preisgegeben wird. Dahinter verbirgt sich nicht nur die Differenz zwischen »handlungsentlasteter« Forschungspraxis und den Handlungszwängen von Praxis und Politik, in denen Zweifel systembedingt abgekürzt und durch klare Entscheidungsvorgaben aufgehoben werden müssen. Diese *Halbierung* wissenschaftlicher Rationalität entlang der Grenzlinien zwischen Außen und Innen entspricht insbesondere den *Markt- und Professionalisierungsinteressen* wissenschaftlicher Expertengruppen. Die Abnehmer wissenschaftlicher Dienstleistungen und Erkenntnisse zahlen nicht für eingestandene oder aufgedeckte Irrtümer, falsifizierte Hypothesen, noch so scharfsinnig vorangetriebenen Selbstzweifel, sondern für »Erkenntnisse«. Nur der, dem es gelingt, am Markt Erkenntnisansprüche gegenüber konkurrierenden Professions- und Laiengruppen zu behaupten, kann überhaupt die materiellen und institutionellen Voraussetzungen erarbeiten, um intern dem »Luxus des Zweifels« (genannt: Grundlagenforschung) zu frönen. Was unter Rationalitätsgesichtspunkten generalisiert werden muß, muß unter Gesichtspunkten der Selbstbehauptung am Markt in sein Gegenteil verkehrt werden. Die Kunst des Zweifelns und *Dogmatisierens* ergänzen *und* widersprechen sich im Prozeß »erfolgreicher« Verwissenschaftlichung. Beruht interner Erfolg auf der *Demontage* der »Halbgötter in Weiß«, so beruht ihr externer Erfolg gerade umgekehrt auf der gezielten *Herstellung,* Beweihräucherung, verbissenen Verteidigung ihrer »Unfehlbarkeitsansprüche« gegen alle »Verdächte irrationaler Kritik«. Ergebnisse, die ihren Produktionsbedingungen nach immer nur »Irrtümer auf Abruf« sein können, müssen gleichzeitig zu »Erkenntnissen« mit Ewigkeitsgeltung stilisiert werden, deren praktische Nichtbeachtung der Gipfel an Ignoranz wäre.

In diesem Sinne sind in dem Modell einfacher Verwissenschaftlichung *Moderne und Gegenmoderne immer schon widerspruchsvoll ineinander verschmolzen.* Die unteilbaren Prinzipien der Kritik werden geteilt; ihr Geltungsradius halbiert. Die Absolutheit der Erkenntnisansprüche, die im Außenverhältnis geltend gemacht werden, kontrastiert eigentümlich mit der Generalisierung des Irrtumsverdachts, der intern zur Norm erhoben wird. Alles, was mit Wissenschaft in Berührung kommt, wird als *veränderbar* entworfen – *nur nicht die wissenschaftliche Rationalität selbst*. Diese Eingrenzungen des Uneingrenzbaren sind kein Zufall, sondern *funktional notwendig*. Erst sie verleihen den Wissenschaften ihre kognitive und soziale *Überlegenheit* gegenüber vorherrschenden Traditionen und Laienpraktiken. Nur so lassen sich kritizistische Erkenntnisansprüche und *Professionalisierungsbemühungen* (widerspruchsvoll) zusammenbinden.

In dieser Einschätzung liegen zwei Konsequenzen: Zum einen muß der Prozeß der Verwissenschaftlichung im 19. Jahrhundert bis heute *auch* als *Dogmatisierung*, als die Einübung in die unbefragt Geltung beanspruchenden »Glaubenssätze« der Wissenschaft verstanden werden. Zum anderen sind die »Dogmen« primärer Verwissenschaftlichung in ganz anderer Weise *labil* als diejenigen (der Religion und Tradition), gegen die sich die Wissenschaften durchgesetzt haben: *Sie tragen in sich selbst die Maßstäbe ihrer Kritik und Aufhebung*. In diesem Sinne unterhöhlt die wissenschaftliche Entwicklung in der Kontinuität ihrer Erfolge ihre eigenen Grenzziehungen und Grundlagen. Im Zuge der *Durchsetzung* und Verallgemeinerung wissenschaftlicher Argumentationsnormen entsteht so eine völlig veränderte Lage: Wissenschaft wird *unverzichtbar* und zugleich ihrer ursprünglichen Geltungsansprüche *beraubt*. Im gleichen Maße werden »Praxisprobleme« geschürt. Die methodisch betriebene Selbstverunsicherung der Wissenschaft im Innen- und Außenverhältnis bewirkt einen *Verfall ihrer Macht*. Die Folge sind konfliktvolle *Egalisierungstendenzen* im Rationalitätsgefälle zwischen Experten und Laien (wofür ein Indikator für viele beispielsweise das Ansteigen gerichtlicher Klagen gegen »ärztliche Kunstfehler« ist). Mehr noch: die üblichen Begriffe, die das Machtgefälle widerspiegeln, *versagen*: Moderne und Tradition, Experten und Laien, Produktion und Anwendung von Ergebnissen. *Diese Entgrenzung des Skeptizismus* unter Bedingungen reflexiver Verwissenschaftlichung läßt sich (a) in einer *wissenschaftstheoretischen* und (b) *forschungspraktischen* Linie nachzeichnen.

Wissenschaftstheoretischer Fallibilismus

Dieser Übergang zwischen einfacher und reflexiver Verwissenschaftlichung wird seinerseits *wissenschaftlich-institutionell* betrieben. Die *Akteure der Zäsur* sind die Disziplinen der kritischen Selbstanwendung von Wissenschaft auf Wissenschaft: Wissenschaftstheorie und Wissenschaftsgeschichte, Wissens- und Wissenschaftssoziologie, Psychologie und empirische Ethnologie der Wissenschaft usw., die mit wechselnden Erfolgen an den Fundamenten der Selbstdogmatisierung wissenschaftlicher Rationalität seit Beginn dieses Jahrhunderts nagen.

Einerseits werden sie institutionell und professionell betrieben, und zwar unter den Ansprüchen des *noch* geltenden Modells einfacher Verwissenschaftlichung; andererseits heben sie die Bedingungen seiner Anwendung auf und sind in diesem Sinne bereits Vorläufer der selbstkritischen Variante reflexiver Verwissenschaftlichung. In diesem Sinne ist »Anti-Wissenschaft« keine Erfindung der sechziger oder siebziger Jahre. Sie gehört vielmehr zum institutionalisierten Programm der Wissenschaft von Anfang an. Eine der ersten »Gegenexpertisen« mit Langzeitwirkung bis in die Gegenwart hinein war – so betrachtet – die Marxsche Kritik der »bürgerlichen Wissenschaft«. In ihr ist bereits das ganze widerspruchsvolle Spannungsverhältnis zwischen Wissenschaftsgläubigkeit in eigener Sache und generalisierter Ideologiekritik der vorgefundenen Wissenschaft enthalten, das in der Folge dann in immer neuen Varianten – in der Wissenssoziologie eines K. Mannheim, in dem Falsifikationismus eines K. R. Popper oder in der wissenschaftshistorischen Kritik des wissenschaftstheoretischen Normativismus eines T. S. Kuhn – vorgetragen wird. Was sich hier Schritt für Schritt an systematischer »Nestbeschmutzung« vollzieht, ist die konsequente Selbstanwendung des zunächst halbiert institutionalisierten Fallibilismus. Wobei dieser Prozeß der Selbstkritik nicht gradlinig, sondern in der konsequenten Auflösung von immer neuen Rettungsversuchen der »Kernrationalität« des wissenschaftlichen Erkenntnisunternehmens erfolgt. Dieser allerdings letztlich blasphemische Prozeß von »conjectures and refutations« ließe sich an vielen Beispielen nachzeichnen. Nirgendwo wird er aber so klassisch, so »vorbildlich« durchexerziert wie im Gang der wissenschaftstheoretischen Diskussion in diesem Jahrhundert.

Letztlich hat bereits Popper gegen das Begründungsdenken den »Dolch« benutzt, dem dann alle seine »Begründungsversuche« des von ihm zur Abwehr von Scharlatanerie konstruierten Falsifikationsprinzips zum Opfer fallen. Alle »Begründungsreste« im Falsifikationsprinzip werden nach und nach aufgedeckt und in konsequenter Selbstanwendung ausgeräumt, bis die Pfeiler, auf denen das Falsifikationsprinzip ruhen sollte, aufgelöst sind. Feyerabends berühmtes Wort, »anything goes«, faßt diesen mit großer wissenschaftstheoretischer Kompetenz und Akribie erarbeiteten Zustand dann nur noch zusammen.*

Forschungspraktischer Fallibilismus

Nun kann man sagen und sagt man in der *Praxis* der Wissenschaft: *so what!* Was schert uns die Selbstzerfledderung einer Wissenschaftstheorie, die nie mehr als das »philosophische Feigenblatt« einer Forschungspraxis war, um die sie sich ebensowenig gekümmert hat wie diese um sie. Doch man vertritt nicht folgenlos das Falsifikationsprinzip, um danach seine immer schon vorhandene Überflüssigkeit zu verkünden. Es ist nichts geschehen. Gar nichts.

---

* Die Argumentation läßt sich in einigen Schritten skizzieren: Zunächst versagt bei genauerem Hinsehen die »empirische Basis« als Falsifikationsinstanz »spekulativer« Theoriebildung. Begründet werden muß sie. Sie auf Erfahrung zu gründen, entzieht sie der Intersubjektivität. Zugleich bleibt die *Herstellung* der Daten im Experiment (Interview, Beobachtung usw.) unbeachtet. Bezieht man diese ein, wird die Grenze zwischen empirischen und theoretischen Aussagen, die der Zweck des ganzen Unternehmens ist, aufgehoben.

Wie ist das Bestehen auf der Suche nach Falsifikatoren eigentlich zu verstehen? Angenommen, ein Experiment erfüllt nicht die theoretischen Erwartungen. Ist die Theorie dann ein für allemal *widerlegt*, oder sind nur *Inkonsistenzen* zwischen Erwartungen und Ergebnissen aufgezeigt worden, die auf verschiedene Entscheidungsmöglichkeiten verweisen und insofern sehr unterschiedlich abgearbeitet und aufgefangen werden können (etwa indem der Fehler im Experiment vermutet oder die Theorie genau im Gegenteil ausgebaut und weiterentwickelt wird usw.; vgl. dazu I. Lakatos 1974).

In der wissenschaftshistorischen Wende von Thomas S. Kuhns (1970) einflußreichem Essay wird der wissenschaftsphilosophischen Reflexion eine empirische Basis eingezogen. Damit wird im Rückblick der Status der Wissenschaftstheorie als einer Theorie *ohne* Empirie problematisch: Ist Wissenschaftstheorie nur eine logistisch verklausulierte Normenlehre, eine oberste Zensurbehörde für »gute« Wissenschaft, damit gleichsam das wissenschaftliche Äquivalent zur kirchlichen *Inquisition* im Mittelalter? Oder erfüllt sie ihre eigenen Ansprüche an eine empirisch überprüfbare Theorie? Dann müssen ihre Geltungsansprüche aber angesichts faktisch gegenläufiger Prinzipien der Wissensproduktion und -fabrikation drastisch zurückgeschraubt werden.

Die ethnologisch orientierte Wissenschaftsforschung »entdeckt« schließlich sogar in dem unterstellten Geburtsort der naturwissenschaftlichen Rationalität – dem Labor –, daß die dort vorherrschenden Praktiken eher modernen Varianten von Regentänzen und Fruchtbarkeitsritualen gleichen, die an den Prinzipien von Karriere und sozialer Akzeptanz orientiert sind (K. Knorr-Cetina 1984).

Die Wissenschaftspraxis hat nur in ihrem Fortgang – wie der Schulbub das Milchgeld – *die Wahrheit verloren*. Sie ist in den vergangenen drei Jahrzehnten von einer Tätigkeit *im Dienste* der Wahrheit zu einer Tätigkeit *ohne* Wahrheit geworden, die aber mit den Pfründen der Wahrheit gesellschaftlich mehr denn je wuchern muß. Die Wissenschaftspraxis ist nämlich durchaus der Wissenschaftstheorie auf ihrem Wege in die Vermutung, den Selbstzweifel, die *Konvention* gefolgt. Im Inneren hat sich die Wissenschaft auf die Entscheidung zurückgezogen. Im Äußeren wuchern die Risiken. Weder im Inneren noch im Äußeren ruht auf ihr länger der Segen der Vernunft. Sie ist *un*verzichtbar *und* wahrheits*un*fähig geworden.

Dies ist kein Zufall, auch kein Unfall. Die Wahrheit ist den üblichen Weg der Moderne gegangen. Die wissenschaftliche Religion der Wahrheitsverfügung und -verkündigung wurde im Zuge ihrer Verwissenschaftlichung *säkularisiert*. Der Wahrheitsanspruch der Wissenschaft hat der bohrenden wissenschaftstheoretischen und -empirischen Selbstbefragung nicht standgehalten. Einerseits hat sich der Erklärungsanspruch der Wissenschaft in die *Hypothese*, die Vermutung auf Widerruf, zurückgezogen. *Andererseits* hat sich die Wirklichkeit in *Daten*, die *hergestellt* sind, verflüchtigt. Damit sind »Fakten« – ehemalige Himmelsstücke der Wirklichkeit – nichts als Antworten auf Fragen, die anders hätten gestellt werden können. Produkte von Regeln im Sammeln und Weglassen. Ein anderer Computer, ein anderer Spezialist, ein anderes Institut – eine andere »Wirklichkeit«. Ein Wunder wäre es, wenn es nicht so wäre, ein Wunder und keine Wissenschaft. Noch ein Nachweis der Irrationalität der (natur-)wissenschaftlichen Forschungspraxis wäre Leichenschändung. Einem Wissenschaftler mit der Frage nach der Wahrheit zu kommen ist fast so peinlich geworden, wie einen Priester nach Gott zu fragen. Das Wort »Wahrheit« in Kreisen der Wissenschaft in den Mund zu nehmen (ebenso wie übrigens »Wirklichkeit«) signalisiert Unkenntnis, Mittelmaß, unreflektierte Verwendung mehrdeutiger, emotionsgeladener Worte der Alltagssprache.

Gewiß, der Verlust hat sympathische Seiten. Wahrheit war eine überirdische Anstrengung, eine Überhöhung ins Gottähnliche. Sie war eine nahe Verwandte des Dogmas. Wenn man sie einmal hatte, ausgesprochen hatte, war sie schwer zu verändern und veränderte sich doch dauernd. Wissenschaft wird menschlich. Sie steckt voller

Irrtümer und Fehler. Auch ohne Wahrheit läßt sich Wissenschaft betreiben, vielleicht sogar besser, ehrlicher, vielseitiger, frecher, mutiger. Das Gegenteil reizt, hat immer auch Chancen. Die Szene wird bunt. Wenn drei Wissenschaftler zusammen sind, prallen fünfzehn Meinungen aufeinander.

Vertauschen von Innen und Außen

Doch das Hauptproblem bleibt: Unter Bedingungen reflexiver Verwissenschaftlichung schreitet notwendig die *Aufhebung* von Wirklichkeits- und Erkenntnisansprüchen voran. In diesem Rückzug in die Entscheidung, in die Beliebigkeit, laufen Wissenschaftstheorie und Wissenschaftspraxis zusammen. Parallel wachsen die wissenschaftlich mitproduzierten und mitzudefinierenden *Risiken*. Nun kann man darauf setzen: die Konventionalisierung läßt auch die Beliebigkeiten von sich wechselseitig neutralisierenden Risikovermutungen wachsen und so das ganze Problem im Nebel von Meinungskonflikten verschwinden. Aber Risikodefinitionen entstehen ja im Außenverhältnis der Wissenschaften und werden diesen oftmals ebenso vorgegeben wie deren Verharmlosung und Leugnung. Damit liefern sich jedoch die Wissenschaften unter Risikobedingungen in ganz neuer Weise an gesellschaftliche Einflüsse aus:

In der Beschäftigung mit Risiken der wissenschaftlich-technischen Entwicklung wird die Forschung in gesellschaftliche Interessen und Konflikte eingebunden (s.o.). In demselben Maße gewinnt der von der Wissenschaftsphilosophie bislang sträflich vernachlässigte *Verwendungszusammenhang* wissenschaftlicher Ergebnisse eine zentrale, gleichsam *hypothesenbildende* Bedeutung. Damit wird aber die für die Forschungspraxis konstitutive Grenze zwischen Geltung und Genese unterlaufen oder aufgehoben. Die Forschung wird in ihrem Kernbereich in eine gesellschaftliche Reflexivität eingebunden. Dies *kann* Kategorien wie Sozial- und Umweltverträglichkeit zu forschungsleitender Schlüsselbedeutung verhelfen, liefert aber in jedem Fall die *Entscheidung über Hypothesen an die impliziten Kriterien der gesellschaftlichen Akzeptanz* aus. »Die wissenschaftsphilosophisch verordnete Abschottung der Wissenschaft als autonome Sphäre, die Isolation von Wahrheitsfragen in Poppers Dritter Welt, werden damit, wenn nicht prinzipiell unmöglich, so doch faktisch irrelevant. Die Kontroll- und Schutzfunktion der Wissenschaftsphilosophie gegenüber gesellschaftlichen und politischen Lenkungsansinnen an die Wissenschaft wird es ebenfalls. Geltung ist nämlich angesichts dieser Entwicklung nicht mehr allein eine Frage der Wahrheit, sondern auch eine Frage der gesellschaftlichen Akzeptanz, der ethischen Kompatibilität« (P. Weingart 1984, S. 66).

Das theoretische Feigenblatt dieser Entwicklung liefert die *Irrlehre der Hypothesenbildung*. Das Verhängnisvolle dieser den theoretischen Schein zum Programm erhebenden »Lehre« wurde früh erkannt. Heinz Hartmann schreibt bereits 1970: »Die Aufstellung von Theorien gehört mit zu den wenigen verbliebenen Verfahren, die auch heute noch im Freistil zu absolvieren sind. Für dieses ›Hypothesenfangen‹ (Hanson) bieten sich die unterschiedlichsten Vorschläge an. Intuition und Mut werden ebenso gepriesen wie die formale Ableitung aus Axiomen. Abstrakt denkende Wissenschaftler gestehen, letztlich doch vom common sense oder historischen Einzelfall ausgegangen zu sein, andere empfehlen, von der Anschauung auf bestehende Theorie umzusteigen. Manche bewältigen dieses Problem nach dem nonchalanten Motto, eine Hypothese sei so gut wie die andere; und dann wieder werden wir daran erinnert daß selbst ein Genie wie Galilei 34 Jahre der Verfolgung einer Hypothese widmete. Wer sich vergegenwärtigt, daß jede Studie prinzipiell von Hypothesen ausgehen soll, und gleichzeitig die chaotische Praxis der Hypothesenbildung vor Augen nimmt, der fragt sich mit einer gewissen Fassungslosigkeit, wie denn die empirische Wissenschaft diesen Widerspruch so lange hat hinnehmen können.« Diese *Praxis* des »anything goes« in der Hypothesenbildung findet ihr Gegenprinzip in den Zwängen des gesellschaftlichen »Risikomanagements«. Wo die Wirklichkeit als Korrektiv sich in Entscheidungen und Konventionen verabschiedet, beginnt die gesellschaftliche Verwendung (mit)zubestimmen, was als »Erkenntnis« gilt und was nicht. Der Ort der Kontrolle und die Art der Kriterien verschieben sich: von innen nach außen, von der Methodologie zur Politik, von der Theorie zur gesellschaftlichen Akzeptanz.

Der Preis für diese Entwicklung ist hoch. Er wird heute erst in den Ansätzen erkennbar. Der Weg des Pragmatismus einer Forschungspraxis *jenseits* von Wahrheit und Aufklärung, die sich der Nachfrage sicher weiß, täuscht noch über die Konsequenzen, die ins Zentrum durchschlagen, hinweg. *Die Grenzen, die abschirmen sollen und Zuständigkeit fixieren, bestehen nicht mehr:* Geltung und Genese, Entstehungs- und Verwendungskontext, Wert- und Sachdimension der Forschung, Wissenschaft und Politik schieben sich ineinander, bilden neuartige, schwer auflösbare Überschneidungszonen. Damit stellt sich die Frage nach den Möglichkeiten und Grenzen wissenschaftlicher Erkenntnis neu und anders als unter den Rahmenbedingungen primärer Verwissenschaftlichung. Es geht beispielsweise nicht darum, eine *prinzipielle* Grenzlinie zwischen Sach- und Wertdimension zu etablieren und darüber eine wissenschaftstheoretische Grundsatzdebatte zu führen. Die Probleme *dieser* Grenzziehung sind im Zuge der Versachlichung der Forschung eher abhanden gekommen. Statt dessen bricht die Normativität *innerhalb* der eingehaltenen Regeln der Versachlichung und *innerhalb* der »harten« Methoden wissenschaftlicher Tatsachenfeststellung auf (vgl. U. Beck 1974). Im Zusammenspiel zwischen Konventionalisierung und externer Indienstnahme der Wissenschaft werden die Grundlagen analytisch-methodischer Forschung *immanent* aufgeweicht. Es findet eine Umkehrung von Innen und Außen statt: *Das Innerste – die Entscheidung über Wahrheit und Erkenntnis – wandert nach außen ab; und das Außen – die »unvorhersehbaren Nebenfolgen« – wird zu einem dauernden Binnenproblem der wissenschaftlichen Arbeit selbst.* Beides – die These der *Externalisierung* der Erkenntnis und die These der *Internalisierung* der praktischen Folgen – sollen nacheinander erläutert werden.

Feudalisierung der Erkenntnispraxis

Wir erleben heute, wie das gesellschaftliche *Wahrheitsmonopol* der Wissenschaft sich aufzulösen beginnt. Der Rückgriff auf wissenschaftliche Ergebnisse zur gesellschaftlich verbindlichen Definition von Wahrheit wird *immer notwendiger*, zugleich allerdings auch *immer weniger hinreichend*. In diesem Auseinanderfallen von notwendiger und hinreichender Bedingung und der sich damit ergebenden Grauzone spiegelt sich der Funktionsverlust von Wissenschaft in ihrem ureigensten Metier, der stellvertretenden Bestimmung von Erkenntnis. Die Adressaten und Verwender wissenschaftlicher Ergebnisse – in Politik und Wirtschaft, Massenmedien und Alltag – werden zwar abhängiger von wissenschaftlichen Argumenten *überhaupt*, aber zugleich unabhängiger von *einzel-*

nen Befunden und von dem Urteil der Wissenschaft über Wahrheit und Falschheit ihrer Aussagen. Die Auslagerung von Erkenntnisansprüchen an externe Instanzen *beruht* – das ist die scheinbare Paradoxie – auf *Ausdifferenzierung* der Wissenschaften. Sie liegt zum einen in der Überkomplexität und Vielfalt von Befunden, die sich – soweit sie sich nicht offen widersprechen – auch nicht ergänzen, sondern meist Unterschiedliches, oft Unvergleichbares behaupten und damit den Praktiker geradezu zur eigenen Erkenntnisentscheidung *zwingen*. Hinzu kommt ihre selbstbehauptete Halbbeliebigkeit, die zwar im Konkreten (meist) geleugnet wird, aber im Mißklang der vielen Befunde und im methodischen Rückzug auf Entscheidung und Konvention doch hervortritt. Das Ja-Aber, das Einerseits-Andererseits, in dem sich die Hypothesen-Wissenschaft notwendig bewegt, eröffnet im Gegenzug Wahlmöglichkeiten in der Definition von Erkenntnis. Die Flut von Befunden, ihre Widersprüchlichkeit und Überspezialisierung, lassen die Rezeption zur Teilhabe, zu einem eigenständigen Prozeß der Erkenntnisbildung *mit und gegen* Wissenschaft werden. Nun kann man sagen: Das war immer so. Die Autonomie der Politik oder der Wirtschaft gegenüber Wissenschaft ist so alt wie dieses Verhältnis selbst. Dabei fallen allerdings zwei der hier genannten Besonderheiten unter den Tisch: Diese Art der Autonomie ist wissenschafts*produziert*. Sie entsteht im Wissenschafts*überfluß*, der zugleich seine eigenen Ansprüche ins Hypothetische zurückgeschraubt hat und ein Bild des sich selbst relativierenden Deutungspluralismus bietet.

Die Konsequenzen wirken tief auf die Bedingungen der Erkenntnisproduktion zurück: Der Wissenschaft, der die Wahrheit abhanden gekommen ist, droht, daß andere ihr vorgeben, was die Wahrheit sein *soll*. Dieses nicht nur bei der in Hochblüte stehenden »Hofwissenschaft«, auf dem Wege direkter Einflußnahme. Das Ungefähre, die Unentschiedenheit und Entscheidungszugänglichkeit der Ergebnisse machen dies möglich. Selektionskriterien, die sich der strengen wissenschaftlichen Überprüfung entziehen, gewinnen in der Überkomplexität, die sowieso bewältigt werden muß, neue, vielleicht ausschlaggebende Bedeutung: Gleichgestimmtheiten in den politischen Grundanschauungen, Auftraggeberinteressen, Vorwegnahme politischer Implikationen, kurz: *soziale Akzeptanz*. Der Wissenschaft droht auf ihrem Weg in die methodologische Konventionalisierung angesichts der Überkomplexität, die sie selbst erzeugt, eine *implizite Feudalisierung ihrer »Erkenntnispraxis«*. Entsprechend entsteht ein *neuer Partikularismus* im Außenverhältnis: Wissenschaftlergruppen und -grüppchen, die sich gegeneinander abschotten und um implizite Verwendungsprimate scharen. Zentral: Dies nicht erst im nachhinein, im Praxiskontakt, sondern im Forschungslabor, in ihren Denkstuben, im Allerheiligsten der wissenschaftlichen Ergebnisproduktion selbst. Je unabsehbarer die Risiken der wissenschaftlich-technischen Entwicklung werden und je nachdrücklicher sie das öffentliche Bewußtsein bestimmen, desto mehr verstärkt sich der Handlungsdruck auf politische und wirtschaftliche Instanzen, und desto bedeutsamer wird es für gesellschaftliche Akteure, sich des Zugriffs auf die »Definitionsmacht Wissenschaft« zu vergewissern – sei es zur Verharmlosung, Ablenkung, Umdefinition, sei es zur Dramatisierung oder methodenkritischen Abblockung »externer Definitionsübergriffe«.

Doch der Prozeß hat auch andere Seiten. Mit ihm kann ein Stück Aufklärung verwirklicht werden. Die Menschen werden freigesetzt aus den »entmündigenden« Erkenntnisvorgaben der Experten (Illich 1979). Immer mehr wissen sich der »wissenschaftlichen Beckmesser« zu bedienen. Der in dieser Generalisierung wissenschaftlicher Argumentationsfiguren sich vollziehende Funktionswandel hat – wie Wolfgang Bonß und Heinz Hartmann (1985) zeigen – für die Wissenschaftler etwas Irritierendes. »Wissenschaftliche Argumentationen, seit der Aufklärung als einzig maßgebliche Legitimationsinstanz anerkannt, scheinen in ihrer Verallgemeinerung den Nimbus als rational unangreifbare Autorität zu verlieren und sozial disponibel zu werden. Unter soziologischen Perspektiven stellt sich dieser Trend selbst als *Ergebnis* von Verwissenschaftlichungsprozessen dar. Die Tatsache, daß wissenschaftliche Aussagen nicht mehr sakrosankt sind, sondern alltagsweltlich bestritten werden können, bedeutet nämlich nichts anderes, als daß der systematische Zweifel als strukturtragendes Prinzip des wissenschaftlichen Diskurses kein Privileg desselben mehr ist. Die Differenz zwischen ›unaufgeklärtem Pöbel‹ und ›aufgeklärtem Bürger‹ oder, moderner ausgedrückt: zwischen Laien und Experten, schwindet und verwandelt sich in eine Konkurrenz unterschiedlicher Experten. In praktisch allen gesellschaftlichen Teilsystemen tritt an die Stelle der Internalisierung von Normen und Werten die Reflexion im Licht konkurrierender Bestandteile systematischen Wissens« (S. 16; vgl. auch Weingart 1983, S. 328).

Um in dieser inner-und interprofessionellen Konkurrenz der Experten bestehen zu können, reicht es nicht mehr hin, »saubere« Signifikanztests vorzulegen. Man muß u.U. selbst kommen *und* überzeugend wirken. *Die Produktion (oder Mobilisierung) von Glauben* wird unter Bedingungen reflexiver Verwissenschaftlichung zu einer zentralen Quelle für die soziale Durchsetzung von Geltungsansprüchen.*

Wo früher Wissenschaft qua Wissenschaft überzeugte, wird heute angesichts der widersprüchlichen Vielstimmigkeit wissenschaftlicher Zungen mehr und mehr der *Glaube* an Wissenschaft oder der *Glaube* an Antiwissenschaft (bzw. *diese* Methode, *diesen* Ansatz, *diese* Orientierung) ausschlaggebend. Vielleicht verschafft erst das »Extra« der Präsentation, persönliche Überzeugungskraft, Kontakte, der Zugang zu den Medien usw., dem »Einzelbefund« die sozialen Hoheitsattribute der »Erkenntnis«. Wo der Glaube über wissenschaftliche Argumente (mit)entscheidet, kann er bald auch die Herrschaft neu antreten. Allerdings der äußeren Form nach nicht mehr *als* Glaube, sondern *als* Wissenschaft. Entsprechend können sich in dem entstehenden Zwischenreich, wo Wissenschaft notwendiger, aber immer weniger hinreichend für die Produktion von Erkenntnis wird, die verschiedensten Glaubensmächte neu einnisten. Damit wird vieles möglich: Fatalismus, Sternenkunde, Okkultismus, Ich-Verherrlichung und Ich-Preisgabe, gepaart und vermischt mit wissenschaftlichen Teilbefunden, wissenschaftlicher Radikalkritik und Wissenschaftsgläubigkeit. Diese *neuen Alchimisten* sind seltsam immun gegen Wissenschaftskritik, da sie nicht vorwissenschaftlich, sondern im Umgang mit Wissenschaft ihre »Wahrheit« und Anhängerschaft gefunden haben.

Diese Wissenschaftsimmunität gilt nicht nur für diese Extremfälle. Ganz allgemein vermögen sich Ideologien und Vorurteile, nun wissenschaftlich gewappnet, neu gegen wissenschaftliche Kritik zur Wehr zu setzen. Sie greifen auf Wissenschaft selbst zurück, um deren Ansprüche abzuweisen. Man muß nur *mehr* lesen, die Gegenuntersuchungen noch mit. Die Einwände werden *vor* den Ergebnissen rezipiert, gleichsam auf Voranmeldung hin. Ein paar (methodische) Grundeinwände für alle Fälle und auf Vorrat lassen diese

---

* Hier mag ein Grund dafür liegen, daß Persönlichkeitseigenschaften und persönliche Netzwerke gerade mit dem Überangebot an Deutungen für deren praktische Umsetzung und Nutzung eher in ihrer Bedeutung zunehmen.

oder jene widerborstigen Wissenschaftsnachrichten in sich selbst zerfallen. Konnte bis in die sechziger Jahre hinein die Wissenschaft noch auf eine unkontroverse, wissenschaftsgläubige Öffentlichkeit zählen, so werden ihre Bemühungen und Fortschritte heute mit Mißtrauen verfolgt. Man vermutet das Ungesagte, addiert die Nebenfolgen hinzu und ist auf das Schlimmste gefaßt.

Reaktionen: Wissenschaft zwischen Irrationalitätsverdacht und Remonopolisierung

Die Reaktionen in den Wissenschaften auf dieses ihnen entgleitende Wahrheitsmonopol sind vielfältig und gespalten. Sie reichen von totaler Verständnislosigkeit über das Anziehen der Professionalisierungsschraube bis hin zu Liberalisierungsversuchen.

Im Inneren wird Wissenschaft zu einer Sache ohne Wahrheit, im Außen zu einer Sache ohne Aufklärung. Dennoch fällt die Mehrzahl der Wissenschaftler aus allen Wolken, wenn gewichtige Zweifel an der »Gesichertheit« ihrer Erkenntnisansprüche geltend gemacht werden. Dann sehen sie die moderne Welt in ihren Fundamenten bedroht und ein Zeitalter des Irrationalismus heraufziehen. Dabei sind Reichweite und Schwungkraft der öffentlichen Wissenschafts- und Technikkritik meist nur ein laienhafter Abklatsch der längst bekannten und gut gesicherten Fundamentalkritik, mit der sich die Wissenschaften in ihrer internen Vielfalt seit langem konfrontiert sehen.

Weitverbreitet ist der beruhigende *Fehlschluß* von der wachsenden Angewiesenheit auf wissenschaftliche Argumente auf die ungebrochene Bedeutung oder sogar zunehmende Definitionsmacht der Wissenschaften. Richtig ist, daß mit der gravierenden Wissenschaftskritik keineswegs Barrieren für deren Weiterentwicklung verbunden sind. Das Gegenteil ist der Fall: Der verbreitete Skeptizismus in Sachen wissenschaftlicher Erkenntnis löst in der wissenschaftlich-technischen Zivilisation das Unternehmen der Wissenschaft aus der Endlichkeit ihrer Erkenntnisansprüche heraus. »Erkenntnis«, die sich immer wieder in Irrtum verwandelt, wird zu einem *institutionalisierten Naturbedürfnis der Gesellschaft*, vergleichbar mit dem des Essens, Trinkens, Schlafens, zu einem unabschließbaren Projekt. Durch dies (oft unfreiwillige) Zurückschrauben ihrer Ansprüche in konkurrenzorientierter, interdisziplinärer Selbstkritik beweisen die Wissenschaften nicht nur ihre

Bescheidenheit in Sachen Erkenntnis, sondern schaffen zugleich einen *unendlichen Markt* ihrer Dienstleistungen.

Auch wenn sich alle auf Wissenschaft berufen müssen – »Zukunftsindustrien«[*] ist das neue Zauberwort –, so führt dies jedoch nicht notwendigerweise zu einer linearen Steigerung der Definitionsmacht wissenschaftlicher Interpretationen, im Gegenteil: kann (wie gezeigt) mit kollektiver Abwertung wissenschaftlicher Geltungsansprüche einhergehen. M.a.W.: was sich auf den ersten Blick auszuschließen scheint, fügt sich zusammen: Wissenschaft verliert ihren Nimbus *und* wird *un*verzichtbar. Die drei aufgezeigten Entwicklungslinien – Verlust von Wahrheit und Aufklärung und das Notwendigwerden der Wissenschaft – sind Symptome *derselben* Entwicklung: des heraufziehenden Zeitalters einer wissenschafts*abhängigen* und wissenschafts*kritischen* Risikogesellschaft.

Der rasante Verlust an Sicherheit muß in den Wissenschaften keineswegs zu einer Öffnung oder Neubesinnung führen; dies schon deswegen nicht, weil er einhergeht mit einer *Verschärfung der Konkurrenz* innerhalb und zwischen Professionen. Die systematisch betriebene Verunsicherung bedingt Zwänge, Zweifel im Außenverhältnis abzukappen und im Brustton der Überzeugung »sichere Erkenntnisse« zu verkaufen. Damit treten aber Erkenntnis- und *Remonopolisierungsbemühungen* in mehr oder weniger deutlichen Widerstreit. In vielen Bereichen wissenschaftlicher Arbeit wird versucht, durch technisch-methodologische oder theoretische Perfektionierungen und Differenzierungen einen neuen Wissensvorsprung zu etablieren. »Professionalisierungskerne« bilden dabei bestimmte methodologisch hochentwickelte Verfahren oder theoretische Denkformen, die entsprechend zur fachinternen Differenzierung in kleine Gruppen und »Glaubensgemeinschaften« führen. Diese nun verteidigen das »wahre Wissen« gegen das grassierende »Laienwissen« der Halbexperten und »kollegialen Schar-

---

[*] Diese verdanken ihren Aufstieg bezeichnenderweise einer Reihe von immer schneller aufeinanderfolgenden Durchbrüchen auf Gebieten der Wissenschaft, die noch vor 25 Jahren entweder gar nicht oder nur in Ansätzen vorhanden waren: Mikroelektronik, Informationstheorie, Molekularbiologie, Kernphysik, Weltraumwissenschaft, Ökologie. Diese heute im Aufbau befindlichen, neuen Branchen sind nicht mehr – wie dies noch für die vorangegangenen Technologiewellen galt –, wissenschaftlich verlängerte Entwicklungen der Produktion, sondern neuartige Synthesen von Wissenschaft und Industrie, »*Wissensindustrien*«, gezielte organisierte Auswertungen und Umsetzungen wissenschaftlicher Ergebnisse und Investitionen.

latane«. Die Deprofessionalisierung wird so mit einer *Über*professionalisierung kompensiert – mit der Gefahr, das Fach intellektuell und institutionell *zu Tode zu akademisieren*.

Die Gegenstrategie der Liberalisierung gerät umgekehrt in die Gefahr, die fachliche Identität preiszugeben, um am Ende vielleicht sogar noch von den »Betroffenen« zu erfragen, was die Wissenschaft (gegen Geld) als Erkenntnis auszugeben und darzustellen habe. *Beide* Reaktionsformen verkennen die Herausforderungen, die nun im Zentrum stehen sollen: die *Internalisierung der »Nebenfolgen«*.

3. Praktische und theoretische Tabus

Unter den Bedingungen einfacher Verwissenschaftlichung folgt die Suche nach Erklärungen dem Interesse an der Beherrschung der Natur. Die vorgefundenen Verhältnisse werden veränderbar, gestaltbar und damit technologisch nutzbar gedacht. Dies schlägt unter Bedingungen reflexiver Verwissenschaftlichung um. Wo selbstproduzierte Risiken ins Zentrum der wissenschaftlichen Arbeit treten, wird auch der Nachweis ihrer *unvermeidlichen Hinnahme* zu einer Zentralaufgabe wissenschaftlicher Erklärungssuche. In der *durchgesetzten* technischen Gesellschaft, also dort, wo (nahezu oder prinzipiell) alles »machbar« wird, verändern sich die Interessen im Umgang mit Wissenschaft und werden grundsätzlich *doppeldeutig*: Neu hervor tritt das Interesse an Erklärungen, die die *Nichtveränderbarkeit* von Verhältnissen prinzipieller Machbarkeit verbürgen. Fällt unter Bedingungen einfacher Verwissenschaftlichung das Interesse an Erklärung mit dem an technischer Nutzung zusammen, so beginnt sich dies unter Bedingungen reflexiver Verwissenschaftlichung aufzuspalten, und zentral werden wissenschaftliche Deutungen, in denen Erklärung *Weg*erklärung der Risiken bedeutet. Entsprechend greifen Moderne und Gegenmoderne neu ineinander: Die wissenschaftsabhängige Risikogesellschaft ist mehr und mehr auch auf wissenschaftliche Ergebnisse *funktional angewiesen*, die Risiken verharmlosen, leugnen oder in ihrer Unvermeidbarkeit ausmalen, eben *weil* sie prinzipiell gestaltbar sind. Doch diese funktionale Notwendigkeit steht zugleich im *Widerspruch* zu dem technischen Erklärungsanspruch verfügbarer Theorien- und Methodenprogramme. Das

Ausmalen der »Sachzwänge«, »Eigengesetzlichkeiten« riskanter Entwicklungen gerät so unterderhand zu deren Aufhebungsmöglichkeit oder wird wenigstens zu einem widerspruchsvollen Balanceakt. Mit nur leichter Übertreibung kann man sagen: Das in der Gegenüberstellung zur Natur entwickelte Interesse an technischer Verfügung kann dann nicht einfach abgestreift werden, wenn sich die Rahmenbedingungen und »Gegenstände« wissenschaftlichen Fragens und Forschens historisch verschieben und das selbsterzeugte »Naturschicksal der Moderne« die Themen dominiert. Hier mag zwar das Interesse an Verfügung in ein Interesse an *Herstellung* und Verklärung der »Eigendynamik« des wissenschaftlichen »Naturschicksals« umschlagen. Die an der Beherrschung der vorgefundenen Natur ausgebildeten Denk- und Frageformen schüren jedoch gerade dort, wo sie »Sachzwänge« etablieren sollen, die Frage nach deren Gestaltbarkeit und Vermeidbarkeit und tragen so in das »Fatum«, das sie erzeugen sollen, die *Utopie der Selbstbeherrschung der Moderne* hinein, zu deren Vermeidung sie finanziert werden. Diese widersprüchliche Entwicklung läßt sich an der Verwissenschaftlichung der Nebenfolgen veranschaulichen.

Ungesehene Nebenwirkungen verlieren im Zugriff der Forschung ihre Latenz und damit ihre Legitimation und werden zu Ursache-Wirkungsbeziehungen, die sich von anderen durch ihren nun vorgegebenen impliziten Politikgehalt unterscheiden. Sie sind in interne »Finalisierungen« (Böhme, v.d. Daele, Krohn 1972) eingebunden, die durch den Risikobezug vorgegeben sind. Auf der einen Seite liegt dies darin begründet, daß die ehemaligen »Nebenfolgen« meist gesellschaftlich als höchst problematisch geltende Erscheinungen (»Waldsterben«) sind. Auf der anderen Seite werden nun aber mit der Wünschelrute der Ursachenforschung nicht nur Ursachen, sondern implizit auch *Urheber* festgestellt. Darin drückt sich die soziale Konstitution von Nebenfolgen der Modernisierung aus (s. o.). Diese sind Ausdruck einer *hergestellten* und damit veränderbaren und *verantwortungsfähigen* Zweitwirklichkeit. Unter diesen Rahmenbedingungen wird die Frage nach der Ursache immer auch identisch mit der Frage nach »Verantwortlichen« und »Schuldigen«. Diese mögen noch hinter Zahlen, chemischen Stoffen, Giftgehalten usw. verborgen liegen. Aber diese versachlichten Schutzkonstruktionen sind dünn. Wenn erst einmal feststeht, daß Glykol im Wein (Saft, Gummibärchen usw.) enthalten ist, ist der Weg zu den Kellereien usw. nicht mehr weit. Kausalanalysen in Risikozonen sind – ob dies die Forscher wissen wollen oder nicht – *politisch-wissenschaftliche Skalpelle für operationale Eingriffe in Zonen industrieller Produktion*. Auf dem Operationstisch der Risikoforschung liegen allerdings die Kleinigkeiten wirtschaftlicher Konzerne und politischer Interessen mit ihrer geballten Operationsunwilligkeit. Das aber heißt: die Anwendung der Kausalanalyse selbst wird risikovoll, und zwar für alle, deren Interessen hier auf dem Spiel stehen, einschließlich der Forscher selbst. Im Unterschied zu den Folgen primärer Verwissenschaftlichung sind diese, wenn schon nicht vorhersehbar, so doch eher *abschätzbar*. Vermutete Risiken und Folgen werden nämlich zu *einschränkenden Bedingungen der Forschung selbst*:

Parallel mit dem wachsenden Handlungsdruck angesichts sich verschärfender zivilisatorischer Gefährdungslagen verwandelt sich die entwickelte wissenschaftlich-technische Zivilisation mehr und mehr in eine »*Tabu*gesellschaft«: Bereiche, Verhältnisse, Bedingungen, die alle prinzipiell veränderbar *wären*, werden von dieser Veränderungszumutung durch die Unterstellung von »Systemzwängen«, »Eigendynamiken« systematisch ausgeschlossen. Wer wagt es schon, dem sterbenden Wald dadurch eine Sauerstoff-Spritze zu gönnen, daß er den Deutschen die »sozialistische Zwangsjacke« einer Geschwindigkeitsbegrenzung auf Autobahnen verordnet? Entsprechend wird die Wahrnehmung und Behandlung von Problemen durch ein *System von Tabus* kanalisiert. Gerade *weil* Probleme unter Bedingungen reflexiver Verwissenschaftlichung hergestellt und damit prinzipiell veränderbar erscheinen, wird der Radius »handlungsfähiger Variablen« von vornherein eingeschränkt, und Einschränkung wie Öffnung fallen den Wissenschaften zu.

Überall wimmelt es in der wissenschaftlich-technischen Zivilisation von *Tabus der Nichtveränderbarkeit*. In diesem Dickicht, in dem das, was aus Handlungszusammenhängen entsteht, nicht aus diesen entstanden sein darf, gerät der Wissenschaftler, der um eine »neutrale« Problemanalyse bemüht ist, in eine neuartige *Zwickmühle*. Jede Analyse steht vor der Entscheidung: die sozialen Tabuisierungen von Handlungsvariablen entweder zu *um*forschen oder zu *er*forschen. Diese Entscheidungsmöglichkeiten betreffen (selbst dort, wo sie vom Auftraggeber vorgegeben werden) den Zuschnitt der Untersuchung selbst, liegen also im ureigensten Praxisbereich der Wissenschaften: in der Art der Fragestellung, der

Variablenselektion, der Richtung und Reichweite, in denen Ursachenvermutungen nachgegangen wird, in dem begrifflichen Zuschnitt, den Berechnungsmethoden von »Risiken« usw.

Im Unterschied zu den Folgen einfacher Verwissenschaftlichung sind die Folgen dieser Forschungsentscheidungen immanent eher abschätzbar: Waren jene *außerhalb* von Industrie und Produktion in den (machtlosen) *Latenz*bereichen der Gesellschaft – Gesundheit von Natur und Mensch – angesiedelt, so wirken Risikofeststellungen heute auf die *zentralen Machtzonen* zurück – Wirtschaft, Politik, institutionelle Kontrollinstanzen. Diese verfügen durchaus über »institutionalisierte Aufmerksamkeit« und »korporatistische Ellenbogen«, um sie treffende, kostenintensive Nebenfolgen zu Gehör zu bringen. Die »Ungesehenheit« ist also der sozialen Situation nach stark eingeschränkt. Auch für den »Nebencharakter« der Folgen gilt ähnliches. Die Beobachtung der Entwicklung fällt in die amtliche Zuständigkeit der Risikoforschung (oder der Nebenabteilung). Die Richtlinien sind bekannt, die Rechtsgrundlagen ebenso. Jeder weiß in etwa, welcher Nachweis welcher Giftkonzentrationen und Grenzwert-Überschreitungen aller Voraussicht nach für wen mit welchen einschneidenden (rechtlichen, ökonomischen) Konsequenzen verbunden sein kann.

Das aber heißt: Mit der Verwissenschaftlichung der Risiken wird nun die Abschätzbarkeit der Nebenfolgen von einem *Außen*- in ein *Innen*-, von einem *Anwendungs*- in ein *Erkenntnis*problem verwandelt. Das Außen ist weg. Die Folgen sind innen. Entstehungs- und Verwendungszusammenhang schieben sich ineinander. Die Autonomie der Forschung wird damit *ineins* zu einem Erkenntnis- *und* Praxisproblem, die mögliche Verletzung der Tabus zur immanenten Bedingung guter oder schlechter Forschung. Dies mag noch in der Grauzone von Forschungsentscheidungen, die so oder so getroffen werden können, verborgen bleiben. Die Forschung muß von ihrer institutionellen, wissenschaftstheoretischen und moralischen Verfassung sich in die Lage versetzen, die politischen Implikationen, die sie hat, anzunehmen und auszuforschen, um nicht beim ersten Knall der Peitsche durch alle ihr vorgehaltenen Reifen zu springen.

Diese Integrität kann die Wissenschaft gerade dadurch unter Beweis stellen, daß sie dem *herrschenden Druck, praktische Tabus in theoretische zu verwandeln, widersteht.* So verstanden gewinnt die

Forderung nach »Wertfreiheit« im Sinne von *Un*abhängigkeit der wissenschaftlichen Analyse tatsächlich einen neuen, geradezu revolutionären Gehalt. Vielleicht würde Max Weber, der immer auch um den latenten politischen Gehalt der Sachwissenschaft wußte, *heute* für diese Interpretation einer *nichttabukonformen Sachanalyse* von Risiken eintreten, die gerade aus ihrer engagierten, wertbewußten Sachlichkeit ihre politische Stoßkraft gewinnt.

Zugleich wird hier erkennbar, daß die Einfluß- und Steuerungschancen der wissenschaftlichen Erkenntnispraxis in den Selektionsspielräumen liegen, die von der Wissenschaftstheorie bislang unter Gültigkeitsgesichtspunkten ausgeklammert und keiner Würdigung unterzogen wurden. Nach den Kriterien der Hypothesenbildung, die gelten, kann die Ursachenkette in ganz verschiedene Richtungen projiziert werden, *ohne* – soweit die eigenen Vermutungen belegt werden – mit irgendwelchen Gültigkeitsstandards zu kollidieren. In der entwickelten Zivilisation wird die wissenschaftliche Erkenntnispraxis zu einer *impliziten, versachlichten, hinter dem Deckmantel nicht rechtfertigungsbedürftiger Auswahlentscheidungen verborgenen* »*Handhabung*« *latent politischer Variablen*. Dies bedeutet nicht, daß Versachlichung ausgeschlossen ist. Es bedeutet ebensowenig, daß die vermuteten Kausalbeziehungen politisch hergestellt werden können. Allerdings sind Kausal- und Handlungsanalyse – unabhängig vom Selbstverständnis der Wissenschaftler – ineinander verzahnt. *Die gedoppelte, hergestellte Risikowirklichkeit politisiert die Sachanalyse ihrer Ursachen.* Wenn die Wissenschaft in fehlverstandener »Neutralität« unter diesen Bedingungen tabukonform forscht, dann trägt sie dazu bei, daß das Gesetz der ungesehenen Nebenfolgen nach wie vor die Zivilisationsentwicklung beherrscht.

4. Von der Abschätzbarkeit der »Nebenfolgen«

Nicht länger hingenommen werden kann die Mär von der Unabsehbarkeit der Folgen. Nicht der Klapperstorch bringt die Folgen – sie werden *gemacht*. Und zwar bei und trotz aller Unkalkulierbarkeit auch und gerade *in den Wissenschaften selbst*. Dies wird dann sichtbar, wenn systematisch zwischen *Kalkulierbarkeit* der tatsächlichen Außenfolgen und deren immanenter *Abschätzbarkeit* unterschieden wird.

Dem herrschenden Verständnis nach verschärft sich im Zuge der Ausdifferenzierung der Wissenschaften *notwendig* die Unkalkulierbarkeit der Nebenfolgen wissenschaftlicher Arbeit. Von der Nutzung ihrer Ergebnisse sind Wissenschaftler faktisch abgetrennt; sie verfügen hier über keinerlei Einflußmöglichkeit; dafür sind andere zuständig. Folglich können Wissenschaftler auch für die faktischen Folgen der von ihnen unter analytischen Gesichtspunkten erarbeiteten Ergebnisse nicht zur Rechenschaft gezogen werden. Auch wenn man in vielen Bereichen eine gemeinsame Sprache zu sprechen beginnt, so verringern sie sich dadurch nicht, sondern verschärfen sich die Distanzen und die Möglichkeiten der Verwenderseite, die Ergebnisse nach ihren Interessen zu nutzen.

Diese Einschätzung beruht auf dem Begriff der »Kalkulierbarkeit« – einem Schlüsselbegriff der klassischen Verwissenschaftlichung, dessen Bedeutungsgehalt und Anwendungsbedingungen heute gerade fragwürdig werden. Die Möglichkeiten der Abschätzbarkeit der Nebenfolgen treten jedoch erst dann in den Blick, wenn man sieht, daß sich mit dem *Übergang zur reflexiven Modernisierung der Begriff des »Kalkulierbaren-Unkalkulierbaren« selbst verändert*: Kalkulierbarkeit heißt nicht mehr nur zweckrationale Beherrschbarkeit und Unkalkulierbarkeit nicht allein die Unmöglichkeit einer zweckrationalen Beherrschung. Wäre dem so, dann bliebe die »Unkalkulierbarkeit der Nebenfolgen« nicht nur auch im heutigen Wissenschaftsbetrieb erhalten, sie wüchse sogar, weil die Zweckrationalität »kontextualisiert« wird und die Unsicherheit steigt.

Versteht man dagegen Kalkulierbarkeit im Sinne von »*Abschätzbarkeit*«, so trifft dies genau den Sachverhalt, der unter Bedingungen reflexiver Modernisierung entsteht: Faktisch bleiben die *tatsächlichen* Folgen *mehr denn je* unabsehbar. Gleichzeitig werden aber Nebenwirkungen ihrer Latenz beraubt und damit »abschätzbar« in folgendem dreifachem Sinne: Das Wissen um sie ist (prinzipiell) verfügbar; auch kann man sich nicht länger auf die klassische Unbeherrschbarkeit herausreden und steht insofern aufgrund des Wissens um *mögliche* Wirkungen unter dem Zugzwang der Gestaltung. Abnehmende »Kalkulierbarkeit« geht also einher mit zunehmender »Abschätzbarkeit« der Nebenfolgen; mehr noch: das eine *bedingt* das andere. Das inzwischen hinlänglich ausdifferenzierte Wissen um Nebenfolgen ist immer (potentiell) präsent. Verschiedenartigste Konsequenzen und Bezugskreise müssen insofern in ihrer Bedeutung für sich und andere gegeneinander abgewogen werden. Auf diese Weise werden die *tatsächlichen* Folgen letztendlich immer unkalkulierbarer, *weil* die möglichen Wirkungen immer abschätzbarer werden und ihre Abschätzung dann auch tatsächlich mehr und mehr im Forschungsprozeß und im Umgang mit seinen immanenten Tabuzonen erfolgt und diesen im Verlauf und Ergebnissen bestimmt (s.o.) Das bedeutet aber auch: Im Forschungsprozeß selbst gewinnt der implizite Umgang mit *erwarteten* Folgen eine immer größere Bedeutung. Auf der Ebene der Erwartungen (und Erwartungserwartungen) werden Nebenfolgen vorweggenommen, die so in den Forschungsprozeß voll hineinschlagen, obwohl gleichzeitig die letztendlichen Konsequenzen unvorhersehbar bleiben. Dies ist *die äußerst wirksame Schere im Kopf der Wissenschaftler*. In demselben Ausmaße, in dem die erwarteten Folgen ihre Arbeit, die Ansatz- und Abbruchpunkte ihres Fragens und Erklärens tatsächlich bestimmen, wächst der Nachdruck, mit dem sie auf der absoluten Unkalkulierbarkeit der tatsächlichen Spätfolgen bestehen.

Diese nur scheinbar widersprüchliche Doppelthese von der (a) *wachsenden Unkalkulierbarkeit* bei gleichzeitig (b) *zunehmender Abschätzbarkeit* der »Ex-Nebenfolgen« soll nun in zwei weiteren Facetten erläutert werden. Erst die gesamte Argumentation kann dann erste Anhaltspunkte dafür aufdecken, wieweit und in welchem Sinne der »Folgenfatalismus« der wissenschaftlich-technischen Zivilisation überwunden werden kann.

Autonomisierung der Verwendung

In der Phase sekundärer Verwissenschaftlichung verändern sich die *Orte und Teilnehmer* der Wissensproduktion. Die Adressaten der Wissenschaften in Verwaltung, Politik, Wirtschaft und Öffentlichkeit werden – wie oben gezeigt – in konfliktvollem Mit- und Gegeneinander zu *Mitproduzenten* von sozial geltenden »Erkenntnissen«. Damit geraten nun aber gleichzeitig die *Relationen der Umsetzung* wissenschaftlicher Ergebnisse in Praxis und Politik in Bewegung. Die »Mitaktionäre« des aufgelösten »Erkenntniskapitals« der Wissenschaft regieren in ganz neuer und selbstbewußter Weise in den Transfer von Wissenschaft in Praxis hinein:

In dem Modell einfacher Verwissenschaftlichung wird das Verhältnis von Wissenschaft und Praxis *deduktiv* gedacht. Die wissenschaftlich erarbeiteten Erkenntnisse werden – dem Anspruch nach – von oben nach unten *autoritär durchgesetzt*. Wo dies auf Widerstände trifft, herrschen – dem wissenschaftlichen Selbstverständnis nach – »Irrationalitäten« vor, die durch »Anhebung des Rationalitätsniveaus« der Praktiker überwunden werden können. Dieses autoritäre Modell deduktivistischer Anwendung ist unter Bedingungen der internen und externen Verunsicherung der Wissenschaften nicht länger durchzuhalten. Anwendung wird mehr und mehr gebrochen in Prozessen externer Erkenntnisproduktion, d.h. im Sortieren und Selegieren, im Bezweifeln und Neuorganisieren von Deutungsangeboten und in ihrer gezielten Anreicherung mit »Praktiker-Wissen« (Durchsetzungschancen, informelle Machtbeziehungen und Kontakte usw.). Damit dämmert das *Ende der wissenschaftsgesteuerten, zweckrationalen Verfügung über Praxis*. Wissenschaft und Praxis spalten sich unter Bedingungen der Wissenschaftsabhängigkeit neu voneinander ab. Die Verwenderseite beginnt sich mehr und mehr *mit* Wissenschaft *von* Wissenschaft unabhängig zu machen. In gewisser Weise kann man sagen, daß wir augenblicklich erleben, wie das hierarchische Rationalitätsgefälle *umkippt:**

Die *neue Autonomie* der Adressaten beruht dabei nicht auf Unkenntnis, sondern Kenntnis, nicht auf Unterentwicklung, sondern Ausdifferenzierung und Überkomplexität wissenschaftlicher Deutungsangebote. Sie ist – nur scheinbar paradox – *wissenschaftsproduziert*. Der *Erfolg* der Wissenschaften macht die Nachfrage vom Angebot unabhängiger. Ein wichtiger Indikator für diesen Trend zur Autonomisierung liegt zunächst in der spezifischen *Pluralisierung der Wissensangebote* und ihrer *methodenkritischen Reflexion*. Mit ihrer Ausdifferenzierung (und nicht notwendig mit ihrer Verschlechterung oder moralischen Leichtfüßigkeit) verwandeln sich die Wissenschaften – auch die Naturwissenschaften – in *Selbstbedienungsläden* für finanzkräftige und argumentationsbedürftige Auftraggeber. Mit der überwuchernden Komplexität wissenschaftlicher Einzelbefunde werden zugleich den Abnehmern Selektionschancen innerhalb *und zwischen* Expertengruppen zugespielt. Nicht selten wird über politische Programme bereits da-

---

* Ich greife im folgenden auf Argumente zurück, die ich zusammen mit Wolfgang Bonß 1984 erarbeitet habe im Rahmen des DFG-Schwerpunktes »Verwendungszusammenhänge sozialwissenschaftlicher Ergebnisse«; siehe auch W. Bonß und H. Hartmann (1985).

durch vorentschieden, welche Fachvertreter man überhaupt in den Kreis der Berater einbezieht. Praktiker und Politiker können jedoch nicht nur zwischen Expertengruppen wählen, man kann sie auch innerhalb und zwischen Fächern *gegeneinander ausspielen* und auf diese Weise die Autonomie im Umgang mit Ergebnissen erhöhen. Dies wird gerade im Zuge der Lernerfolge im Kontakt mit Wissenschaften immer weniger laienhaft geschehen. Man kann vielmehr von den Experten und ihren intern ausgetragenen (oder nicht ausgetragenen) Grundsatzkontroversen lernen, wie unliebsame Ergebnisse *professionell* (z.B. durch Methodenkritik) abgeblockt werden können. Da im Zuge der Selbstverunsicherung der Wissenschaften die Ansatzpunkte hierfür eher zunehmen, wachsen die Distanzierungschancen, die sich durch reflexive Verwissenschaftlichungen der Praxisseite eröffnen.

Die Wissenschaften sind damit allerdings auch immer weniger in der Lage, den Bedarf *nach Sicherheit* der unter Entscheidungsdruck stehenden Abnehmer zu erfüllen. Mit der Generalisierung des Fallibilismus wälzt die Wissenschaftsseite ihre Zweifel auf die Verwenderseite ab und zwingt ihr dadurch die Gegenrolle der *handlungsnotwendigen Reduktion von Unsicherheit auch noch auf*. Dies alles – ich betone es noch einmal – nicht als Ausdruck von Unvermögen und Unterentwicklung der Wissenschaften, sondern genau umgekehrt als Produkt ihrer weit fortgesetzten Ausdifferenzierung, Überkomplexität, Selbstkritik und Reflexivität.

Von der Herstellung der Sachzwänge

Wer bei dieser Argumentation stehenbleibt, unterschlägt die *Aktivitätsanteile* der Wissenschaft, ihrer arbeitsteiligen Struktur und wissenstheoretischen Programmatik an der Unvorhersehbarkeit ihrer praktischen Folgen. Er geht insbesondere davon aus, daß der Weg der Wissenschaften in die *Generalisierung von Unsicherheit unrevidierbar ist*. Gleichzeitig wird Wissenschaft in ihren historischen Voraussetzungen und Formen *konstant* gesetzt. Jedoch Wissenschaft hat wie kaum eine Macht die Welt verändert. Warum sollte die Weltveränderung die Wissenschaft nicht zu einer Selbstveränderung zwingen? Wo alles veränderbar wird, kann sich die Wissenschaft, die die Veränderbarkeit in die Welt hineingetragen hat, nicht länger auf Unveränderbarkeit ihrer Grundlagen und Arbeitsformen herausreden. Die Chancen zur Selbstveränderung wachsen mit der Autonomie der Verwenderseite. Die Abspaltung erzwingt und erlaubt eine Neubesinnung und -bestimmung wissenschaftlicher Erkenntnis im Kanon der Deutungs- und Verwendungsansprüche von Öffentlichkeit, Politik und Wirtschaft. Die Fragen lauten: Wo liegen Ansatzpunkte *innerhalb* der Wissenschaftspraxis selbst, um bei Fortführung und Ausdifferenzierung des Erkenntnisprozesses selbstproduzierte Unsicherheit zu reduzieren? Kann auf diese Weise zugleich die praktische und theoretische Souveränität der Wissenschaft neu begründet werden? Wie können die Generalisierung von Zweifel und die Reduktion von Unsicherheit im Innen- und Außenverhältnis neu aufeinander abgestimmt werden? Dazu sollen einige eher beispielhafte, den allgemeinen Gedanken illustrierende Überlegungen vorgetragen werden.

Das vorherrschende wissenschaftstheoretische Selbstverständnis besagt: Die Wissenschaften können mit der Autorität ihrer Rationalität keine Werturteile fällen. Sie liefern sogenannte »neutrale« Zahlen, Informationen, Erklärungen, die als »unparteiische« Entscheidungsbasis für unterschiedlichste Interessen dienen sollen. Jedoch: *welche* Zahlen sie auswählen, auf *wen* oder *was* sie Ursachen projizieren, *wie* sie die Probleme der Gesellschaft deuten und *welche Art* von Lösungen sie ins Blickfeld rücken – dies sind alles andere als neutrale Entscheidungen. Mit anderen Worten: Die Wissenschaften haben ihre praktischen Steuerungsfähigkeiten *unabhängig* und *jenseits* von expliziten Wertaussagen entwickelt. Ihre praktischen Einflußmöglichkeiten liegen in dem *Wie* der wissenschaftlichen Ergebniskonstruktion. So bietet die – »rein sachliche« – Interpretation von »Bedarf« und »Risiko« in den verschiedensten Handlungsfeldern einen Deckmantel, hinter dem Weichenstellungen für zukünftige Entwicklungen ausgehandelt werden. Was als »Bedarf« und »Risiko« gilt, ist eine Schlüsselfrage für die Entscheidung zwischen Kernkraftwerken, Kohleenergie, energiesparenden Maßnahmen oder alternativen Energiequellen ebenso wie in der Rentenversicherung, in der Sozialversicherung, bei der Festlegung von Armutsgrenzen usw. Wobei jede für sich implizite Entscheidungen über mit ihnen verbundene *Serien* von Konsequenzen enthält, die letztlich in eine andere Form des Zusammenlebens einmünden. Begriffsbestimmungen und -operationalisierungen, Hypothesenvermutungen usw. sind also – Wertfreiheit hin, Wertfreiheit her – Hebel, mit denen Grundsatzentscheidungen über gesellschaftliche Zukunft ausgetragen werden.

Das heißt: Entscheidend dafür, ob die Wissenschaften zur Selbstkontrolle und Zähmung ihrer praktischen Risiken beitragen, ist nicht, ob sie über ihren eigenen Einflußradius hinausgreifen und sich um (politische) Mitsprachen und Mitwirkungen bei der Umsetzung ihrer Ergebnisse bemühen. Wesentlich ist vielmehr: *welche Art von Wissenschaft bereits im Hinblick auf die Absehbarkeit ihrer angeblich unabsehbaren Nebenfolgen betrieben wird.* Dies bedeutet nicht, daß die Wissenschaft von einem Extrem ins andere fällt und sich nun in grenzloser Selbstüberschätzung zum Alleinverantwortlichen für das erklärt, was gesellschaftlich aus ihren Ergebnissen heraus entsteht. Es schließt aber ein, daß sie Rückmeldungen über Gefährdungen und Risiken als empirische Herausforderung für ihr Selbstverständnis und die Reorganisation ihrer Arbeit akzeptiert. In diesem Sinne ist für eine wissenschaftsimmanente Reduktion externer Unsicherheit wesentlich: (a) inwieweit *Symptom*behandlung durch *Ursachen*beseitigung ersetzt werden kann; (b) ob die *praktische Lernfähigkeit* erhalten bleibt bzw. wiedergewonnen wird oder ob im Absehen von den praktischen Folgen *Irreversibilitäten* geschaffen werden, die auf der Unterstellung der *Irrtumslosigkeit* beruhen und das Lernen aus praktischen Fehlern vom Ansatz her unmöglich machen; (c) ob es bei der *isolierten* Betrachtungsweise bleibt oder die Kraft der *Spezialisierung auf den Zusammenhang* neu gefunden und entwickelt wird.

Ursachenbeseitigung oder Symptombekämpfung

Im Zuge sekundärer Verwissenschaftlichung schmelzen die Sachzwangkonstruktionen, mit denen die Bedingungen und Produkte einfacher Verwissenschaftlichung dem Handlungszugriff entzogen wurden, in die Veränderungsmöglichkeiten hinein. Je mehr Sachzwänge erzeugt werden, desto schwerer ist der Sachzwangcharakter durchzuhalten, und an allen Ecken und Enden blitzt ihre Erzeugung hervor. Der »technologische oder ökonomische Determinismus«, der unter Gesichtspunkten der technischen Verfügung erklärt und durchdacht wird, kann nicht länger seine determinierende Kraft behalten und gegenüber Legitimationszumutungen und alternativen Gestaltungsmöglichkeiten versiegelt bleiben. Er selbst wird – mindestens im Prinzip – gestaltbar. Auch selbstproduzierte Sachzwänge verwandeln sich so unter dem sekundären

Zugriff der Wissenschaften in Sachzwang*konstruktionen,* in *hergestellte* Sachzwänge, und zwar nach demselben Prinzip, nach dem z. B. erkannte Ursachen eines Schnupfens zu dessen Überwindung und Verhinderung genutzt werden können. Giftgehalte und Schadstoffemissionen, die zunächst als »latente« und dann »unvermeidbare« Nebenfolgen galten, werden unter den Augen der Wissenschaften Schritt für Schritt auf die in ihnen versteckte Entscheidungsseite bezogen und an die Bedingungen ihrer Kontrollierbarkeit zurückgebunden.

So wird in reflexiver Verwissenschaftlichung systematisch der »Sachzwang«-Schleier weggeforscht, der in der Phase primärer Verwissenschaftlichung über alle Bedingungen und Akteure der Modernisierung und Industrialisierung gezogen wurde. Alle Bedingungen werden damit – im Prinzip erstens *gestaltbar,* zweitens *legitimationsabhängig.* Das »Es-könnte-auch-anders-Sein« beherrscht offen oder versteckt mehr und mehr als drohende Möglichkeit im Hintergrund mit seinen Argumentationszwängen alle Handlungsfelder. Und dies geschieht – wenigstens implizit – selbst dort, wo die Wissenschaften mit der ganzen Definitionskraft ihrer Theorien und Methoden neue Dämme der Unveränderbarkeit von produzierten Risiken zu errichten versuchen. Damit wird aber die Frage zentral, nicht nur *was* wird erforscht, sondern auch *wie* wird es erforscht, d. h. mit welchem Zugriff, Denkradius, Abbruchpunkten usw. im Bezug auf Potenzierung oder Vermeidung von Industrialisierungsrisiken.

Im Umgang mit zivilisatorischen Risiken stehen sich so prinzipiell *zwei Optionen* gegenüber: die Ursachenbeseitigung in der Primärindustrialisierung oder die marktexpansive Sekundärindustrialisierung von Folgen und Symptomen. Bislang wurde fast überall der *zweite* Weg eingeschlagen. Er ist kostenintensiv, beläßt die Ursachen im Dunkeln und ermöglicht es, Fehler und Probleme in Marktaufschwünge zu verwandeln. Der Lernprozeß wird systematisch verkürzt, verhindert: Die Selbsturheberschaft der Modernisierungsgefährdungen geht in der punktuellen Betrachtung und Behandlung von Symptomen unter. Am Beispiel der Behandlung von Zivilisationskrankheiten, wie z. B. Diabetes, Krebs, Herzkrankheiten, läßt sich dies veranschaulichen. Diese Krankheiten können einmal dort bekämpft werden, wo sie entstehen: in den Belastungen der Arbeit, durch Umweltvergiftungen oder durch eine gesunde Lebensführung und vollwertige Ernährung. Oder es können durch chemische Präparate die Symptome gelindert werden. Diese verschiedenen Richtungen der Krankheitsbekämpfung schließen sich natürlich nicht aus. Aber von einer eigentlichen Heilung kann aufrichtigerweise bei der letzten Methode nicht die Rede sein. Dennoch haben wir uns bisher weitgehend für die medizinisch-chemische »Lösung« entschieden.

In immer mehr Bereichen geht die Industrialisierung dazu über, in Absehung von ihrer Eigenurheberschaft von ihren Folgeproblemen zu profitieren. Dies wirft wiederum Entscheidungsalternativen für Wissenschaft und Forschung auf: *Entweder* sie liefert in ihrer vereinzelten Spezialisierung hierfür die entsprechenden Risikodefinitionen und Kausalinterpretationen, *oder* sie durchbricht diese kostenintensivierende Symptombekämpfung und entwickelt eigenständige, theoretisch abgesicherte Gegenperspektiven, die die Problemquellen und ihre Beseitigung in der industriellen Entwicklung selbst aufzeigt und ausleuchtet. Das eine Mal wird Wissenschaft zum Teilhaber und zur legitimierenden Instanz von fortwirkenden Sachzwangketten, das andere Mal zeigt sie Ansatzpunkte und Wege auf, diese zu durchbrechen und ein Stück Souveränität *in* der Modernisierung *über* Modernisierung zu gewinnen.

Die Risikogesellschaft ist in diesem Sinne der Möglichkeit nach auch eine *selbst*kritische Gesellschaft. In ihr werden Bezugspunkte und Voraussetzungen der Kritik in Gestalt von Risiken und Gefährdungen immer mitproduziert. Risikokritik ist keine normative Wertkritik. Gerade dort, wo Traditionen und damit Werte *zersetzt sind,* entstehen Risiken. Basis der Kritik sind weniger Traditionen der Vergangenheit, sondern Bedrohungen der Zukunft. Um Giftgehalte in Luft, Wasser und Nahrungsmitteln zu erkennen, bedarf es weniger geltender Werte, eher kostspieliger Meßinstrumente und methodischer und theoretischer Kenntnisse. Risikofeststellungen liegen damit eigentümlich quer zu der Unterscheidung von Sach- und Wertdimensionen. Sie bringen moralische Maßstäbe nicht offen zur Geltung, sondern in Gestalt einer *quantitativ-theoretisch-kausalen »Implizitmoral«.* Entsprechend wird in der Erforschung von Risiken mit zumeist konventionellem Wissenschaftsverständnis eine Art »versachlichter Kausal-Moral« betrieben. Risikoaussagen sind die Moralaussagen der verwissenschaftlichten Gesellschaft. Alles: Bezugspunkte und Gegenstand der Kritik, die Möglichkeiten der Aufdeckung und Fundierung werden im Modernisierungsprozeß im Großen und im Kleinen selbst mitproduziert. In diesem Sinne entsteht mit der Risikogesellschaft also eine der Möglichkeit nach zugleich enttraditionalisierte *und selbst*kritische Gesellschaft. Der Risikobegriff gleicht einer Sonde, die es erlaubt, sowohl den ganzen Bauplan als auch jeden Zementkrumen des Zivilisationsgebäudes immer wieder auf Selbstgefährdungspotentiale hin zu durchleuchten.

Fehlerfreiheit oder Lernfähigkeit

Wenn Nebenfolgen nicht länger hingenommen werden sollen, muß die wissenschaftlich-technische Entwicklung in ihrem Tempo und ihren Verlaufsformen *Lernfähigkeit* in jedem Stadium gewährleisten. Dies setzt voraus, daß Entwicklungen, die *Irreversibilitäten* schaffen, vermieden werden. Demgegenüber gilt es, solche Varianten der wissenschaftlich-technischen Entwicklung aufzudecken und auszuarbeiten, die Raum für Irrtümer und Korrekturen lassen. Die Technologieforschung und -politik muß von der bisher bestbestätigten und sympathischsten »Theorie« ausgehen: *der Fehler- und Irrtumsbehaftetheit menschlichen Denkens und Handelns.* Wo technologische Entwicklungen in Widerspruch zu dieser einen – vielleicht sogar letzten, im Grunde genommen beruhigenden – Gewißheit treten, bürden sie der Menschheit das untragbare Joch der praktischen *Irrtumslosigkeit* auf. Mit der Risikopotenzierung wächst der Zwang, sich als fehlerfrei zu *unterstellen* und damit der eigenen Lernfähigkeit berauben. Das Selbstverständlichste, das Eingeständnis menschlichen Versagens, fällt dann zusammen mit der Auslösung von *Katastrophen* und muß infolgedessen mit allen Mitteln verhindert werden. So gesellen sich Risikopotenzierungen und Unterstellung der Fehlerfreiheit zueinander und setzen Zwänge der Verharmlosung in Gang, die direkt korrelieren mit dem Ausmaß der Gefährdungen. Dies alles muß dann mit der »Sachgesetzlichkeit« des eigenen Handelns auf Biegen und Brechen vernebelt werden.

Wir müssen also praktische Entwicklungen daraufhin untersuchen, ob sie einen »Risiko-Gigantismus« enthalten, der den Menschen seiner Menschlichkeit beraubt und ihn von nun an bis in alle Ewigkeit *zur Fehlerfreiheit verdammt.* Die wissenschaftlich-technische Entwicklung beginnt mehr und mehr in einen neuen eklatanten *Widerspruch* zu geraten: Während ihre Erkenntnisgrundlagen im institutionalisierten Selbstzweifel der Wissenschaften durchleuchtet werden, wurde die Technologieentwicklung gegen den Zweifel abgeschottet. Hier werden gerade mit wachsenden Risiken und Handlungsdruck längst unhaltbar gewordene, absolutistische Erkenntnis-, Irrtumslosigkeits- und Sicherheitsansprüche erneuert. Unter dem Handlungszwang der Technikwissenschaften blüht das Dogma. Der freigesetzte und systematisch geschürte Zweifel trifft in der Technologieentwicklung auf die *Gegenmoderne* wissenschaftlicher Unfehlbarkeitstabus. Diese verhärten sich mit dem Anwachsen der Risiken. Am »sichersten« ist so schließlich das Unabsehbare: Atombomben und Kernenergie mit ihren alle Begriffe und Vorstellungsvermögen übersteigenden Gefährdungslagen. Es gilt also, den Fallibilismus aus seiner theoretisch-empirischen *Halbierung* zu befreien, Technik als Möglichkeit zu entwerten und mögliche technische Entwicklungsvarianten auf ihre »Menschlichkeit«, sprich: Irrtumslosigkeit abzuklopfen.

Die Kernenergie ist in diesem Sinne ein höchst gefahrenvolles Spiel mit der unterstellten »Irrtumslosigkeit« technologischer Entwicklung. Sie setzt Sachzwänge von Sachzwängen frei, die kaum revidierbar und nur beschränkt lernfähig sind. Sie legt (etwa in der Beseitigung bzw. Lagerung des Atommülls) die Menschen über mehrere Generationen hinweg fest, also für Zeiträume, in denen noch nicht einmal die Bedeutungsgleichheit der Schlüsselworte gesichert ist. Auch in ganz andere Bereiche wirft sie die Schatten unabsehbarer Folgen. Dies gilt in den sozialen Kontrollen, die sie erfordert und die in der Formel von dem »autoritären Atomstaat« ihren Ausdruck gefunden haben. Dies gilt aber auch für biologisch-genetische Langzeitwirkungen, die heute noch gar nicht absehbar sind. Demgegenüber sind dezentrale Formen der Energieversorgung möglich, die diese »Eigendynamik der Sachzwänge« nicht enthalten. Entwicklungsvarianten können also die Zukunft verbauen *oder* offenlassen. Je nachdem wird eine *Entscheidung* für oder gegen eine Reise ins unbekannte Niemandsland der zwar ungesehenen, aber absehbaren »Nebenfolgen« getroffen. Wenn der Zug einmal abgefahren ist, ist es schwer, ihn wieder anzuhalten. Wir müssen also Entwicklungsvarianten wählen, die die Zukunft nicht verbauen und den Modernisierungsprozeß selbst in einen *Lernprozeß* verwandeln, in dem durch die Revidierbarkeit der Entscheidungen die Zurücknahme später erkannter Nebenwirkungen immer möglich bleibt.

Spezialisierung auf den Zusammenhang

Eine weitere, zentrale Bedingung für die Produktion latenter Nebenwirkungen liegt in der *Spezialisierung* der Erkenntnispraxis. Präziser: je *höher* der Grad der Spezialisierung, desto *größer* die Reichweite, Anzahl und Unkalkulierbarkeit der Nebenfolgen wissenschaftlich-technischen Handelns. Mit der Spezialisierung *entsteht* nicht nur das »Ungesehene« und der »Nebencharakter« der »ungesehenen Nebenfolgen«. Mit ihr wächst auch die Wahrscheinlichkeit, daß punktuelle Lösungen erdacht und umgesetzt werden, deren beabsichtigte Hauptwirkungen dauernd durch die unbeabsichtigten Nebenwirkungen zugeschüttet werden. Die überspezialisierte Wissenschaftspraxis wird so zu einem »Verschiebebahnhof« für Probleme und ihre kostenaufwendigen Symptombehandlungen. Die chemische Industrie produziert giftige Abfallstoffe. Was mit ihnen tun? »Lösungen«: Deponien. Mit der Konsequenz: aus dem Abfallproblem wird ein Grundwasserproblem. An diesem kann die chemische Industrie und andere durch »Reinigungszusätze« für Trinkwasser profitieren. Wo das Trinkwasser durch diese Zusätze die Gesundheit der Menschen beeinträchtigt, stehen Medikamente zur Verfügung, deren »latente Nebenwirkung« durch ein ausgebautes medizinisches Versorgungssystem zugleich aufgefangen *und* verlängert werden können. So entstehen – entsprechend dem Muster und dem Grad der Überspezialisierung – *Problem-Lösungs-Problem-Erzeugungs-Ketten,* die dann das »Märchen« der ungesehenen Nebenfolgen immer wieder »bestätigen«.

Die genetische Struktur, aus der heraus »Sachzwänge« und »Eigendynamiken« entstehen, ist also wesentlich das Modell der überspezialisierten Erkenntnispraxis in ihren Borniertheiten, ihrem Methoden- und Theorieverständnis, ihren Karriereleitern usw. Die auf die Spitze getriebene Arbeitsteilung produziert alles: die Nebenfolgen, ihre Unvorhersehbarkeit und die Wirklichkeit, die dieses »Schicksal« unabwendbar erscheinen läßt. Die Überspezialisierung ist ein Aktivitätsmodell gesellschaftlicher Praxis, das den Folgenfatalismus zu einer Art Selbstbestätigungszirkel verdichtet.

Eine Wissenschaft, die dieses »Fatum« brechen will, muß sich in neuen Formen auf den *Zusammenhang spezialisieren (lernen).* Die isolierte, analytische Betrachtungsweise verliert damit nicht ihre

Berechtigung, sie wird aber dort *falsch* und praktisch risikoproduzierend, wo sie zur Richtschnur von Teilmaßnahmen und einer scheinbar wissenschaftlich begründeten »Flickschusterei« wird. Ins Zentrum einer solchen spezialisierten Zusammenhangsforschung könnten z. B. *»Verschiebebahnhöfe«* von Problemen treten (wie sie gerade im Umgang mit Risiken und Umweltproblemen typisch sind, aber auch in vielen Bereichen etwa der Sozialpolitik und medizinisch-sozialer Dienstleistungen vorzuherrschen scheinen) sowie das Aufspüren wesentlicher Entwicklungsalternativen und in ihnen enthaltene *Weichenstellungen* der Vermeidung oder Potenzierung von Unsicherheit. So liegen z. B. in der Beziehung zwischen Nahrungsmittelversorgung, Landwirtschaft, Industrie und Wissenschaft Varianten von Arbeitsteilungsmodellen verborgen, die aus sich heraus entweder Folgeproblemketten erzeugen oder kürzen. Eine zentrale Weggabelung wird durch die Frage markiert, ob in der Landwirtschaft der *chemische* Weg der Boden- und Produktbearbeitung weitergegangen wird, oder ob es hier zu einer Rückkehr zu Umgangsformen mit Natur kommt, die *von der Natur selbst lernen,* wie z. B. durch geeigneten Fruchtwechsel Unkraut bekämpft und die Gesundheit und der Ertrag des Bodens gesteigert werden können. Wird der chemische Weg beibehalten, liegt der Schwerpunkt der Forschung auf der Herstellung von immer wirksameren Bioziden und folglich auf die Studien über die Auswirkung solcher Gifte, die Festlegung von Grenzwerten, die ihrerseits die Erforschung von gesundheitlichen Schädigungen (Krebs usw.) erfordern und insofern: Tierversuche, mit entsprechenden Tierquälereien, öffentlichen Protesten, polizeilichen und rechtlichen Maßnahmen usw. Wird der Weg der *biologisch bewußten* Landwirtschaft gewählt, bedarf es hier auch einer Unterstützung durch Forschung, aber einer anderen Art von Forschung. Diese müßte Kenntnisse über Fruchtfolgen und über Möglichkeiten der Bodennutzung ohne Bodenauszehrung verbessern. Gleichzeitig werden auf diese Weise aber Ketten von Folgen und Sachzwängen, die immer weitere Kreise ziehen, durchbrochen. Im Zusammenhang zwischen Landwirtschaft und Ernährung liegen so *Weichenstellungen für unterschiedliche gesellschaftliche Zukünfte,* die die Bereiche von Industrie, Forschung, Politik und Recht einmal durch risikoproduzierende »Sachzwänge« mit Langzeitwirkung aneinanderketten, das andere Mal gerade nicht.

Plädoyer für eine Lerntheorie wissenschaftlicher Rationalität

Rationalität und Irrationalität der Wissenschaft sind nie nur eine Frage der Gegenwart und Vergangenheit, sondern auch der *möglichen Zukunft*. Wir können aus unseren Fehlern lernen – das heißt auch: eine *andere* Wissenschaft ist immer möglich. Nicht nur eine andere Theorie, sondern eine andere *Erkenntnistheorie*, ein anderes Verhältnis von Theorie *und* Praxis und eine andere *Praxis* dieses Verhältnisses. Wenn es richtig ist, daß die Gegenwart nichts als eine Hypothese ist, über die wir noch nicht hinausgekommen sind, dann ist heute die Zeit der Gegenhypothese. Die »Prüffelsen«, denen sich solche Unternehmungen zu stellen haben, sind von sprachloser Offensichtlichkeit: Das Projekt der Moderne bedarf der Ersten Hilfe. Es droht an seinen eigenen Anomalien zu ersticken. Die Wissenschaft in ihrer vorhandenen Form ist eine davon.

Wir brauchen eine Theorie der Sachzwänge wissenschaftlich-technischen Handelns, die das *Herstellen* von Sachzwängen und »unabsehbaren Nebenfolgen« wissenschaftlich-technischen Handelns ins Zentrum stellt. Der Hebel für die Vermeidbarkeit, Aufhebbarkeit des Folgenfatalismus muß auch im Handlungsrahmen, im Selbstverständnis der Wissenschaften selbst gefunden werden. Nicht *nach* der Wissenschaftspraxis, sondern *in ihr* – in dem, was sie für beachtenswert hält und was nicht, wie sie Fragen stellt, die »Netze« ihrer Kausalhypothesen auswirft, wie sie über die Gültigkeit ihrer Vermutungen entscheidet und was sie dabei ausläßt und unterschlägt – müssen Anhaltspunkte dafür aufgedeckt werden, wie die Unvorhersehbarkeit der Folgen produziert wird *und* vermieden werden kann. Wir müssen sozusagen in die »Niemandssteuerung« der dahinjagenden, Explosivkräfte freisetzenden wissenschaftlich-technischen Entwicklung durch Veränderung ihres Selbstverständnisses und ihrer politischen Gestaltung *Steuerrad und Bremse* einbauen. Daß dies prinzipiell möglich ist, sollten die vorangegangenen Überlegungen eher illustrieren als belegen. Wenigstens die Anforderungen an diese Konzeption sind damit in Umrissen erkennbar: Wissenschaft muß als (Mit)Urheber der Sachzwänge gedacht werden, aus denen die allgemein werdende Verunsicherung entsteht. Sie muß diese durch die praktisch wirksame Veränderung ihres Selbstverständnisses aufbrechen. Die Hoffnung bleibt: Vernunft, die in der Wissenschaft zum Schweigen gebracht wurde, kann gegen diese aktiviert, mobilisiert werden. *Wissenschaft kann sich selbst verändern* und in einer Kritik ihres historischen Selbstverständnisses Aufklärung theoretisch und praktisch neu beleben.

Eine Schlüsselbedeutung für die Einlösung dieser Forderung kommt der Frage zu, ob und wie es gelingt, den *Weg der Wissenschaft in die Konventionalisierung* – sei es der Datenproduktion, sei es dem »theoretischen Turnen auf semantischen Ästen« (R. Mayntz) – zu *korrigieren* und die wissenschaftliche Arbeit auf dem Stand ihrer methodologischen Reflexion und Selbstkritik neu an *Wirklichkeit* in einem zu entwerfenden Sinne anzubinden. Dies heißt auf dem Hintergrund der vorgetragenen Argumente sicherlich, daß das Aufzeigen theoretischer Zusammenhänge für das eigenständig-kritische und praktische Potential der Wissenschaften wesentlich ist. Es heißt aber auch, daß gerade aus einem theoretischen und historischen Verständnis heraus der Begriff der Empirie neu durchdacht und bestimmt werden muß. Wir können beim Stand der wissenschaftlich produzierten Verunsicherung nicht länger voraussetzen, was Empirie »ist«, sondern müssen dies theoretisch entwerfen. Die Vermutung lautet: Erst in einer *Theorie der Empirie* lassen sich die spekulative Kraft des Denkens neu auf »Wirklichkeit« beziehen und zugleich die komplementären Rollen von Theorie und Empirie in ihrem Gegen- und Miteinander neu umreißen und abstecken.

Hierfür können auch die Sozialwissenschaften einen Beitrag leisten. Es wäre an ihnen, die Befreiung der Wissenschaften aus dem selbstverschuldeten Schicksal ihrer Risikounmündigkeit und -blindheit anzustacheln. Dafür gibt es nirgendwo ein Patentrezept, kaum einen Rat. Im Fall der Sozialwissenschaften lautet wenigstens die wegweisende Frage: Wie lassen sich Gesellschaftstheorie und Gesellschaftserfahrung so aufeinander beziehen, daß das Spektrum der ungesehenen Nebenfolgen reduziert wird und die Soziologie – bei aller Aufsplitterung in spezielle Arbeitsfelder – einen Beitrag zur *wissenschaftlichen Spezialisierung auf den Zusammenhang* (also im Grunde genommen zu dem ihr ursprünglichen Ziel) zu leisten in den Stand versetzt wird?

Gesucht wird eine »*Lerntheorie*« wissenschaftlicher Rationalität, die diese in Auseinandersetzung mit selbstproduzierten Gefährdungen veränderbar denkt. Anders als im Falle der analytischen Wissenschaftstheorie, die die Rationalität der Wissenschaft in ihrem historischen Ist-Zustand unterstellt und zu rekonstruieren versucht, wird damit der Erkenntnisanspruch der Wissenschaft zu einem *zukünftigen Projekt*, das aus den Formen der Gegenwart allein weder widerlegt noch gewonnen werden kann. Ebensowenig wie die Widerlegung der Newtonschen Mechanik das Ende der Physik bedeutet hat, bedeutet der Nachweis der Irrationalität der herrschenden Wissenschaftspraxis das Ende der Wissenschaft. Voraussetzung dafür ist, die inhaltliche Kritik- und Lernfähigkeit, die in der Forschungspraxis tradiert wird, auf die Grundlagen der Erkenntnis und der Verwendung von Erkenntnissen zu übertragen. Damit würde zugleich die *faktisch latente* Reflexivität des Modernisierungsprozesses ins wissenschaftliche Bewußtsein gehoben. Wo aber Modernisierung auf Modernisierung trifft, verändert dieses Wort auch seinen Sinn. In der gesellschaftlichen und politischen Selbstanwendung von Modernisierung verliert das Interesse an Verfügbarkeit, das so verbreitet wird, seinen technischen Zugriff und nimmt die Form der »Selbstbeherrschung« an. Mitten im Tumult von Widersprüchen und neuen Glaubensstreitigkeiten entsteht vielleicht auch die *Chance* der praktischen Selbstzähmung und Selbstveränderung der wissenschaftlich-technischen »Zweitnatur«, ihrer Denk- und Arbeitsformen.

Kapitel VIII
Entgrenzung der Politik: Zum Verhältnis von politischer Steuerung und technisch-ökonomischem Wandel in der Risikogesellschaft

Die Risikogesellschaft ist im Gegensatz zu allen früheren Epochen (einschließlich der Industriegesellschaft) wesentlich durch einen *Mangel* gekennzeichnet: der Unmöglichkeit *externer* Zurechenbarkeit von Gefahrenlagen. Im Unterschied zu allen früheren Kulturen und gesellschaftlichen Entwicklungsphasen, die sich in vielfältiger Weise Bedrohungen gegenübersahen, ist die Gesellschaft heute im Umgang mit Risiken *mit sich selbst konfrontiert*. Risiken sind historisches Produkt, das Spiegelbild menschlicher Handlungen und Unterlassungen, Ausdruck hochentwickelter Produktivkräfte. Mit der Risikogesellschaft wird insofern die *Selbsterzeugung* gesellschaftlicher Lebensbedingungen Problem und Thema (zunächst negativ in der Forderung nach Abwendung der Gefahren). Wo Risiken die Menschen beunruhigen, liegt der Ursprung der Gefahren also nicht mehr im Äußeren, Fremden, im Nichtmenschlichen, sondern in der historisch gewonnenen Fähigkeit der Menschen zur Selbstveränderung, Selbstgestaltung und Selbstvernichtung der Reproduktionsbedingungen allen Lebens auf dieser Erde. Das aber heißt: Die Quellen der Gefahren sind nicht länger Nichtwissen, sondern *Wissen*, nicht fehlende, sondern *perfektionierte* Naturbeherrschung, nicht das dem menschlichen Zugriff Entzogene, sondern eben das *System der Entscheidungen* und Sachzwänge, das mit der Industrieepoche etabliert wurde. Die Moderne hat die Rolle ihres Gegenparts – der zu überwindenden Tradition, des zu beherrschenden Naturzwangs – noch mit übernommen. Sie ist Bedrohung *und* Verheißung der Befreiung aus der Bedrohung geworden, die sie selbst schafft. Damit ist eine zentrale Konsequenz verbunden, die im Mittelpunkt dieses Kapitels steht: Risiken werden zum Motor der *Selbstpolitisierung* der industriegesellschaftlichen Moderne – mehr noch: mit ihnen verändern sich *Begriff, Ort und Medien von »Politik«.*

1. Politik und Subpolitik im System der Modernisierung

Diese Einschätzung eines Systemwandels von Politik unter Bedingungen sich verschärfender Risikolagen soll vorweg in *vier Thesen* umrissen werden:

Erstens: Das Verhältnis von gesellschaftlichem Wandel und politischer Steuerung wird ursprünglich im Projekt der Industriegesellschaft nach dem Modell des »gespaltenen Bürgers« gedacht. Dieser nimmt einerseits als *citoyen* seine demokratischen Rechte in allen Arenen der politischen Willensbildung wahr und verficht andererseits als *bourgeois* in den Feldern von Arbeit und Wirtschaft seine privaten Interessen. Entsprechend kommt es zur Ausdifferenzierung eines politisch-administrativen und eines technisch-ökonomischen Systems. Das axiale Prinzip der politischen Sphäre ist die Partizipation der Bürger in den Institutionen der repräsentativen Demokratie (Parteien, Parlamente usw.). Die Entscheidungsfindung und mit ihr die Ausübung der Macht folgen den Maximen der Rechtmäßigkeit und dem Grundsatz: Macht und Herrschaft können nur mit Zustimmung der Beherrschten ausgeübt werden.

Das Handeln des *bourgeois,* die Sphären der technisch-ökonomischen Interessenverfolgung, gilt demgegenüber als *Nicht*politik. Diese Konstruktion beruht zum einen auf der Gleichsetzung von technischem mit *sozialem* Fortschritt, zum anderen darauf, daß Entwicklungsrichtung und Ergebnis des technischen Wandels als Ausdruck unausweichlicher technisch-ökonomischer *Sachzwänge* gelten. Technologische Innovationen mehren den kollektiven und individuellen Wohlstand. In diesen Anhebungen des Lebensstandards finden auch die Negativeffekte (Dequalifikation, Freisetzungs-, Umsetzungs- und Beschäftigungsrisiken, Gesundheitsgefährdungen, Naturzerstörungen) immer schon ihre Rechtfertigung. Selbst ein Dissens über »soziale Folgen« behindert den Vollzug technisch-ökonomischer Neuerungen nicht. Dieser bleibt im Kern politischer Legitimation entzogen, ja besitzt – gerade im Vergleich zu demokratisch-administrativen Prozeduren und Implementationsstrecken – geradezu kritikimmune Durchsetzungsmacht. *Fortschritt ersetzt Abstimmung.* Mehr noch: Fortschritt ist ein Ersatz für Fragen, eine Art Vorauszustimmung für Ziele und Folgen, die unbekannt und unbenannt bleiben.

In diesem Sinne wird der Neuerungsprozeß, der mit der Moderne gegen die Vorherrschaft der Tradition durchgesetzt wird, im Projekt der Industriegesellschaft *demokratisch halbiert.* Nur ein Teil der gesellschaftsgestaltenden Entscheidungskompetenzen wird im politischen System gebündelt und den Prinzipien der parlamentarischen Demokratie unterworfen. Ein anderer Teil wird den Regeln öffentlicher Kontrolle und Rechtfertigung entzogen und an die Investitionsfreiheit der Unternehmen und die Forschungsfreiheit der Wissenschaft delegiert. Die Gesellschaftsveränderung wird in diesen Zusammenhängen dem institutionellen Arrangement entsprechend *versetzt* als latente Nebenwirkung wirtschaftlicher und wissenschaftlich-technischer Entscheidungen, Zwänge und Kalkulationen betrieben. Man tut etwas ganz anderes: behauptet sich am Markt, nutzt die Regeln der wirtschaftlichen Gewinnbildung, treibt wissenschaftliche und technische Fragestellungen voran und gräbt damit die Verhältnisse des gesellschaftlichen Zusammenlebens um und um. Mit der Durchsetzung der Industriegesellschaft greifen also zwei gegenläufige Prozesse der Organisation von Gesellschaftsveränderung ineinander – die Herstellung der politisch-parlamentarischen Demokratie und die Herstellung einer unpolitischen, nichtdemokratischen Gesellschaftsveränderung unter den Legitimationssegeln von »Fortschritt« und »Rationalisierung«. Beide verhalten sich wie Moderne und *Gegen*moderne zueinander: Einerseits setzen die Institutionen des politischen Systems – Parlament, Regierung, politische Parteien – *systembedingt funktional* den Produktionszirkel von Industrie, Ökonomie, Technologie und Wissenschaft voraus. Andererseits wird damit die Dauerveränderung aller gesellschaftlichen Lebensbereiche im Rechtfertigungsmantel des technisch-ökonomischen Fortschritts vorprogrammiert, die im *Widerspruch* zu den simpelsten Regeln der Demokratie – Wissen um die Ziele der Gesellschaftsveränderung, Diskussion, Abstimmung, Zustimmung – steht.

Zweitens: Diese Grenzziehung von Politik und Nichtpolitik im permanent gesetzten Neuerungsprozeß der Moderne beruhte – wie sich heute im Rückblick sagen läßt – im 19. und der ersten Hälfte des 20. Jahrhunderts auf mindestens zwei wesentlichen historischen Voraussetzungen, die seit den siebziger Jahren in allen westlichen Industriestaaten (insbesondere in der Bundesrepublik Deutschland) fragwürdig werden: (a) der *sozialen Evidenz klassengesellschaftlicher Ungleichheiten*, die dem *Ausbau des Sozialstaates* politischen Sinn und Antrieb verliehen hat; (b) einem *Stand der Produktivkraftentwicklung und Verwissenschaftlichung*, dessen Veränderungspotentiale weder den Radius der politischen Handlungsmöglichkeiten übertreffen noch die Legitimationsgrundlagen des Fortschrittsmodells gesellschaftlicher Veränderung aufheben. Beide Voraussetzungen sind in den vergangenen zwei Jahrzehnten im Zuge reflexiver Modernisierung brüchig geworden. Mit seiner Durchsetzung hat das sozialstaatliche Projekt seine utopischen Energien eingebüßt. Zugleich sind seine Grenzen und Schattenseiten ins Bewußtsein getreten. Wer jedoch nur die damit einsetzende *Lähmung* des Politischen bedauert und kritisiert, übersieht, daß gleichzeitig auch das *Gegenteil wahr* ist:

Wogen bereits laufender, angekündigter oder sich abzeichnender Veränderungen durchziehen und erschüttern die Gesellschaft. Diese werden alle Reformversuche der letzten Jahrzehnte an Tiefe und Reichweite wahrscheinlich in den Schatten stellen. Also der politische Stillstand wird unterlaufen durch eine *Veränderungshektik* im technisch-ökonomischen System, die die menschliche Phantasie vor Mutproben stellt. Science-fiction wird mehr und mehr zur Rückerinnerung an vergangene Zeiten. Die Stichworte sind bekannt und in diesem Buch hinreichend ausgeführt worden: anhaltende Zerstörung der äußeren und inneren Natur, Systemwandel der Arbeit, Brüchigwerden der Geschlechtsständeordnung, Enttraditionalisierung der Klassen und Verschärfung sozialer Ungleichheiten, neue Technologien, die in Katastrophennähe balancieren. Der Eindruck des »politischen« Stillstandes täuscht. Er kommt nur dadurch zustande, daß das Politische auf das politisch *Etikettierte*, auf Aktivitäten des *politischen Systems*, eingeschränkt wird. Faßt man es weiter, dann sieht man, daß sich die Gesellschaft in einem Strudel der Veränderung befindet, der – ganz unabhängig davon, wie man ihn bewertet – sehr wohl das Prädikat »revolutionär« verdient. Dieser Gesellschaftswandel vollzieht sich allerdings in der Form des *Nicht*politischen. Das Unbehagen an der Politik ist in diesem Sinne nicht nur ein Unbehagen an der Politik selbst, sondern ergibt sich erst in dem *Mißverhältnis* zwischen offizieller Handlungsvollmacht, die sich politisch gibt und ohnmächtig wird, und einer Breitenveränderung der Gesellschaft, die entscheidungsverschlossen auf den leisen, aber unaufhaltsamen Sohlen des Unpolitischen daherkommt. Entsprechend werden die Begriffe von Politik und Nichtpolitik unscharf und bedürfen einer systematischen Revision.

Drittens: Beide Entwicklungen – das Verblassen des sozialstaatlichen Interventionismus im Zuge seines Erfolges und die Wellen technologischer Großinnovationen mit bislang unbekannten Zukunftsgefährdungen – summieren sich zu einer *Entgrenzung von Politik*, und zwar in einem doppelten Sinne: Einerseits schränken durchgesetzte und wahrgenommene Rechte die Handlungsspielräume *im* politischen System ein und lassen *außerhalb* des politischen Systems Ansprüche auf politische Partizipation in den Formen einer *neuen politischen Kultur* (Bürgerinitiativen, soziale Bewegungen) entstehen. Der Verlust an staatlicher Gestaltungs- und Durchsetzungsmacht ist in diesem Sinne nicht etwa Ausdruck eines politischen Versagens, sondern Produkt *durchgesetzter* Demokratie und Sozialstaatlichkeit, in der sich die Bürger zur Wahrung ihrer Interessen und Rechte aller Medien der öffentlichen und gerichtlichen Kontrolle und Mitsprache zu bedienen wissen.

Auf der anderen Seite verliert die technisch-ökonomische Entwicklung parallel mit der Reichweite ihrer Veränderungs- und Gefährdungspotentiale den Charakter der Nichtpolitik. Wo die Konturen einer anderen Gesellschaft nicht mehr aus den Debatten des Parlamentes oder den Entscheidungen der Exekutive, sondern aus der Umsetzung von Mikroelektronik, Reaktortechnologie und Humangenetik erwartet werden, zerbrechen die Konstruktionen, die den Modernisierungsprozeß bislang politisch neutralisiert haben. Gleichzeitig bleibt technisch-ökonomisches Handeln von seiner Verfassung her auch gegen parlamentarische Legitimationsforderungen abgeschirmt. Die technisch-ökonomische Entwicklung fällt also zwischen die Kategorie von Politik und Nichtpolitik. Sie wird etwas Drittes, gewinnt den prekären Zwitterstatus einer *Subpolitik*, in der die Reichweite der ausgelösten Gesellschaftsveränderungen sich umgekehrt proportional zu ihrer Legitimation verhält. Mit dem Anwachsen der Risiken werden die Orte, Bedingungen und Medien ihrer Entstehung und Deutung ihrer technisch-ökonomischen Sachzwänge entkleidet. Rechtlich zuständige, staatliche Kontrollinstanzen und die risikosensible Medienöffentlichkeit beginnen in den »Intimbereich« des betrieblichen und wissenschaftlichen Managements hineinzureden und hineinzuregieren. Entwicklungsrichtung und Ergebnisse des technologischen Wandels werden diskursfähig und legitimationspflichtig. Damit gewinnt betriebliches und wissenschaftlich-technisches Handeln eine *neue politische und moralische Dimension*, die bislang für ökonomisch-technisches Handeln wesensfremd schien. Wenn man so will, kann man sagen, der Teufel der Ökonomie muß sich mit dem Weihwasser der öffentlichen Moral besprengen und sich einen Heiligenschein von Natur- und Sozialfürsorglichkeit zulegen.

Viertens: Es wird damit eine gegenläufige Bewegung zu der Durchsetzung des Sozialstaatsprojektes in den ersten zwei Dritteln dieses Jahrhunderts ausgelöst. Hatte dort Politik die Machtpotentiale des »Interventionsstaates« gewonnen, so wandert nun das Potential der Gesellschaftsgestaltung aus dem politischen System ins subpolitische System wissenschaftlich-technisch-ökonomischer Modernisierung ab. Es kommt zu einer prekären Umkehrung von Politik und Nichtpolitik. *Das Politische wird unpolitisch und das Unpolitische politisch.* Dieser Rollentausch bei gleichbleibenden Fassaden vollzieht sich paradoxerweise um so nachdrücklicher, je selbstverständlicher an der Arbeitsteilung von politischer und nichtpolitischer Gesellschaftsveränderung festgehalten wird. Die Förderung und Sicherung des »wirtschaftlichen Aufschwungs« und der »Freiheit der Wissenschaft« wird zur Gleitschiene, an der das politische Gestaltungsprimat aus dem politisch-demokratischen System in den demokratisch nichtlegitimierten Zusammenhang ökonomischer und wissenschaftlich-technischer Nichtpolitik rutscht. Es kommt zu einer *Revolution im Gewande der Normalität*, die sich demokratischen Zugriffsmöglichkeiten entzieht, aber von den demokratischen Instanzen gegenüber einer kritisch werdenden Öffentlichkeit gerechtfertigt und durchgesetzt werden muß.

Diese Entwicklung ist außerordentlich folgenreich und problematisch: Im sozialstaatlichen Projekt hatte die Politik aus Gründen der politischen Intervention ins Marktgeschehen eine *relative Autonomie* gegenüber dem technisch-ökonomischen System entwickeln und behaupten können. Nun droht umgekehrt das politische System bei lebendigem Leibe seiner demokratischen Verfassung *entmachtet* zu werden. Die politischen Institutionen werden zu Sachverwaltern einer Entwicklung, die sie weder geplant haben noch gestalten können, aber doch irgendwie verantworten müssen. Auf der anderen Seite werden die Entscheidungen in Wirtschaft und Wissenschaft mit einem effektiv politischen Gehalt aufgeladen, für die die Akteure über keinerlei Legitimation verfügen. Die Entscheidungen, die die Gesellschaft verändern, haben keinen

Ort, an dem sie hervortreten können, werden sprachlos und anonymisiert. In der Wirtschaft werden sie in Investitionsentscheidungen eingebunden, die das gesellschaftsverändernde Potential in die »ungesehene Nebenfolge« abdrängen. Die empirisch-analytischen Wissenschaften, die die Neuerungen vordenken, bleiben in ihrem Selbstverständnis und ihrer institutionellen Einbindung von den technischen Folgen und den Folgen der Folgen, die diese haben, abgeschnitten. Die Unerkennbarkeit der Folgen, ihre Nichtverantwortbarkeit ist das Entwicklungsprogramm der Wissenschaft. Das Gestaltungspotential der Moderne beginnt sich in die »latenten Nebenwirkungen« zu verkriechen, die sich einerseits zu bestandsgefährdenden Risiken ausdehnen, andererseits die Sichtschleier der Latenz verlieren. Was wir *nicht* sehen und *nicht* wollen, verändert immer sichtbarer und bedrohlicher die Welt.

Das Spiel mit den getauschten Rollen von Politik und Nichtpolitik bei gleichbleibenden Fassaden wird gespenstisch. Politiker müssen sich sagen lassen, wohin der Weg ohne Plan und Bewußtsein geht, und zwar von denjenigen, die es auch nicht wissen und deren Interessen sich auf ganz anderes, damit *auch* Erreichbares richten, und sie müssen diese Fahrt ins unbekannte Gegenland dann mit der eingeübten Geste des verblassenden Fortschrittsvertrauens als ihre Eigenerfindung unter den Wählern zum Glänzen bringen – und zwar, genau betrachtet, aus einem einzigen Grund: weil es von vornherein gar keine andere Alternative gab und gibt. Die Notwendigkeit, die Nichtentscheidbarkeit des technischen »Fortschritts«, wird zur Klammer, die den Vollzug an seine demokratische (Nicht)Legitimation bindet. Die »Niemandsherrschaft« (Hannah Arendt) der (nicht mehr) ungesehenen Nebenfolge übernimmt das Regime in dem entwickelten Stadium westlicher Demokratie.

2. Funktionsverlust des politischen Systems: Argumente und Entwicklungen

Die wissenschaftliche und öffentliche Debatte um die Einflußpotentiale der Politik gegenüber dem technisch-ökonomischen Wandel ist von einer eigentümlichen Ambivalenz durchzogen. Einerseits wird auf vielfältige Weise auf die *begrenzten* Steuerungs- und Interventionskapazitäten des Staates gegenüber den Akteuren der

Modernisierung in Industrie und Forschung verwiesen. Andererseits bleibt bei aller Kritik der systemnotwendigen oder vermeidbaren Beschränkungen des politischen Handlungsspielraums die *Fixierung auf das politische System als exklusives Zentrum der Politik* bestehen. Die politische Diskussion in Wissenschaft und Öffentlichkeit in den vergangenen zwei, drei Jahrzehnten läßt sich geradezu als eine Verschärfung dieses Gegensatzes darstellen. Die Aufdeckung restriktiver Bedingungen politischen Handelns, die früh einsetzte und in den letzten Jahren mit der Rede von der »Unregierbarkeit« und der »Stimmungsdemokratie« neuen Auftrieb gewonnen hat, wird nie durch die Frage konterkariert, ob die *andere* Gesellschaft vielleicht ohne Plan, Abstimmung und Bewußtsein aus den Werkstätten der technisch-ökonomischen Entwicklung entsteht. Vielmehr bleiben die Klagen über den Verlust des Politischen auf die normativ geltende Erwartung bezogen, daß die Entscheidungen, die die Gesellschaft verändern, in den Institutionen des politischen Systems, wenn schon nicht mehr gebündelt sind, so doch gebündelt sein sollten.

So ist bereits frühzeitig und von ganz verschiedenen Seiten der *Bedeutungsverlust des Parlaments* als Zentrum rationaler Willensbildung kritisiert worden. Entscheidungen, die dem Buchstaben der Verfassung nach dem Parlament und dem einzelnen Abgeordneten zustünden, würden, so wird behauptet, mehr und mehr zum einen in den Fraktionsvorständen und darüber hinaus in den Parteiapparaten, zum anderen aber von der staatlichen Bürokratie getroffen. Dieser Funktionsverlust des Parlaments wird dabei oft als unentrinnbare Konsequenz der fortschreitenden Komplizierung der Verhältnisse in modernen Industriegesellschaften gedeutet. Kritische Beobachter sprechen allenfalls von einer, freilich im Repräsentationsprinzip schon angelegten, fortschreitenden Verselbständigung des staatlichen Machtapparates gegenüber dem Willen der Bürger.

Mit bemerkenswerter Übereinstimmung wird ferner festgestellt, daß die Verschiebung ehemals parlamentarischer Befugnisse auf Fraktionen und Parteien einerseits, staatliche Bürokratie andererseits überlagert wird durch zwei weitere Entwicklungstendenzen: durch das *technokratische* Zuwachsen der Entscheidungsspielräume in Parlament und Exekutive und durch das Aufkommen *korporativistisch* organisierter Macht- und Einflußgruppen. Mit zunehmender Verwissenschaftlichung politischer Entscheidungen, so wird argumentiert, führen politische Instanzen (z.B. im Bereich der Umweltpolitik, aber auch in der Wahl von Großtechnologien und ihren Standorten) nur aus, was wissenschaftliche Gutachten empfehlen. In den letzten Jahren ist verschiedentlich darauf aufmerksam gemacht worden, daß der Radius der in Betracht kommenden politischen Akteure auf diese Weise noch zu eng gefaßt ist. Die *Verbände* – Gewerkschaften, Unternehmer, all die organisierten Interessen, die die industrielle Gesellschaft ausdifferenziert – hätten noch ihr Wörtchen mitzureden. Das Politische sei aus den offiziellen Arenen – Parlament, Regierung, politische Verwaltung – in die *Grauzone des Korporatismus* abgewandert. Hier würde mit der organisierten Macht der Interessenverbände das heiße Eisen der politischen Entscheidungen vorgeschmiedet, das andere dann als ihre eigene Formgebung zu vertreten hätten. Der Einfluß der Verbände, die sich wiederum bürokratisch organisierter Funktionsapparate bedienen, erstreckt sich – so zeigen Untersuchungen – sowohl auf die Entscheidungen der staatlichen Exekutive wie auch auf die Willensbildung der politischen Parteien. Je nach Standort wird dieser Prozeß wiederum als Unterwanderung des Staates durch private Interessengruppen mit quasi-öffentlichem Charakter beklagt oder im Gegenteil als Korrektiv der vorgängigen Verselbständigung und Verfestigung des staatlichen Herrschaftsapparates begrüßt.

In der marxistischen Staatstheorie und -kritik, die ja einen autonomen Begriff des Politischen nicht kennt, wird diese Anbindung staatlicher Macht an Partialinteressen auf die Spitze getrieben. In dieser Perspektive wird in verschiedenen Varianten der Staat als »idealer Gesamtkapitalist« im Sinne der Marxschen Charakterisierung in seinem Handlungsspielraum ganz auf einen »geschäftsführenden Ausschuß der herrschenden Klasse« reduziert. Das Minimum an Eigenständigkeit, das dem staatlichen Apparat und seinen demokratischen Institutionen zugestanden wird, ergibt sich in dieser Sicht aus der Systemnotwendigkeit, die borniertes, kurzfristigen, widerstreitenden, unvollständig formulierten »einzelkapitalistischen« Interessen zusammenzufassen und gegen Widerstände im eigenen Lager durchzusetzen. Das politische System wird auch hier als Zentrum der Politik gesehen, verliert aber jegliche Eigenständigkeit. Gegen dieses Denken in allzu simplen Kategorien von »Unterbau« und »Überbau« wurde immer schon geltend gemacht, daß es den Grad der Verselbständigung politischen Handelns in der entwickelten parlamentarischen Demokratie ebenso verkennt wie die Erfahrungen der neueren politischen Geschichte, die darauf verweisen, daß sich die Produktionsorganisation entwickelter kapitalistischer Industriegesellschaften sehr wohl mit durchaus verschiedenen Formen politischer Herrschaft (wie sie etwa durch Schweden, Chile, Frankreich und die Bundesrepublik Deutschland repräsentiert werden) verträgt.

In den siebziger Jahren stand als historischer Beleg für die »relative Autonomie« des politisch-administrativen Systems gegenüber den Prinzipien und Interessen des ökonomischen Systems der Ausbau des Wohlfahrts- und Sozialstaates in der westeuropäischen Nachkriegsentwicklung im Zentrum. Beispielsweise in den Staatstheorien des »Spätkapitalismus« wird diese Interventionsmacht des Staates darauf zurückgeführt, daß es mit der Entfaltung des industriellen Kapitalismus zur »bestands*notwendigen* Ausbildung struktur*fremder* Systemelemente« (C. Offe 1972, S. 38) kommt. Die politische Entscheidungsgewalt bezieht in dieser Perspektive Einflußpotentiale nicht nur aus den dysfunktionalen Nebenfolgen des Marktmechanismus, sondern auch daraus, daß der »interventionistische Staat in die Funktionslücken des Marktes einspringt« (J. Habermas 1973, S. 51) – etwa zur Verbesserung der materiellen und immateriellen Infrastruktur, Ausbau des Bildungssystems, Absicherung gegen Beschäftigungsrisiken usw.

In den vergangenen 10 Jahren ist diese Diskussion deutlich in den Hintergrund getreten. Nicht nur hat der Krisenbegriff in seiner Generalisierung (ökonomische, legitimatorische, motivationale etc. Krise) seine theoretische und politische Schärfe verloren. Von verschiedenen Seiten wird auch übereinstimmend festgestellt, daß das Projekt des interventionistischen Sozialstaates mit seiner Durchsetzung seine utopischen Energien eingebüßt habe. Im Inneren stößt der Sozialstaat, je erfolgreicher er war, um so deutlicher, auf den Widerstand der privaten Investoren, die die steigenden Lohn- und Lohnnebenkosten mit schwindender Investitionsbereitschaft quittieren oder aber mit Rationalisierungen, die verstärkt Arbeitskräfte freisetzen. Gleichzeitig treten die Schattenseiten und Nebenwirkungen der sozialstaatlichen Errungenschaften selbst immer deutlicher hervor: »Die rechtlich-administrativen Mittel der Umsetzung sozialstaatlicher Programme stellen kein passives, gleichsam eigenschaftsloses Medium dar. Vielmehr ist mit ihnen eine Praxis der Tatbestandsvereinzelung, der Normalisierung und Überwachung verknüpft, deren verdinglichende und subjektivierende Gewalt Foucault bis in die feinsten kapillarischen Verästelungen der Alltagskommunikation hinein verfolgt hat... Kurzum, dem sozialstaatlichen Projekt als solchem wohnt der Widerspruch zwischen Ziel und Methode inne.« (J. Habermas 1985, S. 7f.) Auch im Äußeren wird der Nationalstaat durch historische Entwicklungen – internationale Marktverflechtungen und Kapitalkonzentrationen, aber auch durch den weltweiten Austausch von Schad- und Giftstoffen und damit einhergehenden universellen Gesundheitsgefährdungen und Naturzerstörungen – in seinem Kompetenzradius überfordert (s.o.)

Die mehr oder weniger ratlosen Reaktionen auf diese Entwicklungen werden anschaulich in der Formel von der *»Neuen Unübersichtlichkeit«* (Habermas) zusammengezogen. Diese trifft auch zwei weitere Sachverhalte: zum einen die *Lockerung von Sozialstruktur und politischem Wählerverhalten,* die in den letzten zehn Jahren zu einem beunruhigenden Faktor der Politik geworden ist; zum anderen die *Mobilisierung von Bürgern und Bürgerprotesten* sowie wechselnden *sozialen Bewegungen,* die sich zu allen Angelegenheiten ihres Interesses sehr wirkungsvoll zu Worte melden (Brand, Büsser, Rucht 1983).

In allen westlichen Massendemokratien wird in den Parteizentralen über die *wachsenden Anteile von Wechselwählern* gerätselt, die das politische Geschäft unkalkulierbar werden lassen. Rechnete man in der Bundesrepublik beispielsweise in den sechziger Jahren noch mit rund 10 % Wechselwählern, so wird in unterschiedlichen Studien ihr Anteil heute auf zwischen 20 und 40 % geschätzt. Einig sind sich Wahlforscher und Politiker in der Diagnose: Die Wechselwähler mit ihrer »quecksilberhaften Flexibilität« (Noelle-Neumann) werden angesichts knapper Mehrheitsverhältnisse in Zukunft die Wahlen entscheiden. Und dies heißt umgekehrt:

Die Parteien können sich immer weniger auf »Stammwählerschaften« stützen und müssen den Bürger – und neuerdings insbesondere auch die Bürgerin – mit allen ihnen zur Verfügung stehenden Mitteln umwerben (vgl. zusammenfassend P. Radunski, 1985). Gleichzeitig gewinnen aus der sichtbar werdenden Kluft zwischen Ansprüchen der Bevölkerung und ihrer Repräsentanz im Spektrum der politischen Parteien Bürgerinitiativen und neue soziale Bewegungen ihre völlig unvorgesehene politische Stoßkraft und breite Unterstützung.

Obwohl die Beurteilung all dieser »dissonanten« Entwicklungen je nach politischem Standort schwankt und obwohl in dieser »Entzauberung des Staates« (Willke) Elemente einer »Entgrenzung von Politik« vielfältig zur Sprache kommen, bleiben diese Diagnosen explizit oder implizit, faktisch oder normativ letztlich doch auf die Vorstellung eines *politischen Zentrums* bezogen, das seinen Ort und seine Einflußmittel in den demokratischen Institutionen des politisch-administrativen Systems hat oder haben sollte. Demgegenüber soll hier die Perspektive entwickelt werden, daß die Voraussetzungen dieser Trennung von Politik und Nichtpolitik im Zuge reflexiver Modernisierung brüchig werden. Hinter der Formel von der »Neuen Unübersichtlichkeit« verbirgt sich ein tiefgreifender *Systemwandel des Politischen*, und zwar in zweierlei Hinsicht: zum einen (a) in dem Machtverlust, den das zentralisierte politische System im Zuge der *Durchsetzung und Wahrnehmung von Bürgerrechten* in den Formen einer *neuen politischen Kultur* erfährt; zum anderen (b) in den sozialstrukturellen Veränderungen, die mit dem Übergang von der Nichtpolitik zur *Sub*politik verbunden sind – eine Entwicklung, in der die bisherige »Friedensformel« – technischer gleich sozialer Fortschritt – ihre Anwendungsbedingungen zu verlieren scheint. Beide Perspektiven addieren sich zu der »Entgrenzung von Politik«, deren mögliche Konsequenzen abschließend in drei Szenarien ausgeleuchtet werden sollen.*

3. Demokratisierung als Entmachtung der Politik

Nicht das Versagen, sondern der *Erfolg* der Politik hat zum Verlust staatlicher Interventionsmacht und zur Entörtlichung von Politik geführt. Man kann sogar sagen: Je erfolgreicher in diesem Jahrhundert politische Rechte erkämpft, durchgesetzt und *mit Leben erfüllt wurden*, desto nachdrücklicher wurde das Primat des politischen Systems in Frage gestellt, und desto fiktiver wurde die zugleich in Anspruch genommene Entscheidungsbündelung in den Spitzen des politisch-parlamentarischen Systems. In diesem Sinne

---

* Dabei liegt der Argumentation in diesem Kapitel ein *eingeschränkter* Politikbegriff zugrunde. Im Zentrum steht die *Gestaltung und Veränderung von Lebensverhältnissen*, während Politik, konventionell verstanden, als Verteidigung und Legitimation von Herrschaft, Macht und Interessen gesehen wird.

durchläuft die politische Entwicklung in der zweiten Hälfte dieses Jahrhunderts *in ihrer Kontinuität eine Zäsur*, und zwar nicht nur im Verhältnis zu den Handlungsfeldern der technisch-ökonomischen Entwicklung, sondern auch in ihrem Binnenverhältnis: Begriff, Grundlagen und Instrumente von Politik (und Nichtpolitik) werden unscharf, offen und bedürfen einer historisch neuen Bestimmung.

Die Zentrierung der Entscheidungsbefugnisse im politischen System, wie sie im Verhältnis von *citoyen* und *bourgeois* im Projekt der bürgerlichen Industriegesellschaft vorgesehen ist, beruht auf der Naivität, daß demokratische Rechte der Bürger einerseits durchgesetzt, andererseits hierarchische Autoritätsverhältnisse in der Findung politischer Entscheidungen aufrechterhalten werden können. Der Monopolisierung von demokratisch verfaßten, politischen Entscheidungsrechten liegt letzten Endes das widerspruchsvolle Bild einer *demokratischen Monarchie* zugrunde. Die Regeln der Demokratie werden auf die Wahl der politischen Repräsentanten und die Mitwirkung an politischen Programmen eingeschränkt. Einmal in Amt und Würden, entwickelt nicht nur der »Monarch auf Zeit« diktatorische Führungseigenschaften und setzt seine Entscheidungen autoritär von oben nach unten durch, sondern die von den Entscheidungen betroffenen Instanzen, Interessen- und Bürgergruppen vergessen auch ihre Rechte und werden zu »demokratischen Untertanen«, die den Herrschaftsanspruch des Staates unbefragt akzeptieren.

Im Zuge reflexiver Modernisierungen wird diese Perspektive mehrfach unterlaufen: Immer deutlicher wird, daß die Findung politischer »Lösungen« gerade mit der Durchsetzung demokratischer Rechte *kontingent* wird. In den Feldern der Politik (und der Subpolitik) gibt es weder eine einzige noch eine »beste« Lösung, sondern immer *mehrere*. In der Konsequenz lassen sich politische Entscheidungsprozesse, auf welcher Ebene sie sich auch abspielen, nicht mehr begreifen als die bloße Durch- oder Umsetzung eines von irgendwelchen Führern oder Weisen im vorhinein festgelegten Modells, dessen Rationalität nicht zur Diskussion steht und das auch gegen den Willen und die »irrationalen Widerstände« untergeordneter Instanzen, Interessen- und Bürgergruppen autoritär durchgesetzt werden kann oder muß. Sowohl die Programmformulierung und Entscheidungsfindung als auch ihre Durchsetzung muß dann vielmehr als ein Prozeß *»kollektiven Handelns«* (Crozier/Friedberg 1979) verstanden werden, und das heißt im besten Falle auch: kollektiven Lernens und kollektiver Schöpfung. Wodurch aber zwangsläufig offizielle Entscheidungsbefugnisse politischer Institutionen *de*konzentriert werden. Das politisch-administrative System kann dann nicht länger einziger oder zentraler Ort des politischen Geschehens sein. Gerade *mit* der Demokratisierung entstehen *quer* zur formalen vertikalen und horizontalen Gliederung von Befugnissen und Kompetenzen Netzwerke der Ab- und Mitsprache, des Aushandelns, Uminterpretierens und möglichen Widerstands.

Die Vorstellung von einem Zentrum der Politik, die im Modell der Industriegesellschaft kultiviert wird, beruht also auf einer eigentümlichen *Halbierung der Demokratie*. Einerseits bleiben die Handlungsfelder der Subpolitik von der Anwendung demokratischer Regeln ausgespart (s.o.). Andererseits trägt auch im Inneren die Politik den systematisch geschürten äußeren Ansprüchen nach majestätische Züge. Gegenüber der Verwaltung und den Interessengruppen muß die »politische Führung« eine starke Hand und letztlich diktatorische Durchsetzungsmacht entwickeln. Gegenüber den Bürgern ist sie Gleiche unter Gleichen, soll auf deren Stimme hören und deren Sorgen und Ängste ernst nehmen.

Darin spiegelt sich nicht nur ganz allgemein der Zwang allen Handelns, Fragen auch abzuschneiden, Diskussionen und Mitsprachen abzukürzen. Es kommen darin auch immanente Spannungsverhältnisse und Widersprüche in der Struktur des politisch-demokratischen Systems zum Ausdruck, etwa die Beziehung zwischen parlamentarischer Debatte und Öffentlichkeit und einer Exekutive, die einerseits dem Parlament verantwortlich ist, andererseits an der Gewalt, mit der sie Entscheidungen durchzusetzen vermag, in ihrem »Erfolg« gemessen wird. Insbesondere das System des »Wahlkampfes« *zwingt* zur wechselseitigen Zurechnung von Entscheidungskompetenzen – sei es in der Verkündung von Erfolgen der bisherigen Politik, sei es in ihrer Verdammung –, die die reale *Fiktion* eines quasi-demokratischen »Diktators auf Zeit« immer wieder nähren und erneuern. Hier muß *systembedingt* die Unterstellung gepflegt werden, als wären die einmal ins Amt gewählte Regierung und die sie tragenden Parteien für alles das verantwortlich, was an Gutem und Schlechtem in ihrer Amtsperiode so geschieht, wovon offensichtlich nur dann die Rede sein könnte, wenn diese Regierung gerade nicht das ist, was sie ist: demokratisch gewählt und tätig in einer Gesellschaft, in der alle Instanzen und Bürger gerade mit der Durchsetzung demokratischer Rechte und Pflichten über vielfältige Möglichkeiten der Mitsprache verfügen.

In diesem Sinne sind in dem Modell der Spezialisierbarkeit und Monopolisierbarkeit von Politik im politischen System, wie es ursprünglich im Projekt der bürgerlichen Industriegesellschaft propagiert wird, Demokratisierung und *Ent*demokratisierung, Moderne und *Gegen*moderne immer schon widerspruchsvoll ineinander verschmolzen. Einerseits ist die Zentrierung und Spezialisierung des politischen Systems und seiner Institutionen (Parlament, Exekutive, Verwaltung usw.) *funktional notwendig.* Nur so können überhaupt Prozesse der politischen Willensbildung und der Repräsentation von Bürgerinteressen und -gruppen organisiert werden. Nur so ist es auch möglich, Demokratie im Sinne der Wahl einer politischen Führung zu praktizieren. Insofern entsteht aus den Inszenierungen der Politik immer aufs neue die *Fiktion eines Steuerungszentrums der modernen Gesellschaft,* in dem durch alle Ausdifferenzierungen und Verflechtungen hindurch die Fäden politischer Intervention letztlich zusammenlaufen. Auf der anderen Seite wird dieses autoritäre Verständnis politischer Spitzenpositionen und politischer Führung gerade *mit* der Durchsetzung und Wahrnehmung demokratischer Rechte systematisch *ausgehöhlt und irreal.* Demokratisierung läuft in diesem Sinne letzten Endes auf eine Art Selbstentmachtung und Entörtlichung der Politik, jedenfalls auf Ausdifferenzierung von Mitsprachen, Kontrollen und Widerstandsmöglichkeiten hinaus.

Auch wenn dieser Weg bei uns noch lange nicht durchschritten ist, so gilt doch allgemein: Überall dort, wo Rechte gesichert, Soziallasten umverteilt, Mitsprachen ermöglicht, Bürger aktiv werden, wird Politik ein Stück weit entgrenzt und generalisiert; parallel wird die Vorstellung einer Zentrierung hierarchischer Entscheidungsgewalt in den Spitzen des politischen Systems zu einer Erinnerung an die vor-, halb- oder formaldemokratische Vergangenheit. In zentraler Hinsicht kommen also in rechtlich gesicherten Demokratien u. U. *auch* Selbstverstärkungsmomente zur Wirkung. Das Stück Mehr an *wahrgenommener* Demokratie erzeugt immer neue Maßstäbe und Ansprüche, die bei aller Erweiterung die Stimmung wiederum in ein Ungenügen an dem »Stillstand« und »autoritären Charakter« der herrschenden Verhältnisse umschlagen lassen. Insofern kann »erfolgreiche« Politik in der Demokratie dazu führen, daß die Institutionen des politischen Systems an Gewicht verlieren, in ihrer Substanz ausgehöhlt werden. In diesem Sinne bedarf die *durchgesetzte* Demokratie, in der sich die Bürger ihrer Rechte bewußt sind und diese mit Leben füllen, eines anderen Politikverständnisses und anderer politischer Institutionen als die Gesellschaft auf dem Wege dahin.

Wahrnehmung von Bürgerrechten und Ausdifferenzierung kultureller Subpolitik

In den entwickelten Demokratien des Westens sind eine Vielzahl von Kontrollen zur Begrenzung der politischen Machtenfaltung aufgebaut worden. Am Beginn dieser Entwicklung stand bereits im 19. Jahrhundert die *Gewaltenteilung*, die der *Rechtsprechung* neben dem Parlament und der Regierung Kontrollfunktionen institutionell sichert. Mit der Entwicklung der Bundesrepublik hat die *Tarifautonomie* rechtlich und sozial Wirklichkeit gewonnen. Damit werden die zentralen Fragen der Beschäftigungspolitik der geregelten Auseinandersetzung der Arbeitsmarkt-Kontrahenten überantwortet und der Staat zur Neutralität in Arbeitskonflikten verpflichtet. Einer der vorläufig letzten Schritte auf diesem Wege ist die rechtliche Absicherung und inhaltliche Ausfüllung der *Pressefreiheit*, die in Kombination mit Massenmedien (Zeitung, Rundfunk, Fernsehen) und neuen technologischen Möglichkeiten vielfältig gestaffelte *Formen der Öffentlichkeit* entstehen läßt. Auch wenn diese keineswegs die hehren Ziele der Aufklärung verfolgen, sondern auch oder sogar primär »Knechte« des Marktes, der Werbung, des Konsums (sei es von Waren aller Art, sei es von institutionell fabrizierten Informationen) sind und möglicherweise Sprachlosigkeit, Kontaktlosigkeit, ja Dummheit produzieren oder verstärken, so bleibt doch die aktuelle oder potentielle Kontrollfunktion, die die mediengesteuerte Öffentlichkeit gegenüber politischen Entscheidungen ausübt. Auf diese Weise werden mit der Durchsetzung von Grundrechten Zentren der Subpolitik geschaften und stabilisiert – und zwar genau in dem Maße, in dem diese Rechte inhaltlich ausgefüllt und gegen Zugriffe politischer (oder wirtschaftlicher) Macht in ihrer Eigenständigkeit abgesichert werden.

Wenn man diesen Prozeß der Verwirklichung von Bürger- und

Grundrechten in all seinen Stufen als Prozeß der *politischen Modernisierung* begriffen, wird die auf den ersten Blick paradoxe Aussage verständlich: Politische Modernisierung *entmachtet, entgrenzt die Politik und politisiert die Gesellschaft* – oder genauer: stattet die so ermöglichten und allmählich entstehenden Zentren und Handlungsfelder der Subpolitik mit Chancen der außerparlamentarischen Mit- und Gegenkontrolle aus. Es differenzieren sich auf diese Weise mehr oder weniger klar definierte Bereiche und Mittel teilautonomer Mit- und Gegenpolitik aus, die auf erkämpften und geschützten Rechten basieren. Und das heißt auch: durch die Wahrnehmung, expansive Auslegung und Ausgestaltung dieser Rechte haben sich die Machtverhältnisse innerhalb der Gesellschaft ein Stück weit geändert. Die »Spitzen« im politischen System sind mit kooperativistisch organisierten Gegenspielern, mit einer »Definitionsmacht« mediengesteuerter Öffentlichkeit usw. konfrontiert, die die Tagesordnung der Politik wesentlich mitbestimmen und verändern können. Auch Gerichte werden zu überall präsenten Kontrollinstanzen politischer Entscheidungen; und dies charakteristischerweise genau in dem Maße, in dem einerseits Richter ihre »richterliche Unabhängigkeit« auch gegen den politischen Strich wahrnehmen und andererseits die Bürger sich vom untertänigen Attribut staatlicher Erlasse zum politischen Partizipant mausern und ihre Rechte notfalls auch *gegen* den Staat vor Gericht einzuklagen versuchen.

Nur scheinbar paradox ist, daß diese Art der »*Struktur*demokratisierung« an den Parlamenten und am politischen System vorbei erfolgt. Hier wird der *Widerspruch* greifbar, in den Demokratisierungsprozesse in der Phase reflexiver Modernisierung geraten: Einerseits werden auf dem Hintergrund *durchgesetzter* Grundrechte demokratische Mitbestimmungs- und Kontrollmöglichkeiten in vielfältigen Feldern der Subpolitik ausdifferenziert und ausgestaltet. Auf der anderen Seite geht diese Entwicklung am Urort der Demokratie, dem Parlament, vorbei. Formal fortbestehende Rechte und Entscheidungskompetenzen werden ausgedünnt. Das politische Leben in den ursprünglich vorgesehenen Zentren der politischen Willensbildung verliert an Substanz, droht in Ritualen zu erstarren.

Anders formuliert: Neben dem Modell der *spezialisierten* Demokratie gewinnen Formen einer *neuen politischen Kultur* an Wirklichkeit, in denen verschiedenartige Zentren der Subpolitik auf der

Basis wahrgenommener Grundrechte in den Prozeß der politischen Entscheidungsbildung und -durchsetzung hineinwirken. Das alles heißt selbstverständlich nicht, daß staatliche Politik einflußlos wird. In den zentralen Bereichen der Außen- und Militärpolitik und in dem Einsatz staatlicher Gewalt für die Aufrechterhaltung der »inneren Sicherheit« behält sie ihr Monopol. Daß es hierbei um ein zentrales Einflußfeld staatlicher Politik geht, wird allein daran deutlich, daß es seit den Revolutionen des 19. Jahrhunderts eine *relativ enge Beziehung zwischen Bürgermobilisierung und technisch-finanzieller Ausstattung der Polizei* gibt. Auch heute bestätigt sich – etwa am Beispiel der Auseinandersetzung um Großtechnologien –, daß staatliche Gewaltausübung und politische Liberalisierung durchaus in einem wechselseitigen Verhältnis stehen.

Neue politische Kultur

Grundrechte sind in diesem Sinne Angelpunkte für eine Dezentralisierung der Politik mit langfristigen Verstärkereffekten. Sie bieten vielfältige Auslegungsmöglichkeiten und in veränderten historischen Situationen immer wieder neue Ansatzpunkte, um bisher geltende, restriktiv-selektive Interpretationen aufzubrechen. Die vorläufig letzte Variante hierfür wurde vorgeführt in der *breiten politischen Aktivierung der Bürger*, die in einer alle bisherigen politischen Schematisierungen unterlaufenden Formenvielfalt – von Initiativgruppen über die sogenannten »neuen sozialen Bewegungen« bis zu Formen alternativer, kritischer Berufspraxis (bei Medizinern, Chemikern, Atomphysikern usw.) – ihre zunächst nur formalen Rechte in außerparlamentarischer Direktheit wahrnehmen und mit dem Leben füllen, das ihnen als das erstrebenswerte erscheint. Gerade dieser Aktivierung der Bürger zu allen möglichen Themen kommt insofern besondere Bedeutung zu, weil ihnen die anderen zentralen Foren der Subpolitik: Rechtsprechung und Medienöffentlichkeit, *auch* offenstehen und – wie die Entwicklung zeigt – gerade zur Wahrnehmung ihrer Interessen (im Umweltschutz, in der Anti-Atomkraft-Bewegung, im Datenschutz) zumindest punktuell sehr wirkungsvoll genutzt werden können.

Darin zeigt sich der »Verstärkereffekt«: Die Grundrechte können *sukzessiv* wahrgenommen und sich *wechselseitig bekräftigend* ausgebaut werden und so die »Widerstandsmacht« der »Basis« und »untergeordneter Instanzen« gegenüber unliebsamen Interventionen »von oben« verstärken. Das wachsende Selbstbewußtsein und Partizipationsinteresse der Bürger, von dem alle demoskopischen Untersuchungen ebenso eindrucksvoll künden wie die Vielfalt wechselnder Bürgerinitiativen und politischer Bewegungen mögen sich für ein autoritäres Demokratieverständnis wie »Widerstand gegen die Staatsgewalt« ausnehmen; es mag auch für Wissenschaftleraugen, die ihren Blick in guter alter Gewohnheit auf das politische System als Ort der Politik fixiert haben, wie ein untauglicher Versuch der politischen Einflußnahme ausschauen. Es ist aber der nächste, konsequente Schritt, der der Durchsetzung demokratischer Rechte folgt, und zwar in Richtung *realer* Demokratie. In diesen vielfältigen Entwicklungen kündigt sich die *Verallgemeinerung* politischen Handelns an, dessen Themen und Konflikte nicht mehr nur durch die Erkämpfung, sondern die Ausgestaltung und gesamtgesellschaftliche Nutzung der Rechte bestimmt werden.

Grundrechte mit universalistischem Geltungsanspruch, wie sie in den westlichen Gesellschaften in den vergangenen gut zweihundert Jahren mit Einbrüchen und in Sprüngen, aber in einem im ganzen doch wohl (bisher) *gerichteten* Prozeß durchgesetzt wurden, bilden also Scharniere der politischen Entwicklung: Einerseits sind sie parlamentarisch erkämpft worden; andererseits können sich aus ihnen Zentren der Subpolitik an den Parlamenten vorbei entwickeln und ausdifferenzieren, durch die ein neues Blatt in der Geschichtsschreibung der Demokratie aufgeschlagen werden kann. Dies läßt sich zunächst an den zwei bisher genannten *Orten und Formen der Subpolitik* zeigen: Rechtsprechung und Medienöffentlichkeit.

In der in der Bundesrepublik durch Beamtenrechte geschützten Berufsposition des *Richters* werden teils durch neue Wahrnehmungs- und Auslegungsformen, teils durch externe Veränderungen teilautonome Entscheidungsspielräume sichtbar und, wie eine überraschte Richterschaft und Öffentlichkeit mit Erstaunen wahrnimmt, in den letzten Jahren auch *kontrovers* genutzt. Diese beruhen in ihrem Ursprung auf der schon lange bestehenden, gesetzlichen Konstruktion »richterlicher Unabhängigkeit«. Sie führen jedoch erst seit kurzem – u.a. wohl aufgrund von Generationswechseln und Verwissenschaftlichungsprozessen – zu deren aktiver

Wahrnehmung und selbstbewußten richterlichen Ausgestaltung. Von den vielen Bedingungen, die hierfür ausschlaggebend sind, sollen zwei herausgegriffen werden: Durch reflexive Verwissenschaftlichung der Gegenstände und Entscheidungsabläufe richterlicher Urteilsfindung sind *ursprünglich geltende »Sachzwangkonstruktionen« brüchig und, zumindest partiell, individuell entscheidungszugänglich geworden*. Dies gilt zum einen für die wissenschaftliche Analyse der Gesetzesauslegung und richterlichen Entscheidungsfindung, durch die *Varianten* der Rechtsprechung innerhalb des Rahmens, den der Buchstabe des Gesetzes und die Regeln seiner Interpretation vorgeben, sichtbar und nutzbar wurden – Varianten, die bislang durch Rekrutierung und geltende Grundüberzeugungen verdeckt blieben. Verwissenschaftlichung hat hier also nutzbare Argumentationstechniken freigelegt und den Richterberuf so einer bis dahin unbekannten, internen, *berufspolitischen Pluralisierung* ausgesetzt.

Diese Tendenz wird dadurch unterstützt, daß viele Themen und Konfliktfälle, die vor Gericht getragen werden, *ihre soziale Eindeutigkeit verloren haben*. In vielen zentralen Konfliktfeldern – insbesondere der Reaktortechnologie und bei Umweltfragen, aber auch im Familien- und Eherecht und im Arbeitsrecht – stehen Experten und Gegenexperten in unversöhnlichem Meinungsstreit gegenüber. Auf diese Weise wird die Entscheidung an den Richter zurückgegeben – teils dadurch, daß bereits die Auswahl der Gutachter Elemente einer Vorentscheidung enthält, teils dadurch, daß es ihm aufgegeben ist, die Argumente und ihre Bezüge für seine Urteilsfindung zu gewichten und neu zu ordnen. Die systematische Selbstverunsicherung der Wissenschaften durch die Überproduktion von hypothetischen, zusammenhanglosen und widersprüchlichen Detailergebnissen (s.o. Kap. VII) schlägt auf das Rechtssystem durch und eröffnet dem »unabhängigen« Richter Entscheidungsräume, und das heißt: pluralisiert und politisiert die Urteilsfindung.

Für den Gesetzgeber hat dies zur Konsequenz: Er findet sich immer häufiger auf der Beklagtenbank vor Gericht wieder. Inzwischen gehören rechtliche Überprüfungsverfahren fast schon zum Normalablauf eines öffentlich umstrittenen Verwaltungsaktes (z.B. bei der Entscheidung über das Ob, Wie und Wo von Kernkraftwerken). Darüber hinaus wird es auch immer unsicherer und schwerer kalkulierbar, wie diese Verfahren aus dem Weg durch die gerichtlichen Instanzen hervorgehen und in jedem Fall: wie lange sie dauern. Entsprechend entstehen Grauzonen der Ungewißheit, die den Eindruck staatlicher Einflußlosigkeit verstärken. Dies gilt in übertragenem Sinne für gesetzgeberische Initiativen ganz allgemein. Diese stoßen sowieso rasch an die Grenzen gleich- oder übergeordneter Zuständigkeiten, auf der Ebene der Länder, des Bundes oder der Europäischen Gemeinschaft. Die erwartbaren gerichtlichen Überprüfungsverfahren in Konfliktfällen verschaffen dem potentiellen Urteil des Richters eine Allpräsenz im politischen System (verstärken – nota bene – das Juristenmonopol der Verwaltung) und engen die politischen Gestaltungsspielräume ein.

Auch das Recht auf *Pressefreiheit* mit all seinen Auslegungsmöglichkeiten und -problemen bietet vielfältige Ansatzpunkte zur Ausdifferenzierung von Groß- und Partialöffentlichkeiten (von dem weltweiten Fernsehnetzwerk bis zur Schülerzeitung) mit im einzelnen stark partikularisierten, in der Summe aber beträchtlichen Einflußchancen auf die Definition sozialer Probleme. Diese werden zwar durch die materiellen Bedingungen der Produktion von Informationen und die gesetzlichen und sozialen Rahmenbedingungen eingeschränkt und kontrolliert. Sie können jedoch auch – wie die politische Hochkonjunktur von Umweltthemen und der Auf- und Niedergang von sozialen Bewegungen und Subkulturen ganz allgemein lehrt – für die öffentliche und damit: politische Problemwahrnehmung erhebliche Bedeutung erlangen. Dies wird beispielsweise daran deutlich, daß kostspielige und umfängliche wissenschaftliche Untersuchungen in der diese in Auftrag gebenden Behörde oft erst dann wirklich zur Kenntnis genommen werden, wenn das Fernsehen oder ein Massenblatt darüber berichten. Man liest in der politischen Verwaltung den *Spiegel* – und nicht den Untersuchungsbericht; und dies nicht (nur) deswegen, weil der Bericht unleserlich wäre, sondern deswegen, weil der sozialen Konstruktion nach im *Spiegel* – ganz unabhängig von den Inhalten und Argumenten – politisch relevante Sachverhalte stehen. Hier hat das Ergebnis auf einen Schlag jeglichen Schubladencharakter verloren. Jeder weiß: Es spukt in Tausenden von anderen Köpfen herum und zwingt so die eigene Zuständigkeit und öffentliche (Gegen-)Stellungnahme heraus.

Die Definitionsmacht für Probleme und Prioritäten, die sich unter diesen Bedingungen entwickeln kann (und übrigens keineswegs mit einer »Macht der Redakteure« zu verwechseln ist, sondern mit unselbständiger Redaktionsarbeit zusammenfällt), beruht in ihrem Kern sicherlich auf Auflagenhöhen und Einschaltquoten und der daraus resultierenden Tatsache, daß die Politiksphäre nur unter der Gefahr des Verlustes von Wählerstimmen die *publizierte* öffentliche Meinung ignorieren kann. Sie wird daher verstärkt und stabilisiert durch Fernsehgewohnheiten und neue Informationstechnologien, gewinnt aber zusätzlich an Bedeutung durch die Demystifizierung wissenschaftlicher Rationalität unter Risikobedingungen (s.o.). Die Veröffentlichung in den Massenmedien greift aus der Überfülle hypothetischer Befunde einzelne heraus, die dadurch den Zusatz von Bekanntheit und Glaubbarkeit erlangen, den sie als pures wissenschaftliches Ergebnis nicht mehr erlangen können.

Die Konsequenz für die Politik ist: Über Nacht in die Schlagzeilen katapultierte Meldungen von Giftfunden auf Müllkippen verändern die politische Tagesordnung. Die durchgesetzte öffentliche Meinung: der Wald stirbt, erzwingt neue Prioritäten. Wo auf europäischer Ebene wissenschaftlich erhärtet wurde, daß Formaldehyd nun doch krebserzeugend wirkt, droht die bisherige Chemiepolitik zusammenzubrechen. Auf alles dies muß mit politischen Inszenierungen – sei es Argumenten, sei es Rechtsvorlagen oder Finanzplanungen – reagiert werden. Dabei kann diese medienöffentliche Definitionsmacht die politische Entscheidung selbstverständlich nie vorwegnehmen; und sie bleibt ihrerseits vielfältig eingebunden in die ökonomischen, rechtlichen und politischen Voraussetzungen und Kapitalkonzentrationen im Nachrichtenwesen.

Ein letztes Feld der Subpolitik sei hier wenigstens noch erwähnt: die *Privatheit*. Die Zahl der Geburten ist für alle Politikbereiche eine Schlüsselgröße; ebenso die Frage, wie mit Elternschaft umgegangen wird, z.B., ob die Mutter berufstätig bleiben will oder sich ganz auf die Familie zurückzieht. Alle Fragen, auf die Männer und Frauen in der Gestaltung ihrer Lebensverhältnisse eine Antwort finden müssen, haben wesentlich eine politische Seite. Insofern bilden die »Problem-Indikatoren« – steigende Scheidungsziffern, sinkende Geburtenzahlen, Zunahme nichtehelicher Lebensverhältnisse – nicht nur die Situation in den familialen und außerfamilialen Beziehungen zwischen Männern und Frauen ab, sondern signalisieren auch sich rapide verändernde Vorgaben für alle politischen Planungen und Steuerungen. Externen Zugriffen bleiben die Entscheidungen, die hier fallen (z.B. Ob, Zahl und Zeitpunkt der

Kinder) selbst dann entzogen, wenn damit für Rentenpolitik, Bildungsplanung, Arbeitsmarktpolitik, Sozialrecht und Sozialpolitik gravierende Einschnitte verbunden sind. Und dies gerade deswegen, weil diese Entscheidungsmöglichkeiten nach dem grundgesetzlich abgesicherten Arrangement von Familie und Privatheit in die alleinige Kompetenz der zusammenlebenden Paare fallen.

Die rechtlichen Sicherungen der Privatsphäre gibt es nun schon lange. Sie sind aber lange Zeit nicht so ins Gewicht gefallen. Erst mit der *Enttraditionalisierung* der Lebenswelten entstehen diese Freiräume und damit die Ungewißheit in den sozialen Grundlagen der Politik. Das Gleichziehen der Frauen in der Bildung und ihr Drängen auf den Arbeitsmarkt bedeuten einerseits nur eine Ausweitung von immer schon zugesicherter Chancengleichheit auf eine bislang davon ausgeschlossene Gruppe. Andererseits wird in den Konsequenzen damit die Lage jedoch *rundum verändert*: in Familie, Ehe, Elternschaft; in der Geburtenentwicklung, in der Entwicklung der Arbeitslosigkeit, im Sozialrecht, Beschäftigungssystem usw. In diesem Sinne erweitern Individualisierungsprozesse die subpolitischen Gestaltungs- und Entscheidungsspielräume in der Privatheit, und zwar unterhalb staatlicher Einflußmöglichkeiten. Auch in diesem Sinne trifft der Anspruch der Frauenbewegung: »das Private ist politisch«, einen historisch mehr und mehr entstehenden Sachverhalt.

Diese verschiedenen Teilarenen kultureller und sozialer Subpolitik – Medienöffentlichkeit, Rechtsprechung, Privatheit, Bürgerinitiativen und neue soziale Bewegungen – summieren sich zu teils institutionell abgesicherten, teils außerinstitutionellen *Ausdrucksformen einer neuen politischen Kultur*. Diese entzieht sich einerseits dem kategorisierenden Zugriff, ist aber andererseits selbst oder gerade in ihren Fließformen zu einem wichtigen Einflußfaktor der politischen und technisch-ökonomischen Entwicklung in der Bundesrepublik in den vergangenen zwei Jahrzehnten geworden. Ihre Wirksamkeit beruht nicht zuletzt darauf, daß die papierenen Buchstaben des Rechts mit sozialem Leben gefüllt werden, genauer: daß die selektive Auslegung universell geltender Grundrechte Stück für Stück aufgebrochen und überwunden wird. Als Codewort dieser Entwicklung geistert in vielen sozialwissenschaftlichen Befragungen und politischen Diskussionen – den einen als Gespenst, den anderen als Hoffnung – ein Begriff herum: *Partizipation*. Man muß die damit eingeleitete Entwicklung keineswegs verklären, kann ihre Auswüchse zu einem neuen Mystizismus entschieden kritisieren, um doch begründet zu vermuten: Qualität und Verbreitung dieses Denkens und Suchens haben die politische Landschaft in der Bundesrepublik bereits nachhaltig verändert und werden dies in Zukunft eher noch deutlicher tun.

Die soziale und kulturelle Ausdifferenzierung von Politik im Zuge ihrer Erfolge im parlamentarischen System ist auch an der politischen Soziologie nicht spurlos vorübergegangen. Das rationalistisch-hierarchische Zweck-Mittel-Modell der Politik (das wohl immer fiktiv war, aber lange Zeit von der Bürokratieforschung und der Entscheidungstheorie gepflegt wurde) ist brüchig geworden. Es wurde verdrängt durch Theorien, die Absprache, Interaktion, Verhandlung, Netzwerke, kurz: den *Interdependenz- und Prozeßcharakter* aller Elemente politischer Steuerung – von der Programmformulierung über die Wahl der Maßnahmen bis zu Formen ihrer Durchsetzung –, im Zusammenhang von zuständigen, betroffenen und interessierten Instanzen und Akteuren betonen. Während das herkömmliche Politikverständnis mit einer gewissen Naivität davon ausging, daß Politik die Ziele, die sie sich gesetzt hat, grundsätzlich auch zu erreichen vermag, vorausgesetzt die richtigen Mittel werden ergriffen, wird Politik in neueren Ansätzen nun als ein Zusammenwirken verschiedener Akteure auch *gegenläufig* zu formalen Hierarchien und *quer* zu fixierten Zuständigkeiten gesehen.

So haben Forschungen gezeigt, daß das System administrativer Vollzugsinstanzen oft durch das Fehlen strikter Autoritätsbeziehungen und die Dominanz horizontaler Verbindungskanäle gekennzeichnet ist. Selbst beim Vorliegen formal hierarchischer Abhängigkeitsbeziehungen zwischen vorgesetzten und nachgeordneten Behörden werden die Möglichkeiten vertikaler Einflußnahmen oft nicht ausgenützt (vgl. R. Mayntz, 1980). In verschiedenen Stadien des politischen Prozesses erlangen ganz verschiedene Akteure und Akteurgruppen Mitsprache- und Mitwirkungsmöglichkeiten. Dies alles betont die *Kontingenz* der nach außen hin konstant formal-hierarchisch gegliederten Politiksphäre. Gleichzeitig wird diese Verflüssigung von Politik zum *politischen Prozeß* aber wissenschaftlich nur halbherzig nachvollzogen. Die Gerichtetheit und Strukturiertheit dieses Prozesses (etwa in Programm, Maßnahme, Durchsetzung usw.) wird nach wie vor *unterstellt* (schon aus Praktikabilitätsgründen der politikwissenschaftlichen Analyse). Ebenso bleibt die Fiktion des politisch-administrativen Systems als Zentrum für Politik bestehen. Damit kann aber die Entwicklung nicht ins Blickfeld treten, die hier im Mittelpunkt steht: die Entgrenzung der Politik.

4. Politische Kultur und technische Entwicklung: Das Ende des Fortschrittskonsenses?

Modernisierung im politischen System schnürt die Handlungsspielräume der Politik ein. Politische Utopien (Demokratie, Sozialstaat), die *durchgesetzt sind, binden*: rechtlich, ökonomisch, sozial. Parallel werden umgekehrt durch Modernisierung im ökonomisch-technischen System völlig neuartige Eingriffsmöglichkeiten erschlossen, mit denen kulturelle Konstanzen und Basisvoraussetzungen des bisherigen Lebens und Arbeitens außer Kraft gesetzt werden können. Die Mikroelektronik erlaubt es, das Beschäftigungssystem in seiner gesellschaftlichen Verfassung zu ändern. Die Gentechnologie versetzt den Menschen in den Zustand der Gottähnlichkeit. Er kann neue Stoffe und Lebewesen schaffen, die biologisch-kulturellen Grundlagen der Familie revolutionieren. Diese Generalisierung des Gestaltungs- und Machbarkeitsprinzips, das nun selbst das Subjekt, dem dies alles einmal dienen sollte, mit erfaßt, potenziert die Risiken und politisiert die Orte, Bedingungen und Medien ihrer Entstehung und Deutung.

Daß die »alte« Industriegesellschaft fortschrittsfixiert war, ist oft betont worden. Trotz aller Kritik daran – von der Frühromantik bis heute – ist aber zum einen nie jener *latente* Fortschrittsglaube in Frage gestellt worden, der heute mit dem Anwachsen der Risiken prekär geworden ist: nämlich der Glaube an die Methode von Versuch und Irrtum, an die sich trotz zahlreicher Rückschläge und Folgeprobleme allmählich herstellende Möglichkeit der systematischen Beherrschbarkeit der äußeren und inneren Natur (ein Mythos, der beispielsweise auch für die politische Linke trotz aller Kritik am »kapitalistischen Fortschrittsglauben« bis in die jüngste Zeit verbindlich war). Zum anderen hat diese Begleitmusik der Zivilisationskritik den unter den Segeln des »Fortschritts« vollzogenen Gesellschaftsveränderungen *kein Quentchen ihrer Durchsetzungsmacht genommen*. Dies verweist auf die Besonderheiten des Vollzugs, in dem gesellschaftliche Veränderungen gleichsam »inkognito« geschehen können: »Fortschritt« ist viel mehr als eine Ideologie; er ist eine als »normal« institutionalisierte, *außerparlamentarische Handlungsstruktur gesellschaftlicher Permanentveränderung*, in der – paradox genug – im Grenzfall selbst der Umsturz der bisher geltenden Verhältnisse notfalls mit der Ordnungsmacht des Staates gegen Widerstände, die das Bestehende bewahren wollen, durchgesetzt wird.

Um diese Legitimationskraft des Fortschrittskonsenses verstehen zu können, ist es notwendig, einen schon fast vergessenen Zusammenhang neu in Erinnerung zu rufen: das *Verhältnis von sozialer und politischer Kultur und wirtschaftlich-technischer Entwicklung.* Zu Beginn dieses Jahrhunderts stand der kulturelle Einfluß auf das System von Arbeit, Technologie und Wirtschaft im Zentrum einer Reihe klassischer sozialwissenschaftlicher Studien. Max Weber wies nach, welche Bedeutung der calvinistischen Religionsethik und der in ihr enthaltenen »innerweltlichen Askese« für das Aufkommen und die Durchsetzung des »Berufsmenschentums« und des kapitalistischen Wirtschaftshandelns zukommt. Vor mehr als einem halben Jahrhundert argumentierte Thorstein Veblen, daß die Gesetze der Ökonomie nicht konstant gelten und unabhängig begriffen werden können, sondern vollständig gebunden sind an das Kultursystem der Gesellschaft. Wenn soziale Lebensformen und Werte sich ändern, müssen ökonomische Prinzipien sich ebenfalls wandeln. Wenn z.B. die Mehrheit der Bevölkerung (aus welchen Gründen auch immer) die Werte des ökonomischen Wachstums ablehnt, wird unser Denken über die Gestaltung von Arbeit, die Kriterien der Produktivität und die Richtung der technischen Entwicklung fragwürdig, und es entsteht ein neuartiger politischer Handlungsdruck. Weber und Veblen argumentieren in diesem Sinne (in unterschiedlicher Weise), daß Arbeit, technischer Wandel und wirtschaftliche Entwicklung eingebunden bleiben in das kulturelle Normensystem, in die vorherrschenden Erwartungen und Wertorientierungen der Menschen.

Wenn diese im Grunde genommen evidente Einsicht – die auch von einer Reihe anderer Autoren vertreten wurde* – in der Zwischenzeit über Lippenbekenntnisse hinaus kaum praktische Bedeutsamkeit erlangt hat, so dürfte dies zunächst daran liegen, daß

---

* Neben Weber und Veblen sind hier von sozialwissenschaftlicher Seite insbesondere Emile Durkheim, Georg Simmel und in der Gegenwart u. a. John K. Galbraith und Daniel Bell zu nennen.

die soziale und politische Kultur in der Zeit nach dem Zweiten Weltkrieg bis in die sechziger Jahre hinein – vereinfacht gesprochen – im wesentlichen *stabil* blieb. Eine »Variable«, die konstant ist, tritt nicht ins Blickfeld, ist in diesem Sinne keine »Variable« und kann daher in ihrer Bedeutung unerkannt bleiben. Dies ändert sich schlagartig dort, wo diese Stabilität brüchig wird. Erst bei seiner Auflösung wird die Bedeutung des kulturell-normativen Hintergrundkonsenses für die Entwicklung von Wirtschaft und Technik gleichsam im nachhinein sichtbar. Im Aufschwung der Nachkriegszeit griffen in der Bundesrepublik Deutschland (aber auch in anderen westlichen Industriestaaten) *wirtschaftlicher, technischer und individueller »Fortschritt« evident ineinander.* »Wirtschaftliches Wachstum«, »Produktivitätssteigerungen«, »technische Neuerungen« waren nicht nur wirtschaftliche Zielsetzungen, die den Interessen der Unternehmer an Kapitalvermehrung entsprachen, sondern führten, für jedermann sichtbar, zum Wiederaufbau der Gesellschaft und zu wachsenden individuellen Konsumchancen und zu einer »Demokratisierung« ehemals exklusiver Lebensstandards. Diese Verzahnung von individuellen, gesellschaftlichen und wirtschaftlichen Interessen im Vollzug des ökonomisch und wissenschaftlich-technisch verstandenen »Fortschritts« gelang auf dem Hintergrund der Kriegszerstörungen in dem Maße, in dem zum einen der Aufschwung tatsächlich griff und zum anderen das Ausmaß der technologischen Innovationen kalkulierbar erschien. Beide Bedingungen bleiben eingebunden in die politischen Hoffnungen des Sozialstaats und stabilisieren so die Sphären von Politik und Nichtpolitik des »technischen Wandels«. Im einzelnen beruht diese *soziale Konstruktion des technologiepolitischen Fortschrittskonsenses* auf folgenden Voraussetzungen, die u.a. mit dem Aufkommen einer neuen politischen Kultur in den siebziger Jahren brüchig werden (vgl. H. J. Braczyk u.a. 1986):

Erstens hat der Konsens sein Fundament in der allseits geteilten Friedensformel *»technischer Fortschritt gleich sozialer Fortschritt«.* Die Annahme lautet: Die technische Entwicklung produziert evidente Gebrauchswerte, die in Gestalt von Arbeitserleichterungen, Lebensverbesserungen, Steigerungen des Lebensstandards usw. für jedermann buchstäblich mit den Händen greifbar sind.

Erst diese Ineinssetzung von technischem mit sozialem Fortschritt erlaubt es *zweitens*, negative Effekte (wie Dequalifizierung, Umstellungen, Beschäftigungsrisiken, Gesundheitsgefährdungen,

Naturzerstörungen) *getrennt* als »soziale Folgen technischen Wandels«, und zwar *im nachhinein*, zu behandeln. »Soziale Folgen« sind bezeichnenderweise *Beeinträchtigungen* – und zwar partikulare Folgeprobleme für bestimmte Gruppen, die nie den sozial evidenten Nutzen der technischen Entwicklung selbst in Frage stellen. Die Rede von den »sozialen Folgen« erlaubt dabei zweierlei: zum einen wird jeder Anspruch auf gesellschaftliche und politische Gestaltung der technischen Entwicklung abgewehrt. Zum anderen können Kontroversen über die »sozialen Folgen« ausgetragen werden, *ohne* daß dies den Vollzug des technischen Wandels beeinträchtigt. Nur über *negative* »soziale Folgen« kann und muß diskutiert werden. Die technische Entwicklung selbst bleibt unstrittig, entscheidungsverschlossen, folgt ihren immanenten Sachlogiken.

Träger und Produzenten dieses technologiepolitischen Fortschrittskonsenses sind *drittens* die *industriellen Konfliktpartner*: Gewerkschaften und Arbeitgeber. Dem Staat kommen nur indirekte Aufgaben zu – eben das Auffangen der »sozialen Folgen« und die Kontrolle von Risiken. Nur die »sozialen Folgen« sind zwischen den Tarifparteien kontrovers. Gegensätze in der Einschätzung »sozialer Folgen« *setzen* immer schon den *Konsens* im Vollzug der technischen Entwicklung *voraus*. Dieser Konsens in den Kernfragen der technologischen Entwicklung wird bestärkt durch eine vielerprobte *gemeinsame Gegnerschaft* gegen »Technikfeindlichkeit«, »Maschinenstürmerei«, »Zivilisationskritik«.

Alle tragenden Säulen dieses technologiepolitischen Fortschrittskonsenses – Trennung von gesellschaftlichem und technischem Wandel, Unterstellung von System- oder Sachzwängen, die Konsensformel: technischer gleich sozialer Fortschritt und die Primärzuständigkeit der Tarifparteien – sind in den vergangenen ca. zehn Jahren mehr oder weniger brüchig geworden, und zwar nicht zufällig oder aufgrund kulturkritischer Umtriebe, sondern in der *Konsequenz von Modernisierungsprozessen selbst*: Die Latenz- und Nebenfolgenkonstruktion ist durch sekundäre Verwissenschaftlichungen aufgebrochen worden (s.o.). Mit dem Anwachsen der Risiken werden die Voraussetzungen für die Friedensformel von der Einheit von technischem und sozialem Fortschritt aufgehoben (s.o.) Zugleich betreten Gruppen die Arena der technologiepolitischen Auseinandersetzung, die im innerbetrieblichen Interessengefüge und seinen Formen der Problemwahrnehmung gar nicht vorgesehen sind. Beispielsweise sind in den Konflikten um Kernkraftwerke und nukleare Aufbereitungsanlagen Arbeitgeber und Gewerkschaften, die Träger des bisher geltenden Technikkonsenses, auf die Zuschauertribünen verwiesen worden, während die Auseinandersetzungen nun in *direkter* Konfrontation zwischen Staatsgewalt und Bürgerprotest ausgetragen werden, also in einem *vollständig veränderten sozialen und politischen Szenario* und zwischen Akteuren, die auf den ersten Blick von allem eines gemeinsam zu haben scheinen: Technikferne.

Auch dieser Wechsel zwischen Arenen und Kontrahenten ist nicht zufällig. Er entspricht zum einen der Stufe der Produktivkraftentwicklung, auf der risikointensive Großtechnologien – Kernkraftwerke, Wiederaufbereitungsanlagen, Universalisierung chemischer Gifte – außerhalb des betrieblichen Spielregelsystems in ein direktes Wechselverhältnis zu sozialen Lebenswelten treten. Zum anderen kommt darin das wachsende Interesse an Partizipation einer neuen politischen Kultur zum Ausdruck. Aus dem Konflikt um Wiederaufbereitungsanlagen »kann gelernt werden, daß zahlenmäßige Minderheiten (z.B. ›opponierende Bürger vor Ort‹) nicht als Störenfriede und Querulanten abgetan werden dürfen. Der von ihnen vorgebrachte Dissens hat *indikatorischen Wert*. Er zeigt... durchgreifenden Wert- und Normenwandel in der Gesellschaft bzw. bisher unbekannte Differenzierungen zwischen verschiedenen gesellschaftlichen Gruppen an. Die etablierten politischen Institutionen sollten diese Signale mindestens ebenso ernst nehmen wie Wahltermine. Hier kündigt sich eine neue Form der Politikbeteiligung an« (Braczyk u.a. 1985, S. 22).

Schließlich versagt auch die Wissenschaft als Legitimationsquelle. Es sind nicht Ungebildete und Neuanhänger der Steinzeitkultur, die vor den Gefährdungen warnen, sondern mehr und mehr Menschen, die selbst Wissenschaftler sind – Kerntechniker, Biochemiker, Ärzte, Genetiker, Informatiker usw. – sowie unzählige Bürger, bei denen sich Gefährdungsbetroffenheit und Kompetenz überschneiden. Sie wissen zu argumentieren, sind gut organisiert, verfügen teilweise über eigene Zeitschriften und sind in der Lage, Öffentlichkeit und Gerichte mit Argumenten zu bedienen.

Damit entsteht aber mehr und mehr eine offene Situation: Die technisch-ökonomische Entwicklung verliert ihren kulturellen Konsens, und dies zu einem Zeitpunkt, wo die Beschleunigung des technischen Wandels und die Reichweite seiner gesellschaftlichen

Veränderungen ein historisch bislang beispielloses Ausmaß annehmen. Dieser Verlust des bisher geltenden Fortschrittsvertrauens ändert aber nichts an dem *Vollzug* des technischen Wandels. Genau dieses Mißverhältnis meint der Begriff der technisch-ökonomischen *»Subpolitik«*: die Reichweite der Gesellschaftsveränderungen verhält sich umgekehrt proportional zu deren Legitimation, *ohne* daß dies an der Durchsetzungsmacht des zum »Fortschritt« verklärten technischen Wandels etwas ändern würde.

Die Angst vor den »Fortschritten« der Gentechnologie ist heute weit verbreitet. Es finden Hearings statt. Die Kirchen protestieren. Selbst fortschrittsgläubige Wissenschaftler können das Gruseln nicht abschütteln. Dies alles findet jedoch wie ein *Nachruf* auf längst getroffene Entscheidungen statt. Mehr noch: es gab keine Entscheidung. Das Ob stand nirgendwo vor der Tür. Kein Gremium hat es hereingelassen. Es ist immer schon unterwegs. Das Zeitalter der Humangenetik, über dessen Ja oder Nein debattiert wird, hat längst begonnen. Man kann zum Fortschritt zwar nein sagen, *aber das ändert nichts an seinem Vollzug.* Er ist der Blankoscheck auf Vollzug *jenseits* von Zustimmung oder Ablehnung. Der Kritiksensibilität demokratisch legitimierter Politik entspricht eine relative Kritik*immunität* technisch-ökonomischer Subpolitik, die planlos, entscheidungsverschlossen, überhaupt erst im Zustand ihrer Verwirklichung als gesellschaftliche Veränderung bewußt wird. Dieser besonderen Gestaltungs- und Durchsetzungsmacht der Subpolitik soll nun an einem Extremfall, der Medizin, exemplarisch nachgegangen werden.

5. Subpolitik der Medizin – Eine Extremfallstudie

Ihrem erklärten Selbstverständnis nach dient die Medizin der Gesundheit; faktisch hat sie völlig neue Lagen geschaffen, das Verhältnis des Menschen zu sich selbst, zu Krankheit, Leiden und Tod, ja sogar die Welt verändert. Um die *revolutionären Wirkungen* der Medizin zu erkennen, muß man sich keineswegs in das Dickicht der Bewertungen zwischen medizinischen Heilsversprechen und Unmündigkeitsvisionen hineinbegeben.

Man kann darüber streiten, ob die Medizin tatsächlich das Wohlbefinden der Menschen verbessert hat. Unstrittig ist jedoch, daß sie zu einer Vermehrung der Anzahl von Menschen beigetragen hat. Die Bevölkerung der Erde hat sich in den vergangenen 300 Jahren fast verzehnfacht. Dies ist in erster Linie auf eine gesunkene Säuglingssterblichkeit und eine gestiegene Lebenserwartung zurückzuführen. In Mitteleuropa können die Angehörigen verschiedener sozial ungleicher Lagen damit rechnen (wenn die Lebensumstände in den kommenden Jahren sich nicht drastisch verschlechtern), *im Durchschnitt* das noch im vergangenen Jahrhundert als »biblisch« geltende Alter von 70 Jahren zu erreichen. Darin spiegeln sich wesentlich auch Verbesserungen der Hygiene, die ohne die Ergebnisse medizinischer Forschung undenkbar wären. Die Sterblichkeit sank, weil sich die Lebens- und Ernährungsbedingungen verbesserten und weil erstmals effektive Mittel bereitstanden, der Infektionskrankheiten Herr zu werden. Die Konsequenzen sind dramatisches Bevölkerungswachstum gerade auch in den armen Ländern der Dritten Welt mit den damit verbundenen politischen Schicksalsfragen von Hunger und Not und extrem wachsenden Ungleichheiten im Weltmaßstab. Eine ganz andere Dimension gesellschaftsverändernder Wirkungen von Medizin kommt mit dem *Auseinanderfallen von Diagnose und Therapie in der gegenwärtigen medizinischen Entwicklung* in den Blick. »Das naturwissenschaftlich-diagnostische Instrumentarium, die in großer Zahl entwickelten psychodiagnostischen Theorien und Nomenklaturen und ein immer weiter in die ›Tiefen‹ des menschlichen Körpers und der menschlichen Seele vordringendes szientistisches Interesse haben sich – nun offenkundig – von der therapeutischen Kompetenz abgekoppelt und diese nachgerade ... zum ›Nachhinken‹ verurteilt.« (Gross/Hitzler/Honer, 1985, S. 6) Die Folge ist ein *dramatisches Anwachsen der sogenannten »chronischen Krankheiten«*, d.h. Krankheiten, die aufgrund des geschärften medizinisch-technischen Sensoriums diagnostiziert werden, *ohne* daß für ihre Behandlung effektive Therapien vorhanden wären oder auch nur in Aussicht stünden.

In ihrem fortgeschrittensten Stadium produziert die Medizin von ihr selbst (vorläufig oder endgültig) als unheilbar definierte Krankheitslagen, die völlig neuartige Gefährdungs- und Lebenslagen darstellen und sich zu dem bisherigen System sozialer Ungleichheiten *querlegen*: Zu Beginn dieses Jahrhunderts starben von 100 Menschen etwa 40 an *akuten* Krankheiten. 1980 machten diese nur noch ein Prozent der Todesursachen aus. Der Anteil derer, die *chronischen* Krankheiten erlagen, stieg dagegen im gleichen Zeitraum von 46 auf über 80 % an. Dem Ende geht dabei immer häufiger ein langes Leiden voraus. Von den 9,6 Millionen Bundesbürgern, die beim Mikrozensus von 1982 als gesundheitlich beeinträchtigt registriert wurden, waren annähernd 70 % chronisch krank. Eine Heilung im Sinne der ursprünglichen Absicht der Medizin wird im Zuge dieser Entwicklung mehr und mehr zur Ausnahme. Dennoch kommt darin nicht nur ein Versagen zum Ausdruck. Auch aufgrund ihrer *Erfolge* entläßt die Medizin die Menschen in die Krankheit, die sie hochtechnisch zu diagnostizieren in der Lage ist.

Diese Entwicklung enthält eine medizinische und gesellschaftspolitische Wende, die in ihren weitreichenden Folgen heute überhaupt erst in Ansätzen bewußt und wahrgenommen wird: Die Medizin hat mit ihrer professionalisierten Entwicklung im Europa des 19. Jahrhunderts den Menschen das Leiden technisch abgenommen, es professionell monopolisiert und verwaltet. Krankheit und Leiden wurden in expertenabhängiger Fremdbewältigung pauschal an die Institution der Medizin delegiert und ausgesondert in kasernierten »Krankenhäusern«, unter weitgehender Unkenntnis der Kranken von Ärzten auf die eine oder andere Weise »wegoperiert«. Heute werden nun genau umgekehrt die Kranken, die im Umgang mit ihrer Krankheit systematisch unmündig gemacht und gehalten wurden, mit ihrer Krankheit sich selbst überlassen und den anderen, darauf ebenfalls völlig unvorbereiteten Institutionen: Familie, Berufswelt, Schule, Öffentlichkeit usw. Die sich rapide ausbreitende Immunschwäche AIDS ist dafür nur das spektakulärste Beispiel. Krankheit wird als Produkt auch des diagnostischen »Fortschritts« *generalisiert.* Alles und jedes ist oder macht aktuell oder potentiell »krank« – ganz unabhängig davon, wie der Mensch sich fühlt. Entsprechend wird nun wieder das Bild des »aktiven Patienten« hervorgeholt, ein »Arbeitsbündnis« gefordert, bei dem der Patient zum »Mitarzt« seiner medizinisch zugewiesenen Krankheitslage wird. Wie wenig diese Kehrtwende von den Betroffenen verkraftet wird, zeigen die überdurchschnittlich hohen Selbstmordraten. Beispielsweise bei chronisch Nierenkranken, deren Leben von einer regelmäßigen Blutwäsche abhängt, ist die Suizidrate in allen Altersstufen gegenüber dem Durchschnitt der Bevölkerung um das Sechsfache erhöht (vgl. dazu J.-P. Stössel, 1985).

Mit Recht erhitzen insbesondere die inzwischen in die medizinische Praxis umgesetzten Möglichkeiten der *In-Vitro-Befruchtung und Embryoübertragung* die Gemüter. Die Diskussion wird in der Öffentlichkeit unter dem irreführenden Titel »Retortenbaby« geführt. Dieser »technische Fortschritt« besteht im wesentlichen darin, »daß die ersten 48 bis höchstens 72 Stunden der menschlichen Embryonalentwicklung, von der Befruchtung der Eizelle bis zu den frühen Zellteilungen, aus dem Eileiter der Frau ins Labor verlegt werden (in vitro = im Glas). Die benötigten Eizellen werden der Frau durch einen operativen Eingriff (Bauchspiegelung) entnommen. Zuvor werden die Eierstöcke durch Hormongaben dazu stimuliert, in einem Zyklus mehrere Eier reifen zu lassen (Superovulation). Die Eizellen werden in einer Lösung mit männlichen Samen befruchtet und bis zum 4- bis 8-Zellstadium kultiviert. Dann werden sie, sofern ihre Entwicklung erkennbar normal ist, in die Gebärmutter übertragen.« (W. van den Daele, 1985, S. 17)

Ausgangspunkt für die Anwendung der In-Vitro-Befruchtung ist der entschiedene Kinderwunsch unfruchtbarer Frauen. Bislang wird die Behandlung in den meisten Kliniken ausschließlich für verheiratete Paare angeboten. Diese Beschränkung mutet einerseits angesichts der Verbreitung nicht-ehelicher Lebensgemeinschaften anachronistisch an. Andererseits führt die Freigabe der Befruchtungstechnik für alleinstehende Frauen zu völlig neuartigen sozialen Verhältnissen, deren Folgen sich heute noch gar nicht absehen lassen. Es handelt sich hierbei dann ja nicht mehr um den Typus der nach der Scheidung alleinstehenden Mutter, sondern um *gewollte*, *vaterlose Mutterschaft*, die historisch unbekannt ist. Sie setzt männliche Samenspenden *außerhalb* jeglicher Partnerschaft voraus. Es entstünden im sozialen Sinne *vaterlose* Kinder, deren Eltern auf eine Nur-Mutter und einen anonymen Samenspender reduziert würden. Am Ende liefe diese Entwicklung auf die Beibehaltung der biologischen und die *Abschaffung der sozialen* Vaterschaft hinaus (wobei alle ebenfalls sozialen Fragen *genetischer* Vaterschaft: Abstammung, Eigenschaftsvererbung, Unterhalts- und Erbansprüche usw. völlig ungeklärt sind).

Eine weitere Problem-Lawine löst sich, wenn man die simple Frage stellt, wie mit den Embryonen *vor* der Einpflanzung verfahren werden soll: Wann gilt die Entwicklung eines Embryos als »erkennbar *normal*«, so daß er in die Gebärmutter übertragen werden kann? Ab wann handelt es sich bei den befruchteten Eizellen um *noch nicht*, ab wann um *schon* ungeborenes menschliches Leben? »Die In-Vitro-Befruchtung macht menschliche Embryonen außerhalb des Körpers der Frau verfügbar und eröffnet so ein weites Feld für technische Eingriffe, die teils schon realisierbar sind, teils durch weitere Entwicklungen möglich werden könnten« (ebd., S. 19). So können nach dem Vorbild bereits existierender Samenbanken tiefgefrorene Embryonen in entsprechenden »Embryonenbanken« gelagert und verkauft(?) werden. Die Verfügbarkeit von Embryonen liefert der Wissenschaft lange erhoffte »Versuchsobjekte« (die Sprache versagt) für embryologische, immunologische und pharmakologische Forschungen. »Embryonen« – dieses Wort steht für den Ursprung menschlichen Lebens – können durch Teilung vervielfältigt werden. Die dabei entstehenden genetisch identischen Zwillinge können zur Geschlechtsbestimmung oder Diagnose erblicher oder anderer Krankheiten verwendet werden. Hier liegen die Ansatzpunkte für neue Disziplinen und Praktiken: Gendiagnose und -therapie in der Keimbahn* – mit allen damit verbundenen Grundfragen: Was stellt ein sozial und ethisch »wünschenswertes«, »gebrauchtes«, »gesundes« Erbgut dar? Wer soll diese – das Wort geht nur schwer durch die Feder – »Qualitätskontrolle bei Embryos« (Bräutigam, Mettler 1985) mit welchem Recht und anhand welcher Maßstäbe durchführen? Was geschieht mit den »qualitätslosen Embryonen«, die den Anforderungen dieses pränatalen, »irdischen Aufnahmetestes« nicht genügen ... ????

Viele der mit diesen und anderen, hier nicht genannten, bisherige kulturelle Konstanten außer Kraft setzenden medizintechnischen

---

* Bei den so ermöglichten wissenschaftlichen Experimenten ist *technisch* die Entwicklung in vitro nicht unbedingt auf das Stadium beschränkt, in dem normalerweise die Einnistung des Embryos in der Gebärmutter stattfindet. »Theoretisch könnte vollständige Embryonalentwicklung in vitro versucht werden, mit dem Ziel, ein echtes Retortenbaby möglich zu machen. Embryonale Zellen können benutzt werden, um ›Chimären‹, Mischungen mit Zwillingen anderer Arten herzustellen. Chimären eignen sich besonders zur experimentellen Untersuchung der Embryonalentwicklung. Schließlich ist denkbar, daß man menschliche Embryonen ›kloniert‹, etwa den Kern der embryonalen Zelle durch den Kern der Zelle eines anderen Individuums ersetzt. Bei Mäusen ist dies schon gelungen. Beim Menschen könnte es dazu dienen, sich genetisch identische Nachkommen zu verschaffen oder embryonales Gewebe zu züchten, das ohne Gefahr einer Immunreaktion als Material für Organtransplantationen beim Spender des Zellkerns verwendet werden kann. Allerdings ist dies bislang bloße Phantasie« (ebd., S. 21.)

Entwicklungen* aufgeworfenen *ethischen* Fragen werden inzwischen gesehen und kompetent diskutiert (vgl. auch H. Jonas 1984, R. Löw 1983).

Hier steht ein anderer Gesichtspunkt im Zentrum, der in der Diskussion bislang nur am Rande berührt wurde: *die Handlungsstruktur des (medizinischen) »Fortschritts« als Normalität zustimmungsloser Umwälzung gesellschaftlicher Lebensbedingungen.* Wie ist es möglich, daß alles dies geschieht und daß erst *im nachhinein* gegen den Berufsoptimismus der kleinen Zunft für sich einflußloser, ganz auf ihr wissenschaftliches Rätseln fixierter humangenetischer Spezialisten die Fragen nach Folgen, Zielen, Gefährdungen usw. dieser *sozialen und kulturellen Revolution auf leisen Sohlen* von einer kritischen Öffentlichkeit eingeklagt werden müssen?

Auf der einen Seite wird hier mit scheinbar Gleichem (medizintechnischem »Fortschritt«) etwas Unvergleichliches geschaffen. Selbst wenn man zugesteht, daß menschlichen Entwicklungen prinzipiell ein Moment der Selbstschaffung und Selbstveränderung innewohnt. Selbst wenn man sieht, daß Geschichte die Fähigkeit voraussetzt und entwickelt, die menschliche Natur zu verändern und zu beeinflussen, Kultur hervorzubringen, die Umwelt zu manipulieren und Zwänge der natürlichen Evolution durch selbstgeschaffene Bedingungen zu ersetzen. So kann dies doch nicht darüber hinwegtäuschen, daß hier in völlig neue Dimensionen vorgestoßen wurde. Die Rede von »Fortschritt« setzt das *Subjekt*, dem dieses alles am Ende zum Nutzen geraten soll, voraus. Das freigesetzte Machbarkeitsdenken und -handeln richtet sich auf das Gegenüber, das Objekt, die *Beherrschung der Natur* und die dadurch ermöglichte Vermehrung gesellschaftlicher Reichtümer. Wenn so

---

* Völlig neue Problem- und Konfliktlagen hat auch – um nur ein weiteres Beispiel herauszugreifen – die *pränatale Diagnostik und »fötale Chirurgie«* geschaffen, d.h. die Möglichkeit, chirurgische Eingriffe am werdenden Kind im Leib der Mutter vorzunehmen: *Die (Lebens)Interessen von Mutter und Kind werden auf diese Weise bereits vorgeburtlich, im Zustand ihrer leiblichen Einheit auseinanderdividiert.* Mit den diagnostisch-chirurgischen Zugriffsmöglichkeiten werden Krankheitsdefinitionen auf das ungeborene Leben ausgedehnt. Die Risiken des Eingriffs und seine Folgen lassen – ganz unabhängig von Bewußtsein und Wollen der Betroffenen und Behandelnden – *gegensätzliche Gefährdungslagen* zwischen der schwangeren Mutter (oder bezahlten Ersatzmutter?) und ihrem heranwachsenden Kind in ihrem Bauch entstehen. Dies ist zugleich ein Beispiel dafür, wie durch medizintechnische Entwicklungen soziale Differenzierungen über die Grenzen der Einheitlichkeit des Leibes in ein körperlich-seelisches Verhältnis hineinverlängert werden können.

die Prinzipien der technologischen Mach- und Gestaltbarkeit auf die natürlichen und kulturellen Reproduktionsbedingungen der Subjekte selbst übergreifen, werden in scheinbarer Kontinuität die Grundlagen des Fortschrittsmodells aufgehoben: Die Interessenverfolgung des *bourgeois* hebt die Existenzbedingungen des *citoyen* auf, der dem Bilderbogen der industriegesellschaftlichen Rollenverteilung nach letzten Endes die demokratischen Fäden der Entwicklung in der Hand halten soll. *Naturbeherrschung wird in ihrer Generalisierung unterderhand im wahrsten Sinne des Wortes zur technischen Subjektbeherrschung* – ohne daß allerdings die kulturellen Maßstäbe aufgeklärter Subjektivität, der diese Beherrschung ursprünglich einmal dienen sollte, noch existierten.

Diese heimliche Verabschiedung einer Epoche der Menschheitsgeschichte erfolgt nun aber andererseits, *ohne* daß dafür irgendwelche Barrieren der Zustimmung genommen werden müßten. Während in der Bundesrepublik (und in anderen Ländern) Expertenkommissionen ihren Abschlußbericht über die möglichen und im Grunde genommen unabsehbaren Folgen dieses Schrittes abfassen – was auch heißt: politische und gesetzliche Konsequenzen liegen noch in weiter Ferne –, *wächst die Zahl der in vitro erzeugten Kinder rasch*. Von 1978 bis 1982 waren etwas über 70 Geburten zu verzeichnen. Bis Anfang 1984 waren es – allein in der Bundesrepublik – schon über 500 mit insgesamt 600 Kindern. Die Kliniken, die In-Vitro-Befruchtungen durchführen (u.a. Erlangen, Kiel, Lübeck), haben lange Wartelisten. Die Medizin verfügt also aufgrund ihrer Handlungsstruktur über einen *Freifahrtschein* zur Umsetzung und Erprobung ihrer »Innovationen«. Sie können öffentliche Kritik und Debatten darüber, was ein Forscher darf und nicht darf, immer schon mit einer *Politik der »vollendeten Tatsachen«* unterlaufen. Damit werden zweifellos auch wissenschaftsethische Fragen aufgeworfen. Sie allein *verkürzen* aber das Problem, kommen dem Versuch gleich, die »Macht der Monarchie« auf die »Moral des Königshauses« zu reduzieren. Dies wird noch deutlicher, wenn man *Verfahrensweise* und *Reichweite* gesellschaftsverändernder Entscheidung in Politik und in der Subpolitik der Medizin zueinander in Beziehung setzt.

Was im Bereich der Medizin bei aller Kritik und Fortschrittsskepsis immer noch möglich, ja selbstverständlich ist, bedeutet auf die offizielle Politik übertragen den Skandal, epochale Grundentscheidungen über die gesellschaftliche Zukunft an Parlament und

Öffentlichkeit *vorbei* einfach umzusetzen und die Debatte über ihre Folgen durch die Praxis ihrer Verwirklichung zu *irrealisieren*. Darin muß sich noch nicht einmal ein Versagen der moralischen Qualität von Wissenschaft ausdrücken. Es gibt *der sozialen Struktur nach* in der Subpolitik der Medizin kein Parlament, keine Exekutive, in denen die Entscheidung *im vorhinein* auf ihre Folgen hin untersucht werden könnte. Es gibt sogar keinen sozialen Ort der Entscheidung und damit letztlich keine fixierte, fixierbare Entscheidung. Dies gilt es sich genau vor Augen zu halten: In den durchbürokratisierten, entwickelten Demokratien des Westens wird alles und jedes auf seine Rechtsförmigkeit, Zuständigkeit, demokratische Legitimation hin durchleuchtet, während es gleichzeitig möglich ist, an allen bürokratischen und demokratischen Kontrollen vorbei, entscheidungsverschlossen und unter dem Hagel der allgemein werdenden Kritik und Skepsis in außerparlamentarischer Normalität die Grundlagen des bisherigen Lebens und der bisherigen Lebensführung außer Kraft zu setzen.

Auf diese Weise entsteht und erhält sich zugleich ein völliges *Ungleichgewicht zwischen externen Diskussionen und Kontrollen und interner Definitionsmacht medizinischer Praxis*. Öffentlichkeit und Politik sind ihrer Lage nach immer und notwendig »uninformiert«, hinken hoffnungslos den Entwicklungen hinterher, denken in moralischen und gesellschaftlichen Folgenkategorien, die dem Denken und Handeln der Mediziner fremd sind. Am schwerwiegendsten aber ist: sie reden notwendig über *Irreales*, Nochnicht-Absehbares. Die Folgen der externen Befruchtungstechniken können ja tatsächlich und empirisch gesichert erst *nach* ihrer Umsetzung studiert werden; vorher bleibt alles Spekulation. Der *direkten* Umsetzung am lebenden Subjekt, das den immanenten Kriterien und Kategorien des »medizinischen Fortschritts« folgt, steht ein Befürchten und Raten in rechtlichen und gesellschaftlichen Folgen gegenüber, dessen spekulativer Gehalt direkt proportional mit der Tiefe des Eingriffs in den bisherigen Bestand kultureller Selbstverständlichkeiten wächst. Auf die Politik übertragen heißt das: Die Beratung der Gesetze folgt *nach* ihrer Inkraftsetzung; Begründung: erst dann sind ihre Folgen absehbar.

Das Zusammenwirken von Effektivität und Anonymität verstärkt die Gestaltungsmacht der medizinischen Subpolitik. In ihrem Bereich ist es möglich, Grenzen mit einer Selbstverständlichkeit zu überschreiten, deren gesellschaftsverändernde Reichweite zum einen den Einflußradius der Politik bei weitem übersteigt, zum anderen dort nur durch das Fegefeuer parlamentarischer Debatten hindurch die Tore der Verwirklichung passieren könnten. In diesem Sinne sind Klinik und Parlament (bzw. Regierung) einerseits sehr wohl vergleichbar, sogar *funktional äquivalent* im Hinblick auf die Gestaltung und Veränderung gesellschaftlicher Lebensbedingungen – andererseits überhaupt nicht, da dem Parlament *keine* Entscheidung von annähernder Reichweite und *keine* vergleichbare Möglichkeit ihrer direkten Umsetzung zur Disposition stehen. Während in den Kliniken das Fundament von Familie, Ehe und Partnerschaft weggeforscht und wegpraktiziert wird, stehen gleichzeitig in Regierung und Parlament die an Eindämmung und Vermeidung orientierten »Schlüsselfragen« der Kostensenkung im Gesundheitssystem zur Debatte, von denen sowieso klar ist, daß gutwillige Konzepte und ihre tatsächliche Durchsetzung zwei Welten angehören.

In der Subpolitik der Medizin liegen demgegenüber die Möglichkeiten der konzept- und planlosen Grenzüberschreitung in der Logik des »Fortschritts«. Auch die In-Vitro-Befruchtung wurde zunächst in Tierversuchen erprobt. Man kann sehr wohl darüber streiten, wieweit dies erlaubt ist. Eine wesentliche Barriere wurde sicherlich aber in der Anwendung auf den Menschen überschritten. Dieses Risiko, das ja kein Risiko der Medizin(er) ist, sondern das Risiko der nachwachsenden Menschen, unser aller Risiko, konnte und kann rein *immanent* im Kreis medizinischer Praxis und unter den dort herrschenden (weltweiten) Reputations- und Konkurrenzbedingungen und -nöten getroffen werden. Dies erscheint nur deswegen zentral als »ethisches« Problem der Medizin und wird in diesen Kategorien öffentlich wahrgenommen und diskutiert, *weil* vorgängig eine soziale Struktur der zustimmungslosen und entscheidungsverschlossenen Durchsetzung medizinischer Erkenntnis in medizinische Praxis existiert, die externe Kontrollen und Mitsprachen so gut wie ausschließt.

Man kann diesen Zentralunterschied von Politik und Subpolitik auch so formulieren: Die demokratisch legitimierte Politik verfügt mit ihrem Einflußinstrumentarium Recht, Geld und Information (z.B. Verbraucheraufklärung) über *in*direkte Machtmittel, deren »lange Durchsetzungsstrecken« (Implementation) zusätzliche Kontroll-, Korrektur- und Abschwächungsmöglichkeiten bietet. Demgegenüber ist die Subpolitik des Fortschritts von *implemen-*

tationsloser Direktheit. In ihr sind gleichsam Exekutive und Legislative in der Hand der medizinischen Forschung und Praxis (bzw. auf die Industrie bezogen: des betrieblichen Managements) vereint. Es ist das Modell der undifferenzierten Handlungsvollmacht, das die Gewaltenteilung noch nicht kennt und bei dem die gesellschaftlichen Ziele erst im nachhinein als Nebenfolgen den Betroffenen im Zustand ihrer Verwirklichung eingestanden werden müssen.

Diese Struktur ist nun allerdings »am reinsten« in der medizinischen Profession ausgeprägt. Die Ärzte haben diese Gestaltungsmacht auch nicht ihrer besonderen Rationalität oder ihren Erfolgen in der Hütung des hochbewerteten Gutes »Gesundheit« zu verdanken. Sie ist vielmehr Produkt und Ausdruck *gelungener Professionalisierung* (an der Wende ins 20. Jahrhundert) und als entsprechender Grenzfall zugleich von allgemeinem Interesse für die Entstehungsbedingungen subpolitischer Gestaltungsmacht von Professionen (bzw. in ihren »unvollständigen« Formen: von Berufen). Voraussetzung ist, daß es einer Berufsgruppe gelingt, nicht nur ihren Zugriff auf *Forschung* institutionell zu sichern und auf diese Weise die Quellen der Innovation für sich zu erschließen; nicht nur die Normen und Inhalte der *Ausbildung* des Nachwuchses wesentlich (mit)zubestimmen und auf diese Weise die Weitergabe der professionellen Normen und Standards auf die nächste Generation zu sichern. Die wohl wesentlichste und am seltensten überwundene Klippe wird vielmehr erst dort genommen, wo auch die *praktische Umsetzung* der erarbeiteten Erkenntnisse und ausgebildeten Kompetenzen in professionell kontrollierten Organisationen erfolgt. Erst dann verfügt eine Berufsgruppe über ein *organisatorisches Dach*, unter dem *Forschung, Ausbildung und Praxis kurzgeschlossen sind*. Nur in dieser Konstellation kann inhaltlich orientierte Gestaltungsmacht zustimmungsfrei entwickelt und bekräftigt werden. Das Paradigma für diesen »professionellen Machtzirkel« ist die *Klinik*. In ihr sind in historisch einmaliger Weise alle Einflußquellen professioneller Subpolitik in wechselseitiger Bekräftigung und Bestärkung zusammengeschlossen. Die meisten anderen Berufsgruppen und -verbände verfügen entweder nicht über die Innovationsquelle Forschung (Sozialarbeit, Krankenschwester) oder sind von der Umsetzung ihrer Forschungsergebnisse prinzipiell abgeschnitten (Sozialwissenschaften) bzw. müssen diese unter professionsfremden, betrieblichen Maßstäben und Kontrollen anwenden (Technik- und Ingenieurwissenschaften). Allein die Medizin besitzt in Gestalt der Klinik ein organisatorisches Arrangement, in dem Entwicklung und Umsetzung von Forschungsergebnissen am Patienten in professioneller Regie und nach eigenen Maßstäben und Kategorien unter Abschirmung von Außenfragen und Außenkontrollen in direkter Selbstverfügung betrieben und perfektioniert werden können.

Auf diese Weise hat die Professionsmacht Medizin sich gegenüber politischen und öffentlichen Mitsprache- und Interventionsversuchen erfolgreich einen prinzipiellen Vorlauf gesichert und ausgebaut. Sie verfügt in ihrem Praxisfeld klinischer Diagnose und Therapie nicht nur über die »Innovationskraft Wissenschaft«, sondern ist zugleich auch ihr eigenes Parlament und ihre eigene Regierung in Sachen »medizinischen Fortschritts«. Selbst die »dritte Gewalt« der Jurisprudenz muß dort, wo sie über »Kunstfehler« zu entscheiden hat, auf eben die medizinisch hergestellten und kontrollierten Normen und Sachverhalte zurückgreifen, die der sozialen Konstruktion von Rationalität nach letztlich nur noch von Medizinern und sonst niemandem mehr beurteilt werden können.

Dies sind die Bedingungen, unter denen eine »Politik der vollendeten Tatsachen« betrieben und auf die kulturellen Grundlagen von Leben und Tod ausgedehnt werden kann. Die medizinische Profession befindet sich so in der Lage, von außen kommende Kritiken, Zweifel und Vorgaben über Sinn und Nutzen medizinisch-therapeutischer Dienstleistungen durch die Produktion »neuer Erkenntnisse« zu unterlaufen. Gesellschaftliche Erwartungen und Beurteilungsmaßstäbe sind keine Vorgegebenheiten mehr, sondern *»reflexive«*, d.h. in Forschung, Diagnose und Therapie von Medizinern mitherzustellende, zu definierende, *veränderbare* Bezugsgrößen. Das, was gesellschaftlich als »Gesundheit« und »Krankheit« gilt, verliert im Rahmen des so organisierten medizinischen Monopols seinen vorgegebenen, »naturwüchsigen« Charakter und wird zu einer in der Arbeit der Medizin innerprofessionell herstellbaren Größe. »Leben« und »Tod« sind danach keine feststehenden, dem menschlichen Zugriff entzogenen Werte und Begriffe mehr. Das, was als »Leben« und »Tod« sozial gilt und anerkannt wird, wird vielmehr *in der und durch die Arbeit der Mediziner selbst kontingent*, muß mit allen unabsehbaren Implikationen neu bestimmt werden – und zwar *auf dem Hintergrund und unter Zugrundelegung medizinisch-biologisch produzierter Sach-*

verhalte, Probleme, Kriterien. Nach den Fortschritten der Herz- und Gehirnchirurgie muß so neu entschieden und festgelegt werden, ob ein Mensch dann tot »ist«, wenn zwar das Gehirn versagt, aber sein Herz noch schlägt, wenn das Funktionieren seines Herzens nur noch künstlich durch entsprechende komplizierte Apparate gewährleistet werden kann, wenn bestimmte Gehirnfunktionen ausfallen (so daß der Patient dauerhaft »bewußtlos« ist, während andere Körperfunktionen noch intakt sind) usw.

Aufgrund der gentechnischen Möglichkeiten der In-Vitro-Befruchtung ist Leben nicht mehr gleich Leben, Tod nicht mehr gleich Tod. Ursprünglich (relativ) eindeutige Grundkategorien und evidente Sachverhalte menschlichen Welt- und Selbstverständnisses werden durch medizinisch unbefragt produzierbare und produzierte Tatbestände überrollt, kontingent und gestaltungsoffen. Permanent werden neue, evolutionär bislang nicht verfügbare Entscheidungssituationen produziert, die in der medizinischen Praxis zum Nutzen forschungsorientierter Medizin immer schon (mindestens teilweise) vorweg beantwortet werden. Die Entscheidungsmuster können selbst politisch und rechtlich wieder nur auf der Grundlage medizinischer Diagnosen (sicherlich im Zusammenspiel mit anderen Professionen) »bewältigt« werden. Auf diese Weise *objektiviert* sich die medizinische Sicht der Dinge und dehnt sich immer tiefer und breiter in alle menschlichen Lebensbezüge und Daseinsbereiche aus. In immer mehr Handlungsfeldern wird eine medizinisch geprägte und durchgestaltete *Wirklichkeit* zur Voraussetzung des Denkens und Handelns. Es entstehen ein medizinisch geprägtes Recht, medizinisch »bewertete« Arbeitstechnologien, Umweltdaten und -schutznormen, Ernährungsgewohnheiten usw. Dadurch wird nicht nur die medizinische Gestaltungs- und Entscheidungsspirale immer tiefer in die Zweitwirklichkeit der Risikogesellschaft hineingeschraubt, sondern auch *ein unstillbarer Hunger nach Medizin erzeugt*: ein permanent expandierender Markt für die sich in Breite und Tiefe verästelnden Dienstleistungen medizinischer Profession.

Eine Berufsgruppe, der ein solcher Zusammenschluß von Wissenschaft, Ausbildung und Praxis verbindlich gelungen ist, verfügt nicht mehr nur über eine bestimmte »berufliche Strategie« der Marktsicherung ihrer Angebote – etwa ein rechtliches Monopol oder den Zugriff auf Ausbildungsinhalte, -patente usw. (vgl. dazu U. Beck, M. Brater Frankfurt 1978). Sie besitzt sehr viel weitergehender sozusagen ein Goldeselchen, das hinten und vorne marktstrategische Möglichkeiten »hustet und prustet«. Dieses organisatorisch-professionelle Setting kommt einer »*reflexiven Marktstrategie*« gleich, weil es die Berufsgruppe in die Lage versetzt, aus der Verfügung über die kognitive Entwicklung in dem von ihr monopolisierten Tätigkeitsfeld *permanent neue berufliche Strategien zu erzeugen*, also von selbstproduzierten Risiken und Gefährdungslagen zu profitieren und ihren eigenen Handlungsbereich durch darauf bezogene technisch-therapeutische Innovationen fortlaufend auszudehnen.

Diese professionelle Dominanz der Medizin darf jedoch *nicht* mit *persönlicher* Macht des Arztes verwechselt oder gleichgesetzt werden. Die medizinische Gestaltungsmacht wird vielmehr in Berufsform wahrgenommen, und in dieser ist eine charakteristische Barriere zwischen der privaten Interessenlage der Berufstätigen und der Wahrnehmung und Ausübung politischer und gesellschaftlicher Funktionen eingebaut. Auch der Polizist, Richter, Verwaltungsbeamte kann die ihm übertragenen Herrschaftsbefugnisse nicht nur deshalb nicht wie ein Fürst in seinem Reich zur Mehrung seiner persönlichen Machtfülle einsetzen, weil ihn Gesetzesvorschriften, Kontrollen, Vorgesetzte daran hindern; er kann dies auch deswegen nicht, weil vorgängig in die Berufsform eine strukturelle Indifferenz seiner privat-ökonomischen Eigeninteressen (Einkommen, Karriere etc.) gegenüber den inhaltlichen Zielen und Nebenfolgen seiner Arbeit eingelassen ist. Von der gesellschaftsverändernden Reichweite seiner Eingriffe ist der einzelne Arzt abgeschnitten. Sie fallen gar nicht in seinen Bezugshorizont, werden sowieso in die Nebenwirkung medizinischer Praxis abgedrängt. Für ihn geht es zunächst zentral um »medizinischen Fortschritt«, so wie er immanent professionell definiert und kontrolliert wird. Allerdings schlagen Erfolge in dieser Dimension auch nicht direkt, sondern *übersetzt* in Karrierechancen, Bezahlung, Stellung in der Hierarchie für ihn zu Buche. In diesem Sinne ist der angestellte Mediziner, der die humangenetischen Forschungen vorantreibt, *ein Abhängiger wie jeder andere Berufstätige auch*: Er kann entlassen, ausgetauscht, durch andere in der »professionskonformen« Ausübung seiner Aufgaben kontrolliert werden und ist fremden Weisungen und Steuerungen zugänglich (vgl. U. Beck 1979).

Verallgemeinert drückt sich darin ein weiteres Charakteristikum der Subpolitik aus, das in verschiedenen Handlungsfeldern unterschiedlich ausgeprägt ist: Während in der Politik Bewußtsein und Einfluß mit den wahrgenommenen Funktionen und Aufgaben wenigstens im Prinzip zusammenstimmen können, fallen im *Bereich der Subpolitik systematisch Bewußtsein und tatsächliche Wirkung, gesellschaftliche Veränderung und Einfluß auseinander.* Anders formuliert: die Reichweite der ausgelösten Gesellschaftsveränderungen muß keineswegs korrelieren mit entsprechenden Machtgewinnen, sondern kann sogar umgekehrt zusammenfallen mit (relativer) Einflußlosigkeit. So betreibt eine verhältnismäßig kleine Gruppe humangenetischer Forscher und Praktiker ohne Bewußtsein und Plan in der scheinbaren Normalität ihrer abhängigen Berufspraxis den Umsturz der Verhältnisse.

6. Das Dilemma der Technologiepolitik

Nun kann man sagen: Die Rechtfertigung technisch-ökonomischer Subpolitik wird *abgeleitet aus der Legitimität des politischen Systems.* Daß im politischen System nicht über die Entwicklung oder den Einsatz von Technologien *direkt* entschieden wird, dürfte kaum auf Kontroversen stoßen. Die Nebenfolgen, die es hier immer mit zu verantworten gilt, löst der Politiker nicht aus. Dennoch verfügt die Forschungspolitik über die Hebel der finanziellen Förderung und der gesetzgeberischen Kanalisierung und Abpufferung von unerwünschten Effekten. Dabei entzieht sich allerdings die Entscheidung über wissenschaftlich-technische Entwicklung und ihre wirtschaftliche Ausschlachtung dem Zugriff der Forschungspolitik. Die Industrie besitzt im Verhältnis zum Staat einen doppelten Vorteil: die *Autonomie der Investitionsentscheidung* und das *Monopol des Technologieeinsatzes.* In den Händen der wirtschaftlichen Subpolitik liegen die Zentralfäden des Modernisierungsprozesses in Form der wirtschaftlichen Kalkulation und des wirtschaftlichen Ertrages (bzw. Risikos) und der technologischen Gestaltung in den Betrieben selbst.

Diese Arbeitsteilung im Machtgefüge der Modernisierung entläßt den Staat in eine mehrfache Nachträglichkeit. Zunächst rennt er der technologischen Entwicklung hinterher, über die anderswo entschieden wird. Trotz aller Forschungsförderung bleibt sein Einfluß auf die Ziele der Technikentwicklung sekundär. Über den

Einsatz und die Entwicklung der Mikroelektronik, Gentechnologie usw. wird in keinem Parlament abgestimmt, höchstens über ihre *Förderung* zur Sicherung der wirtschaftlichen Zukunft (und der Arbeitsplätze). Gerade die Verschwisterung der Entscheidungen über Technikentwicklungen mit Investitionsentscheidungen zwingt die Betriebe aus Konkurrenzgründen dazu, ihre Pläne im stillen zu schmieden. In der Konsequenz kommen die Entscheidungen erst im Zustand ihres Getätigtseins auf den Tisch der Politik und der Öffentlichkeit.

Wenn Entscheidungen über technische Entwicklungen im Gewande von Investitionsentscheidungen einmal getroffen sind, gewinnen und entwickeln sie allerdings ein beträchtliches Eigengewicht. Sie kommen nun mit dem Zwang auf die Welt, wie dies getätigte Investitionen so an sich haben: sie müssen sich *rentieren*. Wesentliche Einwendungen würden nun Kapital (und natürlich: Arbeitsplätze) gefährden. Wer jetzt die Nebenfolgen ausmalt, schädigt die Unternehmen, die ihre Zukunft und die ihrer Arbeitnehmer in diese Pläne investiert haben, und gefährdet damit letztlich auch die Wirtschaftspolitik der Regierung. Darin liegt eine doppelte Beschränkung: Zum einen finden Nebenfolgenabschätzungen unter dem Druck getroffener Investitionsentscheidungen im Rentabilitäts-Muß statt.

Zum anderen wird dies aber dadurch entlastet, daß Folgen einerseits sowieso schwer abschätzbar sind, andererseits staatliche Gegenmaßnahmen lange Wege und Zeiten zu ihrer Durchsetzung benötigen. Die Konsequenz ist die typische Situation: »industriell erzeugte Probleme der Gegenwart, basierend auf Investitionsentscheidungen von *gestern* und den technologischen Innovationen von *vorgestern*, werden bestenfalls *morgen* auf Gegenmaßnahmen treffen, die eventuell *übermorgen* wirksam werden« (M. Jaenicke 1979, S. 33). In diesem Sinne wird Politik also auf die *Legitimation* von Folgen spezialisiert, die sie weder verursacht hat noch wirklich vermeiden kann. Dem Zuschnitt der Machtteilung nach bleibt die Politik in doppelter Hinsicht für die betrieblich getroffenen Entscheidungen zuständig. Die schattenpolitische, betriebliche »Hoheit« in Sachen Technologieentwicklung verfügt nur über geborgte Legitimität. Diese muß von der Politik unter den Augen einer kritisch gewordenen Öffentlichkeit immer wieder im nachhinein gesellschaftlich hergestellt werden. Verstärkt wird dieser politische Legitimationszwang für nichtgetroffene Entscheidungen durch die politisch-behördliche Zuständigkeit für Nebenfolgen. Die Arbeitsteilung beläßt also die primäre Entscheidungsgewalt *ohne* Nebenfolgenzuständigkeit bei den Betrieben, während der Politik die Aufgabe zufällt, von ihr *nicht* getroffene Entscheidungen demokratisch zu legitimieren und in ihren Nebenfolgen »abzupuffern«.

Gleichzeitig kollidiert das Aufzeigen von Nebenfolgen (mindestens zu einem frühen Zeitpunkt) mit den wirtschaftlichen und wirtschaftspolitischen Interessen, die in den eingeschlagenen Weg der technologischen Entwicklung investiert sind. Je mehr die Nebenfolgen (bzw. die öffentliche Sensibilität für sie) wachsen und je größer das Interesse am wirtschaftlichen Aufschwung (etwa auch angesichts von Massenarbeitslosigkeit) wird, desto enger werden die Spielräume der Technologiepolitik, die zwischen die Mühlsteine einer kritischen Öffentlichkeit und der wirtschaftspolitischen Prioritäten gerät.

Entlastung bietet hier das Fortschrittsmodell. »Fortschritt« kann verstanden werden als *legitime* Gesellschaftsveränderung *ohne* politisch-demokratische Legitimation. *Fortschrittsglaube ersetzt Abstimmung.* Mehr noch: er ist ein Ersatz für Fragen, eine Art Vorauszustimmung für Ziele und Folgen, die unbekannt und unbenannt bleiben. Fortschritt ist das weiße Blatt als politisches Programm, dem gegenüber Pauschalzustimmung abverlangt wird, als wäre es der irdische Weg in den Himmel. Die Grundforderungen der Demokratie sind im Fortschrittsmodell auf den Kopf gestellt. Schon daß es sich überhaupt um Gesellschaftsveränderung handelt, bedarf des nachträglichen Sichtbarmachens. Offiziell geht es um etwas ganz anderes und Immer-Gleiches: ökonomische Prioritäten, Weltmarktkonkurrenz, Arbeitsplätze. Gesellschaftsveränderung wird hier nur *versetzt*, nach dem Modell der vertauschten Köpfe betrieben. Fortschritt ist die *Umkehrung rationalen Handelns* als »Rationalisierungsprozeß«. Es ist die programmlose abstimmungsfreie Dauergesellschaftsveränderung ins Unbekannte. Wir nehmen an, daß es gutgehen wird, daß es letzten Endes immer wieder dennoch in die Fortschrittlichkeit gewendet werden kann, was da durch uns ausgelöst über uns hereinbricht. Aber schon danach zu fragen – nach dem Wohin und Wozu – hat etwas Ketzerisches. Zustimmung ohne Wissen, wozu, ist Voraussetzung. Alles andere Irrglauben.

Hier wird das *»Gegenmoderne«* des Fortschrittsglaubens deutlich. Er ist eine Art *irdische Religion der Moderne.* Für ihn gelten alle Merkmale des religiösen Glaubens: Vertrauen in das Unbekannte, Ungesehene, Ungreifbare. Vertrauen wider besseres Wissen, ohne Wissen um den Weg, das Wie. Fortschrittsglaube ist das Selbstvertrauen der Moderne in ihre eigene Technik gewordene Schöpfungskraft. An die Stelle von Gott und Kirche sind die Produktivkräfte getreten und diejenigen, die sie entwickeln und verwalten – Wissenschaft und Wirtschaft.

Die Faszination, die der Ersatzgott Fortschritt in der Epoche der Industriegesellschaft auf die Menschheit ausgeübt hat, wird um so erstaunlicher, je näher man seine nur allzu irdische Konstruktion betrachtet. Der *Nicht*zuständigkeit der Wissenschaft entspricht eine *Implizit*zuständigkeit der Betriebe und die *bloße Legitimations*zuständigkeit der Politik. »Fortschritt« ist die in die *Un*zuständigkeit hineininstitutionalisierte Gesellschaftsveränderung. Die Schicksalhaftigkeit des zum Fortschritt verklärten Glaubens an ein pures Muß ist allerdings *hergestellt*. Die »Niemandsherrschaft der Nebenwirkung« entspricht einer staatlichen Politik, die vorgegebene Entscheidungen nur absegnen kann, einer Wirtschaft, die die gesellschaftlichen Konsequenzen in der Latenz der kostenintensivierenden Faktoren beläßt, und einer Wissenschaft, die mit dem reinen Gewissen der theoretischen Einstellung den Prozeß einleitet und von den Konsequenzen nichts wissen will. Wo der Fortschrittsglaube zur Fortschritts*tradition* wird, die die Moderne zersetzt, wie sie ihn geschaffen hat, verwandelt sich die *Nicht*politik der technisch-ökonomischen Entwicklung in legitimationspflichtige *Sub*politik.

7. Subpolitik betrieblicher Rationalisierung

Funktionalistische, organisationssoziologische und neomarxistische Analysen denken noch in »Gewißheiten« von Großorganisation und Hierarchie, Taylorismus und Krise, die durch die betrieblichen Entwicklungen und Entwicklungsmöglichkeiten in den Unternehmen längst unterlaufen werden. Mit den Rationalisierungsmöglichkeiten der Mikroelektronik und anderen Informationstechnologien, mit den Umweltfragen und der Risikopolitisierung ist auch in die Kathedralen der ökonomischen Glaubenssätze die *Ungewißheit* eingezogen. Was eben noch fest schien und vorgegeben, wird beweglich: Zeitliche, örtliche und rechtliche Standardisierungen der Erwerbsarbeit (siehe dazu ausführlich oben Kapitel VI); die Machthierarchie von Großorganisationen; Rationalisierungsmöglichkeiten halten sich nicht mehr an die bisherigen Schemata und Zuordnungen: übergreifen die ehernen Grenzen von Abteilungen, Betrieben und Branchen; das Gefüge der Produktionssektoren kann elektronisch neu vernetzt werden; technische Produktionssysteme können unabhängig von menschlichen Arbeitsstrukturen verändert werden; die Vorstellungen von Rentabilität geraten angesichts von marktbedingten Flexibilitätserfordernissen, ökologischer Moral und der Politisierung von Produktionsbedingungen in Fluß; und neue Formen »flexibler Spezialisierung« (Piore/Sabel) machen den alten »Ozeanriesen« der Massenproduktion wirkungsvoll Konkurrenz.

Dieser Überhang an strukturverändernden Möglichkeiten muß keineswegs gleich, auf einmal oder in naher Zukunft betriebspolitisch umgesetzt werden. Und doch hat diese Verwirrung über den zukünftigen Kurs der wirtschaftlichen Entwicklung im Einflußgeflecht von Ökologie, neuen Technologien und gewandelter politischer Kultur bereits heute die Lage verändert. »In den prosperierenden fünfziger und sechziger Jahren war es noch möglich, die Entwicklung der Volkswirtschaften relativ präzise vorauszusagen – heute ist es nicht einmal mehr möglich, die Richtungsänderung ökonomischer Indikatoren von einem Monat auf den anderen vorauszusagen. Der Unsicherheit über Veränderungen in den Nationalökonomien entspricht die Verwirrung über die Aussichten einzelner Absatzmärkte. Das Management ist sich unsicher, welche Produkte hergestellt und welche Technologien dabei verwendet werden sollen – ja es ist sich sogar unsicher, wie Autorität und Kompetenz im Unternehmen verteilt werden sollen. Jeder, der sich mit Industriellen unterhält oder die Wirtschaftspresse liest, wird wohl zu der Schlußfolgerung kommen, daß viele Unternehmen selbst ohne staatliche Einmischung Schwierigkeiten hätten, umfassende Strategien für die Zukunft zu entwerfen« (M. J. Piore, C. F. Sabel, 1985, S. 22).

Zwar sind Risiken und Unsicherheiten ein »quasi-natürliches«, konstitutives Element wirtschaftlichen Handelns. Doch die gegenwärtige Konfusion weist neue Züge auf. Sie »unterscheidet sich allzu deutlich von der Weltwirtschaftskrise der dreißiger Jahre. Damals waren Faschisten, Kommunisten und Kapitalisten überall in der ganzen Welt darum bemüht, dem technologischen Beispiel eines Landes nachzueifern: dem der Vereinigten Staaten. Ironischerweise schien zu jener Zeit – wo die Gesellschaft insgesamt außerordentlich fragil und veränderbar erschien – niemand die Notwendigkeit eben der Grundsätze industrieller Organisation anzweifeln zu wollen, die heute außerordentlich fragwürdig erscheinen. Die derzeitige Verwirrung darüber, wie Technologien, Märkte und Hierarchien zu organisieren seien, ist das sichtbare Zeichen des Zusammenbruchs entscheidender, jedoch kaum begriffener Elemente des vertrauten Systems ökonomischer Entwicklung« (ebd., S. 22f.).

Die Reichweite betrieblich-gesellschaftlicher Veränderungen, die durch Mikroelektronik *möglich* werden, ist beträchtlich. Strukturelle Arbeitslosigkeit steht für eine wesentliche Befürchtung – doch nur für eine Zuspitzung, die den Kriterien der bisherigen Kategorien von Problemwahrnehmung genügt. Sicherlich ebenso wichtig dürfte mittelfristig werden, daß der Einsatz von Mikrocomputern und Mikroprozessoren zur *Falsifikationsinstanz* bisheriger Organisationsprämissen des ökonomischen Systems wird. Um es zugespitzt zu sagen: Die Mikroelektronik leitet eine technologische Entwicklungsstufe ein, die *technisch* den Mythos des technologischen Determinismus *widerlegt*. Zum einen sind Computer und Steuerungsanlagen programmierbar, d.h. ihrerseits funktionalisierbar für die verschiedensten Zwecke, Probleme und Situationen. Damit wird aber nicht mehr durch die Technik vorgegeben, wie sie im einzelnen einzusetzen ist; dies kann und muß vielmehr gerade umgekehrt in die Technologie eingespeist werden. Die bislang legitimatorischen Möglichkeiten, Sozialstrukturen mittels »technischer Sachzwänge« zu gestalten, nehmen ab, ja drehen sich um: Man muß wissen, welche Art sozialer Organisation in horizontalen und hierarchischen Dimensionen man *will*, um die Vernetzungsmöglichkeiten elektronischer Steuerungen und Informationstechnologien überhaupt nutzen zu können. Zum anderen ermöglicht die Mikroelektronik die *Entkoppelung* von Arbeits- und Produktionsvorgängen. Das heißt: das System menschlicher Arbeit und das System technischer Produktion können *unabhängig* voneinander variiert werden (vgl. Zukunftsperspektiven gesellschaftlicher Entwicklung, Kommissionsbericht 1983, S. 167 ff.).

In allen Dimensionen und auf allen Ebenen von Organisation werden neuartige Muster möglich – über die Grenzen von Abteilungen, Betrieben und Branchen hinweg. Der Grundprämisse des bisherigen Industriesystems, daß Kooperation *örtlich gebundene* Kooperation in einem diesem Zweck dienenden »Betriebsgefüge« ist, wird die Basis der technischen Notwendigkeit entzogen. Damit wird aber gleichsam der »Bausatz« ausgetauscht, auf dem die bisherigen Organisationsvorstellungen und -theorien beruhen. Die sich öffnenden organisatorischen Variationsspielräume können heute noch gar nicht vorgedacht werden. Nicht zuletzt darin liegt auch begründet, daß sie gewiß nicht über Nacht ausgeschöpft werden. Wir befinden uns am Beginn einer *organisationskonzeptuellen Experimentierphase*, die dem Zwang der Privatsphäre, neue Lebensformen zu erproben, keineswegs nachsteht. Wichtig ist, die Dimensionen richtig einzuschätzen: Das Modell *primärer* Rationalisierung, das durch Veränderungen in den Kategorien von Arbeitsplatz, Qualifikation und technischem System abgesteckt wird, wird verdrängt durch *reflexive* Rationalisierungen *zweiter Stufe*, die sich auf die Prämissen und Konstanten des bisherigen Wandels richten. Die entstehenden organisatorischen Gestaltungsspielräume können entsprechend von den bisher geltenden industriegesellschaftlichen Leitsätzen eingekreist werden: u.a. dem *»Betriebsparadigma«*, dem *Schema der Produktionssektoren,* dem Zwang zur *Massenproduktion*.

In der Diskussion um die sozialen Folgen der Mikroelektronik herrscht in Forschung und Öffentlichkeit immer noch eine bestimmte Sicht vor. Man fragt und untersucht, ob *Arbeitsplätze* in der Endsumme entfallen oder nicht, wie sich *Qualifikationen* und Qualifikationshierarchien verändern, ob neue *Berufe* entstehen, alte überflüssig werden usw. Man denkt in den Kategorien der guten alten Industriegesellschaft und kann sich gar nicht vorstellen, daß diese die entstehenden »Wirklichkeitsmöglichkeiten« nicht mehr greifen. Oft genug wird von Untersuchungen dieser Art *Entwarnung* gegeben: Arbeitsplätze und Qualifikationen werden sich im Rahmen des Erwartbaren verändern. Dabei werden die Kategorien des Betriebes und der Abteilung, der Zuordnung von Arbeits- und Produktionssystem usw. konstant gesetzt. Das spezifische, erst allmählich sichtbar werdende Rationalisierungspotential der »intelligenten« Elektronik fällt jedoch gerade *zwischen* diese Raster, in denen die Industriegesellschaft denkt und forscht. Es handelt sich um »*System*rationalisierungen«, die die scheinbar ultrastabilen Organisations*grenzen innerhalb* und *zwischen* Betrieben, Abteilungen, Branchen usw. gestaltbar werden lassen. Das Charakteristikum der bevorstehenden Rationalisierungswellen ist also ihr *grenzübergreifendes* und *grenzveränderndes* Potential. Das Betriebsparadigma und seine Einbettung in die Branchenstruktur stehen zur Disposition: das Gefüge von Abteilungen zu Betrieben, das Ineinander von Kooperation und Technik, das Nebeneinander von Betriebsorganisationen – ganz davon abgesehen, daß ganze Funktionsbereiche (etwa in der Fertigung, aber auch in der Verwaltung) automatisiert, zu Datenbanken zusammengefaßt und sogar direkt mit dem Kunden elektronisch vermittelt werden können. Darin liegt auch die betriebspolitisch wichtige Möglichkeit verborgen, *die organisatorische »Betriebsverfassung« bei (zunächst) konstanter Arbeitsplatzstruktur verändern zu können.* Das inner- und zwischenbetriebliche Gefüge kann unter dem (nun abstrakter werdenden) Dach des Unternehmens sozusagen um die Arbeitsplätze herum – und damit an den Gewerkschaften vorbei – neu gruppiert werden (vgl. dazu Altmann u.a. 1986).

Die damit herstellbaren *»Organisationskonfigurationen«* sind nicht so »kopflastig«, bestehen aus kleineren Elementen, die u.U. zu unterschiedlichen Zeiten durchaus in unterschiedlicher Weise miteinander kombiniert werden können. Jedes einzelne »Organisationselement« verfügt dann möglicherweise über seine eigenen Beziehungen zur Außenwelt, betreibt funktionsspezifisch seine eigene »Organisations-Außenpolitik«. Die vorgegebenen Ziele können verfolgt werden, ohne in allem vorher die Zentrale konsultieren zu müssen – solange bestimmte Effekte (z.B. Wirtschaftlichkeit, rasche Umstellungen bei veränderten Marktlagen, Berücksichtigung von Marktdiversifikationen) *kontrollierbar* eingehalten werden. »Herrschaft«, die als direkte, sozial erlebbare Kommandoordnung in den Großbetrieben der Industrie und der Bürokratie organisiert war, wird hier gleichsam in die vereinbarten Produktionsprinzipien und -effekte delegiert. Es entstehen Systeme, in denen wahrnehmbare »Herrscher« eine Seltenheit werden. An die Stelle von Befehl und Gehorsam treten elektronisch kontrollierte »Selbstkoordination« von »Funktionsträgern« unter vorausgesetzten und um so strikter durchsetzbaren Leistungsprinzipien und Arbeitsintensivierungen. In diesem Sinne wird es den *»gläsernen Betrieb«* im Hinblick auf Leistungskontrolle und Personalpolitik sicherlich in absehbarer Zeit geben. Wahrscheinlich aber mit dem Effekt, daß dieser Gestaltwandel von Kontrollformen einhergeht mit einer *horizontalen Verselbständigung* der Unter-, Teil- und Nebenorganisationen.

Der mikroelektronische Formwandel der Kontrollstruktur macht in den »Betrieben« der Zukunft den Umgang, die Steuerung und Monopolisierung von Informationsströmen zu einem Zentralproblem. Es ist nämlich keineswegs nur so, daß die Mitarbeiter für die Betriebe (das Management), sondern auch daß der Betrieb für die Mitarbeiter und die interessierte Umwelt »gläsern« werden könnte. In dem Maße, in dem die Ortsgebundenheit der Produktion durchlöchert und ausgefächert wird, wird die Information zum zentralen Medium, das den Zusammenhang und -halt der Produktionseinheit ermöglicht. Damit gewinnt die Frage Schlüsselcharakter, wer wie, wodurch, in welcher Reihenfolge Informationen über wen, was und wozu erhält. Es ist nicht schwer vorherzusagen, daß in den betrieblichen Auseinandersetzungen der Zukunft diese *Machtkämpfe um die Verteilung und Verteilungsschlüssel von Informationsströmen* zu einer wesentlichen Konfliktquelle werden. Diese Bedeutung wird noch dadurch unterstrichen, daß nach dem rechtlichen Eigentum auch die faktische Verfügung über Produktionsmittel angesichts der dezentralisierten Produktion ausdifferenziert zu werden und die Kontrolle über den Produktionsprozeß wesentlich an dem dünnen Faden der *Verfügbarkeit über Informationen und Informationsnetze* zu hängen beginnt. Dies schließt beileibe nicht aus, daß die Monopolisierung von Entscheidungsbefugnissen anhand von Kapitalkonzentrationen deren wesentlicher Hintergrund bleibt.

Die fortbestehenden Konzentrations- und Zentralisationszwänge können mit Hilfe der Telematik organisatorisch neu gefaßt und ausgestaltet werden. Richtig bleibt, daß die Moderne auf Entscheidungsbündelung und hochkomplexe Abstimmungsmöglichkeiten zur Wahrnehmung ihrer Aufgaben und Funktionen angewiesen ist. Diese müssen aber nicht in Gestalt leibhaftiger Mammutorganisationen abgewickelt werden. Sie können auch informations-technologisch delegiert, in dezentralisierten Daten-, Informations- und Organisationsnetzwerken abgearbeitet oder in (halb-)automatischen Dienstleistungen in direkter »Abfrage-Kooperation« mit den Empfängern erbracht werden, wie dies heute schon exemplarisch bei den automatisierten Bankschaltern der Fall ist.

Damit entsteht aber ein völlig neuartiger, nach den bisherigen Begriffen widersprüchlicher Trend: Die Konzentration von Daten und Informationen geht einher mit dem *Abbau* arbeitsteilig-hierarchisch organisierter Großbürokratien und Verwaltungsapparate; Zentralisation von Funktionen und Informationen greifen ineinander mit *Ent*bürokratisierung; möglich werden Konzentration von Entscheidungsbefugnissen *und* Dezentralisierung von Arbeitsorganisationen und Dienstleistungsinstitutionen. Die »mittlere« Ebene bürokratischer Organisationen (in der Verwaltung, im Dienstleistungssektor, in der Produktionssphäre) wird in der über Bildschirme ermöglichten »direkten« Interaktion entfernungsneutral, informationstechnologisch zusammengeschmolzen. Zahlreiche Aufgaben des Sozialstaates und der staatlichen Verwaltung – aber auch der Kundenberatung, des Zwischenhandels und der Reparaturbetriebe – können in eine Art »elektronischen Selbstbedienungsladen« – verwandelt werden – und sei es auch nur in dem Sinne, daß das »Chaos der Verwaltung« elektronisch verobjektiviert direkt an den »mündigen Bürger« weitergegeben wird. In allen diesen Fällen interagiert der Leistungsberechtigte nicht mehr mit einem Verwaltungsbeamten, Kundenberater etc., sondern wählt nach einem Verfahren, dessen Handhabung er selbst elektronisch abfragen kann, die Bearbeitungsweise, die Dienstleistung, die Berechtigung, die er erstrebt. Es mag sein, daß diese datentechnische Verobjektivierung durch Informationstechnologien für bestimmte Kernbereiche von Dienstleistungen nicht möglich, nicht sinnvoll oder sozial nicht durchsetzbar ist. Für einen weiteren Bereich von Routinetätigkeiten trifft dies jedoch nicht zu, so daß bereits in naher Zukunft ein Großteil der Verwaltungs- und Dienstleistungsroutine auf diese Weise – personalkostensparend – abgewickelt werden kann.

In diesen halb empirischen Trendaussagen, halb projektiven Folgerungen sind implizit neben dem Betriebsparadigma und der Branchenstruktur auch zwei weitere Organisationsprämissen des industriegesellschaftlichen Wirtschaftssystems zu Fall gebracht worden: zum einen die *Schematik der Produktionssektoren*, zum anderen die Basisannahme, daß die industriell-kapitalistische Produktionsweise langfristig notwendig den Normen und Formen der *Massenproduktion* folgt. Es ist heute bereits absehbar, daß die bevorstehenden Rationalisierungsprozesse auf das Sektorengefüge als solches zielen. Was entsteht, ist *weder* Industrie- *noch* Familienproduktion, *weder* Dienstleistungs- *noch* informeller Sektor – es ist etwas *Drittes:* ein Verfließen oder Unterlaufen der Grenzen in sektorenübergreifenden Kombinationen und Kooperationsformen, für deren Besonderheiten und Probleme wir erst begrifflich-empirisch sensibel werden müssen.

Bereits durch Selbstbedienungsläden, insbesondere durch automatische Bankschalter und bildschirmvermittelte Dienstleistungen (aber auch Bürgerinitiativen, Selbsthilfegruppen usw.), werden Arbeiten über Produktionssektoren hinweg umverteilt. Zugleich werden die Arbeitskräfte von Konsumenten *am Arbeitsmarkt vorbei* mobilisiert und in den erwerbswirtschaftlich organisierten Produktionsprozeß integriert. Einerseits liegt diese Einbeziehung unbezahlter Konsumentenarbeit durchaus im marktwirtschaftlichen Kalkül der Senkung von Lohn- und Produktionskosten. Auf der anderen Seite entstehen so an der Nahtstelle der Automation Überschneidungszonen, die weder als Dienstleistung noch als Selbsthilfe zu begreifen sind. Die Automaten erlauben es z.B. den Banken, bezahlte Schaltertätigkeiten vermittelt über den Automaten an die Kunden zu delegieren, die dafür mit der zeitlich freien Verfügung über ihre Konten »abgegolten« werden. In den technisch ermöglichten und sozial erwünschten Umverteilungen zwischen Produktion, Dienstleistungen und Konsum liegt ein Stück *raffinierter Selbstaufhebung des Marktes*, für die Ökonomen, die auf die Prinzipien der Marktgesellschaft eingeschworen sind, keinen Blick haben. Heute ist oft von »Schattenarbeit«, »Schattenökonomie« usw. die Rede. Dabei bleibt aber meist unerkannt, daß sich Schattenarbeit nicht nur außerhalb, sondern *innerhalb* der marktvermittelten Industrie- und Dienstleistungsproduktion ausbreitet. Die mikroelektronische Automationswelle produziert *Mischformen* bezahlter und unbezahlter Arbeit, in denen zwar der Anteil arbeitsmarktvermittelter Arbeit *abnimmt*, der Anteil konsumentenaktiver Selbstarbeit jedoch *zunimmt*. Die Automationswelle im Dienstleistungssektor läßt sich also geradezu als eine Umverlagerung der Arbeit von der Produktion in den Konsum, von dem Spezialisten auf die Allgemeinheit, von der Bezahlung in die Selbstbeteiligung begreifen.

Mit der Unsicherheit und den Risiken wächst das Interesse der Betriebe an *Flexibilität* – eine Forderung, die zwar immer bestanden hat, aber heute angesichts der Verzahnung von politischer Kultur und technischer Entwicklung einerseits, elektronischer Gestaltungsmöglichkeit, Produktionsentwicklungen und Marktschwankungen andererseits konkurrenzentscheidende Dringlichkeit erhält. Damit werden die *organisatorischen Voraussetzungen standardisierter Massenproduktion brüchig*. Dieses Urproduktionsmodell der Industriegesellschaft behält zwar nach wie vor seine Anwendungssphären (z.B. lange Fertigungsserien in der Zigaretten-, Textil-, Glühbirnen- und Nahrungsmittelindustrie etc.), wird jedoch ergänzt und verdrängt durch den neuartigen Zwitter, massenhaft hergestellte *und* individualisierte Produkte, wie dies heute bereits in Ansätzen in der Elektroindustrie, bei bestimmten Autofirmen und im Nachrichtenwesen zu beobachten ist. Hier werden unterschiedliche Schaltungen, unterschiedliche Kombinationen nach dem Baukastenprinzip hergestellt und angeboten. Diese Umstellung der Betriebe auf *Ent*standardisierung der Märkte und interne Produktdiversifikationen sowie die damit einhergehenden Erfordernisse an rasche organisatorische Umstellungen angesichts von Marktsättigungen, durch Risikodefinitionen veränderte Märkte etc. sind mit der herkömmlichen, starren Betriebsorganisation nicht oder nur schwerfällig und kostenintensiv zu leisten. Derartige Umstellungen müssen ja immer von oben nach unten, zeitintensiv, planmäßig, in Befehlsform (gegen Widerstände) durchgesetzt werden. In mobilen, lockeren bis flüssigen Organisationsnetzwerken können dagegen diese wechselnden Anpassungsleistungen sozusagen *in die Struktur aufgenommen* werden. Damit geht aber die Auseinandersetzung zwischen Massenproduktion und handwerklicher Produktion, über die die Geschichte bereits ihr Schlußwort gesprochen zu haben schien, in eine historisch neue Runde. Der als ewig hingestellte Sieg der Massenproduktion könnte revidierbar sein durch neue Formen »flexibler Spezialisierung« auf der Basis computergesteuerter, innovationsintensiver Güter in kleinen Serien (vgl. Piore/Sabel 1985).

Das Zeitalter der Fabrik, der »Kathedrale des Industriezeitalters«, geht wohl nicht zu Ende, aber ihr Monopol auf Zukunft wird gebrochen. Diese riesigen, hierarchischen, unter dem Diktat des Maschinenrhythmus stehenden Organisationen mögen dafür geeignet gewesen sein, immer wieder dieselben Produkte herzustellen und immer wieder dieselben Entscheidungen in einer vergleichsweise stabilen industriellen Umwelt zu treffen. Sie werden aber – um ein Wort aus der Sprache herauszugreifen, die mit diesen Organisationen entstanden ist – heute aus vielen Gründen »dysfunktional«. Sie stehen nicht mehr im Einklang mit den Ansprüchen einer individualisierten Gesellschaft, in der die Entfaltung des eigenen Selbst auch auf die Arbeitswelt übergreift. Sie sind als »Organisationskolosse« außerstande, auf die sich rasch verändernden, selbstrevolutionierenden Technologien, Produktvariationen und politisch-kulturell bedingten Marktschwankungen in einer für Risiken und Zerstörungen sensibilisierten Öffentlichkeit flexibel zu reagieren. Ihre Massenprodukte erfüllen nicht mehr den verfeinerten Bedarf der sich aufspaltenden Teilmärkte; und sie sind außerstande, die große Erfindungsgabe der modernsten Technologien zur »Individualisierung« von Produkten und Dienstleistungen angemessen zu nutzen.

Dabei ist entscheidend: Diese Abkehr von den »Organisationsgiganten« mit ihren Standardisierungszwängen, Kommandoordnungen usw. kollidiert *nicht* mit den Grundprinzipien industrieller Produktion – Gewinnmaximierung, Eigentumsverhältnisse, Herrschaftsinteressen –, sondern wird vielmehr von ihnen erzwungen.

Selbst wenn nicht alle hier genannten »Säulen« des Industriesystems – das Betriebsparadigma, die Schematik der Produktionssektoren, die Formen der Massenproduktion und die zeitlichen, örtlichen und rechtlichen Standardisierungen der Erwerbsarbeit – auf einmal und flächendeckend gelockert oder aufgelöst werden, bleibt immer noch ein *Systemwandel* von Arbeit und Produktion, der die scheinbar in alle Zukunft hinein geltende Zwangseinheit industriegesellschaftlicher Organisationsformen von Wirtschaft und Kapitalismus *relativiert* auf eine historisch vergängliche Übergangsphase von ca. einem Jahrhundert Geltung.

Mit dieser Entwicklung – wenn sie dann eintritt – bricht in der Antarktis funktionssoziologischer und (neo-)marxistischer Organisationsprämissen der Frühling aus. Scheinbar eherne Erwartungen an die Veränderung industrieller Arbeit werden auf den Kopf gestellt.* Dies allerdings nicht in der Neuauflage einer gesetzmäßi-

---

* Dies gilt beispielsweise für die »Funktionsnotwendigkeit« zerstückelter Industriearbeit. Sie fand bekanntlich in *Taylor* ihren Propheten, der sie mit der Aura der »wissenschaftlichen Betriebsführung« umgab. Auch die marxistischen Kritiker des Taylorismus sind von der systemimmanenten Notwendigkeit dieser »Arbeitsorganisations-Philosophie« zutiefst überzeugt. Sie kritisieren die entstehenden, sinnentleerten, verfremdeten Arbeitsformen; *verteidigen* jedoch in paradoxer Gleichzeitigkeit deren »Realismus« gegen die »naive Wirklichkeitsfremdheit«, diesen tayloristischen »Notwendigkeitszauber« zu durchbrechen und hier und jetzt die bestehenden Spielräume für »humanere« Arbeitsorganisationen bis an ihre Grenzen und über diese hinaus auszuschöpfen. Um es etwas überspitzt zu sagen: Zu den entschiedensten und verbissen-

gen Evolution von Organisationsformen mit scheinbar »intrinsischer Überlegenheit« auf dem Wege zum kapitalistischen Wirtschaftserfolg, sondern als *Produkt von Auseinandersetzungen und Entscheidungen über Arbeits-, Organisations- und Betriebsformen*. Daß es dabei immer auch zentral um die Macht in der Produktion und am Arbeitsmarkt geht, die Voraussetzungen und Regeln ihrer Ausübung, liegt auf der Hand. Im Zuge der im betrieblichen Rationalisierungsprozeß aufbrechenden subpolitischen Gestaltungsräume wird das Sozialgefüge des Betriebes *politisiert*. Weniger in dem Sinne, daß es zu einer Neuauflage von Klassenkämpfen kommt, eher im dem Sinne, daß der scheinbar »eine Weg« industrieller Produktion gestaltbar wird, seine organisatorische Uniformität einbüßt, *entstandardisiert* und *pluralisiert* wird. In den Auseinandersetzungen zwischen Management, Betriebsrat, Gewerkschaften und Belegschaft stehen in den kommenden Jahren Entscheidungen über *innerbetriebliche »Gesellschaftsmodelle«* auf der Tagesordnung. Es geht, grob gesagt, um einen Schritt in Richtung eines »alltäglichen Arbeitssozialismus« auf dem Boden konstanter Eigentumsverhältnisse oder um einen Schritt in die Gegenrichtung (wobei das Charakteristische vielleicht sogar darin liegt, daß sich diese beiden Alternativen nicht mehr ausschließen, da die Begrifflichkeiten, in denen sie gedacht sind, nicht mehr greifen). Wesentlich ist: Von Unternehmen zu Unternehmen, von Branche zu Branche können unterschiedliche Modelle und Politiken propagiert und erprobt werden. Es kann sogar zum Wechselbad arbeitspolitischer Modeströmungen kommen, in denen einmal dieses Konzept, einmal jenes die Oberhand gewinnt. Insgesamt greift der Tendenz nach die Pluralisierung der Lebensformen auf die Produktionssphäre über: Es kommt zu einer *Pluralisierung der Arbeitswelten und Arbeitsformen*, in denen eher »konservative« und »sozialistische«, »dörfliche« und »großstädtische« Varianten im Wettstreit miteinander liegen.

Das aber heißt: betriebliches Handeln gerät in einem bislang nicht

---

sensten *Verfechtern* des Taylorismus gehören inzwischen *auch* seine *marxistischen Kritiker*. Sie übersehen dabei, geblendet durch die Alldurchschlagskraft des Kapitalismus, daß dort, wo der Taylorismus noch oder wieder blüht – was an viel zuvielen Orten der Fall ist –, dies keineswegs als Bestätigung einer »waltenden Systemnotwendigkeit« mißinterpretiert werden darf. Es ist vielmehr Ausdruck der ungebrochenen Macht einer konservativen Managerelite, deren historisch obsolet werdenden tayloristischen Monopolanspruch sie implizit mitstabilisieren.

gekannten Ausmaße unter *Legitimationsdruck.* Es gewinnt eine neue politische und moralische Dimension, die für ökonomisches Handeln wesensfremd schien. Diese *Moralisierung der Industrieproduktion,* in der sich auch die Abhängigkeit der Betriebe von der politischen Kultur, in der sie produzieren, spiegelt, dürfte zu einer der interessantesten Entwicklungen der kommenden Jahre werden. Sie beruht nämlich nicht nur auf einem moralischen Außendruck, sondern auf der Schärfe und Effektivität, mit der Gegeninteressen (auch neuer sozialer Bewegungen) inzwischen organisiert sind, auf der Brillanz, mit der sie ihre Interessen und Gesichtspunkte in einer sensibler werdenden Öffentlichkeit darzustellen wissen, der Marktbedeutung von Risikodefinitionen und der wechselseitigen Konkurrenz der Betriebe untereinander, in der die Legitimationsnöte des einen Konkurrenzvorteile des anderen sind. In gewisser Weise erlangt im Zuge dieses »Anziehens der Legitimationsschrauben« die Öffentlichkeit Einfluß auf die Betriebe. Dadurch wird die betriebliche Gestaltungsmacht nicht aufgehoben, *aber ihrer »apriorischen« Sachlichkeit, Notwendigkeit und Gemeinnützigkeit beraubt,* kurz: sie wird zur *Sub*politik.

Diese Entwicklung gilt es zu begreifen. Technisch-ökonomisches Handeln bleibt von seiner Verfassung her von den Ansprüchen demokratischer Legitimation abgeschirmt. Gleichzeitig verliert es aber auch den Charakter des Nichtpolitischen. Es ist *weder Politik noch Nichtpolitik*, sondern etwas Drittes: ökonomisch geleitetes Interessenhandeln, das zum einen parallel mit dem Schwinden der Risikolatenz in seiner gesellschaftsverändernden Reichweite offensichtlich geworden ist, zum anderen im Pluralismus seiner Entscheidungen und Entscheidungsrevisionen die Fassaden seiner Sachnotwendigkeit verloren hat. Überall blitzen riskante Folgen und andere, mögliche Gestaltungen hervor. Im gleichen Maße tritt der *einseitige* Interessenbezug des betrieblichen Kalküls hervor. Wo immer *mehrere* Entscheidungen mit ganz *unterschiedlichen* Implikationen für *verschiedene* Betroffene bzw. die Allgemeinheit möglich sind, wird betriebliches Handeln in all seine Einzelheiten (bis in technische Produktionsdetails und Methoden der Kostenberechnung) hinein im Prinzip öffentlich anklagefähig und damit rechtfertigungspflichtig. Auch betriebliches Handeln wird damit *diskursiv* – oder erleidet Markteinbußen. Nicht nur Verpackung, *auch Argumente* gehören von nun an zu den Grundvoraussetzungen der Selbstbehauptung am Markt. Wenn man so will, kann man *sagen, Adam Smiths* Optimismus, daß Eigennutz und Gemeinwohl im marktabhängigen Handeln *eo ipso* zusammenfallen, ist durch Risikoerzeugung und Entscheidungszugänglichkeit der Produktionsgestaltung historisch vom Tisch. Darin spiegeln sich auch die genannten Veränderungen in der politischen Kultur. Durch den Einfluß verschiedener Zentren der Subpolitik – Medienöffentlichkeit, Bürgerinitiativen, neue soziale Bewegungen, kritische Ingenieure und Richter – können betriebliche Entscheidungen und Produktionsverfahren blitzschnell öffentlich angeklagt und unter der Knute von Marktverlusten zur *nicht*ökonomischen, *diskursiven* Rechtfertigung ihrer Maßnahmen gezwungen werden.

Wenn dies heute noch nicht oder erst in Ansätzen (etwa in Auseinandersetzungen der chemischen Industrie, die inzwischen mit ganzseitigen Schönfärbereien auf die öffentlichen Anklagen sich zu antworten genötigt sieht) hervortritt, so spiegeln sich darin auch noch einmal die Massenarbeitslosigkeit und die Entlastungen und Machtchancen, die dies für die Unternehmen bedeuten. Insofern bleibt die Wirkung der anderen politischen Kultur auf ökonomisch-technische Entscheidungsprozesse im Betrieb noch in dem abstrakten Primat des wirtschaftlichen Aufschwungs verborgen.

8. Zusammenfassung und Ausblick: Szenarien einer möglichen Zukunft

Die moderne Religion des Fortschritts, so widersprüchlich sie sein mag, hat ihre Epoche gehabt und hat sie heute dort noch, wo ihre Verheißungen auf die Bedingungen ihrer Nichterfüllung treffen. Dies waren und sind greifbare materielle Not, unterentwickelte Produktivkräfte, klassengebundene Ungleichheiten, die die politischen Auseinandersetzungen bestimmen. Zwei geschichtliche Entwicklungen haben mit den siebziger Jahren diese Epoche beendet. Während die Politik mit dem Ausbau des Sozialstaates auf immanente Grenzen und Widersprüche stößt und ihren utopischen Impetus verliert, stauen sich die gesellschaftlichen Veränderungsmöglichkeiten im Zusammenwirken von Forschung, Technologie und Wirtschaft. *Bei institutioneller Stabilität und gleichbleibenden Zuständigkeiten wandert so die Gestaltungsmacht aus dem Bereich der Politik in den der Subpolitik ab.* In den zeitgenössischen Diskussionen wird die »andere Gesellschaft« nicht mehr durch die parlamentarischen Debatten neuer Gesetze erwartet, sondern durch die Umsetzung von Mikroelektronik, Gentechnologie und Informationsmedien.

An die Stelle politischer Utopien ist das Rätseln um Nebenfolgen getreten. Entsprechend sind die Utopien ins Negative umgeschlagen. Die Gestaltung der Zukunft findet versetzt und verschlüsselt nicht im Parlament, nicht in den politischen Parteien, sondern in den Forschungslabors und Vorstandsetagen statt. Alle anderen – auch die Zuständigsten und Informiertesten in Politik und Wissenschaft – leben mehr oder weniger von den Informationsbrocken, die von den Planungstischen technologischer Subpolitik fallen. Forschungslabors und Betriebsleitungen in den Zukunftsindustrien sind zu »revolutionären Zellen« im Gewande der Normalität geworden. Hier werden in außerparlamentarischer Nichtopposition ohne Programm und im Hinblick auf die Fremdziele des Erkenntnisfortschritts und der ökonomischen Rentabilität die Strukturen einer neuen Gesellschaft umgesetzt.

Die Situation droht ins Groteske umzuschlagen: Die Nichtpolitik beginnt, die Führungsrolle der Politik zu übernehmen. Die Politik wird zur öffentlich finanzierten Werbeagentur für die Sonnenseiten einer Entwicklung, die sie nicht kennt und die ihrer aktiven Gestaltung entzogen ist. Deren allgemeine Unkenntnis wird noch übertroffen durch die Zwangsläufigkeit, mit der sie hereinbricht. Politiker betreiben mit der Geste, den Status quo zu bewahren, den Umschlag in eine andere Gesellschaft, von der sie keine Ahnung haben können, und machen gleichzeitig »kulturkritische Umtriebe« für die systematisch geschürten Zukunftsängste verantwortlich. Unternehmer und Wissenschaftler, die sich in ihrer Alltagsarbeit mit Plänen für den revolutionären Umsturz der bisherigen Gesellschaftsordnung beschäftigen, beteuern mit der Unschuldsmiene der Sachlichkeit ihre Nichtzuständigkeit in allen Fragen, die in diesen Plänen entschieden werden. Doch nicht nur die Personen verlieren ihre Glaubwürdigkeit, auch das Rollengefüge, in dem sie befangen sind. Wo die Nebenfolgen das Ausmaß und die Formen eines gesellschaftlichen Epochenwechsels annehmen, tritt das Naturwüchsige des Fortschrittsmodells in seiner Bedrohlichkeit offen hervor. Die Machtteilung im Modernisierungsprozeß selbst gerät in Fluß. Es entstehen Grauzonen einer politischen Gestaltung der Zukunft, die hier in drei (sich keineswegs ausschließenden) Varianten abschließend skizziert werden sollen: erstens *Zurück zur Industriegesellschaft* (»*R*eindustrialisierung«), zweitens *Demokratisierung* des technologischen Wandels und drittens »*differentielle Politik*«.

Zurück zur Industriegesellschaft

Diese Option wird heute von der überwiegenden Mehrheit in Politik, Wissenschaft und Öffentlichkeit – und zwar *quer* zu parteipolitischen Gegensätzen – in verschiedenen Varianten verfolgt. Tatsächlich lassen sich für sie auch eine Reihe handfester Gründe anführen. An erster Stelle ihr *Realismus*, der zum einen die Lehren aus der Vergangenheit von gut 200 Jahren Fortschritts- und Zivilisationskritik zu ziehen meint und der zum anderen auf der Einschätzung eherner Marktzwänge und ökonomischer Verhältnisse beruht. Gegen diese zu argumentieren oder gar zu handeln setzt – nach dieser Einschätzung – solide Unkenntnis oder masochistische Charakterzüge voraus. In dieser Sicht haben wir es heute nur mit einer Wiederbelebung von »antimodernistischen« Bewegungen und Argumenten zu tun, die die industrielle Entwicklung immer schon wie ihr Schatten begleitet haben – *ohne* sie letztlich in ihrem »Fortschritt« zu behindern. Gleichzeitig schränken die wirtschaftlichen Notwendigkeiten – Massenarbeitslosigkeit, internationale Konkurrenz – jeden politischen Handlungsspielraum drastisch ein. Daraus folgt: daß es (mit gewissen »ökologischen Korrekturen«) sowieso so laufen wird, wie durch das Wissen um das »Post-Histoire«, um die Alternativlosigkeit des industriegesellschaftlichen Entwicklungspfades bestätigt zu werden scheint. Auch die Entlastung, die das Setzen auf »Fortschritt« immer schon geboten hat, spricht für diese Option. Auf die jeder Generation sich neu stellende Frage, was sollen wir tun?, antwortet der Fortschrittsglaube: dasselbe wie bisher – nur größer, schneller, zahlreicher. Insofern spricht viel dafür, daß wir uns bei diesem Szenario mit der wahrscheinlichen Zukunft auseinandersetzen.

Das Dreh- und Rezeptbuch, das Handeln und Denken bestimmt, ist klar. Es handelt sich um Nachdrucke der industriegesellschaftlichen Erfahrungen seit dem 19. Jahrhundert, die auf die Zukunft des 21. Jahrhunderts projiziert werden. Danach stellen die Risiken, die die Industrialisierung produziert, keine wirklich neuartige Bedrohung dar. Sie waren und sind die selbstgeschaffenen Herausforderungen von morgen, mobilisieren neue wissenschaftliche und technische Schöpfungskräfte und bilden so Sprossen auf der Leiter des Fortschritts. Viele wittern in diesem Sinne die Marktchancen, die sich hier eröffnen, und schieben im Vertrauen auf die alte Logik die Gefährdungen der Gegenwart in künftig technisch zu bewältigende Merkposten ab. Dabei verkennen sie zweierlei: erstens den Charakter der Industriegesellschaft als einer *halb*modernen Gesellschaft und zweitens, daß die Kategorien, in denen sie denken – Modernisierung der *Tradition* –, und die Lage, in der wir uns befinden – Modernisierung der *Industriegesellschaft* –, zwei verschiedenen Jahrhunderten angehören, in denen die Welt wie nie zuvor verändert wurde. Sie übersehen mit anderen Worten, daß dort, wo es um Modernisierung, das heißt das Konstantsetzen von Neuerungen, geht, das scheinbar Gleiche in seiner Kontinuität etwas völlig Andersartiges bedeuten und produzieren kann. Dies soll zunächst an den Zwängen widersprüchlicher Konsequenzen aufgezeigt werden, in die dieses scheinbar selbstverständliche »Weitermachen-wie-Bisher« hineinführt.

Im Vordergrund stehen hier wirtschaftspolitische Prioritäten. Deren Diktat strahlt in alle andere Themen- und Problemfelder aus. Dies gilt selbst dort, wo dem Wirtschaftsaufschwung *um* der Beschäftigungspolitik willen die erste Rolle eingeräumt wird. Dieses Basisinteresse scheint nun zum Schulterschluß mit getroffenen Investitionsentscheidungen zu zwingen, durch die die technologische und damit gesellschaftliche Entwicklung ohne Wissen um das Was und Wohin entscheidungsverschlossen in Gang gesetzt und gehalten wird. Damit sind zwei Weichen gestellt: In den Feldern technologischer *Subpolitik* sammeln sich die Machtpotentiale der Umwälzung gesellschaftlicher Verhältnisse, die Marx einmal dem Proletariat zugedacht hatte – nur daß sie unter der Schirmherrschaft der staatlichen Ordnungsmacht (und unter den kritischen Augen gewerkschaftlicher Gegenmacht und beunruhigter Öffentlichkeiten) genutzt werden können. Auf der anderen Seite wird die Politik in die Rolle der legitimatorischen Schirmherrschaft für Fremdentscheidungen gedrängt, die die Gesellschaft von Grund auf verändern.

Dieses Zurückstutzen auf die Nurlegitimation wird durch die Bedingungen der Massenarbeitslosigkeit verstärkt. Je nachhaltiger die Wirtschaftspolitik den Kurs bestimmt und je deutlicher dies durch die Bekämpfung der Massenarbeitslosigkeit an Gewicht gewinnt, desto größer werden die Dispositionsmöglichkeiten der Betriebe und desto geringer die technologiepolitischen Handlungsspielräume der Regierung. Die Folge ist: die Politik gerät auf die schiefe Ebene der *Selbstentmachtung*. Zugleich verschärfen sich ihre immanenten Widersprüche. Sie beschränkt sich selbst im vollen Glanze ihrer demokratischen Machtfülle auf die Rolle des Werbens für eine Entwicklung, deren amtliche Schönfärberei immer schon durch die alternativlose Naturwüchsigkeit, mit der sie sowieso hereinbricht, in Frage gestellt wird. Im Umgang mit den Risiken wird diese öffentliche Werbung für etwas, das man gar nicht kennen kann, offen fragwürdig und schlägt zugleich in eine Gefährdung von Wählerzustimmung um. Die Risiken fallen in die Zuständigkeit staatlichen Handelns und würden zur Abwendung nun ihrerseits Eingriffe in die Entstehungszusammenhänge industrieller Produktion erzwingen, deren man sich gerade mit der wirtschaftspolitischen Gleichschaltung selbst enthoben hat. Entsprechend kommt zu der einen Vorentscheidung die andere: Die Risiken, die sind, dürfen nicht sein. Es entsteht im gleichen Maße, in dem die öffentliche Risikosensibilität *wächst*, ein politischer Bedarf nach *Verharmlosungs*forschung. Diese soll die legitimatorische Statthalterrolle der Politik wissenschaftlich absichern. Wo dennoch Risiken den sozialen Prozeß ihrer Anerkennung passieren (»Waldsterben«) und der Ruf nach politisch verantwortlicher Abhilfe vielleicht wahlentscheidende Bedeutung gewinnt, bricht die selbstverordnete Ohnmacht der Politik offen hervor. Sie fällt sich dauernd selbst in den Arm, mit dem sie politisch Abhilfe schaffen will. Das Hin und Her bei der Einführung des »Katalysatorautos«, der Geschwindigkeitsbegrenzung auf Autobahnen, der Gesetzgebung zur Eindämmung von Schad- und Giftstoffen in Nahrungsmitteln, Luft und Wasser liefert vielfältige Anschauungsbeispiele.

Dabei ist dieser »Gang der Dinge« keineswegs so unabänderlich, wie immer noch oft unterstellt wird. Die Alternative liegt auch nicht in dem Gegensatz von Kapitalismus und Sozialismus, der das letzte und auch dieses Jahrhundert beherrscht hat. Entscheidend ist vielmehr, daß beides: Gefährdungen *und* Chancen, verkannt werden, die im Übergang zur Risikogesellschaft liegen. Der »Urfehler« der Reindustrialisierungsstrategie, die das 19. Jahrhundert ins 21. hineinverlängert, liegt darin, daß der *Gegensatz* zwischen Industriegesellschaft und Moderne unentdeckt bleibt. Die unauflösliche Gleichsetzung von Entwicklungsbedingungen der Moderne im 19. Jahrhundert, die im Projekt der Industriegesellschaft gebündelt sind, mit dem Entwicklungsprogramm der Moderne verstellt den Blick auf zweierlei: erstens, daß in zentralen Feldern das Projekt der Industriegesellschaft auf eine *Halbierung* der Moderne hinausläuft und, zweitens, daß damit das Festhalten an den Erfahrungen und Leitsätzen der Moderne die Kontinuität *und* Chance bietet, die industriegesellschaftlichen Restriktionen zu überwinden. Dies heißt konkret: Im Andrang der Frauen auf den Arbeitsmarkt, in der Entmystifizierung wissenschaftlicher Rationalität, an dem Schwinden des Fortschrittsglaubens, in den außerparlamentarischen Veränderungen der politischen Kultur werden Ansprüche der Moderne *gegen* ihre industriegesellschaftliche Halbierung selbst dort geltend gemacht, wo bislang neue lebbare, institutionalisierbare Antworten noch nicht in Aussicht stehen. Selbst das Gefährdungspotential, das die Moderne in ihrer industriegesellschaftlichen Systematik inzwischen ohne Vor-Sicht und im Gegensatz zu dem Rationalitätsanspruch, unter dem sie selbst steht, freisetzt, *könnte* eine Herausforderung an die schöpferische Phantasie und menschlichen Gestaltungspotentiale darstellen, wenn es endlich als solches wahr- und das heißt: ernst genommen würde und die eingeübte industriegesellschaftliche Geste der Leichtsinnigkeit nicht länger auf Bedingungen übertragen würde, die diese Vogel-Strauß-Politik nun wirklich nicht mehr erlauben.

Diese historische Fehleinschätzung von Lagen und Entwicklungstendenzen wirkt sich nun auch im Detail aus: Es mag sein, daß in der Epoche der Industriegesellschaft ein solcher »Schulterschluß« zwischen Wirtschaft und Politik möglich und nötig war. Unter den Bedingungen der Risikogesellschaft wird auf diese Weise sozusagen das kleine Einmaleins mit der Potenzrechnung verwechselt. Die *strukturelle* Differenziertheit von Lagen *quer* zu den institutionellen Grenzen von Wirtschaft und Politik bleibt ebenso aus dem Blick wie die *unterschiedlichen* Eigeninteressen besonderer Branchen und Gruppen. So kann z.B. von *einer Einheitlichkeit wirtschaftlicher Interessen in bezug auf Risikodefinitionen keine Rede sein*. Risikointerpretationen treiben vielmehr *Keile* in das wirtschaftliche Lager hinein. Es gibt immer »Risiko*verlierer*«, aber auch »Risiko*gewinner*«. Das heißt aber: Risikodefinitionen rauben nicht, sondern *ermöglichen* politische Machtausübungen. Sie sind gleichsam ein hocheffektives Steuerungs- und Selektionsinstrument für ökonomische Entwicklungen. Insofern ist die inzwischen ja auch statistisch hinreichend dokumentierte Einschätzung richtig, daß Risikowahrnehmungen wirtschaftlichen Interessen nur *selektiv* widersprechen, also z.B. auch eine ökologische Variante jedenfalls nicht an der Kostenklippe Schiffbruch erleiden muß.

Auf derselben Linie liegt die Spaltung der Lagen zwischen Kapital und Politik, die Risiken erzeugen. Sie fallen als *Nebenfolgen* in den Verantwortungsbereich der Politik und nicht in den der Wirtschaft. D.h.: die Wirtschaft ist für etwas unzuständig, das sie auslöst, und die Politik für etwas zuständig, über das sie keine Kontrolle besitzt. Solange dies so bleibt, werden auch die Nebenfolgen bleiben. Zum Strukturnachteil der Politik, die nicht nur den Ärger hat (mit der Öffentlichkeit, den Krankheitskosten usw.), sondern auch noch dauernd für etwas verantwortlich gemacht wird, dessen Leugnung immer schwieriger wird, dessen Verursachung und Änderung aber gar nicht in ihrem direkten Einflußradius liegt. Dieser Zirkel von Selbstentmachtung und Glaubwürdigkeitsverlust kann aber durchbrochen werden. Der Schlüssel liegt in der Nebenfolgenzuständigkeit selbst. Andersherum gedreht gewinnt politisches Handeln parallel mit der *Aufdeckung und Wahrnehmung* von Risikopotentialen an Einfluß. Risikodefinitionen aktivieren Verantwortlichkeiten und schaffen der sozialen Konstruktion nach Zonen *illegitimer* Systembedingungen, die im Interesse aller nach Veränderung rufen. Sie lähmen also nicht politisches Handeln und müssen insofern auch nicht gegen eine systematisch beunruhigte Öffentlichkeit unter Zuhilfenahme einer entweder blinden oder fremdbestimmten Wissenschaft auf Biegen und Brechen vertuscht werden. Sie *eröffnen* im Gegenteil neue politische Optionen, die auch zu einer Rückgewinnung und Verstärkung demokratisch-parlamentarischer Einflußnahmen genutzt werden können.

Umgekehrt beseitigt das Leugnen die Risiken nicht. Im Gegenteil: was als Stabilisierungspolitik gemeint war, kann sehr schnell in eine allgemeine *De*stabilisierung umschlagen. Nicht nur die verheimlichten Risiken selbst können plötzlich in soziale Gefährdungslagen eines Ausmaßes umschlagen, deren politische – und nicht nur technisch-wissenschaftliche – Handhabung der industriegesellschaftlichen Leichtsinnigkeit schlechterdings unvorstellbar sind. Auch die angesichts verinnerlichter demokratischer Rechte gewachsene Sensibilität für erforderliches Handeln läßt sich auf Dauer nicht mit den Demonstrationen politischen Leerlaufs und kosmetisch-symbolischen Operationen abfertigen. Gleichzeitig wachsen die Verunsicherungen in allen Bereichen des sozialen Lebens: Beruf, Familie, Männer, Frauen, Ehe usw. Der »Zukunftsschock« (Toffler) trifft die auf Verharmlosung eingestimmte Gesellschaft unvorbereitet. Unter seinem Eindruck können politische Apathie und politischer Zynismus in der Bevölkerung schnell wachsen, die bereits entstandene Kluft zwischen Sozialstruktur und Politik, politischen Parteien und Wählerschaft sich rasch ausweiten. Die Ablehnung »der« Politik trifft dann mehr und mehr vielleicht nicht nur einzelne Repräsentanten oder Parteien, sondern das Spielregelsystem der Demokratie insgesamt. Die alte Koalition zwischen Unsicherheit und Radikalismus würde wiederbelebt. Der Ruf nach *politischer Führerschaft* erschallt neu und bedrohlich. Die Sehnsucht nach der »starken Hand« wächst in dem Maße, in dem man die Welt um einen herum ins Wanken geraten sieht. Der Hunger nach Ordnung und Verläßlichkeit läßt die Geister der Vergangenheit lebendig werden. Die Nebenwirkungen einer Politik, die von den Nebenwirkungen absieht, drohen diese in ihr Gegenteil zu verkehren. Am Ende ist nicht länger auszuschließen, daß die noch nicht bewältigte Vergangenheit zu einer (wenn auch in anderen Formen) *möglichen* Entwicklungsvariante der Zukunft wird.

Demokratisierung der technisch-ökonomischen Entwicklung

In diesem Entwicklungsmodell wird an die Tradition der Moderne angeknüpft, die auf Erweiterung von Selbstverfügung zielt. Ausgangspunkt ist die Einschätzung, daß im Neuerungsprozeß der Industriegesellschaft die demokratischen Selbstverfügungsmöglichkeiten *institutionell halbiert* wurden. Im Ansatz sind technisch-ökonomische Neuerungen als Motor permanenter Gesellschaftsveränderung von demokratischen Mitsprache-, Kontroll- und Widerstandsmöglichkeiten ausgeschlossen. Damit sind in dem Entwurf vielfältige Widersprüche eingebaut, die heute aufbrechen. Modernisierung gilt als »Rationalisierung«, obwohl hier etwas mit System geschieht, das sich bewußter Kenntnis und Kontrolle entzieht. Einerseits kann die Industriegesellschaft nur als Demokratie gedacht werden; andererseits ist in ihr immer schon die Möglichkeit enthalten, daß die Gesellschaft aus dem Nichtwissen, das sie bewegt, in das Gegenteil ihres unterstellten Aufklärungs- und Fortschrittsanspruchs umschlägt. In dem Maße, in dem dies droht, treten aber Glauben und Nichtglauben an die Fortschrittlichkeit der in Gang gesetzten Bewegung erneut in Widerstreit zu einer Gesellschaftsform, die wie nie zuvor in der Geschichte das Wissen und Wissenkönnen zur Basis ihrer Entwicklung gemacht hat. Glaubensstreitigkeiten und mit ihnen Tendenzen zur Verketzerung und zur Aufrichtung neuer Scheiterhaufen bestimmen eine gesellschaftliche Entwicklung, die auf rationale Lösung von Konflikten einmal gesetzt hatte. Da die Wissenschaft, die alles dies wesentlich mit in Gang gesetzt hat, sich aus den Folgen verabschiedet und selbst Zuflucht zu Entscheidungen nimmt, in die die Moderne sowieso alles verwandelt, geht es darum – so wird hier gefolgert –, diese Entscheidungsbasis öffentlich zugänglich zu machen, und zwar nach den Regeln, die im Rezeptbuch der Moderne dafür vorgesehen sind: *Demokratisierung*. Das erprobte Instrumentarium des politischen Systems soll auf Bedingungen außerhalb desselben erweitert werden. Dafür sind viele Varianten denkbar und in der Diskussion. Die Palette der Vorschläge reicht von parlamentarischen Kontrollen über betriebliche Technologieentwicklungen, eigene »Modernisierungsparlamente«, in denen in interdisziplinären Expertenbesetzungen Pläne gewälzt, begutachtet und freigegeben werden, bis hin zur Einbeziehung von Bürgergruppen in technologische Planungen und forschungspolitische Entscheidungsprozesse.

Der Grundgedanke lautet: Die Mit- und Gegenregierungen der technisch-ökonomischen Subpolitik – Wirtschaft und Forschung – sollen in die parlamentarische Verantwortung hereingeholt werden. Wenn schon Mitregierung qua Investitionsfreiheit und Forschungsfreiheit, dann wenigstens Rechtfertigungszwang vor den demokratischen Institutionen in Basisentscheidungen des »Rationalisierungsprozesses«. Genau in dieser simplen Übertragung liegt aber auch das *Kardinalproblem* dieses Denk- und Politikansatzes: Er bleibt in seiner Rezeptur auf die Epoche der Industriegesellschaft bezogen, wenn auch in der Gegenforderung zur Reindustrialisierungsstrategie. »Demokratisierung« im Verständnis des 19. Jahrhunderts setzt Zentralisation, Bürokratisierung usw. voraus und knüpft damit an Bedingungen an, die historisch teils überholt, teils fragwürdig geworden sind.

Dabei sind die Ziele, die durch Demokratisierung erreicht werden sollen, klar: Das Nacheinander von Forschungs- und Investitionsentscheidungen und öffentlich-politischer Diskussion soll aufgebrochen werden. Die Forderung lautet: Die Folgen und Gestaltungsspielräume der Mikroelektronik, Gentechnologie usw. gehören in die Parlamente, *bevor* die Grundsatzentscheidungen ihrer Umsetzung getroffen werden. Die Konsequenzen einer solchen Entwicklung lassen sich leicht vorhersagen: bürokratisch-parlamentarische Hemmnisse betrieblicher Rationalisierung und wissenschaftlicher Forschung.

Dies ist jedoch nur die eine Variante dieses Zukunftsmodells. Der anderen Variante dient der Ausbau des Sozialstaates als Vorbild. Es wird – grob gesagt – in Analogie zum Armutsrisiko des 19. und der ersten Hälfte des 20. Jahrhunderts argumentiert. Armutsrisiken und technologische Risiken sind Nebenfolgen des Industrialisierungsprozesses in unterschiedlichen historischen Phasen seiner Entwicklung. Beide Arten von Industrialisierungsrisiken haben – zeitlich versetzt – eine ähnliche politische Karriere, so daß aus den Erfahrungen im politischen und institutionellen Umgang mit Armutsrisiken für den Umgang mit technologischen Risiken gelernt werden kann. Die politisch-historische Karriere des Armutsrisikos – erbitterte Leugnung, erkämpfte Wahrnehmung und Anerkennung, politische und rechtliche Konsequenzen im Ausbau des Sozialstaates – scheint sich im Fall globaler Gefährdungslagen auf neuem Niveau und in anderem Metier zu wiederholen. Wie gerade der Ausbau des Sozialstaates in diesem Jahrhundert in Westeuropa zeigt, ist Leugnung nicht die einzige Option gegenüber industriell erzeugten Gefährdungslagen. Diese können vielmehr auch in einen *Ausbau* politischer Handlungsmöglichkeiten und demokratischer Schutzrechte umgemünzt werden.

Den Vertretern dieser Entwicklung schwebt *eine ökologische Variante des Wohlfahrtsstaates* vor. Diese kann dabei sogar Antworten auf *zwei* Gundprobleme: Naturzerstörung und Massenarbeitslosigkeit, geben. Entsprechende rechtliche Regelungen und politische Institutionen werden nach den historischen Vorbildern sozialpolitischer Gesetze und Institutionen entworfen. Behörden wären zu schaffen und mit entsprechenden Kompetenzen auszustatten, um den industriellen Raubbau an der Natur wirksam zu bekämpfen. Analog der Sozialversicherung könnte ein Versicherungssystem gegen gesundheitliche Schädigungen bei Umwelt- und Nahrungsmittelvergiftungen eingerichtet werden. Dazu wäre es freilich erforderlich, durch eine Änderung der geltenden Rechtsgrundlagen nicht länger den Geschädigten auch noch die Last des sowieso schwer zu führenden Kausalnachweises zuzuschieben.

Dabei müssen die inzwischen hervorgetretenen Grenzen und Folgeprobleme sozialstaatlicher Interventionen keineswegs auch für die ökologische Erweiterung gelten. Auch dabei wird es Widerstände der privaten Investoren geben. Im Falle sozialstaatlicher Sicherungen hatten diese ihren Grund in den steigenden Lohn- und Lohnnebenkosten. Entsprechende Pauschalbelastungen, die alle Unternehmen treffen, *entfallen* jedoch in technologiepolitischen Initiativen. Auch sie schlagen sich bei einigen als Kosten nieder, eröffnen allerdings anderen neue Märkte. Die Kosten und Expansionschancen werden sozusagen zwischen Branchen und Betrieben ungleich verteilt. Daraus ergeben sich zugleich Durchsetzungschancen einer entsprechend ökologisch orientierten Politik. Der Interessenblock der Wirtschaft zerfällt unter dem Eindruck der Risikoselektivität. Es können Koalitionen geschaffen werden, die nun ihrerseits der Politik dazu verhelfen, die anonyme Gestaltungsmacht des Fortschritts in den Bereich politisch-demokratischen Handelns hineinzunehmen. Überall, wo heute Giftgehalte das Leben von Natur und Mensch bedrohen, wo durch Rationalisierungsmaßnahmen die Grundlagen des bisherigen Zusammenlebens und -arbeitens aufgehoben werden, werden systematisch Erwartungen an die Politik erzeugt, die in einen Ausbau politisch-demokratischer Initiativen umgemünzt werden können. Die Gefahren eines solchen ökologisch orientierten Staatsinterventionismus lassen sich auch aus den Parallelen zum Sozialstaat ableiten: *wissenschaftlicher Autoritarismus* und überschäumende *Bürokratie*.

Darüber hinaus liegt diesem Denken aber ein Fehler zugrunde, der auch das Projekt der Reindustrialisierung kennzeichnet: Es wird davon ausgegangen, daß die Moderne durch alle Vervielfältigungen und Unübersichtlichkeiten hindurch ein politisches Steuerungszentrum hat oder doch haben sollte. Die Fäden *hätten* – so wird hier argumentiert – im politischen System und seinen zentralen Organen zusammenzulaufen. Alles, was dem entgegenläuft, wird als *Versagen* von Politik, Demokratie usw. gesehen und gewertet. Einerseits wird unterstellt, daß Modernisierung Autonomie, Differenzierung, Vereinzelung bedeutet. Andererseits wird die »Lösung« der damit auseinanderfallenden Teilprozesse in einer *Rezentralisierung* im politischen System und nach dem Modell der parlamentarischen Demokratie gesucht. Dabei werden nicht nur die inzwischen hinreichend deutlich gewordenen Schattenseiten eines bürokratischen Zentralismus und Interventionismus ausgeklammert. Es wird auch vorgängig der Grundsachverhalt *verkannt, daß die moderne Gesellschaft kein Steuerungszentrum hat*. Man mag zwar fragen, wie zu verhindern ist, daß die Autonomisierungstendenzen größer sind oder werden als die mögliche Selbstkoordination der Teilsysteme oder -einheiten. Diese Frage darf aber nicht über die Wirklichkeit der Zentrums- und Steuerungslosigkeit der Moderne hinwegtäuschen. Auch ist es nicht notwendig, daß Verselbständigungen, die im Prozeß der Modernisierung erzeugt werden, alternativlos in die Einbahnstraße der Anomie führen müssen. Denkbar sind auch neue Zwischenformen wechselseitiger Kontrolle, die den parlamentarischen Zentralismus meiden und doch vergleichbare Rechtfertigungszwänge schaffen. Vorbilder hierfür lassen sich durchaus in der Entwicklung der politischen Kultur in Deutschland in den vergangenen zwei Jahrzehnten finden: Medienöffentlichkeiten, Bürgerinitiativen, Protestbewegungen usw. Diese verschließen ihren Sinn, solange man sie auf die Prämissen eines institutionellen Zentrums von Politik bezieht. Dann erscheinen sie als untauglich, defizitär, instabil, ja möglicherweise an der Grenze der außerparlamentarischen Legalität operierend. Wenn man jedoch den Grundsachverhalt der *Entgrenzung* von Politik in den Mittelpunkt stellt, erschließt sich ihr Sinn als Formen experimenteller Demokratie, die auf dem Hintergrund durchgesetzter Grundrechte und ausdifferenzierter Subpolitik neue Formen direkter Mitsprache und Mitkontrolle jenseits von zentralisierten Steuerungs- und Fortschrittsfiktionen erproben.

Differentielle Politik

Ausgangspunkt für diesen Zukunftsentwurf ist die *Entgrenzung* von Politik, d.h. das Spektrum von Haupt-, Neben-, Sub- und Gegenpolitik, das unter den Bedingungen entwickelter Demokratie in der ausdifferenzierten Gesellschaft entstanden ist. Die Einschätzung lautet: Diese Zentrumslosigkeit der Politik ist auch durch die Forderung nach Demokratisierung nicht mehr rückgängig zu machen. Politik *hat sich in einem bestimmten Sinne generalisiert* und ist damit »mittelos« geworden. Die Unrevidierbarkeit dieses Übergangs exekutiver Politik in einen *politischen Prozeß*, der zugleich sein Spezifikum, sein Gegenteil, seinen Begriff und seine Wirkungsweise verloren hat, ist aber nicht nur ein Anlaß zur Trauer. Darin kündet sich eine *andere Epoche der Modernisierung* an, die hier mit dem Merkmal der »Reflexivität« bezeichnet wurde: Das »Gesetz« der funktionalen Differenzierung wird durch *Ent*differenzierungen (Risikokonflikte und -kooperationen, Moralisierung von Produktion, Ausdifferenzierung von Subpolitik) unterlaufen und außer Kraft gesetzt. Bei dieser Rationalisierung *zweiter Stufe* treten die Prinzipien von Zentralisierung und Bürokratisierung und die mit ihnen verbundene Erstarrung von Sozialstrukturen in Konkurrenz zu den Prinzipien der *Flexibilität*, die in den entstehenden Risiko- und Unsicherheitslagen zunehmend Priorität gewinnen, zugleich aber neue, heute noch gar nicht absehbare Formen der *»fremdkontrollierten Selbstkoordination«* von Subsystemen und dezentralen Handlungseinheiten voraussetzen.

In dem geschichtlichen Wandel verbergen sich auch Ansatzpunkte für eine sehr viel wendigere *Strukturdemokratisierung*. Diese nahm in dem Prinzip der Gewaltenteilung ihren Anfang (und ist insofern in dem Modell der Industriegesellschaft bereits enthalten) und wurde u.a. durch die Pressefreiheit weiter ausgebaut. Daß auch das ökonomische System ein Feld ist, in dem nicht nur Fortschritte als ungesehene Nebenfolgen von Eigennutz und technischen Zwängen produziert werden, sondern handfeste (Sub-)Politik im Sinne auch anders möglicher gesellschaftlicher Veränderung betrieben wird, bricht spätestens heute hervor, wo plötzlich die »ökonomisch-technische Notwendigkeit« von Schadstoffemissionen unter öffentlichem Druck zu einer von mehreren Entscheidungsmöglichkeiten zusammenschrumpft. Daß auch die Verhältnisse hinter den Mauern der Privatsphäre nicht immer in den tradierten Mustern von Ehe und Familie, Männer- und Frauenrolle ablaufen müssen, hatte der historisch Kundige geahnt, mußte aber erst durch Enttraditionalisierungen in das Wissen, mehr noch: in die Entscheidung hineingeholt werden. Dem Gesetzgeber steht weder das Recht noch die Möglichkeit offen, hier hineinzuregieren. Die »Nebenregierung der Privatheit« kann die Verhältnisse des Zusammenlebens ohne Gesetzesvorlage und Beschlußfassung *hier und jetzt* verändern und tut dies auch, wie die emporschnellenden, querliegenden, wechselnden Lebensverhältnisse verdeutlichen.

Der Blick auf diese Entwicklung wird immer noch durch die intakt gehaltene Fassadenwirklichkeit der Industriegesellschaft verstellt. Die hier vertretene Einschätzung lautet: Heute brechen Monopole auf, die mit der Industriegesellschaft entstanden und in ihre Institutionen eingebaut sind, *es brechen Monopole auf, aber es stürzen keine Welten ein*: das Rationalitätsmonopol der Wissenschaft, das Berufsmonopol der Männer, das Sexualmonopol der Ehe, das Politikmonopol der Politik. Alles dies wird brüchig aus unterschiedlichsten Gründen und mit sehr vielfältigen, unabsehbaren, ambivalenten Folgen. Aber jedes dieser Monopole steht auch im *Widerspruch* zu den Prinzipien, die mit der Moderne durchgesetzt wurden. Das Rationalitätsmonopol der Wissenschaft schließt den Selbstskeptizismus aus. Das Berufsmonopol der Männer steht im Gegensatz zu universalistischen Gleichheitsforderungen, unter denen die Moderne angetreten ist, usw. Dies bedeutet auch: Viele Risiken und Fragen entstehen in der *Kontinuität* der Moderne und werden *gegen* die Halbierung ihrer Prinzipien im Projekt der Industriegesellschaft geltend gemacht. Die andere Seite der Unsicherheit, die die Risikogesellschaft über die gepeinigte Menschheit bringt, ist die *Chance*, das Mehr an Gleichheit, Freiheit und Selbstgestaltung, das die Moderne verspricht, *gegen* die Einschränkungen, funktionalen Imperative und Fortschrittsfatalismen der Industriegesellschaft zu finden und zu aktivieren.

Verzerrt wird das Wahrnehmen und Begreifen der Situation und Entwicklung wesentlich dadurch, daß Außen und Innen, verabredetes und tatsächliches Rollenspiel *systematisch* auseinanderfallen. Wir spielen in vielen Bereichen das Theater nach dem Skript der Industriegesellschaft, obwohl wir die Rollen, die hier vorgeschrieben sind, in den Verhältnissen, in denen wir handeln und leben, gar nicht mehr ausüben können, und wir spielen sie uns und anderen vor, obwohl wir gleichzeitig wissen, daß alles im Grunde ganz anders verläuft. *Die Gestik des »Als-Ob« beherrscht vom 19. ins 21. Jahrhundert die Szene.* Wissenschaftler tun so, *als ob* sie Wahrheit gepachtet hätten, und müssen dies nach außen hin auch, weil davon ihre ganze Stellung abhängt. Politiker sind – insbesondere in Wahlkämpfen – verpflichtet, eine Entscheidungsgewalt vorzutäuschen, von der sie doch am besten selbst wissen, daß sie eine *systembedingte Legende* ist, die bei der nächsten Gelegenheit auch ihnen um die Ohren geschlagen werden kann. Diese Fiktionen haben ihre Realität in dem funktionalen Rollenspiel und Machtgefüge der Industriegesellschaft. Sie haben aber auch ihre *Ir*realität in dem entstandenen Dschungel von Unübersichtlichkeiten, der gerade ein *Ergebnis* reflexiver Modernisierungen ist. Ob dadurch Not erzeugt oder abgebaut wird und in welcher Hinsicht was gilt, ist nicht zuletzt deswegen so schwer entscheidbar geworden, weil das Koordinatensystem der Begriffe selbst betroffen ist und verschwimmt. Um den erreichten Stand ausdifferenzierter (Sub-)Politik überhaupt beschreiben oder begreifen zu können, ist offensichtlich ein *anderes Politikverständnis* erforderlich als das, das der Spezialisierung von Politik im politischen System nach dem Demokratiemodell zugrunde liegt. In dem Sinne allgemeiner Demokratie ist Politik gewiß nicht generalisiert worden. In welchem Sinne aber dann? Welche Verluste und Gewinne bedeutet oder, vorsichtiger: könnte die Entgrenzung von Politik für die Politiksphäre und für die Netzwerke der Sub- und Gegenpolitik bedeuten?

Die Einstiegseinsicht lautet: *Die Politik muß die Selbstbegrenzung, die historisch vollzogen wurde, nachvollziehen.* Politik ist nicht länger der einzige oder auch nur der zentrale Ort, an dem über die Gestaltung der gesellschaftlichen Zukunft entschieden wird. Es geht bei Wahlen und in Wahlkämpfen nicht darum, einen »Führer der Nation« zu wählen, der dann über die Fäden der Macht verfügt und dem alles anzulasten ist, alles Schlechte und Gute, das in seiner Amtszeit geschieht. Wenn dies so wäre, lebten wir in einer Diktatur, die ihren Diktator wählt, aber nicht in einer Demokratie. Man kann geradezu sagen: Alle Zentralisationsvorstellungen von Politik stehen in einem umgekehrt proportionalen Verhältnis zum Grad der Demokratisierung einer Gesellschaft. Dies ist so wichtig zu erkennen, weil der Zwang, mit der Fiktion zentralisierter Staatsgewalt zu operieren, den Erwartungshintergrund schafft, vor dem dann die Realität realer Politikverflechtungen als Schwäche erscheint, als Versagen, das nur durch eine »starke Hand« aufgehoben werden kann, obwohl sie doch genau das Gegenteil ist: ein Zeichen für universalisierte Bürgerwiderständigkeit im Sinne von aktiver Mit- und Gegenwirkung.

Dasselbe gilt auch für die andere Seite derselben Beziehung: die verschiedensten Felder der Subpolitik. Wirtschaft, Wissenschaft usw. können nicht länger so tun, als täten sie nicht, was sie tun: die Bedingungen gesellschaftlichen Lebens zu verändern und d.h.: mit *ihren Mitteln* Politik machen. Das ist nichts Unanständiges, nichts, das es zu verbergen und zu verheimlichen gilt. Es ist vielmehr die bewußte Gestaltung und Wahrnehmung der Handlungsspielräume, die die Moderne inzwischen erschlossen hat. Wo alles verfügbar, Produkt von Menschenhand geworden ist, ist das *Zeitalter der Ausrede vorbei*. Es herrschen keine Sachzwänge mehr, es sei denn, wir lassen und machen sie herrschen. Das bedeutet sicherlich nicht, daß nun alles so oder so gestaltet werden kann. Aber es bedeutet sehr wohl, daß die Tarnkappen der Sachzwänge abgelegt und deshalb Interessen, Standpunkte, Möglichkeiten abgewogen werden müssen. Auch können die hinter dem Optimismuspanzer von Fortschritten angesammelten Privilegien, vollendete Tatsachen zu schaffen, nicht ohne weiteres auf transirdische Geltung hoffen. Das wirft die Frage auf, wie etwa Forschung, die Tod und Leben neudefiniert, zu kontrollieren wäre, wenn nicht durch Vorschriften oder parlamentarische Entscheidungen. Konkret gefragt: Wie z. B. können wir den humangenetischen Eskapismus in Zukunft verhindern, ohne die Freiheit der Frage in der Forschung, ohne die wir auch nicht leben können, abzuwürgen?

Meine Antwort lautet: *durch einen Ausbau und rechtliche Sicherung bestimmter Einflußmöglichkeiten der Subpolitik*. Wesentliche Hintergrundbedingungen bilden sicherlich starke und unabhängige Gerichte und eine starke und unabhängige Medienöffentlichkeit mit allem, was dies voraussetzt. Das sind sozusagen zwei tragende Säulen im System subpolitischer Gegenkontrollen, die aber alleine, wie die Vergangenheit lehrt, nicht ausreichen. Ein wesentlich ergänzender Schritt ist erforderlich. Die Möglichkeiten der Selbstkontrolle, die alle Besitzer von Monopolen hochhalten, müssen ergänzt werden durch die Möglichkeiten der *Selbstkritik*. Das heißt: das, was bisher sich nur mühsam gegen die Dominanz von Professionen oder betrieblichem Management einen Weg freikämpfen kann, muß *institutionell abgesichert* werden: Gegenexpertise, alternative Berufspraxis, innerberufliche und -betriebliche Auseinandersetzungen um Risiken eigener Entwicklungen, verdrängter Skeptizismus. In diesem Fall hat Popper wirklich recht: Kritik bedeutet Fortschritt. Nur dort, wo Medizin gegen Medizin, Atomphysik gegen Atomphysik, Humangenetik gegen Humangenetik, Informationstechnik gegen Informationstechnik steht, kann nach außen hin übersehbar und beurteilbar werden, welche Zukunft hier in der Retorte ist. Die Ermöglichung von Selbstkritik in allen Formen ist nicht etwa eine Gefährdung, sondern der wahrscheinlich *einzige Weg*, auf dem der Irrtum, der uns sonst früher oder noch früher die Welt um die Ohren fliegen läßt, vorweg entdeckt werden könnte. Welche Regelungen und Stützungen dies befördern, ist im einzelnen noch nicht abzusehen. Viel wäre schon gewonnen, wenn die Vorschriften, die Menschen zu Meinungssklaven für diejenigen machen, für die sie arbeiten, abgebaut würden. Dann wäre es auch möglich, daß Techniker über ihre Erfahrungen in Betrieben berichten und die Risiken, die sie sehen und produzieren, wenigstens nicht mehr am Werktor vergessen müssen. Hier liegt zweifellos auch eine neue, wichtige Aufgabe der Gewerkschaften. Ähnlich wie das Streikrecht wäre – im Interesse der Allgemeinheit – das Recht auf professions- und betriebsinterne Technikkritik zu erkämpfen und zu sichern. Diese Institutionalisierung von Selbstkritik ist deswegen so wichtig, weil in vielen Bereichen ohne entsprechendes Know-how weder die Risiken noch alternative Wege ihrer Vermeidung erkannt werden können.

Für die Forschung hätte dies sicher die Konsequenz, daß bereits im Vorfeld *alternativ und kontrovers* über die Risiken bestimmter Schritte und Vorhaben diskutiert werden müßte, und zwar nicht nur in innerfachlichen, sondern auch in institutionell zu schaffenden *zwischenfachlichen Teilöffentlichkeiten*. In welcher Form dies organisiert werden könnte und welche Kontrollmöglichkeiten diese inter- und überprofessionellen Instanzen auszuüben in der Lage sein sollten, muß dabei angesichts eines weißen Blattes Papier noch gar nicht vorgedacht werden.

Für die offizielle Politik wären damit nun wiederum beträchtliche Einflußmöglichkeiten verbunden. Man stelle sich nur einmal vor, wie die Diskussion um die Kostensenkung im Gesundheitswesen belebt würde, wenn wir über eine wirksame, argumentationsstarke Gegenmedizin verfügten. Damit könnte allerdings auch die Politik nicht ihr Politikmonopol neu etablieren. Dennoch gäbe es einen zentralen Unterschied zu den verschiedenen Feldern der Subpolitik, der eher noch an Bedeutung gewänne: Während in Wirtschaft (und auch in den Wissenschaften) der Streit um partikulare Interessen und Standpunkte tobt und toben sollte, könnte das politische System die allgemeinen (gesetzlichen) Rahmenbedingungen festlegen, die Generalisierbarkeit von Regelungen prüfen, Konsens erzeugen. Das bedeutet, die *bewahrenden, schlichtenden, diskursiven, symbolischen Funktionen von Politik* – die unterderhand, aber noch ganz im Schatten von fiktiven Machtkonstruktionen, sowieso schon dominieren – könnten zum Kern ihrer Aufgabe werden. Im Verhältnis zu den Zentren der Subpolitik käme damit eher eine *konservierende* Wirkung von Politik zur Geltung. Dabei wäre das erreichte Niveau sozialer und demokratischer Rechte gegen Zugriffe (auch aus den eigenen Reihen) abzuschirmen und auszubauen. Innovationen müßten dagegen eher den eingeschlagenen paradoxen Weg der Selbstentmachtung weitergehen, in dem rechtliche und institutionelle Bedingungen geschaffen werden, um in Gang befindliche gesellschaftliche Erprobungs- und Lernprozesse (Entwicklung neuer Lebensformen im Zuge von Individualisierungsprozessen, professionsinterne Pluralisierungen und Kritik) gegen vorhandene Restriktionen zu ermöglichen. Kann es sein, daß hinter den noch hochgehaltenen Fassaden der guten, alten Industriegesellschaft sich heute neben vielen Risiken und Gefährdungen in einigen Feldern bereits Formen dieser neuen Arbeits- und Machtteilung von Politik und Subpolitik abzuzeichnen und einzuspielen beginnen?

Literatur

Vorwort (Einführung)

Adorno, Th. W. (Hg.): Spätkapitalismus oder Industriegesellschaft?, Frankfurt 1969
Anders, G.: Die Antiquiertheit des Menschen. Über die Zerstörung des Lebens im Zeitalter der dritten industriellen Revolution, München 1980
Beck, U.: Von der Vergänglichkeit der Industriegesellschaft, in: Schmid, Th. (Hg.), Das pfeifende Schwein, Berlin 1985
Bell, D.: Die Zukunft der westlichen Welt – Kultur und Technik im Widerstreit, Frankfurt 1976
Berger, J. (Hg.): Moderne oder Postmoderne, Sonderband 4 der Sozialen Welt, Göttingen 1986 (im Erscheinen)
Berger, P., Berger, B., Kellner, H.: Das Unbehagen in der Modernität, Frankfurt 1975
Brand, G.: Industrialisierung, Modernisierung, gesellschaftliche Entwicklung, in: ZfS/1, 1972, S. 2–14
Dahrendorf, R.: Lebenschancen, Frankfurt 1979
Eisenstadt, S. N.: Tradition, Wandel und Modernität, Frankfurt 1979
Etzioni, A.: An Immodest Agenda, New York 1983
Fourastié, J.: Die Große Hoffnung des zwanzigsten Jahrhunderts, Köln 1969
Gehlen, A.: Über die kulturelle Kristallisation, in: ders.: Studien zur Anthropologie und Soziologie, Neuwied 1963
Habermas, J.: Der Diskurs der Moderne, Frankfurt 1985
Ders.: Die Neue Unübersichtlichkeit, Frankfurt 1985
Horkheimer, M., Adorno, Th. W.: Dialektik der Aufklärung, Frankfurt 1969
Jonas, H.: Das Prinzip Verantwortung – Versuch einer Ethik für die technologische Zivilisation, Frankfurt 1984
Koselleck, R.: Vergangene Zukunft, Frankfurt 1979
Lepsius, M. R.: Soziologische Theoreme über die Sozialstruktur der »Moderne« und der »Modernisierung«, in: Koselleck, R. (Hg.): Studien zum Beginn der modernen Welt, Stuttgart 1977
Lodge, D.: Modernism, Antimodernism and Postmodernism, Birmingham 1977
Schelsky, H.: Der Mensch in der wissenschaftlichen Zivilisation, in: ders.: Auf der Suche nach Wirklichkeit, Düsseldorf 1965
Toffler, A.: Die dritte Welle – Zukunftschancen, Perspektiven für die Gesellschaft des 21. Jahrhunderts, München 1980
Touraine, A.: Soziale Bewegungen, in: Soziale Welt 1983/Heft 1

Die Konturen der Risikogesellschaft (Kapitel I und II)

Anders, G.: Die atomare Bedrohung, München 1983
Bechmann, G. (Hg.): Gesellschaftliche Bedingungen und Folgen der Technologiepolitik, Frankfurt/New York 1984
Brooks, H.: The resolution of technically intensive public policy disputes, in: Science, Technology, Human Values, Vol. 9, Nr. 1/1984
Conrad, J.: Zum Stand der Risikoforschung, Frankfurt: Battelle, 1978
Corbin, A.: Pesthauch und Blütenduft, Berlin 1984
Douglas, M., Wildavsky, A.: Risk and Culture, New York 1982
Eppler, E.: Wege aus der Gefahr, Reinbek 1981
Friedrichs, G., Bechmann, G., Gloede, F.: Großtechnologien in der gesellschaftlichen Kontroverse, Karlsruhe 1983
Glotz, P.: Die Arbeit der Zuspitzung, Berlin 1984
Jänicke, M.: Wie das Industriesystem von seinen Mißständen profitiert, Köln 1979
Jänicke, M., Simonis, U. E., Weegmann, G.: Wissen für die Umwelt. 17 Wissenschaftler bilanzieren. Berlin/New York 1985
Jungk, R.: Der Atomstaat. Vom Fortschritt in die Unmenschlichkeit, Hamburg 1977
Kallscheuer, O.: Fortschrittsangst, in: Kursbuch Nr. 74/1983
Keck, O.: Der schnelle Brüter – Eine Fallstudie über Entscheidungsprozesse in der Großtechnologie, Frankfurt 1984
Kitschelt, H.: Der ökologische Diskurs. Eine Analyse von Gesellschaftskonzeptionen in der Energiedebatte, Frankfurt 1984
Koselleck, R. (Hg.): Studien über den Beginn der modernen Welt, Stuttgart 1977
Kruedener, J.v., Schulert, K.v. (Hg.): Technikfolgen und sozialer Wandel, Köln 1981
Lahl, U., Zeschmer, B.: Formaldehyd – Porträt einer Chemikalie: Kniefall der Wissenschaft vor der Industrie?, Freiburg 1984
Leipert, C., Simonis, U. E.: Arbeit und Umwelt, Forschungsbericht Berlin 1985
Mayer-Tasch, P. C.: Die Internationale Umweltpolitik als Herausforderung für die Nationalstaatlichkeit, in: aus politik und zeitgeschichte, 20/1985
Moscovici, S.: Versuch über die menschliche Geschichte der Natur, Frankfurt 1982
Natur 4/85, S. 46–50: »Höchstmengen«
Nelkin, D., Brown, M. S.: Workers at risk, Chicago 1984
Nelkin, D., Pollok, M.: Public Participation in Technological Decisions: Reality or Grand Illusion?, in: Technology Review, August/September 1979
Nowotny, H. (Hg.): Vom Technology Assessment zur Technikbewertung.

Ein europäischer Vergleich, Wien 1985
O'Riordian: The cognitive and political dimension of risk analysis, in: Journal of Environmental Psychology 3/83, S. 345-54
Otway, H., Pahner, P. D.: Risk Assessment, in: Futures 8 (1976), S. 122-134
Otway, H., Thomas, K.: Reflections on Risk Perception and Policy, in: Risk Analysis, Vol. 2, No. 2/1982
Perrow, Ch.: Normal Accidents: Living with High Risk Technologies, New York 1984
Rat der Sachverständigen für Umweltfragen: Sondergutachten Umweltprobleme der Landwirtschaft (Kurzfassung), Ms. 1985
Renn, O.: Risikowahrnehmung in der Kernenergie, Frankfurt 1984
Ropohl, G.: Die unvollkommene Technik, Frankfurt 1985
Rowe, W. D.: An Anatomy of Risk, New York 1975
Schütz, R.: Ökologische Aspekte einer naturphilosophischen Ethik, Ms. Bamberg 1984
Schumm, W.: Die Risikoproduktion kapitalistischer Industriegesellschaften, Ms. Frankfurt 1985
Short, J. F.: The social fabric of risk: towards the social transformation of risk analysis, in: American Sociological Review 1984, Vol. 49 Dezember, S. 711-725
Späth, L.: Wende in die Zukunft. Die Bundesrepublik in die Informationsgesellschaft, Reinbek 1985
Starr, Ch.: Social Benefit Versus Technological Risk, Science 165, 1965, S. 1232-1238
Stegmüller, W.: Probleme und Resultate der Wissenschaftstheorie, Berlin/New York 1970
Strasser, J., Traube, K.: Die Zukunft des Fortschritts. Der Sozialismus und die Krise des Industrialismus, Berlin 1984
The Council for Science and Society: The Acceptability of Risks, London 1977
Thompson, M., Wildavsky, A.: A proposal to create a cultural theory of risk, in: Kunreuther/Ley (Hg.): The risk analysis controversy, New York 1982
Touraine, A. u.a.: Die antinucleare Prophetie. Zukunftsentwürfe einer sozialen Bewegung, Frankfurt 1982
Umweltbundesamt (Hg.): Berichte 5, Berlin 1985
Urban, M.: Wie das Sevesogift wirkt, in: Süddeutsche Zeitung vom 30.5.1985
Van den Daele, W.: Technische Dynamik und gesellschaftliche Moral. – Zur soziologischen Bedeutung der Gentechnologie, in: Soziale Welt 2/3 1986
Wambach, M. M. (Hg.): Der Mensch als Risiko. Zur Logik von Prävention und Früherkennung, Frankfurt 1983

Individualisierung sozialer Ungleichheit (Kapitel III)

Abelshauser, W.: Wirtschaftsgeschichte der Bundesrepublik Deutschland 1945–1980, Frankfurt am Main 1983
Alber, J.: Vom Armenhaus zum Wohlfahrtsstaat. Analysen zur Entwicklung der Sozialversicherung in Westeuropa, Frankfurt am Main/New York 1982
Allerbeck, K. R., Stork, H. R.: »Soziale Mobilität in Deutschland 1833–1970. Eine Reanalyse, in: KZfSS 32/1980, S. 93ff.
Arbeits- und Sozialstatistik: Hauptergebnisse, hrsg. vom Bundesminister der Sozialordnung, Bonn 1983
Badura, B. (Hg.): Soziale Unterstützung und chronische Krankheit, Frankfurt am Main 1981
Bahrdt, H. P.: Erzählte Lebensgeschichten von Arbeitern, in: Osterland (Hg.): Arbeitssituation, Lebenslage und Konfliktpotential, Frankfurt am Main, 1975
Ballerstedt, E., Glatzer, W.: Soziologischer Almanach, Frankfurt am Main 1979
Balsen, W., Nakielski, H., Rössel, K., Winkel, R.: Die neue Armut – Ausgrenzung von Arbeitslosen aus der Arbeitslosenunterstützung, Köln 1984
Beck, U.: Jenseits von Stand und Klasse?, in: Kreckel (Hg.): Soziale Ungleichheiten, Sonderband 2 der Sozialen Welt, Göttingen 1983
Bellmann, L., Gerlach, K., Hübler, O.: Lohnstruktur in der Bundesrepublik Deutschland. Zur Theorie und Empirie der Arbeitseinkommen, Frankfurt am Main/New York 1984
Bendix, R., Lipset, S. M.: Social Mobility in Industrial Society, Berkeley/Los Angeles 1959
Berger, J.: Das Ende der Gewißheit – Zum analytischen Potential der Marxschen Theorie, in: Leviathan 11/1983, S. 475ff.
Berger, P. A.: Entstrukturierte Klassengesellschaft? Klassenbildung und Strukturen sozialer Ungleichheit im historischen Wandel, Opladen 1986
Bericht der Kommission »Zukunftsperspektiven Gesellschaftlicher Entwicklung«, erstellt im Auftrag der Landesregierung Baden-Württemberg, Stuttgart 1983
Bildung im Zahlenspiel: Bildung im Zahlenspiel, hrsg. vom Statistischen Bundesamt, Wiesbaden/Stuttgart 1983
Bischoff, J. u.a.: Jenseits der Klassen? Gesellschaft und Staat im Spätkapitalismus, Hamburg 1982
Blossfeld, P.: Bildungsreform und Beschäftigung der jungen Generation im öffentlichen und privaten Sektor. Eine empirisch vergleichende Analyse, in: Soziale Welt 35/1984, S. 159ff.
Bolte, K. M.: Anmerkungen zur Erforschung sozialer Ungleichheit, in: Kreckel, R. (Hg.): Soziale Ungleichheiten, Soziale Welt, Sonderband 2,

Göttingen 1983
Bolte, K. M., Hradil, S.: Soziale Ungleichheit in der Bundesrepublik Deutschland, Opladen 1984
Bonß, W., Heinze, H. G. (Hg.): Arbeitslosigkeit in der Arbeitsgesellschaft, Frankfurt am Main 1984
Borchardt, K.: Nach dem ›Wunder‹. Über die wirtschaftliche Entwicklung der Bundesrepublik«, in: Merkur 39/1985, S. 35ff.
Bourdieu, P.: Die feinen Unterschiede, Frankfurt am Main 1982
Bourdieu, R., Passeron, J.-C.: Die Illusion der Chancengleichheit, Stuttgart 1971
Brock, D., Vetter, H.-R.: Alltägliche Arbeitsexistenz, Frankfurt am Main 1982
Büchtemann, Ch. F.: Der Arbeitsprozeß. Theorie und Empirie strukturierter Arbeitslosigkeit in der Bundesrepublik Deutschland, in: Bonß/ Heinze (Hg.) 1984, S. 53ff.
Cohen, J. L.: Class and Civil Society: The Limits of Marxian Critical Theory, Amherst 1982
Conze, W., Lepsius, M. R. (Hg.): Sozialgeschichte der Bundesrepublik Deutschland. Beiträge zum Kontinuitätsproblem, Stuttgart 1983
Cottrell, A.: Social Classes in Marxist Theory, London 1984
Dahrendorf, R.: Soziale Klassen und Klassenkonflikt in der industriellen Gesellschaft, Stuttgart 1957
Engelsing, R.: Zur Sozialgeschichte deutscher Mittel- und Unterschichten, Göttingen 1978
Feher, F., Heller, A.: »Class, Democracy and Modernity«, in: Theory and Society 12/1983, S. 211ff.
Flora, P. et al.: State, Economy and Society in Western Europe 1815–1975. A Data Handbook in Two Volumes, Vol. I: The Growth of Mass Democracies and Welfare States, Frankfurt am Main/London/Chicago 1983
Geiger, Th.: Die Klassengesellschaft im Schmelztiegel, Köln/Hagen 1969
Giddens, A.: The Class Structure of Advanced Societies, London 1983 (deutsch: Frankfurt am Main 1979)
Glatzer, W., Zapf, W. (Hg.): Lebensqualität in der Bundesrepublik. Objektive Lebensbedingungen und subjektives Wohlbefinden, Frankfurt am Main/New York 1984
Goldthorpe, J. H. u.a.: Der »wohlhabende« Arbeiter in England, 3 Bände, München 1970 (englische Ausgabe: London 1968)
Goldthorpe, J. H.: Social Mobility and Class Structure in Modern Britain, Oxford 1980
Gorz, A.: Abschied vom Proletariat, Frankfurt am Main 1980
Gouldner, A. W.: Die Intelligenz als neue Klasse, Frankfurt am Main 1980
Haller, M., Müller, W.: Beschäftigungssystem im gesellschaftlichen Wandel, Frankfurt am Main/New York 1983
Handl, J., Mayer, K. U., Müller, W.: Klassenlagen und Sozialstruktur. Em-

pirische Untersuchungen für die Bundesrepublik Deutschland, Frankfurt am Main 1977
Heinze, R. G., Hohn, H.-W., Hinrichs, K., Olk, T.: Armut und Arbeitsmarkt: Zum Zusammenhang von Klassenlagen und Verarmungsrisiken im Sozialstaat, in: ZfS 10/1981, S. 219ff.
Herkommer, S.: Sozialstaat und Klassengesellschaft – Zur Reproduktion sozialer Ungleichheit im Spätkapitalismus, in: Kreckel, R. (Hg.): Soziale Ungleichheiten, Soziale Welt, Sonderband 2, Göttingen 1983
Hörning, K. (Hg.): Der »neue« Arbeiter – Zum Wandel sozialer Schichtstrukturen, Frankfurt am Main 1971
Hondrich, K. O.: Der Wert der Gleichheit und der Bedeutungswandel der Ungleichheit, in: Soziale Welt 35/1984, S. 267ff.
Ders. (Hg.): Soziale Differenzierungen, Frankfurt am Main 1982
Honneth, A.: Moralbewußtsein und soziale Klassenherrschaft. Einige Schwierigkeiten in der Analyse normativer Handlungspotentiale, in: Leviathan 9/1981, S. 555ff.
Hradil, S.: Die Ungleichheit der »Sozialen Lage«, in: Kreckel, R. (Hg.): Soziale Ungleichheiten, Soziale Welt, Sonderband 2, Göttingen 1983
Huck, G. (Hg.): Sozialgeschichte der Freizeit. Untersuchungen zum Wandel der Alltagskultur in Deutschland, Wuppertal 1980
Kaelble, H.: Industrialisierung und soziale Ungleichheit. Europa im 19. Jahrhundert. Eine Bilanz, Göttingen 1983
Ders.: Soziale Mobilität und Chancengleichheit im 19. und 20. Jahrhundert. Deutschland im internationalen Vergleich, Göttingen 1983
Kickbusch, I., Riedmüller, B. (Hg.): Die armen Frauen. Frauen in der Sozialpolitik, Frankfurt am Main 1984
Kocka, J.: Stand – Klasse – Organisation. Strukturen sozialer Ungleichheit in Deutschland vom späten 18. bis zum frühen 20. Jahrhundert im Aufriß, in: Wehler (Hg.), 1979
Ders.: Lohnarbeit und Klassenbindung, Bonn 1983
Ders.: Diskussionsbeitrag, in: Kreckel, R. (Hg.): Soziale Ungleichheiten, Soziale Welt, Sonderband 2, Göttingen 1983
Kreckel, R.: Theorie sozialer Ungleichheit im Übergang, in: ders. (Hg.): Soziale Ungleichheiten, Soziale Welt, Sonderband 2, Göttingen 1983
Langewiesche, D., Schönhoven, K. (Hg.): Arbeiter in Deutschland. Studien zur Lebensweise der Arbeiterschaft im Zeitalter der Industrialisierung, Paderborn 1981
Lederer, E.: Die Gesellschaft der Unselbständigen. Zum sozialpsychischen Habitus der Gegenwart, in: ders.: Kapitalismus, Klassenstruktur und Probleme der Demokratie in Deutschland, hrsg. von Kocka, J., Göttingen 1979, S. 14ff.
Lepsius, M. R.: Soziale Ungleichheit und Klassenstruktur in der Bundesrepublik Deutschland, in: Wehler (Hg.), 1979
Lutz, B.: Bildungsexpansion und soziale Ungleichheit – Eine historisch-

soziologische Skizze, in: Kreckel, R. (Hg.): Soziale Welt, Sonderband 2, Göttingen 1983
Ders.: Der kurze Traum immerwährender Prosperität. Eine Neuinterpretation der industriell-kapitalistischen Entwicklung im Europa des 20. Jahrhunderts, Frankfurt am Main/New York 1984
Maase, K.: Betriebe ohne Hinterland? Zu einigen Bedingungen der Klassenbildung im Reproduktionsbereich, in: Institut für Marxistische Studien und Forschungen (Hg.): Marxistische Studien. Jahrbuch des IMSF 7, Frankfurt am Main, 1984, S. 256ff.
Marx, K.: Die Frühschriften, Stuttgart 1971
Ders.: Der 18te Brumaire des Louis Napoleon, in: MEW, Bd. 8, Berlin 1982, S. 111ff.
Miegel, M.: Die verkannte Revolution. Einkommen und Vermögen privater Haushalte, Stuttgart 1983
Mommsen, W. J., Mock, W. (Hg.): Die Entstehung des Wohlfahrtsstaates in Großbritannien und Deutschland 1850–1950, Stuttgart 1982
Moore, B.: Ungerechtigkeit – Die sozialen Ursachen von Unterordnung und Widerstand, Frankfurt am Main 1982
Mooser, J.: Auflösung proletarischer Milieus. Klassenbildung und Individualisierung in der Arbeiterschaft vom Kaiserreich bis in die Bundesrepublik Deutschland, in: Soziale Welt 34/1983, S. 270ff.
Ders.: Arbeiterleben in Deutschland 1900–1970. Klassenlagen, Kultur und Politik, Frankfurt am Main 1984
Müller, W., Willms, A., Handl, J.: Strukturwandel der Frauenarbeit, Frankfurt am Main/New York 1983
Osterland, M.: Materialien zur Lebens- und Arbeitssituation der Industriearbeiter in der Bundesrepublik Deutschland, Frankfurt am Main 1973
Ders.: Lebensbilanzen und Lebensperspektiven von Industriearbeitern, in: Kohli, M. (Hg.): Soziologie des Lebenslaufes, Darmstadt 1978
Pappi, F. U.: Konstanz und Wandel der Hauptspannungslinien in der Bundesrepublik, in: Matthes (Hg.): Sozialer Wandel in Westeuropa, Frankfurt am Main 1979
Reulecke, J., Weber, W. (Hg.): Fabrik, Familie, Feierabend. Beiträge zur Sozialgeschichte des Alltags im Industriezeitalter, Wuppertal 1978
Schelsky, H.: Die Bedeutung des Klassenbegriffs für die Analyse unserer Gesellschaft, in: Seidel/Jenker (Hg.): Klassenbildung und Sozialschichtung, Darmstadt 1961
Schneider, R.: Die Bildungsentwicklung in den westeuropäischen Staaten 1870–1975, in: ZfS, Jg. 11/Heft 3, 1982
Teichler, U., Hartung, D., Nuthmann, R.: Hochschulexpansion und Bedarf der Gesellschaft, Stuttgart 1976
Thompson, E. P.: The Making of the English Working Class, Harmondsworth 1963

Voigt, R. (Hg.): Verrechtlichung, Königstein 1980
Weber, M.: Wirtschaft und Gesellschaft, 3. Auflage, Tübingen 1972
Wehler, H.-U. (Hg.): Klassen in der europäischen Sozialgeschichte, Göttingen 1979
Westergaard, J.: The Withering Away of Class: A Contemporary Myth, in: Anderson, P. (ed.): Towards Socialism, London 1965
Wiegand, E., Zapf, W. (Hg.): Wandel der Lebensbedingungen in Deutschland. Wohlfahrtsentwicklung seit der Industrialisierung, Frankfurt am Main/New York 1982
Zapf, W. (Hg.): Lebensbedingungen in der Bundesrepublik. Sozialer Wandel und Wohlfahrtsentwicklung, Frankfurt am Main/New York 1977

Ich bin Ich: Vom Ohne-, Mit- und Gegeneinander der Geschlechter innerhalb und außerhalb der Familie (Kapitel IV)

Allerbeck, K., Hoag, W.: Jugend ohne Zukunft, München 1984
Ariès, P., Béjin, A., Foucault, M. u.a.: Die Masken des Begehrens und die Metamorphosen der Sinnlichkeit – Zur Geschichte der Sexualität im Abendland, Frankfurt 1984
Ariès, P.: Liebe in der Ehe, in: ebd. S. 165–175
Beck-Gernsheim, E.: Vom Geburtenrückgang zur Neuen Mütterlichkeit? – Über private und politische Interessen am Kind, Frankfurt 1984
Dies.: Das halbierte Leben. Männerwelt Beruf, Frauenwelt Familie, Frankfurt 1985 (2. Aufl.)
Dies.: Vom »Dasein für andere« zum Anspruch auf ein Stück »eigenes Leben«, in: Soziale Welt 1983, S. 307–340
Dies.: Von der Liebe zur Beziehung? Veränderungen im Verhältnis von Mann und Frau in der individualisierten Gesellschaft, in: J. Berger (Hg.): Moderne oder Postmoderne, Sonderband 4 der Sozialen Welt, Göttingen 1986 (im Erscheinen)
Dies.: Geburtenrückgang und Neuer Kinderwunsch, Habilitationsschrift München 1986
Béjin, A.: Ehen ohne Trauschein heute, in: Ariès u.a., Frankfurt 1984
Berger, B., Berger, P. L.: The War over the Family, New York 1983 (deutsch: Reinbek 1984)
Berger, P., Kellner, H.: Die Ehe und die Konstruktion der Wirklichkeit, in: Soziale Welt 1965, S. 220–241
Bernardoni, C., Werner, V. (Hg.): Der vergeudete Reichtum – Über die Partizipation von Frauen im öffentlichen Leben, Bonn 1983
Beyer, J. u.a. (Hg.): Frauenlexikon – Stichworte zur Selbstbestimmung, München 1983
Biermann, I., Schmerl, C., Ziebell, L.: Leben mit kurzfristigem Denken –

Eine Untersuchung zur Situation arbeitsloser Akademikerinnen, Weilheim und Basel 1985

Brost, H.-G., Wohlrab-Sahr, M.: Formen individualisierter Lebensführung von Frauen – ein neues Arrangement zwischen Familie und Beruf, in: Brose (Hg.): Berufsbiographien im Wandel, Opladen 1986

Buchholz, W. u.a.: Lebenswelt und Familienwirklichkeit, Frankfurt 1984

Bundesminister für Bildung und Wissenschaft (Hg.): Grund- und Strukturdaten, Bonn 1982/83 und 1984/85

Bundesminister für Jugend, Familie und Gesundheit (Hg.): Nichteheliche Lebensgemeinschaften in der Bundesrepublik Deutschland, Köln 1985

Ders. (Hg.): Frauen 80, Köln 1981

Degler, C. N.: At Odds – Women and the Family in America from the Revolution to the Present, New York 1980

Demos, J., Boocock, S. S. (ed.): Turning Points – Historical and Sociological Essays on the Family, Chicago 1978

Diezinger, A., Marquardt, R., Bilden, H.: Zukunft mit beschränkten Möglichkeiten, Projektbericht, München 1982

Ehrenreich, B.: The Hearts of Men, New York 1983 (deutsch: Reinbek 1985)

Erler, G. A.: Erdöl und Mutterliebe – von der Knappheit einiger Rohstoffe, in: Schmid, Th. (Hg.): Das pfeifende Schwein, Berlin 1985

Frauenlexikon, München 1983

Gensior, S.: Moderne Frauenarbeit, in: Karriere oder Kochtopf, Jahrbuch für Sozialökonomie und Gesellschaftstheorie, Opladen 1983

Gilligan, C.: Die andere Stimme – Lebenskonflikte und Moral der Frau, München 1984

Glick, P. C.: Marriage, divorse, and living arrangements; in: Journal of Family Issue 1984, 5 (1), S. 7–26

Hoff, A., Scholz, J.: Neue Männer in Beruf und Familie, Forschungsbericht Berlin 1985

Imhof, A. E.: Die gewonnenen Jahre, München 1981

Ders.: Die verlorenen Welten, München 1984

Institut für Demoskopie Allensbach, Einstellungen zu Ehe und Familie im Wandel der Zeit, Stuttgart 1985

Jurreit, M.-L. (Hg.): Frauenprogramm. Gegen Diskriminierung. Ein Handbuch, Reinbek 1979

Kamerman, S. B.: Women, Children and Poverty: Public Policies and Female-headed Families in Industrialized Countries, in: Signs – Journal of Women in Culture and Society, Special Issue »Women and Poverty«, Chicago 1984

Kommission: Zukunftsperspektiven gesellschaftlicher Entwicklungen, Bericht Stuttgart 1983 (erstellt im Auftrag der Landesregierung von Baden-Württemberg)

Lasch, C.: Haven in Heartless World: The Family Besieged, New York 1977

Metz-Göckel, S., Müller, U.: Der Mann, Brigitte-Untersuchung, Ms., Hamburg 1985
Müller, W., Willins, A., Handl, J.: Strukturwandel der Frauenarbeit, Frankfurt 1983
Muschg, G.: Bericht von einer falschen Front, in: H. P. Piwitt (Hg.), Literaturmagazin 5, Reinbek 1976, S. 30ff.
Olerup, A., Schneider, L., Monod, E.: Women, Work and Computerization – Opportunities and Disadvantages, New York 1985
Ostner, J., Piper, B. (Hg.): Arbeitsbereich Familie, Frankfurt 1986
Pearce, D., McAdoo, H.: Women and Children: Alone and in Poverty, Washington 1981
Pross, H.: Der deutsche Mann, Reinbek 1978
Quintessenzen 1984, Frauen und Arbeitsmarkt, Nürnberg (IAB) 1984
Rerrich, M. S.: Veränderte Elternschaft, in: Soziale Welt 1983, S. 420–449
Dies.: Vaterbild und Familienvielfalt, München 1986
Rubin, L. B.: Intimate Strangers. Men and Women Together, New York 1983
Schulz, W.: Von der Institution »Familie« zu den Teilbeziehungen zwischen Mann, Frau und Kind, in: Soziale Welt 1983, S. 401–419
Seidenspinner, G., Burger, A.: Mädchen 82, Brigitte-Untersuchung
Sennett, R.: The Fall of Public Man, London 1976 (deutsch: Frankfurt 1983)
Statistisches Bundesamt (Hg.): Datenreport, Bonn 1983
Wahl, K. u.a.: Familien sind anders!, Reinbek 1980
Weber-Kellermann, I.: Die deutsche Familie. Versuch einer Sozialgeschichte, Frankfurt 1975.
Wiegmann, B.: Frauen und Justiz, in: Jurreit (Hg.), 1979
Willms, A.: Grundzüge der Entwicklung der Frauenarbeit von 1880 bis 1980, in: Müller, W. u.a., (1983)

Individualisierung, Institutionalisierung und Standardisierung von Lebenslagen und Biographiemustern (Kapitel V)

Adorno, T. W.: Minima Moralia, Frankfurt 1982
Baethge, M.: Individualisierung als Hoffnung und Verhängnis, in: Soziale Welt 1985/Heft 3, S. 299 ff.
Beck-Gernsheim, E.: Geburtenrückgang und Neuer Kinderwunsch, Habilitationsschrift, München 1986
Bolte, K. M.: Subjektorientierte Soziologie, in: ders. (Hg.): Subjektorientierte Arbeits- und Berufssoziologie, Frankfurt 1983
Brose, H.-G.: Die Vermittlung von sozialen und biographischen Zeitstrukturen, in: KZfSS, Sonderheft 29, 1982, S. 385 ff.
Durkheim, E.: Über die Teilung der sozialen Arbeit, Frankfurt 1982
Elias, N.: Über den Prozeß der Zivilastion, Bern/München 1969

Fuchs, W.: Jugendliche Statuspassage oder individualisierte Jugendbiographie?, in: Soziale Welt 34/1983, S. 341–371
Ders.: Biographische Forschung, Opladen 1984
Geulen, D.: Das vergesellschaftete Subjekt, Frankfurt 1977
Gross, P.:, Bastelmentalität: Ein »postmoderner« Schwebezustand, in: Schmid, Th. (Hg): Das pfeifende Schwein, Berlin 1985, S. 63–84
Imhof, A. E.: Von der unsicheren zur sicheren Lebenszeit, in: Vierteljahresschrift für Sozial- und Wirtschaftsgeschichte, 71, 1984, S. 175 bis 198
Kohli, M.: Die Institutionalisierung des Lebenslaufes, in: KZfSS 1985/1, S. 1–29
Kohli, M., Meyer, J. W. (Hg.): Social Structure and Social Construction of Life Stages (Symposion mit Beiträgen von Riley, M. W., Mayer, K. U., Held, T., Hareven, T. K.) in: Human Development, 18, 1985
Kohli, M., Robert, G. (Hg.): Biographie und soziale Wirklichkeit, Stuttgart 1984
Luhmann, N.: Die Autopoiesis des Bewußtseins, in: Soziale Welt 1985, Heft 4, S. 402
Maase, K.: Betriebe ohne Hinterland, in: Marxistische Studien, Jahrbuch des IMSF, Frankfurt 1984
Meyer, J. W. (Hg.): Social Structure and Social Construction of Life Stages, in: Human Development, 18, 1985
Nunner-Winkler, G.: Identität und Individualität, in: Soziale Welt 1985, Heft 4, S. 466
Rosenmayr, L. (Hg.): Die menschlichen Lebensalter. Kontinuität und Krisen, München 1978a
Ders.: Wege zum Ich vor bedrohter Zukunft, in: Soziale Welt 1985, Heft 3, S. 274 ff.
Simmel, G.: Philosophie des Geldes, Berlin 1958
Ders.: Soziologie, Berlin 1968
Vester, H.-G.: Die Thematisierung des Selbst in der postmodernen Gesellschaft, Bonn 1984

Entstandardisierung der Erwerbsarbeit: Zur Zukunft von Ausbildung und Beschäftigung (Kapitel VI)

Althoff, H.: Der Statusverlust im Anschluß an eine Berufsausbildung, in: Berufsbildung in Wissenschaft und Praxis 5/1982, S. 16ff.
Altmann, N. u.a.: Ein neuer Rationalisierungstyp, in: Soziale Welt 2/3, 1986
Arendt, H.: Vita activa oder Vom tätigen Leben, München 1981
Beck, U., Brater, M., Daheim, H.-J.: Soziologie der Arbeit und der Berufe, Reinbek 1980

Blossfeld, H.-P.: Bildungsreform und Beschäftigung der jungen Generation im öffentlichen Dienst, in: Soziale Welt 35 (1984), Heft 2
Buck, B.: Berufe und neue Technologien, in: Soziale Welt 1985, Heft 1, S. 83f.
Bundesminister für Bildung und Wissenschaft (Hg.): Grund- und Strukturdaten 1982/83
Dahrendorf, R.: Im Entschwinden der Arbeitsgesellschaft. Wandlungen der sozialen Konstruktion des menschlichen Lebens, in: Merkur 34/ 1980, S. 749ff.
Ders.: Wenn der Arbeitsgesellschaft die Arbeit ausgeht, in: Matthes, J. (Hg.), 1983, S. 25ff.
Dierkes, M., Strümpel, B. (Hg.): Wenig Arbeit, aber viel zu tun, Köln 1985
Dombois, R., Osterland, M.: Neue Formen des flexiblen Arbeitskräfteeinsatzes: Teilzeitarbeit und Leiharbeit, in: Soziale Welt 33/1982, S. 466ff.
Handl, J.: Zur Veränderung der beruflichen Chancen von Berufsanfängern zwischen 1950 und 1982, Thesenpapier, Nürnberg 1984
Heinze, R. G.: Der Arbeitsschock, Köln 1984
Hirschhorn, L.: The theory of social services, in: Health Services, Volume 9, No. 2, 1979, S. 295–311
Hornstein, W.: Kindheit und Jugend im Spannungsfeld gesellschaftlicher Entwicklung, in: Jugend in den achtziger Jahren: Eine Generation ohne Zukunft?, Schriftenreihe des Bayr. Jugendrings, München 1981, S. 51ff.
Jürgens, U., Naschold, F. (Hg.): Arbeitspolitik. Materialien zum Zusammenhang von politischer Macht, Kontrolle und betrieblicher Organisation der Arbeit, Opladen 1984
Kaiser, M. u.a.: Fachhochschulabsolventen – zwei Jahre danach, in: MittAB 1984, S. 241ff.
Kern, H., Schumann, M.: Ende der Arbeitsteilung?, München 1984
Kloas, P.-W.: Arbeitslosigkeit nach Abschluß der betrieblichen Ausbildung, Thesenpapier, Nürnberg 1984
Kommission: Zukunftsperspektiven gesellschaftlicher Entwicklungen, Stuttgart 1983
Kubicek, H., Rolf, A.: Mikropolis mit Computernetzen in der »Informationsgesellschaft«, Hamburg 1985
Kutsch, Th., Vilmar, F. (Hg.): Arbeitszeitverkürzung, Opladen 1983
Mertens, D.: Das Qualifikationsparadox. Bildung und Beschäftigung bei kritischer Arbeitsmarktperspektive, in: Zeitschrift für Pädagogik, 30/ 1984
Müller, C.: Ungeschützte Beschäftigungsverhältnisse, in: Hagemann–White (Hg.): Beiträge zur Frauenforschung, Bamberg 1982
Negt, O.: Lebendige Arbeit, enteignete Zeit, Frankfurt 1984
Offe, C., Hinrichs, H., Wiesenthal, H. (Hg.): Arbeitszeitpolitik, Frankfurt 1982
Offe, C.: Arbeitsgesellschaft: Strukturprobleme und Zukunftsperspekti-

ven, Frankfurt am Main/New York 1984
Schelsky, H.: Die Bedeutung des Berufs in der modernen Gesellschaft, in: Luckmann/Sprondel (Hg.): Berufssoziologie, Köln 1942
Sklar, M.: On the proletarian revolution and the end of political-economic society, in: Radical America 3, 1968, S. 3–28

Wissenschaft jenseits von Wahrheit und Aufklärung? Reflexivität und Kritik der wissenschaftlich-technologischen Entwicklung (Kapitel VII)

Adorno, Th. W., Horkheimer, M.: Dialektik der Aufklärung, Frankfurt 1970
Beck, U.: Objektivität und Normativität – Die Theorie-Praxis-Debatte in der modernen deutschen und amerikanischen Soziologie, Reinbek 1974
Ders. (Hg.): Soziologie und Praxis, Erfahrungen, Konflikte, Perspektiven, Sonderband 1 der Sozialen Welt, Göttingen 1982
Beck, U., Bonß, W.: Soziologie und Modernisierung. Zur Ortsbestimmung der Verwendungsforschung, in: Soziale Welt 1984, S. 381ff.
Böhme, G., v.d. Daele, W., Krohn, W.: Alternativen in der Wissenschaft, in: ZfS, 1972, S. 302ff.
Dies.: Die Finalisierung der Wissenschaft, in: ZfS, 1973, S. 128ff.
Bonß, W., Hartmann, H.: Konstruierte Gesellschaft, rationale Deutung. Zum Wirklichkeitscharakter soziologischer Diskurse, in: dies.: Entzauberte Wissenschaft. Zur Relativität und Geltung soziologischer Forschung, Sonderband 3, Soziale Welt, Göttingen 1985
Bonß, W.: Die Einübung des Tatsachenblicks. Zur Struktur und Veränderung empirischer Sozialforschung, Frankfurt am Main 1982
Campbell, D. T.: Häuptlinge und Rituale. Das Sozialsystem der Wissenschaft als Stammesorganisation, in: Bonß, W., Hartmann, H. (Hg.): Entzauberte Wissenschaft. Zur Relativität und Geltung soziologischer Forschung, Sonderband 3, Soziale Welt, Göttingen 1985
Carson, R.: Silent Spring, New York 1962
Commoner, B.: Science and Survival, New York 1963
Duerr, H. P. (Hg.): Der Wissenschaftler und das Irrationale, 2 Bde., Frankfurt a.M. 1981
Feyerabend, P.: Erkenntnis für freie Menschen, Veränderte Ausgabe, Frankfurt am Main 1980
Gouldner, A., Miller, S. M.: Applied Sociology: Opportunities and Problems, New York 1965
Hartmann, H.: Empirische Sozialforschung, München 1970
Hartmann, H., Dübbers, E.: Kritik in der Wissenschaftspraxis. Buchbesprechungen und ihr Echo, Frankfurt am Main 1984
Hartmann, H., Hartmann, M.: Vom Elend der Experten: Zwischen Akademisierung und De-Professionalisierung, KZfSS 1982, S. 193ff.

Hollis, M., Lukes, S. (Hg.): Rationality and Relativism, Oxford 1982
Illich, I.: Entmündigung durch Experten. Zur Kritik der Dienstleistungsberufe, Reinbek 1979
Knorr-Cetina, K.: Die Fabrikation von Erkenntnis, Frankfurt am Main 1984
Knorr-Cetina, K. D., Mulkay, M. (Hg.): Science Observed. Perspectives on the Social Study of Science, London 1983
Kuhn, Th.: Die Struktur wissenschaftlicher Revolutionen, Frankfurt am Main 1970
Küppers, G., Lundgreen, P., Weingart, P.: Umweltforschung – die gesteuerte Wissenschaft?, Frankfurt 1978
Lakatos, I., Musgrave, A. (Hg.): Kritik und Erkenntnisfortschritt, Braunschweig 1974
Lakatos, I.: Methodologie der Forschungsprogramme, in: Lakatos, Musgrave (Hg.) 1974
Lau, Ch.: Soziologie im öffentlichen Diskurs. Voraussetzungen und Grenzen sozialwissenschaftlicher Rationalisierung und gesellschaftlicher Praxis, in: Soziale Welt 1984, S. 407ff.
Lindbloom, Ch. E.: The Science of Muddling through, in: Public Administration Review 19, 1959, S. 79ff.
Matthes, J.: Die Soziologen und ihre Wirklichkeit. Anmerkungen zum Wirklichkeitsverhältnis der Soziologie, in. Bonß, W., Hartmann, H. (Hg.): Entzauberte Wissenschaft. Zur Relativität und Geltung sozialwissenschaftlicher Forschung, Sonderband 3, Soziale Welt, Göttingen 1985
Meja, V., Stehr, N.: Der Streit um die Wissenssoziologie, 2 Bde., Frankfurt am Main 1982
Meyer-Abich, K. M.: Versagt die Wissenschaft vor dem Grundrecht der Freiheit? Gründe der Vertrauenskrise zwischen Wissenschaft und Öffentlichkeit, in: Zeitschrift für Didaktik der Philosophie, Heft 1/1980
Mitchell, R. C.: Science Silent Spring; Science, Technology and the Environment Movement in the United States, Ms., Washington 1979
Nowotny, H.: Kernenergie: Gefahr oder Notwendigkeit, Frankfurt am Main 1979
Overington, M. A.: Einfach der Vernunft folgen: Neuere Entwicklungstendenzen in der Metatheorie, in: Bonß, W., Hartmann, H. (Hg.): Entzauberte Wissenschaft. Zur Relativität und Geltung soziologischer Forschung, Sonderband 3, Soziale Welt, Göttingen 1985
Pavelka, F.: Das Deprofessionalisierungsspiel. Ein Spiel für Profis, in: psychosozial 2/1979, S. 19ff.
Popper, K. R.: Logik der Forschung, (1934), 6. überarbeitete Aufl., Tübingen 1968
Ders.: Objektive Erkenntnis. Ein evolutionärer Entwurf, Hamburg 1972
Scott, R., Shore, A.: Why Sociology does not Apply: A Study of the Use of

Sociology in Publicy, New York 1979
Shostak, A. B. (Hg.): Putting Sociology to Work, New York 1974
Stehr, N., König, R. (Hg.): Wissenschaftssoziologie. Studien und Materialien, KZfSS, Sonderheft 18, Köln/Opladen 1975
Stehr, N., Meja, V.: Wissenschaftssoziologie. (Sonderheft 22 der KZfSS), Opladen 1981
Struening, E. L., Brewer, B. (Hg.): The University Edition of the Handbook of Evaluation Research, London/Beverly Hills 1984
Weber, M.: Vom inneren Beruf zur Wissenschaft, in: J. Winkelmann (Hg.): Max Weber: Soziologie, weltgeschichtliche Analysen, Stuttgart 1982
Weingart, P.: Das »Harrisburg-Syndrom« oder die De-Professionalisierung der Experten, 1979
Ders.: Verwissenschaftlichung der Gesellschaft – Politisierung der Wissenschaft, in: ZfS 1983, S. 225ff.
Ders.: Anything goes – rien ne va plus, in: Kursbuch 78/1984, S. 74
Weiss, C. H. (Hg.): Using Social Research for Public Policy Making, Lexington: Lexington Books 1977
Wissenschaftszentrum Berlin (Hg.): Interaktion von Wissenschaft und Politik, Frankfurt 1977

Entgrenzung der Politik: Zum Verhältnis von politischer Steuerung und technisch-ökonomischem Wandel in der Risikogesellschaft (Kapitel VIII)

Alemann, U.v., Heinze, R. G. (Hg.): Verbände und Staat. Vom Pluralismus zum Korporatismus, Opladen 1979
Alemann, U.v. (Hg.): Neokorporatismus, Frankfurt am Main/New York 1981
Altmann, N. u.a.: Ein »Neuer Rationalisierungstyp«, in: Soziale Welt, Heft 2/3, 1986
Arendt, H.: Macht und Gewalt, München 1981
Beck, U./Brater, M.: Berufliche Arbeitsteilung und soziale Ungleichheit, Frankfurt/New York 1978
Beck, U.: Soziale Wirklichkeit als Produkt gesellschaftlicher Arbeit, unveröffentlichte Habilitationsschrift, München 1979
Berger, S.: Politics and Anti-Politics in Western Europe in the Seventies, in: Daedalus 108, S. 27–50
Berger, J. (Hg.): Moderne oder Postmoderne, Sonderband 4 der Sozialen Welt, Göttingen 1986
Bergmann, J., Brandt, G., Korber, K., Mohl, O., Offe, C.: Herrschaft, Klassenverhältnis und Schichtung, in: Th. W. Adorno (Hg.): Spätkapitalismus oder Industriegesellschaft?, Stuttgart 1969

Braczyk, H. J. u.a.: Konsensverlust und neue Technologien – Zur exemplarischen Bedeutung des Konfliktes um die Wiederaufarbeitungsanlage für die gesellschaftliche Steuerung technischen Wandels, in: Soziale Welt 2/3 1986 (hier zitiert nach Ms.)

Bräutigam, H. H., Mettler, L.: Die programmierte Vererbung, Hamburg 1985

Brand, K. W., Büsser, D., Rucht, D.: Aufbruch in eine neue Gesellschaft, Frankfurt am Main, 1983

Brand, K. W. (Hg.): Neue soziale Bewegungen in Westeuropa und in den USA, Frankfurt am Main, 1985

Bühl, W.: Die Angst des Menschen vor der Technik, Düsseldorf 1983

Crozier, M., Huntington, S. P., Watanuki, J.: The Crisis of Democracy, New York 1975

Crozier, M., Friedberg, E.: Macht und Organisation, Königstein 1979

Daele, W. v.d.: Mensch nach Maß, München 1985

Ders.: Technische Dynamik und gesellschaftliche Moral, in: Soziale Welt, H. 2/3, 1986

Donati, P. R.: Organization between Movement and Institution, in: Social Science Information sur Les sciences sociales, 1984

Elster, J.: »Risk, Uncertainty, and Nuclear Power«, Social Science Information, 1979

Flora, P., Alber, J.: Modernization, Democratization, and the Development of Welfare States in Western Europe, pp. 37–80, in: P. Flora, A. J. Heidenheimer (eds.): The Development of Welfare States in Europe and America, New Brunswick 1981

Freeman, J. (Hg.): Social Movements in the Sixties and Seventies, New York und London 1983

Gershuny, J. I.: After Industrial Society? The Emerging Self-Service-Economy, London 1978

Grew, R. (ed.): Crises of Political Development in Europe and the United States, Princeton 1978

Habermas, J.: Legitimationsprobleme im Spätkapitalismus, Frankfurt 1973

Ders.: Theorie des kommunikativen Handelns, Bd. 2, Frankfurt am Main, 1981

Gross, P., Hitzler, R., Honer, A.: Zwei Kulturen? Diagnostische und therapeutische Kompetenz im Wandel, in: Österr. Zeitschrift für Soziologie, Sonderheft Medizinsoziologie, 1985

Gruss, P.: Industrielle Mikrobiologie. Sonderheft Spektrum der Wissenschaft, Heidelberg 1984

Hirschman, A. O.: Shifting Involvements. Private Interests and Public Action, Princeton 1981

Inglehart, R.: The Silent Revolution. Changing Values and Political Styles Among Western Publics, Princeton 1977

Institute for Contemporary Studies (ed.): The Politics of Planning. A Review and Critique of Centralized Economic Planning, San Francisco 1976

Jaenicke, M.: Wie das Industriesystem von seinen Mißständen profitiert, Köln 1979

Japp, K. P.: Selbsterzeugung oder Fremdverschulden. Thesen zum Rationalismus in den Theorien sozialer Bewegungen, in: Soziale Welt, Jg. 35, 1984

Jonas, H.: Technik, Ethik und Biogenetische Kunst, Ms. 1984

Kitschelt, H.: Materiale Politisierung der Produktion, in: ZfS, Jg. 14, H. 3, 1985, S. 188–208

Kommissionsbericht: Zukunftsperspektiven gesellschaftlicher Entwicklung, Stuttgart 1983, S. 167ff.

Kreß, K., Nikolai, K.-G.: Bürgerinitiativen – Zum Verhältnis von Betroffenheit und politischer Beteiligung der Bürger, Bonn 1985

Lipset, S. M., Rokkan, S.: Cleavage Structures, Party Systems, and Voter Alignments: An Introduction, in: dies. (eds.): Party Systems and Voter Alignments, New York 1967

Löw, R.: Gen und Ethik, in: Koslowski (Hg.): Die Verführung durch das Machbare, München 1983

Luhmann, N.: Politische Theorie im Wohlfahrtsstaat, München 1981

Mayer-Tasch, C. P.: Die Bürgerinitiativbewegung, Reinbek 1976

Mayntz, R. (Hg.): Implementationsforschung, Köln 1980

Melacci, A.: An End to Social Movements? Introductory paper to sessions on »new movements and change in organizational forms«, in: Social Science Information sur Les sciences sociales, Bd. 23, Nr. 4/5, S. 819–835, 1984

Neidhardt, F.: Einige Ideen zu einer allgemeinen Theorie sozialer Bewegungen, in: Hradil (Hg.): Sozialstruktur im Umbruch, Opladen 1985

Offe, C.: Strukturprobleme des kapitalistischen Staates, Frankfurt 1972

Ders.: Konkurrenzpartei und politische Identität, in: R. Roth (Hg.): Parlamentarisches Ritual und politische Alternativen, Frankfurt am Main 1980, S. 26–42

Ders.: »Null-Option« in: Berger, J. (Hg.): Moderne oder Postmoderne, Sonderband 4 der Sozialen Welt, Göttingen 1986

Piore, M. J., Sabel, C. F.: Das Ende der Massenproduktion, New York, Berlin 1985

Radunski, P.: Die Wähler in der Stimmungsdemokratie, in: Sonde 2/1985, S. 3ff.

Schenk, M.: Soziale Netzwerke und Kommunikation, Tübingen 1984

Sieferle, R. P.: Fortschrittsfeinde? Opposition gegen Technik und Industrie von der Romantik bis zur Gegenwart, München 1985

Stössel, J.-P.: Dem chronisch Kranken hilft kein Arzt, in: Süddeutsche Zeitung vom 21.11.85

Touraine, A.: The Self-Production of Society, Chicago 1977
Willke, H.: Entzauberung des Staates, Überlegungen zu einer sozietalen Steuerungstheorie, Königstein/Ts. 1983

Inhaltsverzeichnis

Aus gegebenem Anlaß 7

Vorwort 12

Teil I
Auf dem zivilisatorischen Vulkan:
Die Konturen der Risikogesellschaft 23

Kapitel I
Zur Logik der Reichtumsverteilung und der Risikoverteilung 25

1. Naturwissenschaftliche Schadstoffverteilungen und soziale Gefährdungslagen 31
2. Zur Wissensabhängigkeit von Modernisierungsrisiken 35
   Das Zusammendenken des Getrennten: Kausalitätsvermutung 36; Implizite Ethik 37; Wissenschaftliche und soziale Rationalität 38; Definitionsvielfalt: Immer mehr Risiken 40; Ursachenketten und Schädigungskreisläufe: Der Systemgedanke 42; Der Risikogehalt: Das handlungsaktivierende Noch-Nicht-Ereignis 43; Legitimation: »Latente Nebenwirkungen« 45
3. Klassenspezifische Risiken 46
4. Globalisierung der Zivilisationsrisiken 48
   Der Bumerang-Effekt 48; Ökologische Entwertung und Enteignung 50; Risikolagen sind keine Klassenlagen 52; Gefährdungslage als Gefährdungsschicksal 53; Neue internationale Ungleichheiten 54
5. Zwei Epochen, zwei Kulturen: Zum Verhältnis von Wahrnehmung und Produktion von Risiken 59
6. Die Utopie der Weltgesellschaft 61
   Das politische Vakuum 64; Von der Solidarität der Not zur Solidarität aus Angst? 65

Kapitel II
Politische Wissenstheorie der Risikogesellschaft 67

1. Zivilisationsverelendung? 67
2. Irrtümer, Schwindel, Fehler und Wahrheiten: Von der Konkurrenz der Rationalitäten 76

Ökonomische Risikoblindheit 79; Die Stimmen der »Nebenwirkungen« 80; Das kausale Abschmettern der Risiken 82; Fauler Zauber: Grenzwerte 85; Wissenschaftliche Rationalität in der Zäsur 93

3. Das öffentliche Risikobewußtsein: Nichterfahrung aus zweiter Hand 95
Ein spekulatives Zeitalter 96; Solidarität der lebenden Dinge 98; Die »Sündenbock-Gesellschaft« 100; Der Umgang mit Unsicherheit: Eine biographische und politische Schlüsselqualifikation 101

4. Die politische Dynamik anerkannter Modernisierungsrisiken 102

5. Ausblick: Natur und Gesellschaft am Ende des 20. Jahrhunderts 107

Teil II
Individualisierung sozialer Ungleichheit – Zur Enttraditionalisierung der industriegesellschaftlichen Lebensformen 113
Ambivalenzen: Die Freisetzung der Individuen unter entwickelten Arbeitsmarktbedingungen 115

Kapitel III
Jenseits von Klasse und Schicht 121

1. Die kulturelle Evolution der Lebensformen 122
Der »Fahrstuhl-Effekt« 124; Mobilität 125; Ausbildung 127

2. Individualisierung und Klassenbildung: Karl Marx und Max Weber 130
Karl Marx: Der »vereinzelte Einzelne« 131; Max Weber: Marktvermittelte Sozialmilieus 134

3. Ende der traditionalen Großgruppengesellschaft? 139

4. Individualisierung, Massenarbeitslosigkeit und neue Armut 143

5. Szenarien zukünftiger Entwicklungen 151
Entstehung nichtständischer Klassensolidaritäten 152; Vom familialen zum politischen Privatismus 155; Individualisierte »Gesellschaft der Unselbständigen« 157

Kapitel IV
Ich bin Ich: Vom Ohne-, Mit- und Gegeneinander der Geschlechter innerhalb und außerhalb der Familie 161

1. Zur Lage von Männern und Frauen 161
   Ehe und Sexualität 163; Bildung, Arbeitsmarkt und Beschäftigung 165; Frauenemanzipation und Familienarbeit in der Perspektive der Männer 169; Thesen 174
2. Die Industriegesellschaft ist eine moderne Ständegesellschaft 176
3. Freisetzung aus Frauen- und Männerrolle? 181
4. Bewußtwerdung der Ungleichheiten: Wahlmöglichkeiten und -zwänge 189
5. Szenarien zukünftiger Entwicklung 194
   Zurück zur Kleinfamilie 195; Gleichheit von Männern und Frauen 198; Jenseits von Frauen- und Männerrolle 201

Kapitel V
Individualisierung, Institutionalisierung und Standardisierung von Lebenslagen und Biographiemustern 205

1. Analytische Dimensionen von Individualisierung 206
2. Besonderheiten des Individualisierungsschubes in der Bundesrepublik 208
3. Institutionalisierung von Biographiemustern 211

Kapitel VI
Entstandardisierung der Erwerbsarbeit: Zur Zukunft von Ausbildung und Beschäftigung 220

1. Vom System standardisierter Vollbeschäftigung zum System flexibel-pluraler Unterbeschäftigung 222
2. Geisterbahnhof – Ausbildung ohne Beschäftigung 237
3. Chancenverteilung durch Bildung? 242

Teil III
Reflexive Modernisierung: Zur Generalisierung von Wissenschaft und Politik 249

Rückblick und Ausblick 251

Kapitel VII
Wissenschaft jenseits von Wahrheit und Aufklärung?
Reflexivität und Kritik der wissenschaftlich-technologischen Entwicklung 254

1. Einfache und reflexive Verwissenschaftlichung 259
2. Entmonopolisierung der Erkenntnis 260
   Wissenschaftstheoretischer Fallibilismus 268; Forschungspraktischer Fallibilismus 270; Vertauschen von Innen und Außen 272; Feudalisierung der Erkenntnispraxis 274; Reaktionen: Wissenschaft zwischen Irrationalitätsverdacht und Remonopolisierung 278;
3. Praktische und theoretische Tabus 280
4. Von der Abschätzbarkeit der »Nebenfolgen« 284
   Autonomisierung der Verwendung 286; Von der Herstellung der Sachzwänge 288; Ursachenbeseitigung oder Symptombekämpfung 290; Fehlerfreiheit oder Lernfähigkeit 293; Spezialisierung auf den Zusammenhang 295; Plädoyer für eine Lerntheorie wissenschaftlicher Rationalität 297

Kapitel VIII
Entgrenzung der Politik: Zum Verhältnis von politischer Steuerung und technisch-ökonomischem Wandel in der Risikogesellschaft 300

1. Politik und Subpolitik im System der Modernisierung 301
2. Funktionsverlust des politischen Systems: Argumente und Entwicklungen 306
3. Demokratisierung als Entmachtung der Politik 311
   Wahrnehmung von Bürgerrechten und Ausdifferenzierung kultureller Subpolitik 315; Neue politische Kultur 317
4. Politische Kultur und technische Entwicklung: Das Ende des Fortschrittskonsenses? 324
5. Subpolitik der Medizin – Eine Extremfallstudie 329
6. Das Dilemma der Technologiepolitik 342
7. Subpolitik betrieblicher Rationalisierung 345
8. Zusammenfassung und Ausblick: Szenarien einer möglichen Zukunft 357
   Zurück zur Industriegesellschaft 359; Demokratisierung der technisch-ökonomischen Entwicklung 364; Differentielle Politik 368.

Literatur 375

Soziologie, Ethnologie, Anthropologie
in der edition suhrkamp

Goffman, Erving: Asyle. Über die soziale Situation psychiatrischer Patienten und anderer Insassen. Aus dem Amerikanischen von Nils Lindquist. es 678

Habermas, Jürgen: Legitimationsprobleme im Spätkapitalismus. es 623
– Theorie des kommunikativen Handelns. 2 Bde. es 1502

Häußermann, Hartmut / Walter Siebel: Die Zukünfte der Städte. es 1432

»Hauptsache, ich habe meine Arbeit«. Mit Beiträgen von Henri Bents, Hans-Hermann Braune, Birgit Geissler, Dierk Juelich, Enno Neumann, Mechthild Oechsle und Rainer Zoll. Herausgegeben von Rainer Zoll. es 1228

Heinsohn, Gunnar / Rolf Knieper / Otto Steiger: Menschenproduktion. Allgemeine Bevölkerungstheorie der Neuzeit. es 914

Hijiya-Kirschnereit, Irmela: Das Ende der Exotik. Essays zur japanischen Kultur und Gesellschaft der Gegenwart. es 1466

Jahoda, Marie / Paul F. Lazarsfeld / Hans Zeisel: Die Arbeitslosen von Marienthal. Ein soziographischer Versuch über die Wirkungen langandauernder Arbeitslosigkeit. Mit einem Anhang zur Geschichte der Soziographie. es 769

Jenseits der Utopie – Theoriekritik der Gegenwart. Herausgegeben von Stefan Müller-Doohm. es 1662

Jones, Ann: Frauen, die töten. Aus dem Amerikanischen von Ebba D. Drolshagen. es 1350

Jugend und Kriminalität. Kriminologische Beiträge zur kriminalpolitischen Diskussion. Herausgegeben von Horst Schüler-Springorum. es 1201

Das Kibbutz-Modell. Bestandsaufnahme einer alternativen Wirtschafts- und Lebensform nach sieben Jahrzehnten. Herausgegeben und mit einer Einleitung versehen von Gunnar Heinsohn. es 998

Kinderwelten. Herausgegeben von Christa Berg. es 1624

Kindheit als Fiktion. Von Heinz Hengst, Michael Köhler, Barbara Riedmüller, Manfred Max Wambach. es 1081

Kindheit in Europa. Zwischen Spielplatz und Computer. Herausgegeben von Heinz Hengst. es 1209

Kleinspehn, Thomas: Warum sind wir so unersättlich? Über den Bedeutungswandel des Essens. es 1410

Kritische Theorie und Kultur. Herausgegeben von R. Erd, D. Hoß, O. Jacobi und P. Noller. es 1557

Kritische Theorie und Studentenbewegung. Herausgegeben von Wolfgang Kraushaar. es 1517

Soziologie, Ethnologie, Anthropologie
in der edition suhrkamp

Dekonstruktiver Feminismus. Herausgegeben von Barbara Vinken. es 1678

Deppe, Hans-Ulrich: Krankheit ist ohne Politik nicht heilbar. Zur Kritik der Gesundheitspolitik. es 1391

Die wilde Seele. Aufsätze zur Ethnopsychoanalyse Georges Devereux'. Herausgegeben von Hans Peter Duerr. es 1235

Doi, Takeo: Amae – Freiheit in Geborgenheit. Zur Struktur japanischer Psyche. Mit einem Vorwort von Elmar Holenstein. Aus dem Amerikanischen von Helga Herborth. es 1128

Drescher, Anne / Josef Esser / Wolfgang Fach: Die politische Ökonomie der Liebe. Ein Essay. es 1341

Dröge, Franz / Thomas Krämer-Badoni: Die Kneipe. Zur Soziologie einer Kulturform oder »Zwei Halbe auf mich!«. es 1380

Duerr, Hans Peter: Satyricon. Essays und Interviews. es 1346

– Traumzeit. Über die Grenze zwischen Wildnis und Zivilisation. es 1345

Elias, Norbert: Humana conditio. Beobachtungen zur Entwicklung der Menschheit am 40. Jahrestag ei nes Kriegsendes (8. Mai 1985). es 1384

Norbert Elias über sich selbst. Ein biographisches Interview mit Norbert Elias von A. J. Heerma van Voss und A. van Stolk. Norbert Elias: »Notizen zum Lebenslauf«. es 1590

Engler, Wolfgang: Die zivilisatorische Lücke. es 1772

Entwurf zu einer Empirie des Alltagsbewußtseins. Thomas Leithäuser, Birgit Volmerg, Gunther Salje, Ute Volmerg, Bernhard Wutka. es 878

Esser, Josef: Gewerkschaften in der Krise. Die Anpassung der deutschen Gewerkschaften an neue Weltmarktbedingungen. es 1131

Favret-Saada, Jeanne: Die Wörter, der Zauber, der Tod. Der Hexenglaube im Hainland von Westfrankreich. Aus dem Französischen übersetzt von Eva Moldenhauer. es 981

Fletcher, George P.: Der Fall Goetz. Aus dem Amerikanischen von Cornelius Nestler-Tremel. es 1648

Spiele der Wahrheit. Michel Foucaults Denken. Herausgeben von François Ewald und Bernhard Waldenfels. Übersetzt von Hans-Dieter Gondeck. es 1640

Rüstung und soziale Sicherheit. Friedensanalysen Bd. 20. es 1196

Gerhard, Ute: Verhältnisse und Verhinderungen. Frauenarbeit, Familie und Rechte der Frauen im 19. Jahrhundert. Mit Dokumenten. es 933

Gerhardt, Uta: Patientenkarrieren. Eine medizinsoziologische Studie. es 1325

Göckenjan, Gerd: Kurieren und Staat machen. Gesundheit und Medizin in der bürgerlichen Welt. es 1309

Soziologie, Ethnologie, Anthropologie
in der edition suhrkamp

Adorno, Theodor W.: Gesellschaftstheorie und Kulturkritik. es 772
- Kritik. Kleine Schriften zur Gesellschaft. Herausgegeben von Rolf Tiedemann. es 469

Alter und Alltag. Herausgegeben von Gerd Göckenjan und Hans-Joachim von Kondratowitz. es 1467

Arbeitslosigkeit in der Arbeitsgesellschaft. Herausgegeben von Wolfgang Bonß und Rolf G. Heinze. es 1212

Die armen Frauen. Frauen und Sozialpolitik. Herausgegeben von Ilona Kickbusch und Barbara Riedmüller. es 1156

Armut im Wohlstand. Herausgegeben von Diether Döring, Walter Hanesch und Ernst-Ulrich Huster. es 1595

Authentizität und Betrug in der Ethnologie. Herausgegeben von Hans Peter Duerr. es 1409

Beck, Ulrich: Gegengifte. Die organisierte Unverantwortlichkeit. es 1468
- Jenseits von Rechts und Links. es 1780
- Risikogesellschaft. Auf dem Weg in eine andere Moderne. es 1365

Beck, Ulrich / Anthony Giddens / Scott Lasch: Reflexive Modernisierung. es 1705

Beiträge zur Soziologie der Gewerkschaften. Mit Beiträgen von Joachim Bergmann, Walther Müller-Jentsch, Wolfgang Streeck, Johann Schneider, Rainer Erd, Rainer Deppe, Richard Herding, Dietrich Hoß, Wilke Thomssen, Eva Brumlop, Wolf Rosenbaum, Hermann Kotthoff, Otto Jacobi, Charles Sabel, Günther Degen, Günter Bechtle, Stefan Heiner. es 905

Blok, Anton: Die Mafia in einem sizilianischen Dorf. 1860-1960. Eine Studie über gewalttätige bäuerliche Unternehmer. Übersetzt von Holger Fliessbach. es 1082

Böhme, Gernot: Anthropologie in pragmatischer Hinsicht. Darmstädter Vorlesungen. es 1301

Bourdieu, Pierre: Gesprochenes. Aus dem Französischen von Bernd Schwibs. es 1547
- Die politische Ontologie Martin Heideggers. Aus dem Französischen von Bernd Schwibs. es 1514

Bovenschen, Silvia: Die imaginierte Weiblichkeit. Exemplarische Untersuchungen zu kulturgeschichtlichen und literarischen Präsentationsformen des Weiblichen. es 921

BRD – ade! Herausgegeben von Otthein Rammstedt und Gert Schmidt. es 1773

Brunkhorst, Hauke: Der Intellektuelle im Land der Mandarine. es 1403